RESEAR

ON THE DROIT DE SUITE OF ART IN CHINA

艺术品追续权制度研究

戴哲⊙ 著

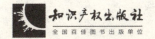

知识产权出版社

全国百佳图书出版单位

图书在版编目（CIP）数据

艺术品追续权制度研究/戴哲著. —北京：知识产权出版社，2016.12
ISBN 978 - 7 - 5130 - 4523 - 0

Ⅰ.①艺… Ⅱ.①戴… Ⅲ.①艺术品—著作权—研究 Ⅳ.①D913.04

中国版本图书馆 CIP 数据核字（2016）第 247771 号

内容提要

追续权是艺术家从其作品的转售中分享利益的权利，这一权利起源于 1920 年的法国，并正在发展成为一项全球性权利，我国立法者正在考虑创设这一权利。我国引入追续权具有正当性，由于艺术作品一般仅能承载于作品原件之上，这导致艺术作品与其他作品在作品使用的方式上存在区别。现有著作权法并未充分考虑这一特殊性，而追续权的创设能够实现对艺术作品使用的补偿；我国亦具备实施追续权的可行性，追续权人可以通过多种渠道获取作品转售信息。

责任编辑：韩婷婷   **责任出版：**刘译文
封面设计：陈永超

艺术品追续权制度研究

戴 哲 著

出版发行：知识产权出版社 有限责任公司	**网　址：**http：//www.ipph.cn
社　址：北京市海淀区西外太平庄 55 号	**邮　编：**100081
责编电话：010 - 82000860 转 8359	**责编邮箱：**hantingting@ cnipr.com
发行电话：010 - 82000860 转 8101/8102	**发行传真：**010 - 82000893/82005070/82000270
印　刷：北京科信印刷有限公司	**经　销：**各大网上书店、新华书店及相关专业书店
开　本：787mm×1092mm　1/16	**印　张：**19.75
版　次：2016 年 12 月第 1 版	**印　次：**2016 年 12 月第 1 次印刷
字　数：365 千字	**定　价：**56.00 元

ISBN 978 -7 -5130 -4523 -0

À mes grands – parents et mes parents

谨以此书献给我的祖父母和父母

摘　要

追续权是艺术家从作品的转售中分享利益的权利。截至 2015 年，全球已有 81 个国家创设了追续权制度，追续权正在发展成为一项全球性的权利。追续权起源于 1920 年的法国，法国当时正处于官方沙龙消亡到艺术市场的过渡时期，艺术家在失去官方赞助体系的支持后，难以维系生计，与此同时，艺术品交易商却通过转售艺术品大发横财。主体意识觉醒之后的艺术家存在保障其创作的权利诉求，立法者考虑到艺术创作难以受到《中华人民共和国著作权法》（以下简称《著作权法》）的有效保护，并且，法国立法者认识到作者对作品所享有的著作权与作品原件的财产所有权相独立，作品原件的转让不影响著作权的归属，于是追续权制度就此产生。正是法国当时独特的社会、市场、思想、制度等多种因素，推动了追续权制度在法国的诞生。

追续权制度自诞生以来已有近百年的历史，追续权制度的立法体系从多样分化逐步走向统一，其发展历史可以分为早期、中期、近期三个发展阶段。早期的追续权立法主要采用单行法的形式对追续权进行规定，不同国家在追续权具体制度设计上存在较大差异，在立法设计上并未充分考虑制度的可操作性，但早期追续权制度确定了追续权的基本架构。随着《伯尔尼公约》对追续权加以规定，追续权立法进入中期发展阶段，追续权被引入《著作权法》进行规定，权利适用范围逐步扩大，追续权制度在构建上兼顾实施成本。自欧盟统一境内追续权立法以来，追续权制度进入新的发展阶段。美国在官方报告中表示了对引入追续权制度的支持，世界知识产权组织版权及相关权常设委员会（Standing Committee on Copyright and Relatel Rights，SCCR）将追续权议题纳入工作议程。许多曾经反对创设追续权的国家也纷纷在本国立法上规定了追续权，创设追续权成为各国立法的趋势。

《著作权法》第三次修改正在进行中，国家版权局于 2012 年 3 月公布了《著作权法》修改草案第一稿，其中首次在我国规定了追续权制度。之后公布的《著作权法》修改草案各稿也都规定了追续权制度，这引发了产业界关于是否要创设追续权制度的争议。不过，结合追续权的理论和立法实践，反对追续权的意见站不住脚。从现有立法实践以及影响艺术市场的因素来看，追续权的创设不会损害艺术品市场。追续权是对艺术家权益的直接增进，能够保障艺术家权益，追续权制度并未违背"首次销售"原则。并且，无论是合同约定，还是公共基金以及政府资助，都无法替代追续权制度。

从现有创设追续权正当性的观点来看，"挨饿的艺术家"、"非常损失"规则、情事变更原则、不当得利规制、价值学说在论证追续权正当性上具有非常重要的意义，这些学说中，有的已经成为推动各国追续权立法的理论依据。不过，这些学说尚无法论证追续权的正当性。"挨饿的艺术家"现象是追续权创设的客观社会现实，这并不能直接推导出创设追续权制度的必要性。"非常损失"规则从未适用于动产交易，而多数艺术品原件属于动产范畴，用"非常损失"规则论证追续权制度的正当性并不具有说服力。艺术品交易并不符合情事变更原则的适用条件，无法适用情事变更原则。价值学说论证追续权正当性的前提与依据都无法成立，并且，价值学说论证追续权正当性会产生新的不公平。

我国创设追续权制度具有正当性，这一正当性来源于对作品使用的补偿以及保障我国艺术家权益的客观要求。由于艺术作品一般仅能承载于作品原件之上，这导致艺术作品与其他作品在作品使用的方式上存在区别，现有的《著作权法》并未考虑艺术作品在作品使用上的特殊性，基于此，追续权的创设能够实现对作品使用的补偿。并且，我国艺术家的作品在海外销售的数量与规模越来越大，考虑到追续权在国与国之间适用的是互惠原则，我国应当规定追续权，以保障我国艺术家在海外能够享有获取追续权益的资格。在当前艺术体制转型的背景下，我国艺术家也需要通过追续权以保障其能从艺术创作中获取利益。

从实施层面上看，追续权制度的运行障碍主要在于艺术品市场所具有的保密性和不透明性，卖家和买家的身份信息通常不对外公开，这使得卖方和买方之外的第三人很难获取艺术品交易信息。这一"信息获取障碍"会对追续权制度的实施造成严重的影响。我国能够应对追续权制度的运行障碍，并控制追续权制度的实施成本。追续权人在我国可以通过拍卖监管部门，也可以通过艺术市场信息平台获取艺术品交易信息。我国已经建立起著作权集体管理制度，未来追续权集体管理组织可由我国美术家、书法家协会发起设立，并且，我国正在逐步探索建立艺术品登记制度，这些措施将保障我国实施追续权制度的可行性。

　　在追续权的权理基础上，追续权具有不可转让性以及非禁止性的特征，这些特征使得追续权有别于现有著作权领域中的排他性权利。追续权的法律关系是一项法定之债，在客体上，追续权的客体为作品，而非作品载体；在主体上，追续权权利主体范围除了作者与作者继承人之外，亦应包含作者的受遗赠人，追续权义务主体为艺术作品原件的出让人；在追续权的内容上，追续权人有权请求追续权义务人向其支付追续金，追续权义务人需要向追续权人履行支付追续金的义务。在权利性质上，追续权不具有人身权属性，追续权不可转让的权利特征的产生是以保障追续权人获取追续权益为前提的，这一特征基于财产利益而产生，其上所保护的并非艺术家的人格利益，而是财产利益。追续权属于对特定作品利用所产生的报酬请求权，应当归入著作财产权的权利体系中。

　　在我国追续权制度的构建上，运行上应当采用强制性集体管理模式，赋予追续权人以信息获取权，探索建立艺术市场信息登记制度。在追续权所适用的交易类型上，现阶段我国追续权应适用于通过公开拍卖方式进行的转售活动，未来立法者可以考虑将追续权扩展适用于艺术市场专业人员参与的转售活动。考虑到追续权属于著作财产权的一种，追续权在权利保护期限、权利救济和溯及力上应当适用《著作权法》规定的著作财产权的一般规则。在权利限制上，从公共利益的角度分析，追续权不适用于针对公共收藏机构的转售；从画廊行业推介艺术品的角度分析，追续权也不适用于特定情形下作品原件的初次转售。为了使我国艺术家能够在国外获得追续金，我国应依据互惠原则对外国作者提供追续权的保护。考虑到追续权属于著作财产权，我国应当在《著作权法》中对追续权条款进行规定。同时，由于追续权在权利运行以及追续金计量上具有复杂性，我国可以将这部分条款放入《著作权法实施条例》中进行细化。

　　[关键词]　追续权；追续金；版权；著作权；制度构建

Abstract

Droit de Suite is an artist right of sharing the interests from the works of resale. As of 2015, 81 countries around the world have created the system of droit de suite. Droit de suite is being developed as a global right. Droit de suite is originated in France in 1920. France was then in the transition period when official Salon collapsed and art market was about to flourish. After losing the support of official sponsorship system, it was difficult for artists to maintain livelihoods. At the same time, art dealers made a fortune by reselling artworks. After the consciousness of artists awakened, The artists demand rights to support its creation. The French legislators took into account creation that the artistic creation was hardly protected by the copyright law, and the French legislators recognized the work was independent from tangible medium. Then droit de suite was created in France. It was the French local society, market, ideas, laws that promote the birth of droit de suite in France.

Droit de suite has a history of nearly a century since its birth. The system has been gradually moving towards unification from the diversity and differentiation, and the development of the system can be divided into early, middle and the recent stages. The early legislation mainly regulate droit de suite in the form of single laws. The majority legislations were lack of operability, but the early legislation has constructed the basic framework of system of droit de suite. As the "Berne convention" created droit de suite, the legislation moved into the middle stage of development. The majority systems were legislated in copyright law. The scope of right was gradually expanded, and the system has the feasibility on the implementation. Since the harmonization of droit de suite in European Union, the system has developped into a new stage. The United States expressed support for the introduction of droit de suite in a official report. WIPO Standing Committee on Copyright and Related Rights (SCCR) has put forward the issues of droit de suite in its official agenda. Many countries which had once opposed the creation of the right of pursuit have also created the system on the national law. The creation of droit de suite is becoming the trend of the national legislation.

The third revision of China's "Copyright Law" is now in the process, in March 2012, the State Copyright Bureau published the "copyright law" draft amendments which rules the droit de suite for the first time in china, but it has caused a lot of controversy. However, combined with the right of renewal theory and legislative practice, we will find the objections untenable. From the point of view on existing legislative practice and the factors that affect the art market, the creation of droit de suite will not harm the art market. Droit de suite will protect the artists' interests, and it does not violate the "first sale" principle. Also, whether it is the contract, or public funds as well as government funding, it can not replace the function of droit de suite.

From the viewpoint of legitimacy, "starving artist" phenomenon, frustration of contract, "very loss" rules, unjust enrichment, doctrine of potential value have very important significance in the argument of legitimacy of droit de suite, some of which have become the basic legislative theory of droit de suite in several countries. However, these theories can not yet demonstrate the legitimacy of droit de suite. "Starving artist" is a phenomenon which reflect the social reality when droit de suite is created in France, and it can not prove the necessity of creating theresale right system. "Very loss" rule never applies to the real estate transaction, while the majority of the original works of art belong to the real estate category, "very loss" rules is not convincing. Art trade does not meet the conditions of application of the principle of frustration. The premise and basis of value theory are proved to be wrong, and the value theory will produce new injustice.

The creation of droit de suite in China is justified. The legitimacy derived from the compensation for use of work and the objective requirements to protect the artists' interests. As works of art in general can only be carried on the original work, which leads to a difference between using work of art and using other kinds of works. The "Copyright Law" does not take this into account, based on this, the creation of droit de suite can realize compensation for the use of works. Meanwhile, Chinese artists' works are being resold all around the world. The droit de suite apply the principle of reciprocity, this means that if China doesn't rule droit de suite, Chinese artists cannot claim droit de suite in those countries which have created droit de suite. In the background of transition of art system, Chinese artists also need droit de suite to obtain benefits from artistic creation.

The major barriers to implement droit de suite lie in the secrecy and opacity of the art market. Sellers' and buyers' identity information is usually not open to the public, which makes the third person outside of the seller and the buyer difficult to obtain information of the art trade. This "information problem" could cause a serious impact on the implementation of the system of droit de suite. China has the ability deal with these obstacles. In China, the owner of droit de suite can get the information of the art trade through the art market information platform or regulatory authorities, and China has established a system of collective management of copyright. China has ability to enforce the system of droit de suite by a copyright collective management organization, which can be established by the association of artists and calligraphers. China is gradually exploring establishment of the art registration system. These measures will guarantee feasibility of the system of droit de suite.

Droit de suite is non-transferable and non-prohibitive, which makes droit de suite is different from the exclusive rights in Copyright Law. The legal relationship of droit de suite is of a statutory debt. The object of droit de suite is work and non carrier of work. The owner of droit de suite should include the author and author heirs—legatee. The owner has the right to request obligor to pay the resale royalties after the original artistic work is resold. Droit de suite doesn't belong to personal rights, and its non-transferable feature is based on the property of interest, non interests of personality. Droit de suite is a right to compensate the use of artistic work, and it shall be included in the system of the economic rights in Copyright Law.

China should create the system of droit de suite. China shall adopt mandatory collective management pattern, creat the right to access information, and explore establish information registration system of art market. Currently, droit de suite shall apply to the resale of public auction. The lawmakers can consider extending scope of application of droit de suite to the resale in which the art market professionals get involved in the future. Taking into account that droit de suite belongs to the economic rights in Copyright Law, the protection period, right remedy and retroactivity of droit de suite shall apply the general rules of Copyright Law.

For the sake of public interest, droit de suite should not apply to the resale to public collections. With the purpose of promoting art gallery industry, droit de suite does not apply to the first resale of original artistic works under certain circumstances. In order to make the Chinese artists get resale royalties in foreign countries, China should adopt the principle of reciprocity and protect droit de suite of foreign authors. China should rule droit de suite in Copyright Law. Meanwhile, some parts of the system of droit de suite are complex, China can regulate these parts of provision of droit de suite in "Copyright Law Implementing Regulations".

Keywords: Droit de Suite; Resale Royalty; Copyright; Droit D'auteur; System Construction

缩略语

《伯尔尼公约》	《保护文学和艺术作品伯尔尼公约》(*Berne Convention for the Protection of Literary and Artistic Works*)
《罗马公约》	《保护表演者、音像制品制作者和广播组织罗马公约》(*Rome Convention for the Protection of Performers, Producers of Phonograms and Broadcasting Organizations*)
《突尼斯版权示范法》	《发展中国家突尼斯版权示范法》(*Tunis Model Law on Copyright for Developing Countries*)
ACS	英国艺术家征收组织(Artists' Collecting Society)
ADAGP	法国图像及造型艺术作者协会(Société des Auteurs dans les Arts graphiques et plastiques)
DACS	英国设计及艺术家版权协会(Design and Artists Copyright Society)
Kulturwerk	德国文化事业组织
SAIF	法国视觉艺术与静态图像作者协会(Société des auteurs des arts visuels et de l'image fixe)
SCCR	世界知识产权组织版权及相关权常设委员会(Standing Committee on Copyright and Related Rights)
SIAE	意大利作者和出版者协会(Societa Italiana degli Autori ed Editori)
Sozialwerk	德国社会事业组织

SPADEM	法国艺术产权和设计及模型协会（Société de la Propriété Artistique et des Dessins et Modèles，SPADEM）又被称为法国艺术财产联盟（Union of Artistic Property）
UNESCO	联合国教育、科学及文化组织（United Nations Educational，Scientific and Cultural Organization），简称联合国教科文组织
VEGAP	西班牙视觉艺术管理组织（Visual Entidad de Gestión de Artistas Plásticos）
VG Bild – Kunst	德国图像艺术集体管理组织（Verwertungsgesellschaft Bild – Kunst）
WIPO	世界知识产权组织（World Intellectual Property Organization）

目　录

导　言

　　追续权是艺术家从作品的转售中分享利益的权利。① 这一权利起源于法国，这与法国长久以来处于世界艺术中心的社会背景有关。从 1920 年诞生起至今，追续权制度已走过近百年的岁月。从总体上看，无论是大陆法系国家，还是英美法系国家，都越来越接受追续权制度。根据《伯尔尼公约》生效 100 周年（1986 年）之际的统计，世界上共有 28 个国家规定了追续权制度，其中包括 26 个《伯尔尼公约》成员国和两个非成员国。② 而仅仅到 1992 年，根据美国版权局当时的统计，世界上已有 36 个国家创设了追续权制度。③ 再到 2013 年，根据美国版权局于 2013 年年底发布的报告，世界上已有 79 个国家创设了追续权制度④，其中包括 28 个欧盟成员国、13 个拉丁美洲国家、16 个非洲国家以及澳大利亚、菲律宾、俄罗斯等国家，追续权制度已经遍及全球。到 2015 年，全球已有 81 个国家创设了追续权制度。⑤ 不到 30 年间，全球创设追续权制度的国家数量增长了两倍还多，可见国际层面上追续权制度立法趋势之迅猛。

　　在这一背景下，中国作家协会副主席、全国政协委员张抗抗在 2010 年3 月召开的全国政协第十一届三次会议上提交了一份提案，提案中包含增加视觉艺术作品追续权的内容，这一提案之所以主张在我国创设追续权制度，是为了使我国艺术家的著作权在海外能够得到有效的保护，由于《中华人民共和国著作权法》（以下简称《著作权法》）中没有追续权的规定，所以我国艺术

---

① ［美］伦纳德·D. 杜博夫：《艺术法概要》，周林、任允正、高宏微译，中国社会科学出版社 1995 年版，第 161 页。

② 郭寿康：《谈美术作品的追续权》，载《美术》1991 年第 3 期，第 42 页。

③ U. S. Copyright Office, *Droit De Suite：The Artist's Resale Royalty*, at ii.（Dec. 1992），available at http：//www. copyright. gov/history/droit_ de_ suite. pdf.

④ U. S. Copyright Office, *Resale Royalties：An Updated Analysis*, app. E（2013），available at http：//www. copyright. gov/docs/resaleroyalty/usco－resaleroyalty. pdf.

⑤ Sam Ricketson, Proposed International Treaty on Droit De Suite/Resale Royalty Right for Visual Artists，245 *Revue Internationale du Droit D'Auteur*. 3，3（2015）.

家无法从国外获取追续金。① 此后，在 2011 年 3 月召开的全国政协第十一届四次会议上，国家知识产权局副局长、全国政协委员李玉光又联合十五位全国政协委员，提交了《关于修改〈著作权法〉的建议》，其中也涉及关于创设追续权制度的内容②。

一、问题的提出

为积极回应社会各界的关切，国家版权局开始着手进行《著作权法》的第三次修改工作，并于 2012 年 3 月公布了《著作权法》修改草案第一稿，其中首次在我国规定了追续权制度。之后公布的《著作权法》修改草案各稿也都规定了追续权制度。草案的第一稿第 11 条第 2 款第 13 项规定，"追续权，即美术作品、摄影作品的原件或者作家、作曲家的手稿首次转让后，作者或者其继承人、受赠人对该原件或者手稿的每一次转售享有分享收益的权利，追续权不得转让或者放弃"。该权利被列为著作权中的财产权利之一。草案的第二稿在第一稿的基础上作了一些改动，将追续权的结构进行了调整，把追续权与著作权并列，这似乎暗示着追续权是归于著作权法调整的对象，但又和一般的著作财产权不一样；此外，追续权的实施范围被限定为拍卖方式。草案的第三稿和送审稿又作了一些调整，把追续权计算的基础限定于原件转售中的增值部分。

在《著作权法》修改草案征集意见的过程中，追续权制度引发了不少争议，并引起了产业界的关注，特别引发了艺术市场从业人员的强烈反对，据周林教授的调研显示，我国艺术拍卖行业中，71.43% 的从业人员对引入追续权制度表示担心。③ 从现有的各方资料上看，我国在是否需要创设追续权制度上的观点也远未形成统一。考虑到我国正在进行的《著作权法》的第三次修改工作，因此，对追续权制度的研究无疑具有时间上的紧迫性。2016 年的全国"两会"上，全国人大代表、中国音乐学院教授吴碧霞进一步呼吁，"希望加快《著作权法》的修改进程，尽快落实赋予作者追续权"④。基于此，本书致力于围绕追续权分析下列问题：

① 张抗抗：《完善"广播权"法 延长摄影作品保护期》，http://ip.people.com.cn/GB/11055818.html，2015-10-2.
② 李玉光：《延长摄影作品保护期，增加追续权》，http://www.cphoto.net/Html/news/zixun/2011/314/11314155920GHI27FHBKF217GE88G2K_2.html，2015-10-2.
③ 周林：《追续权立法及实施可行性调研报告》，http://www.cssn.cn/fx/fx_yzyw/201404/t20140409_1061910.shtml，2015-10-8.
④ 刘栋：《激励创作，"追续权"不应缺位》，载《文汇报》2016 年 3 月 11 日。

（一）追续权制度的缘起与历史演进

亚里士多德曾说，"我们如果对任何事物，对政治或其他问题，追溯其原始而明白其发生的端绪，我们就可获得最明朗的认识"①。研究追续权制度，无疑亦需要对该制度产生的端绪进行分析。法国学者丽莲·皮尔登-福塞特（Liliane de Pierredon-Fawcett）在谈及追续权制度最先创设于法国与比利时的原因时认为，"与其说追续权的出现彰显了法律的进化，还不如说追续权制度的创设是社会与文化环境发生变革的结果"②。沿着这一论证思路，本部分将对追续权诞生之际的法国社会状况进行梳理，探析追续权制度缘起的根源。同时，将回溯追续权制度的不同发展阶段，在此基础上研究追续权立法体系之变迁，探究不同国家追续权立法体系的特点、制度构成、立法调整的对象和范围。

（二）我国是否具备创设追续权制度的正当性

一种制度是否需要创设，不只是厘清这之中的争议性问题，还需要从法的价值理论和法律的内在逻辑中进一步探讨其存在的合理性。从学理上看，法的价值是解决法律是"为了什么"的问题，即法律所追求的目标，属于"应然法"的范畴。在厘清追续权制度缘起的基础之上，本部分将从"应然法"的角度和法律逻辑角度，并运用美学、经济学研究方法分析追续权制度于我国的创设是否具备正当性。

（三）我国是否具备实施追续权制度的可行性

追续权本身作为一项舶来品，即便国外已有较为成功的追续权立法实践，也不意味着追续权制度在我国具备可行性，因此，立法者务必基于我国基本国情考量我国是否具备实施这一制度的可行性。除此之外，法律是商品经济发展的必然产物，是商品交换不可或缺的调整机制，商品经济愈发展，社会对法的要求就愈多，法律制度的不断更新与完善又会对商品经济施以更有效的影响。结合到追续权制度的可行与否，我国立法者必须对追续权制度背后的艺术品市场有所了解，若追续权制度的实施脱离了我国艺术品市场的现状，那么追续权入法将成为无本之木、无源之水。

（四）追续权制度的权理基础

作为一种法律制度，追续权制度起源于法国，后来逐渐为德国、意大利等

---

① ［古希腊］亚里士多德：《政治学》，商务出版社 1997 年版，第 123 页。

② Liliane de Pierredon-Fawcett：*The Droit de Suite in Literary and Artistic Property*，*A Comparative Law Study*，published by Center for Law and the Arts，Columbia University School of Law，1991，p. 4.

国家所创设。按照刘波林先生的统计，目前至少有 80 个国家在民法典或著作权法中规定了该项权利。① 从总体上看，无论是大陆法系国家，还是英美法系国家，追续权制度都越来越被接受。在近百年历史的实践中，追续权制度逐步形成了完整的法律体系，各国关于追续权体系的认识也从最初的多样与分化逐步走向统一与成熟。本部分将回溯追续权制度的不同发展阶段，对比各国在追续权制度上的共性与不同之处，在此基础上研究追续权立法体系之变迁，探究追续权立法体系的权利性质、特征以及追续权的权利义务关系，旨在为我国创设追续权制度的制度设计做好铺垫。

（五）我国创设追续权制度的制度构建

正在审议中的《著作权法》修改草案已经规定了追续权制度，纵观修改草稿第一、二稿以及送审稿，其中已经规定了追续权的主体、客体、行使范围等。但总的来看，其中关于追续权的规定还非常笼统，很多细节还未做明确规定，并且，修改草案中的规定是否符合追续权之法理以及是否具有实施可行性尚有待分析。建立在前文论述的基础之上，本部分试图构建一个兼顾制度原理与运行效率的我国追续权体系，并提出具体的制度设计稿，以为我国创设追续权制度提供参考。

二、追续权及相关概念阐释

博登海默认为："没有限定严格的专门概念，我们便不能理性和清楚地思考法律问题。"② 可以说，科学地界定追续权概念是研究追续权制度的逻辑起点。在此基础上，为了厘清追续权与其他概念间的关系，并为下文做好铺垫，还需要对追续权制度下的追续金、艺术家及艺术作品概念进行阐释。

（一）追续权

追续权这一称谓源于法语"Droit de Suite"一词，在英文中主要写为"Resale Right"或"Resale Royalty Right"，亦有人称之为"Right of Pursuit""Follow-up Right""Right of Following on"或"Arts Proceeds Right"。③ 追续权在德语中的表述为"Folgerecht"，在意大利语中称为"Diretto de Sequencia"。

---

① 李雨峰：《我国设立追续权制度的必要性》，载《中国版权》2012 年第 6 期，第 11 页。

② ［美］E. 博登海默：《法理学、法律哲学与法律方法》，邓正来译，中国政法大学出版社 2004 年版，第 504 页。

③ Sam Ricketson and Jane Ginsberg, *International Copyright and Neighboring Rights：The Berne Convention and Beyond*, 2 vols., Oxford University Press, 2006, p. 669.

按照世界知识产权组织出版的《著作权与邻接权法律术语汇编》中的定义，追续权指的是"一些著作权法赋予的一种不可转让的权利，在作者死亡后，以由作者及其继承人，或由法律授权的其他机构，在保护期内要求分享美术作品的原件每次公开转售的收益。这一权利也可能延及原始手稿的公开转售"①。

值得注意的是，考虑到翻译难以传达概念的原始含义，许多非法语国家的学者在研究追续权问题上亦直接使用"Droit de Suite"一词。根据其外文称谓，中文翻译除译为追续权之外，还有学者译为"延续权"②、"后续权"③、"转售权""转卖提成费"④ 或"版税权"⑤。目前国内学者普遍使用追续权一词，本次《著作权法》修正案中第一稿亦使用了"追续权"一词。法语"Droit de Suite"可直接翻译为追随作品的权利，相较于"延续权""后续权"两词，"追续权"一词更能反映出"Droit de Suite"的真实含义，并且，"转售权""转卖提成费""版税权"三词都源于英文，其英文表达即难以体现"Droit de Suite"一词的含义，因此，本文也使用追续权的表述。

据郑成思教授的探究，追续权这一称谓并非来源于著作权法领域，而是"借用了"《法国民法典》关于不动产所有权人对其不动产作为质权标的物所享有的"追索权"或"求偿权"的用语⑥。现行的《法国民法典》在三处使用了追续权（droit de suite）一词，分别为第2025条⑦、第2464条⑧以及第2475条⑨的规定。

---

① 世界知识产权组织编：《著作权与邻接权法律术语汇编》，刘波林译，北京大学出版社2007年版，第13页。

② ［西］德利娅·利普希克：《著作权与邻接权》，联合国教科文组织译，中国对外翻译出版公司2000年版，第160页。参见韦之、杨红菊：《〈伯尔尼公约〉中的国民待遇原则之例外》，载《知识产权》1997年第4期，第47页。

③ ［德］M. 雷炳德：《著作权法》，张恩民译，法律出版社2005年版，第286页。

④ ［美］伦纳德·D. 杜博夫：《艺术法概要》，周林、任允正、高宏微译，中国社会科学出版社1995年版，第161页。

⑤ ［美］罗伯特·考特、托马斯·尤伦：《法和经济学》，张军译，上海人民出版社1994年版，第162页。

⑥ 郑成思：《著作权的概念及沿革》，中国国际广播出版社1991年版，第80页。

⑦ "除有欺诈托管人的债权人权利之情形外，只有因保管或者管理托管财产而产生的债权的持有人才能扣押已设立托管的财产，但是不影响托管人的债权人所享有的与托管合同订立之前进行了公示的担保相关的追及权。"《法国民法典》，罗结珍译，北京大学出版社2010年版，第478页。

⑧ "如果持有不动产的第三人没有全部履行这些义务中的任何一项义务，对该不动产享有追续权的每一个债权人，均有权按照本法典第三卷第19编规定的条件申请扣押并出卖该不动产。"同上注，第550页。

⑨ "如果在设置抵押权的不动产出卖时已经登录的所有债权人与债务人约定买卖的价金将用于清偿他们的债权或其中某些债权之全部或一部，这些债权人可就价金行使优先受偿权，并且可以据以对抗该价金的任何受让人以及任何对价金债权实行扣押的债权人。""由于此种清偿所产生的效果，不动产即可清除与抵押权相关联的追及权。"同上注，第551页。

不过，根据国外学者的研究，追续权（droit de suite）一词源于《法国民法典》第 2276 条（原第 2279 条）[1]，即便物的占有发生流转，物权人依旧可依据追续权向物的占有人请求返还财产[2]。这一条款规定，"在动产方面，占有即等于所有权证书。但是，丢失物品的人或者物品被盗的人，自其物品丢失或被盗之日起三年以内，得向现时持有该物品的人请求返还，该持有物品的人得向其取得该物的人请求赔偿"[3]。这一请求追还动产的权利即为追续权。

这一规则最初来源于罗马法，罗马法对待动产如同对待不动产，准许追还动产，并适用这样一条逻辑规则："任何人均不得转让超过自己原有的权利"。只要占有人还没有因为时效取得动产所有权，动产所有权人都可以针对占有人请求返还其动产。至于丢失物或者被盗物，即使是善意取得人，也不能因为时效取得他们的所有权。这意味着，不论谁是占有人，丢失物或被盗物的所有权人始终有权从占有人手中追还其物。在动产流通并不繁荣的社会里，这样的规定已经足够。[4]

该条文共有两款，第一款规定在于确保商业交易的安全，在正常条件下保护对动产实行了占有的人。根据法国民法的司法实践，这一占有也需要同时具备相应的条件：第一项要求是该占有须为"以所有权人的名义"的占有，须为实际的占有（现实占有），还须为"没有瑕疵的占有"（absence des vices），第二项条件是占有人主观应为善意。正基于此，当请求追还动产的人面对一个在原则上受到"在动产方面，占有即等于所有权证书"规制之保护的善意占有人时，只有在特殊的情况下才能准许其提出返还动产之诉，并且，只要有可能，就应当让善意占有人的地位稳定下来，为此，只有在三年期间内才能针对善意占有人提前动产归还之诉，这三年期间自动产丢失或者被盗窃之日起算。[5]

1893 年 2 月 25 日，Albert Vaunois 于《巴黎纪事》（La Chronique de Paris）发表的文章中首次将追续权这一概念引入艺术领域。[6] 由于各国在追续权的适用对象、计量基础等方面的规定各不相同，因此追续权在世界范围内并没有统一的定义，各国对追续权的定义存在差别。总的来看，目前有以下两种定义方

---

[1] Rita E. Hauser, The French Droit de Suite: The Problem of Protection for the Underprivileged Artist under the Copyright Law, 11 *Copyright L. Symp.* 1, 5 (1959).

[2] Liliane de Pierredon-Fawcett: *The Droit de Suite in Literary and Artistic Property*, *A Comparative Law Study*, published by Center for Law and the Arts, Columbia University School of Law, 1991, p. 3.

[3] 《法国民法典》，罗结珍译，北京大学出版社 2010 年版，第 498 页。

[4] ［法］弗朗索瓦·泰雷、菲利普·泰勒尔：《法国财产法》，罗结珍译，中国法制出版社 2008 年版，第 514 页。

[5] 同上注，第 510 - 515 页。

[6] Liliane de Pierredon-Fawcett: *The Droit de Suite in Literary and Artistic Property*, *A Comparative Law Study*, published by Center for Law and the Arts, Columbia University School of Law, 1991, p. 2.

法：第一种方法是采用具体制度的详细表述对追续权进行定义。由于立法规范的严谨性，这种方法主要意在对追续权的外部构成进行界定，是一种从权利外延上对追续权的阐释。如法国《知识产权法典》L. 122-8 条第一款的定义为："尽管作品的原件已转让，平面及立体作品的作者，对拍卖或通过中间商转卖该作品所得收益有不可剥夺的分享权"①；又如《伯尔尼公约》第 14 条之三规定："对于艺术作品原作和作家与作曲家的手稿，作者或作者死后由国家法律所授权的人或机构享有不可剥夺的权利，在作者第一次转让作品之后，有权从该作品的任何后续出售中分享利益"。② 第二种方法是采用概括性表述对追续权进行定义，多由学者所提出，这种方法主要是对追续权的权利内涵进行界定，对权利的外延没有做详尽的界定。如伦纳德·D. 杜博夫认为，"追续权即是艺术家从作品的转售中分享利益的权利"③。吴汉东教授认为，"追续权的基本含义是：当艺术作品被再次出售后，如果购买人转售他人的价格高于购买时支付的金额，则该作品的作者有权从此差额中分享一定比例的金额"④。

我国《著作权法》修法过程中，修正草案第一稿明确了追续权的称谓，但在修正草案第二、三稿中并未继续使用追续权这一称谓，而是直接规定追续权的内容，《著作权法》修正草案送审稿第 12 条直接规定："美术、摄影作品的原件或者文字、音乐作品的手稿首次转让后，作者或者其继承人、受遗赠人对原件或者手稿的所有人通过拍卖方式转售该原件或者手稿所获得的增值部分，享有分享收益的权利"。由此可见，我国《著作权法》采用第一种方法对追续权进行定义，详细地界定了权利的外延。

（二）追续金

法文中"Droit de Suite"除表达追续权的含义之外，法国立法者还用该词指代追续权的权利主体行使追续权所获取的经济利益数额⑤，在英文中的表述

---

① 《十二国著作权法》，《十二国著作权法》翻译组译，清华大学出版社 2011 年版，第 73 页。

② 刘波林译：《保护文学和艺术作品伯尔尼公约（1971 年巴黎文本）指南》，中国人民大学出版社 2002 年版，第 72 - 73 页。

③ ［美］伦纳德·D. 杜博夫：《艺术法概要》，周林、任允正、高宏微译，中国社会科学出版社 1995 年版，第 161 页。

④ 吴汉东主编：《知识产权法》，中国政法大学出版社 1999 年版，第 85 页。

⑤ Décret n°2007 - 756 du 9 mai 2007. Pris pour l'application de l'article L. 122-8 du code de la propriété intellectuelle et relatif au droit de suite. Art. R. 122-5. - Le taux du droit de suite est égal à 4% du prix de vente tel que défini à l'article R. 122-4 lorsque celui - ci est inférieur ou égal à 50 000 euros. Lorsque le prix de vente est supérieur à 50 000 euros, le droit de suite est fixé comme suit... （当转售金额低于 50 000 欧元时，追续金的计提比例为 4%，追续金为转售金额的 4%；当转售金额超过 50 000 欧元时，追续金按下列方法计算…）

为"Resale Royalty"。根据外文含义，有学者翻译为"追续金"①，也有学者译为"后续权报酬"②"追续权权利金"③。因此，为了彰显与追续权之间的联系，同时考虑到避免概念的复杂化，相较于其他表述，采用追续金一词无疑更为合适。追续金具体数额的计量还需要两个前提要素，即追续金的计量基础和计提比例。当然，不同的国家采用了不同的计量基础与计提比例，但只要能确定这两个要素，追续权人都可以计算出其能够获取的追续金数额，下文还将展开对追续金的计量方法进行分析。

（三）艺术家与艺术作品

从国内外现有的立法上看，在很多时候，立法者直接用艺术家（artiste）指代艺术作品的作者，如法国《知识产权法典》L. 122 – 8 条追续权条款中直接规定"本条的作品原件是指，由艺术家亲自创作的作品，以及由艺术家亲自或在其指导下完成的限量版作品"。国内外学者有时更是直接将追续权权利主体规定为艺术家，如伦纳德·D. 杜博夫认为，"追续权即是艺术家从作品的转售中分享利益的权利"④。由此可见，在追续权语境下，为了表述上的简便，追续权权利主体时常在使用中用艺术家进行指代，本书亦采用此种指代方法。但需要注意的是，追续权语境下的艺术家并不是传统意义上的艺术家，不包括音乐家、戏剧家、作家，仅指的是从事视觉艺术活动的创作者。

此外，从多数创设追续权制度的国家看，追续权所适用的作品类型一般限定为艺术作品（Works of Art）⑤。根据世界知识产权组织在《著作权与邻接权法律术语汇编》中的定义："艺术作品是一类用于引起其感知者的审美意识的创作，包括颜料画、绘画、雕塑、版刻，在若干著作权法中还包括建筑作品和摄影作品。虽然在一些国家，音乐作品被认为是一类特殊的受保护作品，但在很多著作权法中，艺术作品的概念也涵盖音乐作品。在大多数国家的立法中，

---

① 张耕、施鹏鹏：《法国著作权法的最新重大改革及评论》，载《比较法研究》2008 年第 2 期，第 123 页。

② ［德］M. 雷炳德：《著作权法》，张恩民译，法律出版社 2005 年版，第 288 页。

③ 李明德、闫文军、黄晖、邱中林：《欧洲知识产权法》，法律出版社 2010 年版，第 271 页。

④ ［美］伦纳德·D. 杜博夫：《艺术法概要》，周林、任允正、高宏微译，中国社会科学出版社 1995 年版，第 161 页。

⑤ World Intellectual Property Organization and United Nations Educational, Scientific and Cultural Organization, *Study on Guiding Principles Concerning the Operation of "Droit de Suite" at 5 (1985)*, available at http://unesdoc. unesco. org/images/0006/000660/066003eb. pdf.

实用艺术作品同样被列入这类作品中"①。美术作品被视为艺术作品最主要的组成部分，如德国《著作权法》即将追续权适用的作品类型限定为美术作品。

（四）对缩略语的说明

为了简化表述，本书有些部分直接使用了缩略语，这里对这些缩略语与其所特指的对象进行说明：

《伯尔尼公约》：《保护文学和艺术作品伯尔尼公约》（*Berne Convention for the Protection of Literary and Artistic Works*）；

《罗马公约》：《保护表演者、音像制品制作者和广播组织罗马公约》（*Rome Convention for the Protection of Performers, Producers of Phonograms and Broadcasting Organizations*）；

《突尼斯版权示范法》：《发展中国家突尼斯版权示范法》（*Tunis Model Law on Copyright for Developing Countries*）；

WIPO：世界知识产权组织（World Intellectual Property Organization）

SCCR：世界知识产权组织版权及相关权常设委员会（Standing Committee on Copyright and Related Rights）；

UNESCO：联合国教育、科学及文化组织（United Nations Educational, Scientific and Cultural Organization），简称联合国教科文组织；

SPADEM：法国艺术产权和设计及模型协会（Société de la Propriété Artistique et des Dessins et Modèles），SPADEM 又被称为法国艺术财产联盟（Union of Artistic Property）；

ADAGP：法国图像及造型艺术著作人协会（Société des Auteurs dans les Arts graphiques et plastiques）；

VGBild - Kunst：德国图像艺术集体管理组织（Verwertungsgesellschaft Bild - Kunst）；

Sozialwerk：德国社会事业组织；

Kulturwerk：德国文化事业组织；

DACS：英国设计及艺术家版权协会（Design and Artists Copyright Society）；

ACS：英国艺术家征收组织（Artists' Collecting Society）；

SIAE：意大利作者和出版者协会（Societa Italiana degli Autori ed Editori）；

---

① 世界知识产权组织编：《著作权与邻接权法律术语汇编》，刘波林译，北京大学出版社 2007 年版，第 13 页。

VEGAP：西班牙视觉艺术管理组织（Visual Entidad de Gestión de Artistas Plásticos）。

三、研究意义

追续权制度虽创设已近百年，但我国围绕这一主题研究的历史较为短暂，具有深度的研究成果也较为有限，本书的研究能够弥补现有研究在理论层面的缺憾，具有理论意义。并且，通过结合我国艺术体制转型与追续权制度间的内在关系，本书围绕追续权制度的研究将能够为我国艺术家破解体制转型下的困境提供指引，具有现实意义。

（一）理论意义

我国围绕追续权这一主题的研究肇始于《著作权法》颁布的1990年，但此后直至《著作权法》启动第三次修改之际，20余年间，我国关于这一主题的研究寥寥无几。与此同时，国外创设追续权制度的国家在这一时间段内增长了一倍还多，围绕追续权制度的认识也逐步走向统一与成熟，即便是一向对追续权持反对态度的美国，也在2013年年底发布的报告中转变了态度，表示了对引入追续权制度或类似替代制度的欢迎。①

我国在《著作权法》启动第三次修改之后，随着修改草案规定了追续权制度，围绕这一主题的研究急速升温，法学学者、艺术家、艺术市场从业人员纷纷围绕追续权发表观点，一时间杂志、报刊上有关追续权的热点论文层出不穷。但客观而言，我国自2012年起才开始展开对追续权制度较为系统的研究，相较于海外数十年间的研究，我国关于这一主题的研究依旧处于起步阶段。若除去相当大比例的"跟风而作"的热点论文，我国对于追续权制度进行研究的佳作非常有限，尚缺乏对追续权缘起的原因以及追续权权利的正当性进行深入思考的著作。同时，我国在是否需要创设追续权制度上争议极大，据周林教授的调研显示，我国艺术拍卖行业中71.43%的从业人员对引入追续权制度表示担心。② 基于此，本书力图弥补追续权制度理论研究之缺陷，厘清围绕追续权制度的争议。并且，本书力图从法学、美学、经济学等多学科视角论述追续权的正当性，在研究视角与方法上具有创新性。在此基础上，对比各国追续权

① U. S. Copyright Office, *Resale Royalties: An Updated Analysis* (2013), available at http://www.copyright.gov/docs/resaleroyalty/usco-resaleroyalty.pdf

② 周林：《追续权立法及实施可行性调研报告》，http://www.cssn.cn/fx/fx_yzyw/201404/t20140409_1061910.shtml，2015-10-8。

制度的立法体系，为我国创设追续权制度提供建议。因此，本书的研究具有理论意义。

（二）现实意义

追续权制度在法国诞生之时，正伴随着法国官方资助体系的衰亡与艺术市场的兴起，艺术家在失去国家保障之后，不得不选择进入艺术市场，参与市场竞争。在这一社会转型过程中，法国艺术家由于难以通过艺术市场维持生计，于是逐渐出现了"挨饿的艺术家"（the Starving Artist）现象，其中，法国著名画家米勒的后人甚至流落巴黎街头以卖花为生①，而与此同时，当时法国的艺术品交易商却通过转售画家的作品获得惊人的利润。通过法国媒体的报道与渲染，这一现象逐步为法国公众所知悉，从而推动了追续权制度在法国的产生。由此可见，追续权制度的缘起与艺术家收入分配的调整有着直接的关联。

与当年创设追续权时的法国相类似的是，我国也正处于艺术体制转型时期。新中国成立之后，相当长的时间段内，我国艺术家在收入上得益于国家体制的保障。在改革开放后，随着传统计划经济体制的变更，新的体制外的艺术家逐渐进入艺术市场，参与市场竞争，原有体制内的艺术家也受艺术体制转型的影响，不得不进入艺术市场。2011 年党的十七届六中全会通过的《中共中央关于深化文化体制改革、推动社会主义文化大发展大繁荣若干重大问题的决定》明确提出，"发挥市场在文化资源配置中的积极作用"。2012 年发布的《国家"十二五"时期文化改革发展规划纲要》更是指出，"在国家许可范围内，要引导社会资本以多种形式投资文化产业，参与国有经营性文化单位转企改制"。在这一背景下，我国艺术家也面临着与当时法国的艺术家相类似的生活困境。结合法国与我国的艺术体制转型状况，围绕追续权制度的研究将能够为我国艺术家破解体制转型下的困境提供指引，因此具有现实意义。

四、研究方法

一般认为，方法是人们为了解决某种问题而采取的特定活动方式。对于追续权制度的研究而言，法学研究方法无疑具有重要的价值，但考虑到权利客体自身所具备的美学价值以及艺术品所具有的正外部性，单纯的法学研究方法尚不足以支撑全部的论证过程。因此，本书综合了法学、美学、经济学等多种研究方法，以期通过多个视角探析追续权制度的本质，并提出问题的解决方案。

---

① Rita E. Hauser, The French Droit de Suite: The Problem of Protection for the Underprivileged Artist under Copyright Law, (1962) 11 *Copyright L. Symp.* 1, p. 1.

（一）历史分析方法

霍姆斯大法官曾说，"一页纸的历史抵得上一卷书的逻辑推理"（a page of history is worth a volume of logic）[1]，对历史的回顾已经成为学术研究中一项基本的研究方法。本书通过运用历史分析方法，对追续权制度缘起于法国的社会、思想、市场、制度等因素进行回溯，并探究追续权制度产生之根源，这一逻辑进路也为后文论述追续权之正当性奠定了基础。在追续权体系分析中，本书再次运用历史分析方法对追续权在各国的立法进程进行梳理，并着重分析了不同时期内具有代表性的追续权立法体系，为最后提出创设我国追续权制度的具体制度设计起到积极的借鉴意义。

（二）法律解释方法

梁慧星教授认为，法律解释学的方法包括狭义的法律解释方法与广义的法律解释方法，前者指用来明确法律文本的内容意义、构成要件、适用范围和法律效果的各种解释方法，后者除包含前者之外，还包括用来补充漏洞的各种方法，如目的性扩张等方法。[2] 本书采用的是广义的法律解释方法。通过运用法律解释方法，本书对著作权法体系进行分析，进而通过扩张性解释追续权制度存在的正当性。并且，通过对我国《宪法》《著作权法》中相关条款的解读，可以看出我国已经要求对艺术创作活动进行保护，倘若我国对艺术创作活动的保护不力，势必有违这些条款的逻辑内涵，这也是为法律所禁止的。

（三）美学研究方法

美学学科的创设，自德国哲学家鲍姆加通于 1750 年提出以来，至今不过 250 余年，但始自柏拉图的美学思想已有 2000 多年的历史。美学属于人文学科，从大的范围来说，它的研究对象是人的生活世界，是人的意义世界和价值世界，美学与艺术、艺术史等学科具有紧密的联系，艺术是人类审美活动的一个重要领域。[3] 通过运用美学的研究方法，可以对艺术品的美学价值进行分析，并领悟艺术品欣赏者的审美过程，进一步论证艺术欣赏在发现艺术品美学价值方面的重要性。

（四）比较法

作为社会科学研究中必不可少的方法，比较法指的是"借用相关参照事

---

① New York Trust Co. v. Eisner 256 U. S. 345, 349 (1921).

② 梁慧星：《论法律解释方法》，载《比较法研究》1993 年第 1 期，第 47 页。

③ 叶朗：《美学原理》，北京大学出版社 2009 年版，第 18 页。

实或物体，对特定事物进行对比性、对应性研究与分析，以加深对这一现象的认知"①。通过运用比较法，本书对不同国家间的追续权制度进行比较，从中分析出追续权制度在体系上的共性与个性。当然，比较研究的结果并不是单纯照搬国外的制度条款，而是通过比较认识到不同国家在不同制度安排背后的考量因素，以结合我国实际，为我国追续权制度的创设提供借鉴。

（五）经济学研究方法

追续权具有财产价值属性，这使得经济学分析方法对追续权制度的研究具有了更为重要的意义。从艺术经济学的角度分析，艺术品具有非常强的正外部性，即一个人的行为会对他人的利益造成积极的影响。而当外部性存在时，一种商品的价格不一定反映其社会价值，结果生产可能太多或太少，从而使得市场结果无效率。② 沿着这一逻辑思路分析，可以发现艺术创作的正外部性需要补偿，而政府的直接补贴会减损消费者福利，若通过追续权制度运用市场对艺术创作进行补偿，在福利层面上无疑更具正当性。

（六）法哲学研究方法

一般认为，法哲学是关于法律本质属性和最基本理论的科学。对追续权制度进行法哲学分析，实际是从高度抽象的法学理念角度出发，对追续权制度的正当性进行理性分析，并在此基础上，进一步探析追续权的客体与权利特征，以确定追续权在权利体系中的位置。

五、文献综述

正如斯托雷法官在 160 多年前所说："从抽象意义上看，在真理、文学、科学和艺术中，几乎没有什么是真正全新和原创的。所有的文学与艺术作品以及科学成果都必然要借用以及使用前人的创造成果。"③ 因此，回顾追续权制度研究的历史，并总结追续权研究要点，对于加深对这一制度的了解与认识而言，无疑具有重大的现实意义。追续权制度自 1920 年于法国诞生以来已有近百年的历史，除了追续权制度自身的变革外，围绕追续权制度的研究亦不断发展与深化，从早年的法语资料扩展到德文、英文语境下的研究，这也促进了追续权制度在全球范围内的普及。

---

① 何敏：《知识产权基本理论》，法律出版社 2011 年版，第 7 页。

② ［美］罗伯特·S. 平狄克、丹尼尔·L. 鲁宾费尔德：《微观经济学》，中国人民大学出版社 2009 年版，第 603 页。

③ Emerson v. Davies, 8F. Cas. 615 (1845).

（一）国外追续权研究历史的演进

追续权制度起源于法国，逐渐扩展至全球，也正基于此，国内外围绕追续权制度的研究存有一个递进关系。早期的资料基本以法语为主，最早关于追续权的研究源于 1893 年 2 月 25 日，阿尔伯特·沃努瓦（Albert Vaunois）于《巴黎纪事》（*La Chronique de Paris*）发表的文章中首次将法国财产法中的追续权概念引入艺术领域。① 之后的 30 年间，特别是在法国创设追续权制度的前后，逐渐形成一些较为系统的法语研究资料。② 这一时期的英文资料极少，而法语在国际上的地位在第一次世界大战结束后逐渐为英语所代替，也间接导致了追续权概念在传播上的局限性。在第二次世界大战结束之后，随着《伯尔尼公约》在 1948 年布鲁塞尔会议上引入追续权制度，追续权制度的研究也日趋国际化。同年，法国艺术财产联盟秘书长 J. L. 迪舍曼（J. L. Duchemin）所著的《艺术家追续权》（*Le Droit De Suite Des Artistes*）一书出版③，首次较为系统地介绍了追续权制度。

英文语境下对追续权制度的早期研究来自法国学者以及那些曾在法国学习的英美学者。法国学者如罗伯特·普莱森特（Robert Plaisant）教授，是最早在美国发表与追续权制度相关英文论文的法国学者之一④，又如前联合国教科文组织版权司负责人弗朗索瓦·赫普（François Hepp）⑤。非法国作者中最典型的代表为曾在法国获得博士学位的丽塔·E. 霍瑟（Rita E. Hauser）⑥，其于 1959 年发表的论文首次向英语国家系统地介绍了追续权制度于法国的起源与发展⑦，这一论文也成为现今研究追续权制度中引证次数最多的文章之一。

之后随着美国加利福尼亚州于 1976 年规定追续权制度以及欧盟在 20 世纪

---

① Liliane de Pierredon-Fawcett：*The Droit de Suite in Literary and Artistic Property*，*A Comparative Law Study*，published by Center for Law and the Arts，Columbia University School of Law，1991，p. 2.

② 具有代表性的资料有 Benoit，Etude Sur La Protection Legale de La Propriete Artistique，1913；Cabriilac，La Protection De La Personalite De Lvecrivain ET de L'Artiste，1926；J. L. Duchemin，Le Droit de Suite des Artistes，Sirey，1948；Weiss，Rapport Sur Le Droit de Suite，1929.

③ J. L. Duchemin，*Le Droit de Suite des Artistes*，Sirey，1948.

④ Robert Plaisant，*The French Law on Proceeds Right*：*Analysis and Critique in Legal Protection for the Artist IV*（*M. Nimmer ed. 1971*）. Also see Robert Plaisant，*Droit de Suite and Droit Moral under the Berne Convention*，11 Colum. – VLA J. L. & Arts 157（1986）.

⑤ François Hepp，*Royalties from Works of the Fine Arts*：*Origin of the Concept of Droit de Suite in Copyright Law*，6 Bull. Copyright Soc'y U. S. A. 91（1958）.

⑥ Rita E. Hauser 女士于 1934 年出生于美国纽约，她非常熟悉法国制度，早在研究生期间便在法国从事研究工作，后在法国斯特拉斯堡大学获得政治经济学博士学位。

⑦ Rita E. Hauser，The French Droit de Suite：The Problem of Protection for the Underprivileged Artist under the Copyright Law，11 *Copyright L. Symp.* 1（1959）.

70 年代开始考虑统一欧盟境内的追续权立法，围绕追续权制度的研究日益丰富，并呈现多样化的趋势，各国学者开始根据自身国家的国情考虑是否引入追续权制度。这一阶段最著名的研究成果为法国学者丽莲·皮尔登 – 福塞特（Liliane de Pierredon-Fawcett）于 1991 年出版的《文学与艺术财产下的追续权》一书①，该书是作者在法国巴黎南部大学（巴黎十一大）的博士论文基础上形成的，原版为法语著述，后经由路易斯·马丁瓦利克特（Louise Martin-Valiquette）翻译为英文。据笔者统计，该书也是目前西方学者研究追续权制度所必引证的著作，其影响力可见一斑。已故的美国前版权局局长芭芭拉·林格（Barbara Ringer）女士对该著作有极高的评价，早在该书于美国出版之际，她便在书评中指出，该书"促进了版权体系和艺术财产体系间的沟通，并向美国读者完整、清晰地阐述了追续权这一主题"②。

近年来，随着欧盟统一追续权立法，昔日反对创设追续权的国家陆续在国内法中规定追续权，围绕追续权的研究从单纯研究一国追续权立法逐渐发展为三个研究方向。第一个方向是继续讨论追续权在一国国内法上的创设问题，这主要是美国③、日本④等少数尚未规定追续权的国家的研究方向；第二个方向是研究追续权制度在实施过程中所产生的问题与应对措施，这主要是已经创设追续权制度的国家的研究方向，如欧盟各国⑤；第三个方向是讨论在国际公约层面规范追续权的可能性⑥，随着越来越多的国家规定追续权，以及世界知识

---

① Liliane de Pierredon-Fawcett：*The Droit de Suite in Literary and Artistic Property*，*A Comparative Law Study*，published by Center for Law and the Arts，Columbia University School of Law，1991.

② Barbara Ringer，*Book Review of the Droit de Suite in Literary and Artistic Property*，16 Colum. – VLA J. L. & Arts 247，250（1991 – 1992）.

③ Pasharikov，Jacqueline，Edvard Munch's the Scream Screams for Droit de Suite：Why Congress Should Enact a Federal Droit de Suite Statute Governing Artists' Resale Rights in the United States，*University of Florida Journal of Law and Public Policy*，Vol. 26，Issue 3（December 2015），pp. 383 – 416. Also see Janevicius，Michelle，Droit de Suite and Conflicting Priorities：The Unlikely Case for Visual Artists' Resale Royalty Rights in the United States，*DePaul Journal of Art*，*Technology and Intellectual Property Law*，Vol. 25，Issue 2（Spring 2015），pp. 383 – 428.

④ 在日本，最早介绍追续权的论文参见千野直邦：《追及権（Le Droit de Suite）の沿革》，《著作権研究》，著作権法学会編．（通号 5）1973. 03. 00. 51 ~ 80，近年来，日本系统研究创设追续权的论文可参见小川明子：《追及権による美術の著作者の保護：追及権制定の背景と発展の可能性》，早稲田大学博士論文［2010］.

⑤ Emilia Von Bardeleben，Impérativité internationale du droit de suite en matière de droit d'auteur Communication Commerce électronique n° 12，Décembre 2014，étude 21. Alao see Nadine Prod'Homme Soltner，L'Art et la manière... de s'exonérer du droit de suite，Revue Lamy Droit de l'Immatériel – 2009，49. Choralyne Dumesnil，Le droit de suite：quelles perspectives pour demain？*Revue Lamy Droit de l'Immatériel* – 2010，62.

⑥ Sam Ricketson，Proposed International Treaty on Droit De Suite/Resale Royalty Right for Visual Artists，*245 Revue Internationale du Droit D'Auteur.* 3，3（2015）.

产权组织版权及相关权常设委员会（SCCR）将追续权纳入工作议程①，这一方向也成为最新的追续权研究视角。

（二）我国追续权研究历史的演进

从我国的研究来看，最早提出追续权的，是已故中国美术家协会主席吴作人先生。1990 年 9 月 17 日，我国《著作权法》通过后仅仅十日之际，吴先生便在国家版权局组织的一次研讨会上提到了《著作权法》没有规定追续权的缺憾，并郑重提出对追续权进行研究②。最初论述追续权的学者为郑成思教授与郭寿康教授，在 1990 年 12 月 11 日举行的关于美术作品著作权保护的座谈会上，两位教授都提出了各自的观点，论证创设追续权制度的正当性③。彼时我国的《著作权法》刚刚通过不到四个月，也可见两位教授在立法上的前瞻性。在这之后直至国家版权局进行《著作权法》第三次修改工作之时的近 20 年间，我国关于追续权制度的研究几乎陷入停滞，仅有不到十篇文章发表。国家版权局于 2012 年 3 月公布了规定追续权制度的《著作权法》修改草案第一稿之后，我国关于追续权制度的研究热情迅速升温，短短数年间便有数十篇论文发表，这些论文既来自法学领域的学者、研究生，又来自艺术家群体与艺术品市场从业人员，在研究视角上具有多样性。

但客观而言，作为舶来品，追续权制度在我国对大多数人来说仍显得相对生疏，特别是在艺术领域。周林教授曾组织人员对北京艺术界进行追续权的立法调研，结果显示，受调研的艺术家中，没有一位艺术家较为了解追续权，听说过追续权的占比为 34%，从不知晓的占比为 66%，绝大多数艺术家从没有遇到过立法机构向其征询意见。④ 此外，我国自 2012 年起才开始展开对追续权制度较为系统的研究，相较于海外数十年间研究的成果，我国的研究依旧处于起步阶段。若除去相当大比例的"跟风而作"的热点论文，我国对于追续权制度进行深入思考的佳作非常有限。

并且，由于认识不足，我国关于追续权的研究中充斥着一些缺乏依据的观点。例如，中关村知识产权战略研究院执行院长裘安曼先生曾谈到，追续权在

① 《版权及相关权常设委员会第三十二届会议议程草案》，http://www.wipo.int/edocs/mdocs/copyright/zh/sccr_ 32/sccr_ 32_ 1_ prov. pdf. 2016 – 3 – 8。

② 吴作人：《加强法制意识，保护美术家合法权益》，载《法制日报》1990 年 10 月 3 日。

③ 两位教授在该会议上的发言参见郑成思：《美术作品版权的特殊问题》，载《美术》1991 年第 3 期，第 42 页。郭寿康：《谈美术作品的追续权》，载《美术》1991 年第 3 期，第 42 页。

④ 周林：《追续权立法及实施可行性调研报告》，http://www.cssn.cn/fx/fx_ yzyw/201404/t20140409_ 1061910. shtml，2015 – 10 – 8。

国际层面也是无人问津、止步不前。[①] 但事实是，截至2015年，国际层面已有81个国家创设了追续权制度[②]，对追续权立法的国家数量急剧增长。裘安曼先生还曾谈到，美国虽然有部分州在州法层面提出有关追续权的法案，但尚无入法的先例。[③] 但事实是，美国加利福尼亚州于1976年创设追续权制度，并于1977年开始实施，此后直至2012年被法院因违宪而认定无效，这一追续权法案前后实施35年，如此抹杀美国追续权立法实践无疑有失偏颇。

造成这些现象的原因可能有以下几个方面：一是追续权制度涉及的领域较窄，考虑到我国现阶段的人均GDP较低，我国艺术品投资与交易尚难以进入普通百姓家[④]，社会公众对追续权制度的关注程度较为有限；二是我国艺术家群体中的相当多数精英尚处于体制保障之下，他们对于艺术品交易中的权益保护并不关心，由此，我国追续权制度的实际受益人——艺术家大都并不了解该制度，围绕追续权制度的深入研究更得不到充分的支持；三是围绕追续权制度的创设在我国远未形成共识，即便国外已有81个国家创设追续权制度，据周林教授的调研显示，我国艺术拍卖行业中71.43%的从业人员对引入追续权制度表示担心。[⑤]

通过对追续权研究历史的梳理，可以看出，西方关于追续权制度的研究经历了从无到有、由浅入深的阶段，即便追续权制度的起源国法国，亦在司法实践中积极地回应追续权规则适用而引发的问题，不断地加深着对这一制度的认识。罗马不是一天建成的，我国不可能因为《著作权法》修改草案规定了追续权，就在短时间之内彻底厘清追续权的内涵与外延，这或许正是时代赋予研究者的使命。为了实现这一目标，还需要进一步总结追续权制度的研究要点，这对现今的研究无疑具有重大的借鉴与启示意义。

---

① 刘韡：《追续权相关法律问题研讨会综述》，http：//ipr. ruc. edu. cn/article. asp？id＝361，2016－4－19。

② Sam Ricketson，Proposed International Treaty on Droit De Suite/Resale Royalty Right for Visual Artists，*245 Revue Internationale du Droit D'Auteur*. 3，3（2015）.

③ 刘韡：《追续权相关法律问题研讨会综述》，http：//ipr. ruc. edu. cn/article. asp？id＝361，2016－4－19。

④ 关于人均GDP与艺术品市场的关系，有这样一套国际通行的理论：当一个国家的人均GDP达到1 000美元～2 000美元时，艺术品市场启动；而当人均GDP达到8 000美元时，艺术品市场出现繁荣。2014年我国人均GDP约为7 485美元，普通百姓距离艺术市场还有距离。作为对比，美国的文化产业崛起于20世纪40年代中期，日本和韩国进入文化产业的高速增长期分别在1970年、1990年前后。从人均GDP来看，美国在1943年达到9 753美元，日本在1971年达到9 726美元，韩国在1991年达到9 645美元。

⑤ 周林：《追续权立法及实施可行性调研报告》，http：//www. cssn. cn/fx/fx_ yzyw/201404/t20140409_ 1061910. shtml，2015－10－8。

（三）论述追续权制度正当性的观点

对于是否需要创设追续权制度，国内外形成了支持派与反对派的对立意见，随着越来越多的国家考虑或已经创设追续权制度，支持方也提出了愈来愈多的论据来支持本方观点。相较于后文提及的反对观点，追续权制度支持者在论述追续权制度的正当性上选取的角度更加全面，既包括法理研究，又包括制度实施效果研究。

1. 体系解释说

郑成思教授在谈到追续权制度时指出，"保护这项权利既有利于国家和美术家本人，也有利于改革开放"①。他认为可以从著作权法中解释出追续权，"我国著作权法中的'发行'虽对于多数作品指的是发行复制品，但对美术作品未尝不可指原件在市场上的流通。如果第一个买主购买美术作品原件后又出售，与其他物品的转销（发行中的一种形式）并无实质区别。而如果转售成交是以极高的差额售价完成的，美术家难道不可从这种使用作品的活动中（即"发行"或转售活动中）享有"获得报酬"的权利吗？这也正是'追续权'"②。再者，"在我国的专利法细则中，曾解释出专利法未明文规定的'早期公开后的初期权利'，在我国的商标细则中，也曾解释出商标权人享有禁止他人为侵权提供便利、经销带有侵权商标之商品等等权利，这些也是商标法本身中见不到的，同样，如果著作权法细则中解释出追续权来，也完全可以言之成理"③。

雷炳德教授则认为，著作权法所规定的著作权各项权能对最终消费者的间接涵盖是以某种等级体系表现出来的。作品创作人的权利必须在作品使用之前的一个阶段就开始行使，即通过作品中间商的中介来实现。从体系上说，追续权之所以应当存在，是因为作品原件再次出售的行为会产生新的消费群体，而出卖人，像其他的作品中间商一样，也应当向作者本人支付一定的报酬④。

2. "挨饿的艺术家"现象说⑤

"挨饿的艺术家"现象说是目前国外论证追续权制度正当性的主流观点。该学说认为，大多数艺术家在早年通常以低廉的价格卖出艺术品，往往贫困潦倒，而作者早年创造的美术作品后来价格飞涨，其作品的购买者却通过转卖艺

---

① 郑成思：《美术作品版权的特殊问题》，载《美术》1991年第3期，第42页。
② 同上注。
③ 同上注。
④ ［德］M. 雷炳德：《著作权法》，张恩民译，法律出版社2005年版，第287页。
⑤ 郭寿康教授其称为衡平说，国外学者一般称之为"挨饿的艺术家"现象学说。

术品获得巨额的回报，于是出现了"挨饿的艺术家"现象（starving artist phenomenon），这是很不公平的，法律需要对此做出回应，从而论证追续权的必要性①。

国外有学者在谈到追续权制度的起源时指出，在 19 世纪末法国国家沙龙体系衰落后，艺术家们为了维持自己的生存需要将自己作品的原件出售给艺术品画廊、收藏者或者中间人，不久之后人们发现艺术家仍然在饥饿和贫穷中挣扎，而艺术品市场上的销售商们却获得了巨额的利润，为了平衡这两者的利益，法国于 1920 年引入追续权制度②。在承认这一理论的前提下，许多追续权制度的反对者以某地域不存在"挨饿的艺术家"现象来佐证不需要创设追续权制度的观点。

3. 公平价值说

这一学说可以细分为两个方面，有许多学者提出了其中的一个方面，日本学者川岛信子（Nobuko Kawashima）较为完整地总结了创设追续权制度的公平价值理论，并认为艺术家面临着"垂直的不公平"（vertical unfairness）与"水平的不公平"（horizontal unfairness）现象③。

（1）垂直的不公平

艺术市场存在针对艺术家"垂直的不公平"的现象，这种不公平存在于艺术作品原件的交易链环节，指的是艺术家和艺术品交易商之间的不公平。按照罗尔斯的观点，公平包括条件公平、契约公平、结果公平。④ 首先，从交易条件上看，相较于交易商而言，艺术家获取市场信息的能力较弱，经济实力亦较差，其交易条件处于相对不公平的状态；其次，从契约角度分析，艺术家在成名前，为了生计，往往迫切希望快速地卖出艺术作品原件，交易商往往利用这点，以低价购入艺术作品原件，因此，这种交易契约从形式上看是公平的，实质上对艺术家是不公平的；最后，从结果上看，随着艺术作品的升值，交易商往往通过转售艺术作品原件而获取巨额利润，而艺术家却无法从中获取任何回报，这种结果显然不公平。

---

① 郭寿康：《谈美术作品的追续权》，载《美术》1991 年第 3 期，第 42 页。Also see Commission, *Proposal for a European Parliament and Council Directive on the Resale Right for the Benefit of the Author of An Original Work of Art*, Explanatory Memorandum, COM（96）97 final, p. 2. Also see Price, Government Policy and Economic Security for Artists：The Case of the Droit de Suite, （1968）77 *Yale L. J.* 1333, p. 1336.

② Guy Tritton, *Intellectual Property in Europe*（Third Edition）, Sweet & Maxwell, 2008, p. 541.

③ Nobuko Kawashima, The Droit de Suite Controversy Revisited：Context, Effects and the Price of Art, *Intellectual Property Quarterly*, 2006, 3, 223, 229.

④ 张文显：《二十世纪西方法哲学思潮研究》，法律出版社 1996 年版，第 603 页。

（2）水平的不公平

著作权制度设计忽略了针对艺术家"水平的不公平"现象，这种不公平指的是艺术家和文学、音乐作品作者间的不公平。实践中，文学、音乐作品的作者可以通过大量许可他人复制自己的作品而获利，且这种复制行为并不会损害作品本身的价值；相反地，文学、音乐作品通过大量复制而广为流传，增加了作品的价值。相较而言，艺术作品具有特殊性，艺术家创作的"作品"与"作品载体"一般不可分割，大量复制艺术作品会严重损害艺术作品的价值，因此艺术家通常只能通过出售艺术品原件获利，无法通过复制艺术作品而获利。

法国追续权制度的理论基础即建立在上述艺术家"水平的不公平"之上，一般而言，平面或立体作品的作者很难从作品的复制或表演中获利，作者主要的收入来源于作品有形载体的转让。[1] 学者霍瑟（Hauser）认为，法国法中的追续权制度旨在改变艺术家的不公平现象，相当于对艺术家利用作品的补偿，使得艺术家能够享有类似于其他作者通过行使复制权而获益的权利。[2] 欧盟在《欧盟追续权指令》中也持这一观点，指出"追续权旨在保证平面及立体艺术作品的作者能够分享其作品原件的成功所产生的经济利益，并且，追续权有助于平衡平面及立体艺术作品的作者与那些能够从作品后续使用中获益的创造者之间的经济状况"[3]。

还有学者认为，艺术家的不公平并非仅仅限于不同创作者之间的不公平，不同国家在是否创设追续权制度上的态度也造成不公平，使得不同国家对于艺术家的保护力度不同。[4]

（3）小结

上述不公平的现象，"让没有从事创作的人握有权利和财富，而从事创作的作者却身无分文，无异于是一个巨大的讽刺"[5]。为此，立法者必须选择合适的路径扭转这一现象，但这种路径既要维护艺术家的正当利益，又不应不公

---

① André Lucas, Henri-Jacques Lucas, Agnès Lucas-Schloetter, *Traité de la propriété littéraire et artistique*, 4e edition, Lexis Nexis, p. 424. （2012）.

② Rita E. Hauser, The French Droit de Suite：The Problem of Protection for the Underprivileged Artist under the Copyright Law, 11 *Copyright L. Symp* （1959）. 1, 2.

③ Directive 2001/84/EC of the European Parliament and of the Council of 27 September 2001 on the resale right for the benefit of the author of an original work of art, Recital 3.

④ Sam Ricketson, Proposed International Treaty on Droit De Suite/Resale Royalty Right for Visual Artists, *245 Revue Internationale du Droit D'Auteur.* 3, 41 （2015）.

⑤ 邹国雄、丁丽瑛：《追续权制度研究》，载《厦门大学法律评论》第 6 辑，厦门大学出版社 2003 年版，第 173 页。

平地影响艺术市场的市场秩序，而追续权制度恰恰满足了立法者的要求。首先，艺术家可以通过追续权制度分享艺术作品的增值利益，这直接矫正了不公平的现象；其次，艺术作品的交易商在艺术市场上获取回报是正常的，因此，追续权制度虽然会使交易商负担追续金，但追续金只占艺术作品成交价的极小份额，且追续权制度一般规定了可提成的最低售价和追续金的最高上限，这都充分考虑了艺术市场的承受能力，交易商在艺术市场上仍有巨大的回报空间。由上可以看出，追续权制度充分考虑了各方的利益，是实现公平价值的有效路径。

4. 价值实现说

该学说认为，美术作品主要通过第一次出售原作而实现其价值，不像文字作品、戏剧作品等主要通过复制出版或演出而取得收入。所以应在后来原作再出售时也继续实现其价值，以与文字、戏剧等其他作品相平衡。国外版权学界认为，这种规定是版权的充分体现。同时，这样规定也表明追续权在有些国家立法上不是只就前后售价的差额求偿。① 王迁教授也持这一观点，他认为，艺术家的作品最初问世时，该艺术作品的艺术价值并不为世人所欣赏，随着时间的流逝，其价值才逐渐被人们认识，但根据"发行权一次用尽"原则，在作品原件售出后，艺术家无法对该原件的转售进行任何控制，因而无法分享增值利益，但其他种类的文艺作品基本都能从升值中获益，追续权正是为了针对这一不公平现象而规定的。②

5. 劳动增值说

该学说认为，原出售艺术作品后来大幅度增值，是由于作者后来付出大量劳动，取得了声誉，使得原来低价出售的作品也大幅涨价，从而论证追续权制度存在的必要。在这种情况下，立法上只规定从前后售价的差额中求偿。③ 雷炳德教授也指出，"尚没有什么名气的艺术家们最初必须以很低的价格将自己的作品原件售出，如果艺术家后来出名了，以前购买作品原件的所有权人就会获得巨大的收益，但是这种收益并不是所有权人自己劳动所创造的，而是建立在艺术家劳动投入的基础上。因此，从利益衡量的角度分析，让作者本人从所有权人转售作品原件所获得的收益中分得一部分是公平的"④。

---

① 郭寿康：《谈美术作品的追续权》，载《美术》1991 年第 3 期，第 42 – 43 页。
② 王迁：《知识产权法教程》，中国人民大学出版社 2014 年版，第 127 – 128 页。
③ 郭寿康：《谈美术作品的追续权》，载《美术》1991 年第 3 期，第 43 页。
④ ［德］M. 雷炳德：《著作权法》，张恩民译，法律出版社 2005 年版，第 287 页。

6. 激励艺术创作说

该学说认为，追续权制度将激励艺术家创作艺术作品，这也契合了英美法系下论述著作权法正当性的工具理论，工具理论的主流是"鼓励创造说"。约翰·L. 索洛（John L. Solow）从经济学视角研究并认为：追续权将激励艺术家不断创作，并使得艺术家获得更多的追续金。追续权甚至会激励艺术家不断提升自己的名气以提升作品的价值，并最终增加艺术家的财产[1]。玛利亚姆·迪奥马哈尼（Maryam Dilmaghani）也采用了经济学路径并得出了同样的观点。[2]我国美术家徐子林也持这一观点，认为艺术家的创作热情会因为追续权制度的存在而变得更高，特别考虑到目前国内正处于对知识产权和著作权缺乏起码尊重的阶段，实行追续权制度将是对那些坚持原创精神的艺术家的莫大鼓励。[3]

英国的艺术家协会——设计与艺术家版权协会（DACS）也认为，艺术家能够通过追续权获取追续金，改善其经济状况，这将激励艺术家持续地创作作品。即便单个艺术家只能获得有限的追续金，但该笔追续金对于那些需要从事其他兼职工作以维系艺术创作的艺术家而言仍意义重大，即便是微薄的追续金也可以支持艺术家的艺术生涯，如支付房租或配置相应的设备。[4]美国插图画家协会（ASIP）指出，在那些规定追续权可以继承的国家，在艺术家死后，艺术家的继承人也可以获得追续金，这也将激励艺术家创作作品以支持其后人。[5]追续权制度会使艺术家获得精神层面的满足，对于很多艺术家而言，其通过追续权而获得的针对其创作的认可与追续金一样重要。追续权将激励更多人选择从事艺术工作，也将激励艺术家创作更多更好的作品以积累名气使得其作品更受欢迎，并获得更多的追续金。[6]

7. 互惠说

该学说认为，追续权制度在不同国家间的适用遵照《伯尔尼公约》的互惠条款，"只有在作者本国法律承认这种保护的情况下，作者才可以在本同盟

---

[1] See John L. Solow, An Economic Analysis of the Droit de Suite, *22 J. of Cultural Econ.* 209 (1998).

[2] See Maryam Dilmaghani, Visual Artists' Resale Royalty: An Application of the Principal and Agent Model, *5 Rev. Econ. Research Copyright Issues* 37, 39 (2008).

[3] 徐子林：《欢迎艺术品追续权的到来》，http://auction.artron.net/20121203/n286628.html, 2015-10-6.

[4] Design and Artists Copyright Society (DACS), Comments Submitted in Response to U. S. Copyright Office's Sept. 19, 2012 Notice of Inquiry at 2.

[5] See, e. g., American Society of Illustrators Partnership (ASIP), Comments Submitted in Response to U. S. Copyright Office's Sept. 19, 2012 Notice of Inquiry at 2.

[6] Design and Artists Copyright Society (DACS), Comments Submitted in Response to U. S. Copyright Office's Sept. 19, 2012 Notice of Inquiry at 3.

的成员国内要求上款所规定的保护"①。因此，为了保障本国艺术家能够在海外获取追续利益，应当创设追续权制度。郭寿康教授曾指出，"我们的绘画、书法等美术作品随着改革开放的发展，大量出售给国外，如果我国著作权法上没有追续权的规定，即使一旦加入《伯尔尼公约》，对公约成员国内的我国作者创作的艺术作品，无论价格如何飞涨，也只能眼睁睁看着国外艺术商大发其财而不能按照该国法求偿本可以得到的利益，这显然对我国的艺术作品作者大为不利"②。

国家版权局政策法规司王自强司长指出，"增加追续权权利设定首先是对中国艺术家的尊重"，"中国的艺术品市场发展快，中国艺术家在世界艺术市场里地位凸显。没有追续权，艺术家享受不到基本收益，也不利于市场发展"③。国家新闻出版总署原版权管理司巡视员许超也指出，"在全球艺术家拍卖成交总额排名前十位中，中国艺术家占据6席，百万美元以上成交艺术品数量也远超美国、英国"，"由于追续权的国际实践是通过对等原则实现的，因此，虽然中国作品在欧洲艺术品市场被高价出售，但由于我国著作权法不保护追续权，即使这些作品根据当地的法律可以产生追续权权利金，却不能分配给相应的中国艺术家。这种情形显然对中国艺术家很不公平"④。

8. 艺术品市场规范说

该学说认为，实行追续权制度将有助于规范艺术品市场，给艺术品市场带来积极的影响。我国艺术家徐子林持这一观点，他指出，我国目前艺术品交易遇到的最大的问题在于赝品，一般市场上采用画家家属佐证、专家鉴定等方法识别真伪。但这些方法往往费时费力，一旦建立起艺术品追溯线索将从根源上解决这一问题。建立追续权制度将能够保证这一线索的延续性，这对收藏界将带来极大的利好，这也远远超过每次溢价的追续费用。再者，追续权制度的实施会改变艺术家最初的交易模式，交易会以合约的形式确定买卖的关系和价格，然后有交易收费的凭证，并且能够防止虚假交易，对于呵护拍卖市场的长远和健康有帮助。⑤

---

① ［法］克洛德·马苏耶：《保护文学和艺术作品伯尔尼公约指南》，刘波林译，中国人民大学出版社2002年版，第72－73页。

② 郭寿康：《谈美术作品的追续权》，载《美术》1993年第3期，第43页。

③ 李璞：《艺术作品如何受法律保护？普法宣讲会走进四川美院》，http：//news. artron. net/20160107/n808355. html，2016－2－5。

④ 同上注。

⑤ 徐子林：《欢迎艺术品追续权的到来》，http：//auction. artron. net/20121203/n286628. html，2015－10－6。

9. "非常损失"规则说

该学说认为，艺术作品交易过程与"非常损失"规则的适用条件存在相似性，借鉴"非常损失"规则可以较好地解释追续权制度，并为追续权的设立提供理论依据。"非常损失"规则起源于罗马法，最初指的是：在不动产的价金低于其价格的一半时，遭受"非常损失"的出售人有权撤销该项买卖。之后，罗马立法者将只适用于不动产的限制予以取消，并将其扩大到所有的买卖，推定价金不足标的市价的一半时，出卖人表面上自愿，但实际上受到了压迫，这种买卖可以撤销。① 艺术作品原件再次转售过程中，交易商往往获得远超过购入价的巨额回报，此时，艺术家与交易商的利益发生了严重失衡，对于艺术家而言，构成了"非常损失"的情形。② 此时，提取交易商所获得的一部分暴利作为对艺术家的经济补偿，这种方法既未破坏交易秩序，亦从实质正义上对艺术家进行了救济，最终使已经失衡的利益关系重归平衡。

10. "潜在的、本质的价值"理论说

"潜在的、本质的价值"（latent, intrinsic value）理论是德国追续权制度的理论基础③，这一理论也为意大利所采用。④ 该理论认为，艺术作品在第一次交易时往往体现不了其真实价值，只有在几年之后，市场才能逐步挖掘这些艺术品的价值。正因如此，艺术家在出售艺术作品时，往往是以低于艺术品价值的价格将作品出售，为了得到补偿，艺术家有必要参与到艺术品之后的增值分享中。

---

① 周枏：《罗马法原论》（下册），商务印书馆 1994 年版，第 694 页。

② 邹国雄、丁丽瑛：《追续权制度研究》，载《厦门大学法律评论》第 6 辑，厦门大学出版社 2003 年版，第 180 页。

③ R. E. Hauser, "The French Droit de Suite: The Problem of Protection for the Underprivileged Artist under the Copyright Law", (1959) 6. *The Bulletin of the Copyright Society of the USA* 94 at p. 106. Also See Opet, Der Wertzuwachsanspruch des bildenden Kunstlers, 46 Annalen des Deutschen Reiches 368 (1913), cited in Price, Government Policy and Economic Security for Artists: The Case of the Droit de Suite, 77 Yale Law Journal. 1333, 1338 n. 14. (1968).

④ See Carole M. Vickers, The Applicability of the Droit de Suite In the United States, 3 B. C. Int'l & Comp. L. Rev. 433, 442. (1980).

第一章　追续权制度的缘起与历史演进

1893 年 2 月 25 日，阿尔伯特·沃努瓦于《巴黎纪事》发表的文章中首次将追续权这一概念引入艺术领域。① 之后的 1896 年，法国律师爱德华·马克（Edouard Mack）向国际文学艺术协会伯尔尼大会提出了涉及追续权的报告。1903 年，卢森堡之友协会（La Société des Amis du Luxembourg）于巴黎成立，该组织旨在推动追续权入法，其于 1904 年提出的追续权制度建议案也为日后法国正式创设追续权制度奠定了基础。1905 年，追续权逐步为法国公众所认识，法国媒体大幅报道了法国印象派画家让 - 路易·弗朗（Jean-Louis Forain）创作的一幅名为 "Un tableau de Papa!"（"一幅父亲的画！"）的画作。② 在该画作中，两个贫穷的小孩正注视着拍卖行橱窗里的一幅油画，这幅画由其父亲创作并正以 100 000 法郎的标价进行展示。该画作深刻地揭示了 "挨饿的艺术家" 现象，在法国产生了极大的反响，法国公众由此开始关注艺术家的经济状况，进而引发了 1909 年千名美术家游行示威活动。

法国美术家游行的同年，"艺术家作者权利永久委员会（Permanente Committee of Author's Rights for Artists）"，以及由维莱特（Willette）领导的以 "反对欺诈，保障协会会员从其作品销售中获得一定比例的收入" 为宗旨的 "美术家著作权协会" 相继成立。在这两个组织的努力下，由安德列·黑塞（Andre Hesse）起草了内容为授予美术家从其签名作品的拍卖售价中统一取得 2% 的提成费权利的法案，并于 1911 年提交了该法案。③ 除了创设专门的法案之

---

① Liliane de Pierredon-Fawcett: *The Droit de Suite in Literary and Artistic Property*, *A Comparative Law Study*, published by Center for Law and the Arts, Columbia University School of Law, 1991, p. 2.

② Carole M. Vickers, The Applicability of the Droit de Suite In the United States, 3 B. C. INT'L & COMP. L. REV. 433, 438 n. 16 (1980).

③ Proposed law of Andre Hesse of April 13, 1911. *Journal Officiel*, *Parliamentary Documents*, Chamber of Deputies, Ordinary Session, second sitting of April 13, 1911, Annex 953 (1911).

外，还有人主张通过合同约定保障艺术家的权益①。

于是，法国国会委托美术委员会对这一议题进行研究。美术委员会主席阿贝尔·法利（Abel Ferry）认为，法案所提出的追续权的正当性在于，在现有的著作权法下，受艺术作品本质属性的影响，艺术家并未得到充分的保护。并且，他在结论部分指出，追续权并非一项施舍，追续权是一项财产权。② 法利在第一次世界大战中战死，他的继任者利昂·贝拉尔（Léon Bérard）于1919年公布了委员会的研究报告③，法国亦重启追续权立法。1920年5月20日，法国国会最终通过了该法案④，自此，追续权制度首创于法国。

自法国创设追续权制度之后，近百年间，追续权制度历经了不同的发展阶段，逐渐普及全球。根据美国版权局2013年底发布的报告，世界上已有79个国家创设了追续权制度。⑤ 追续权制度在发展过程中也不断地自我完善，并逐渐形成完整的法律体系。在这一背景下，"我们如果对任何事物，对政治或其他问题，追溯其原始而明白其发生的端绪，我们就可获得最明朗的认识"⑥。基于此，探寻追续权制度的缘起根源，并回顾追续权制度的发展过程，也便成为研究追续权制度创设问题的逻辑起点，这也将为下文的论述奠定基础。

第一节　追续权制度的缘起

霍姆斯大法官曾说，"一页纸的历史抵得上一卷书的逻辑推理"（a page of history is worth a volume of logic）⑦，对历史的回顾已经成为学术研究中一项基本的研究方法。追续权制度为何缘起于法国，而不是世界上同时期的其他强

① Rita E. Hauser, The French Droit de Suite：The Problem of Protection for the Underprivileged Artist under the Copyright Law, *11 Copyright L. Symp.* 1, 4 (1959).

② *Journal Officiel*, *Parliamentary Documents*, Chamber of Deputies, Ordinary Session, second sitting of January 23, 1914, Annex 3423 at 150 (1914). Quoted in Rita E. Hauser, The French Droit de Suite：The Problem of Protection for the Underprivileged Artist under the Copyright Law, *11 Copyright L. Symp.* 1, 5 (1959).

③ *Journal Officiel*, *Parliamentary Documents*, Chamber of Deputies, Session of September 2, 1919, Annex 6794 (1919). Quoted in Rita E. Hauser, The French Droit de Suite：The Problem of Protection for the Underprivileged Artist under the Copyright Law, *11 Copyright L. Symp.* 1, 5 (1959).

④ Loi du 20 mai 1920 Frappant D'un Droit Au Profit Des Artistes les Ventes Publiques D'objet D'art.

⑤ U. S. Copyright Office, *Resale Royalties：An Updated Analysis*, app. E (2013), available at http：//www. copyright. gov/docs/resaleroyalty/usco - resaleroyalty. pdf.

⑥ ［古希腊］亚里士多德：《政治学》，商务出版社1997年版，第123页。

⑦ New York Trust Co. v. Eisner 256 U. S. 345, 349 (1921).

国——如美国、英国、德国等国，法国到底具备何种条件最终促使了追续权制度的诞生，是本部分的思考起点。国学大师钱穆先生曾说道，"制度绝非凭空从某一种理论而产生，而系从现实中产生者。惟此种现实所产生之精神生命，现实是此制度之血液营养，二者缺一不可"①。追续权制度亦遵守这一规律。追续权制度在法国的产生也与当时法国的现实状况密切相关，换言之，如果法国不存在孕育追续权制度的土壤，那么追续权制度绝不可能诞生于法国。沿这一路径分析，本部分回溯了追续权制度设立前后的法国现实。法国当时正处于官方沙龙消亡到艺术市场的过渡时期，艺术家在失去官方赞助体系的支持后，难以维系生计，与此同时，艺术品交易商却通过转售艺术品大发横财。主体意识觉醒之后的艺术家存在创设权利的集体诉求，立法者考虑到艺术创作难以受到著作权法的有效保护，于是追续权制度就此产生。正是法国当时独特的社会、市场、思想、制度等多种因素，推动了追续权制度于法国的诞生。

值得注意的是，同一时段下，世界上其他国家都不曾像法国政府这样对艺术领域拥有如此集中的仲裁决断权，并且持续了如此长的时间（法国官方沙龙第一届评审团设立于1748年）。并且，世界上的其他国家在艺术管理上都不像法国那样偏激，游走于艺术家与政府两个极端。当时，英国皇家艺术学会能够与艺术家进行谈判，通过与国家控制保持一定距离而让艺术家享有一定的自由，德国还处在后俾斯麦时代的宫廷艺术阶段，意大利在加里波第和加富尔之前，压根不知中央集权为何物②，美国的艺术家群体仍主要在巴黎、伦敦活动③。也正是基于法国的这一特殊社会背景，决定了法国在印象主义兴起后，逐渐形成一种新的艺术市场模式——现代艺术市场，艺术家能够避开官方的干涉，直接参与市场运作。④这最终促成追续权制度的诞生，而这是当时其他国家所不具备的，这也从侧面证明了追续权制度发源于法国的必然性。

一、社会根源：赞助体制消亡下艺术家经济利益失衡

瞿同祖先生曾指出，"法律是社会产物，是社会制度之一，是社会规范之

---

① 钱穆：《中国历代政治得失》，九州出版社2012年版，第56页。

② ［法］蒂埃里·德·迪弗：《现代主义为什么诞生在法国？》，available at http：//gallery. artron. net/20140126/n563229. html（last visited on 2015 – 9 – 16）.

③ 耿焱：《异域求索——19世纪后半期美国艺术家们的法国之旅》，载《中国美术馆》2007年第2期，第58页。

④ 陆宵虹：《从官方选择到市场投票：印象派画家的经销商和评论家》，载《艺术探索》2011年第3期，第90页。

一"，"任何社会都是为了维护并巩固其社会制度和社会秩序而制定的，只有充分了解产生某一种法律的社会背景，才能了解这些法律的意义和作用"①。追续权制度之所以在法国产生，与法国当时的社会状况有着密不可分的联系。追续权制度在法国诞生之时，正伴随着法国官方资助体系的衰亡与艺术市场的兴起，艺术家在失去国家保障之后，不得不选择进入艺术市场，参与市场竞争。于是，艺术家的收入分配重新进行了调整，但多数艺术家难以通过艺术品市场维持生计，于是出现了"挨饿的艺术家"现象。在这一艺术体制转型的背景下，艺术家经济利益出现失衡，这也推动了追续权制度的产生。

（一）法国官方艺术资助体系于 19 世纪末的衰落

从现有的资料来看，追续权制度在法国创设之时，法国艺术品市场正在经历着结构调整，主要涉及国家同艺术家之间关系的转变。从 1699 年起至 1880 年，法国同期绝大多数的艺术品展览与销售都在法国官方资助的沙龙中进行。② 在法国艺术市场还没有完全兴起之时，官方沙龙扮演着法国艺术经济中枢的角色。③ 对于法国画家来说，在几乎整个 19 世纪，官方沙龙是其唯一能够展示作品的地方，也是唯一能够结识潜在绘画爱好者，从而出售作品的地方。④ 官方沙龙源于法国政府于 1667 年创设的官方艺术展览会，当时路易十四主办了一个皇家绘画雕塑学院作品展，由于作品陈列在罗浮宫的阿波罗沙龙（法语中沙龙 Salon 最初指的是"厅"），于是沙龙这一名称便沿用下来⑤。

法国官方沙龙对于法国艺术领域造成了极其巨大的影响，艺术家不仅能够在沙龙上展出作品，吸引潜在的消费者，同时，艺术家还能够因为展出的作品获得荣誉。1815—1880 年，法国官方沙龙颁发了近 1 600 枚勋章，这些勋章中，获得一枚一级勋章的艺术家可以再获得 1 500 法郎的奖励，获得一枚荣誉勋章的艺术家更是可以获得 4 000 法郎的奖励⑥。沙龙也成为当时法国公众关注艺术最为集中的地方，如在 1846 年，三个月内参观沙龙的人数达到 120 万

① 瞿同祖：《中国法律与中国社会》，中华书局 1981 年版，第 1 页。

② See David L. Booton, "A Critical Analysis of the European Commission's Proposal for a Directive Harmonising the Droit de Suite", (1998) *Intell. Prop. Q.* 165, p. 167.

③ ［法］杰赫德·莫里耶：《法国文化政策——从法国大革命至今的文化艺术机制》，陈丽如译，五观艺术管理有限公司 2004 年版，第 110 – 111 页。

④ ［法］让 – 保尔·克雷斯佩勒：《印象派画家的日常生活》，杨洁、王弈、郭琳译，华东师范大学出版社 2007 年版，第 33 页。

⑤ 《简明不列颠百科全书》，中国大百科全书出版社 1986 年版，第 58 页。

⑥ ［法］纳塔斯·埃尼施：《作为艺术家》，吴启雯、李晓畅译，文化艺术出版社 2005 年版，第 58 页。

人次。并且，沙龙展出的作品数量众多，如 1861 年展出 1 289 件，1864 年展出 3 085 件，1865 年展出 3 559 件。① 由此，艺术家必须依靠沙龙系统才能够生存，法国政府实质上控制着艺术家的从业资格和他们大半生的职业生涯。

在 19 世纪，这些沙龙原则上面向所有艺术家开放，但在实践中，官方沙龙主办方——法兰西美术院（Académie des beaux-arts）需要对作品进行严格的审查，而且这些沙龙非常保守，通常只展出学院派艺术作品，不接收那些先锋派艺术作品，特别是当时处于萌芽状态的印象主义作品，这逐渐引起了艺术家的反对。1863 年，官方沙龙拒绝了 3/5 的参选艺术作品，这进一步激化了落选艺术家与沙龙主办方的矛盾。当时的法国皇帝拿破仑三世（Napoléon III）为平息这场纷争，决定于同年在巴黎工业宫（Palais de l'industrie）举办落选者沙龙（Salon des Refusés），并于其后几年于巴黎大皇宫定期举办。之后，1874 年，一群印象主义画家在巴黎举办了第一届印象派画展。由此，印象主义作品逐渐走上前台。随着印象派作品的流行，在上述官方赞助的沙龙之外，逐渐发展形成了一个新的艺术作品营销市场，新型的交易商、收藏家纷纷加入该市场，并且，该市场最后发展为一个主要销售创新型作品的市场。

如此一来，法国官方沙龙的主办方逐渐受到挑战，并于 1880 年举办了最后一届官方沙龙展。在该次沙龙展中，主管法国美术学院系统的副国务卿兼官方沙龙展主席爱德蒙·杜尔戈（Edmond Turquet）与绘画评审团之间发生了冲突。杜尔戈特意把最差的作品挂在沙龙里最佳的展出地点，以羞辱报复评审团。此举激怒了所有艺术家，轰动了整个新闻界，并使展览遭到公众的冷落。基于此，1881 年 1 月 17 日，杜尔戈在法国教育暨美术部长朱尔·费里（Jules Ferry）的授意下，宣布法国政府将取消对于沙龙展的资助。②

（二）赞助体制消亡下艺术家经济利益失衡

至 1885 年，法国政府主办的沙龙系统最后彻底衰落了，由此，该沙龙衰落的初始时间——1880 年也被认为是法国艺术品市场在 19 世纪发展的转折点。在这之后，艺术品价值的高低不再由法国官方资助的沙龙系统进行评判，而是取决于交易商—评论家系统（dealer-critic system），这最终决定了艺术家的生活质量。③ 同时，在政府资助的沙龙系统崩溃之后，旧的沙龙系统需要进

---

① 郭华榕：《法兰西文化的魅力》，生活·读书·新知三联书店 1996 年版，第 177 页。

② ［法］蒂埃里·德·迪弗：《现代主义为什么诞生在法国？》，available at http：//gallery. artron. net/20140126/n563229. html（last visited on 2015 – 9 – 16）.

③ Mainardi，*The End of the Salon. Art and the State in the Early Third Republic*. Cambridge University Press，1993，p. 129.

行改革，因为其无法有效地应对前述新型艺术市场所造成的冲击，艺术品市场迫切需要引入一个全新并且有效的艺术品分销系统，以适用新的艺术品商业销售模式。① 由此，法国艺术家无法再依靠官方性的资助获得相对有保障的收入，许多艺术家不得不开始参与市场自由竞争。

与此同时，自 1789 年法国资产阶级革命爆发以来，法国中产阶级的数量倍增，特别是法国在 1871 年普法战争失败并结束帝制之后，法国中产阶级逐渐取代昔日的贵族成为艺术品的消费者。他们并不热衷于"学院派"作品所描绘的神话、历史风格，而印象主义作品以当时法国中产阶级生活中的自然、风景和人物为题材，契合了中产阶级的艺术品位，也满足了中产阶级对于艺术的消费需求。② 于是，法国的中产阶级成为当时购买印象主义作品的主力军，参与进入艺术市场，这也推动了法国艺术市场的发展与壮大。

随着法国艺术市场的逐步形成，法国艺术品交易商的作用逐渐凸显。早在印象主义画派产生的初期，由于印象主义画作受到官方沙龙的排斥，以保罗·杜朗－吕耶（Paul Durand-Ruel）为代表的艺术交易商开始承销印象主义作品，发掘新生的印象主义画家，1876 年 4 月，第二次印象主义沙龙展便是在杜朗-吕耶的画廊中举行的。③ 当时的艺术品交易商既扮演了艺术品经纪人的角色，又大量购买艺术品，实质上相当于收藏家。随着之后官方沙龙的没落，艺术品交易商在艺术品交易中扮演了更加重要的角色，并不断推广新的艺术品运作模式。交易商开始与艺术家签订专有权条约，为他们举办个人作品展，这一模式日后逐渐演化为今天画廊通行的运作方式。④ 并且，交易商聘请批评家、小说家和诗人撰文对艺术品进行评价，这也正是交易商—评论家系统的由来。在这些艺术品交易商的努力下，艺术品价格大幅上升，在 19 世纪 70 年代，杜朗－吕耶仅用三年的时间就将米勒的画价抬高了至少2.5 倍。⑤

与此同时，昔日官方沙龙体制对于艺术品市场的影响并未消除，印象主义画家的财务状况远远比不上那些昔日依靠官方沙龙成名的艺术家，收藏家在官

---

① Mainardi, *The End of the Salon. Art and the State in the Early Third Republic.* Cambridge University Press, 1993, p. 4.

② 佟景韩、余丁、鹿镭：《欧洲 19 世纪美术》（上），中国人民大学出版社 2004 年版，第 155 页。

③ Marci Regan, *Paul Durand-Ruel and The Marker for Early Modernism*, B. A., Louisiana State University, 2004, pp. 12 – 17.

④ 侯聿瑶：《法国文化产业》，外语教学与研究出版社 2007 年版，第 315 页。

⑤ Harrison White and Cynthia White, *Canvases and Careers：Institutional Change in the French Painting World.* University of Chicago Press, 1993, pp. 124 – 125.

方沙龙结束很久之后才对印象主义绘画感兴趣。例如，直至 1912 年，印象派重要画家埃德加·德加的《把杆的舞女》售价达到 43 万法郎，才达到法国学院派画家梅索尼耶的作品价格。再者，对于艺术家整体而言，由艺术家办展的模式在经济保障上远远比不上官方沙龙体制。①

于是，在 19 世纪末 20 世纪初期，"挨饿的艺术家"（the Starving Artist）现象在法国日益突出。"挨饿的艺术家"一词最初源于 18 世纪末 19 世纪初浪漫主义著作中的文学形象，亨利·穆杰（Henri Murger）在 1845 年出版的短篇故事集《波希米亚人的生涯》（Scènes de la Vie de Bohème）中描写了四位挨饿的艺术家，吉亚卡摩·普契尼（Giacomo Puccini）又以该故事集为基础创作了著名的戏剧《波希米亚人》（La bohème），引起了强烈的反响。

具体到法国现实中，由于得不到官方沙龙的赞助，许多艺术家及其家人生活贫困潦倒。这之中最为著名的当属法国著名的现实主义画家让-弗朗索瓦·米勒，他一生贫穷，但死后作品却拍出天价，其后人甚至流落巴黎街头并以卖花为生。② 著名作家马克·吐温曾创作了以米勒为主人公的短篇小说《他是否还在人间?》，既然是小说，故事的真伪便不必深究，但这短篇小说日后享誉全球却是不争的事实。故事里的米勒在法国乡村从事艺术创作，但作品不为外界看重，因此生活贫寒交迫，与米勒一起的艺术家同伴也处于类似的境遇。有人总结出一条规律：无名的艺术家在死后总会被人赏识，其作品也将因此升值百倍。为了生计，大家抽签决定一个假死的人选，米勒"幸运"地被抽中，从此过上隐姓埋名的生活，而他的作品在同伴的包装下果真拍出天价，几个月之内便卖出上万法郎，当然，米勒也由此摆脱了饿死的命运。③ 故事虽有戏谑的成分，但也描绘了 19 世纪末期"挨饿的艺术家"在现实下的无奈之举。由此折射出法国赞助体制消亡之后，艺术家收入分配调整后经济利益失衡，在维持生计上存在困难。

（三）赞助体制消亡促使追续权制度的产生

在 19 世纪与 20 世纪的世纪之交，法国艺术家的社会地位有了显著提高，法国艺术家进一步向政府施压，要求政府对上述艺术品市场的改革做出相应的

---

① 黄海：《西方现当代艺术家个人品牌经营策略研究》，上海大学 2013 年博士论文，26 页。

② Rita E. Hauser, The French Droit de Suite：The Problem of Protection for the Underprivileged Artist Under Copyright Law, (1962) *11 Copyright L. Symp.* 1, p. 1.

③ ［美］马克·吐温《他是否还在人间?》，张友松译，http：//www.shuku.net/novels/foreign/maketuwenzpj/mktw20.html，2015 – 10 – 13.

回应。① 在这一背景下，艺术家追续权这一概念于 1893 年应运而生②。之后，随着法国媒体对"挨饿的艺术家"现象的报道，法国公众开始关注艺术家的经济状况，进而引发了法国千名美术家于 1909 年举行游行示威活动。于是，为了保障艺术家的经济利益，法国于 1920 年引入追续权制度③，而这一切，都是法律基于社会现实而做出的改变。正如艺术社会学家豪泽尔所说："艺术既影响社会，又被社会变化所影响……艺术从一开始就反映了社会的特性，社会也是一开始就留下了艺术发展的痕迹。"④

回溯追续权诞生的历史背景，可以看出，受法国官方沙龙支持的艺术赞助体系的消亡和艺术市场的变化是产生追续权的社会根源。这两者又存有因果联系，虽然艺术赞助体系消亡前，艺术市场已经在艺术家交易商的运作下孕育着变化，但正是官方沙龙最后的关闭，促使艺术家不得不集体转向市场，在受艺术市场规则约束的同时，受到艺术品交易商的影响。

若将视角扩大至整个作者权利体系，可以发现，赞助制度与作者权利的产生之间具有密切的联系。纵观赞助制度历史，赞助制度并不是一种社会体制，更不是某项政治制度，它是在某种特定环境之下形成的一种约定俗成的"隐形的体制"⑤。《牛津高阶英汉双解词典》将赞助人（Patron）定义为："提供具有影响力的支持以促进某人、某项事业、某种艺术的人。"⑥ 赞助制度与作者权利之间具有密切的联系，作者权利的诞生与发展伴随着赞助体制的衰落，同时，不同的创作主体受到赞助体制影响的时间与过程不同，这最后也导致了不同的创作主体在权利设置以及保护先后上的异同。

对于文学作品创作而言，有学者曾指出，"著作权概念的形成过程，就是创作主体从撰写者（writer）进化到作者（author）的过程"⑦。在前著作权时期，著作权法上作者的概念尚未形成，撰写者需要依靠赞助体制方能生存，这种模式在近代以前的东西方文化中普遍存在，"在十八世纪之前的中国，学者们接受了官方赞助，担任官员的幕宾……这种模式持续到十九世纪，后由于太

① Raymonde Moulin, *The French Art Market. A Sociological View*. Rutgers University Press, 1967, p. 17.

② de Pierredon-Fawcett, The Droit de Suite in Literary and Artistic Property. *A Comparative Law Study*. Centre for Law and the Arts, Columbia University School of Law, 1991, pp. 2 – 3.

③ Loi du 20 mai 1920 Frappant D'un Droit au Profit des Artistes les Ventes Publiques D'objet D'art.

④ ［匈］阿诺德·豪泽尔：《艺术社会学》，居延安译编，学林出版社 1987 年版，第 35 页。

⑤ 夏滟洲：《西方作曲家的社会身份研究——从中世纪到贝多芬》，上海音乐学院 2007 年博士论文，第 84 – 86 页。

⑥ *Oxford Advanced Learner's English-Chinese Dictionary*, Oxford University Press, 1994, p. 1077.

⑦ 李雨峰：《论著作权的宪法基础》，载《法商研究》2006 年第 4 期，第 112 页。

平天国起义导致学术事业的中断之时，这种模式才告结束"①，这导致创作活动严重地受制于赞助者的口味与偏好。在西方，早在古罗马时期，门客作家们就不得不依赖于有钱人的资助②，"十八世纪以前作者更多时候仍然是依靠赞助者的资助，而非通过自己的作品直接获得收益"③。而著作权制度的出现，使得作品的创作者可以依据著作权法向作品使用人收取许可费，作品的创作活动从依赖赞助体制与文化特权转向依赖市场，昔日的撰写者逐渐获得了独立创作的品格，由此，撰写者得以转化为作者，并可以依赖纸和笔独立生活④。

对于音乐作品创作而言，早在古罗马时期，当王公贵族将音乐作为一种享受的娱乐品之时，赞助体制便已悄然"兴起"。在中世纪，世俗音乐家寻求赞助是一个十分常见的现象，这一时期的音乐赞助都是基于教会、宫廷自身的需要而对音乐采取的保护⑤。赞助人与音乐家之间保持着不平等的"主仆"关系，这种关系也在文艺复兴时期与巴洛克时期达到顶峰。音乐创作受赞助人喜好的变化而变化，如著名作曲家弗朗茨·约瑟夫·海顿曾受到尼古拉斯亲王的赞助，亲王酷爱中音提琴，于是，海顿便为中音提琴创作了不少于 175 首曲子，而小尼古拉斯亲王则对宗教比较狂热，海顿便创作了大量宗教音乐，其中包括六部弥撒曲。到了 18 世纪后半叶，随着资产阶级革命的爆发，那些在过去一直受贵族、教会奴役的乐师、琴师的意识开始觉醒，争取个性自由的思想与行动逐步深化。⑥

到贝多芬创作作品的时代（18 世纪末 19 世纪初），音乐家渐渐摆脱了受束缚的仆人地位，开始转变为独立的艺术家。⑦ 由此，"随着传统赞助制度的衰落，音乐和音乐家转而向普通听众寻求支持"⑧。现代建制的音乐会开始出现，音乐从教堂走向贵族、宫廷、歌剧院，直到音乐会场所，音乐"越来越

① ［美］艾尔曼：《从理学到朴学》，赵刚译，江苏人民出版社 1997 年版，第 79 页。
② ［法］卡特琳娜·萨雷丝：《古罗马人的阅读》，张平、韩梅译，广西师范大学出版社 2005 年版，第 191－196 页。
③ 肖尤丹：《历史视野中的著作权模式确立——权利文化与作者主体》，华中科技大学出版社 2011 年版，第 131 页。
④ 李雨峰：《论著作权的宪法基础》，载《法商研究》2006 年第 4 期，第 112 页。
⑤ 夏滟洲：《西方作曲家的社会身份研究——从中世纪到贝多芬》，上海音乐学院 2007 年博士论文，第 26 页。
⑥ 于润洋主编：《西方音乐通史》，上海音乐出版社 2001 年版，第 175 页。
⑦ 夏滟洲：《西方作曲家的社会身份研究——从中世纪到贝多芬》，上海音乐学院 2007 年博士论文，第 56 页。
⑧ H. Raynor, *A Social History of Music: from the Middle Ages to Beethoven.* p. 1

被认为是重要的可以买卖的商品"①，音乐家开始参与到市场竞争中，并积极
主张权利。正是在这一背景下，英国在 1842 年规定了作者对于音乐作品的表
演权。② 同时，在巴黎上诉法院于 1849 年审理的一起案例中，法国将音乐作品
纳入 1791 年法国《表演权法》的保护客体。③ 与之相对的是，在大洋彼岸的
美国并不具备与欧洲相类似的社会背景，虽然美国在 1831 年便将乐曲纳入版
权保护范围④，但直至 1897 年才规定了音乐作品的表演权。

　　结合前述艺术创作活动的发展历程，可以看出，在赞助体制衰落的过程
中，创作者经历了一场从"身份到契约"的运动。曾经的"手工业者"逐渐
向现代意义的作家、作曲家、艺术家演变，创作者获得了前所未有的创作自由
度与决定权，蕴含在作品中的创作天才成分为外界所认识。于是，新的创作体
系开始形成，创作者由依靠赞助人的资助转向依靠市场，作品逐渐成为文化产
品并参与市场竞争，文化市场就此形成。诚如左拉所言，"金钱解放了艺术
家，金钱创造了现代文学"⑤。艺术家通过创作在市场上获得回报，物质利益
又进一步刺激了艺术家的创作活动。同时，考虑到昔日赞助体制的不稳定性，
因为历史已经证明，当政治或者社会环境发生变化时，或者政府资金出现紧缺
时，政府资助将可能立刻暂停。⑥ 由此，创作者在销售其生产的文化产品的同
时，迫切地需要采用新的制度以固定其利益生成模式，著作权制度就此登上了
时代舞台。

　　让个体依靠自己而生活，依靠市场生活，构成了近代以来的一个主旋律，
相伴而来的是尽可能多的产权化。⑦ 对于创作者而言，不同创作者摆脱赞助
体制的时间不同，这也影响了不同创作者的著作权设权的时期。在作家、作
曲家和艺术家三者之中，作家最先走向市场，近代印刷术的产生，使得大量
复制成为可能，在出版商的主导下，作家首先获得了著作权的保护。其次是
作曲家，18 世纪末 19 世纪初，以贝多芬为代表的作曲家开始走向市场，这

　　① A. Ringer ed. , *The Early Romantic Era: Beethoven Revolutions: 1789 and 1848.* p. 8.

　　② W. R. Cornish, *Intellectual Property: Patents, Copyright, Trade Marks and Allied Rights* (Fourth Edition), Sweet & Maxwell, 1999, pp. 342 – 343.

　　③ Trib. Com. Seine, 8 September 1847.

　　④ Act of Feb. 3, 1831, ch. 16, 4 Stat. 436.

　　⑤ [法] 皮埃尔·布尔迪厄：《艺术的法则：文学场的生成与结构》，刘晖译，中央编译出版社 2001 年版，第 108 页。

　　⑥ Barbara Ringer, *Book Review of the Droit de Suite in Literary and Artistic Property*, 16 Colum. – VLA J. L. & Arts 247, 249 (1991 –1992).

　　⑦ [美] 道格拉斯·诺思、罗伯斯·托马斯：《西方世界的兴起》，厉以平、蔡磊译，华夏出版社 1999 年版，第 181 –192 页。

促使著作权法赋予作曲家以表演权。最后是艺术家，官方沙龙体制直至 19 世纪 80 年代才最终消亡，艺术家才走向市场，而这最终导致了追续权于 20 世纪初的产生。

二、市场根源：艺术品交易之利益分配失衡

追续权的产生与艺术市场有着不可分割的联系，在赞助体制消亡后，艺术家不得不依靠艺术市场获取生存空间。艺术市场的运作需要艺术中介参与，法国早期的艺术中介在市场上既充当买家，又扮演卖家角色。于是，艺术市场上逐渐形成了艺术中介的供给强权，这使得利益的天平发生偏移。在这一背景下，为了平衡艺术家与艺术品交易商的利益，追续权便孕育而生。

（一）艺术中介在艺术市场上不可或缺

在早期的赞助体制中，创作者完成作品后便直接提供给赞助人，赞助人相当于艺术品消费者，这一过程中不存在第三人。在赞助体制崩溃之后，艺术家开始进入艺术市场。不同于原有的赞助体制，艺术市场主要是靠艺术中介来联系艺术家与消费者的，艺术市场的整个流通过程，是以艺术品为中心，通过艺术市场中介中的拍卖行、艺术博览会、艺术经纪人以及艺术宣传中的批评家、新闻传媒、出版商等的运行操作，最后由经营者（画廊、画商），收藏家（投资人、企业家）购入，从而完成商业交易的最后归宿。[①] 在整个过程中，艺术家所创作的作品并不是直接提供给消费者，而是先提供给中介组织，诸如艺术品交易商、经纪人、画廊、拍卖商等，再进入市场。[②] 于是，艺术家和消费者之间原始的艺术品流转关系逐渐转变为"艺术家—中介组织"和"中介组织—消费者"的两重关系。

亚当·斯密在《国富论》开篇中指出："劳动生产力上的全面提高，以及生产中所表现出来的技能性、熟练性和判断力的逐步完善似乎都是分工的结果"。[③] 对于艺术市场而言，分工的重要性亦不言而喻。中介组织的产生对于一开始进入市场的艺术家而言意义重大，因为艺术家并不熟悉市场运行规则，其对自己作品的态度决定了他很难用经济眼光看待作品，这种"自命清高"的价值观念反而阻碍了艺术家的市场定位。中介组织能够最大限度地挖掘作品的市场价值，帮助艺术家在艺术市场中找到适当的位置。作为 20 世纪最著名

---

① 叶子：《中国书画艺术市场》，上海人民美术出版社 2006 年版，第 31 页。
② 刘非非、单世联：《从赞助人到近代版权制度》，载《学海》2014 年第 4 期，第 133 页。
③ ［英］亚当·斯密：《国富论》，武汉出版社 2010 年版，第 3 页。

的艺术家之一,波普艺术大师安迪·沃霍尔就曾指出,"艺术家需要依靠一个优秀的画廊,如此'统治阶层'的人才会注意你,收藏者才会购买你的作品,而一旦艺术家走错了方向,不论其是多么的优秀,其名字就会消失"[①]。如此一来,中介组织解放了艺术家,使其能够安心投入创作活动。

(二) 艺术中介使得艺术品交易利益分配失衡

但中介组织对于艺术品流通环节的过分介入,往往又会使得利益的天平发生偏移。一般而言,为了保护市场流通过程中的公正性和合法性,艺术市场的中介原则上不能直接经营和销售艺术品,而只能代替他人间接从事经营和销售。[②] 但在法国官方沙龙衰亡之际,早期的艺术品交易市场分工尚未完全形成。当时盛行的经济学理论非常推崇垄断经济模式,"对资源和产品的垄断控制将培育最丰厚的经济利润"[③]。艺术市场也受到这一影响,当时的艺术品交易商纷纷同特定的艺术家签订独家代理合同。

于是,艺术品交易商分饰多角,如保罗·杜朗-吕耶既是艺术品收藏家,又是艺术品经纪人(将艺术家的作品从一个藏家卖到另一个藏家手里,一般包括画廊、拍卖行和艺术博览会组织者),相当于当时的艺术品交易商既是一级艺术市场的经营者和买家,又是二级艺术市场的经纪人和卖家。换言之,这些艺术中介在实现艺术品流转的过程中存在两个过程:一是初级艺术品供给者与艺术中介进行交易;二是艺术中介与消费者进行交易。在此过程中,艺术中介存在两种表达形式:一个是预购表达,另一个是预售表达,这两种表达一正一反,从而导致中介商具有天生的两面性。

法国作家福楼拜曾对这种两面性作过非常形象的描绘,他在 1869 年发表的小说《情感教育》中刻画了一位名叫阿尔努的画商,"这位有所成就的画商一边保持着自己艺术家的风度,一边努力扩大自己的经济利润,他寻求艺术的解放,崇尚廉价的艺术品市场……他疯狂地利用舆论,让那些有才华的艺术家改变创作的路子,腐蚀那些实力强的,敲诈那些实力弱的,吹捧那些平庸无能的,他利用他的杂志与关系网来控制他们"[④]。法国社会学家布迪厄在分析阿尔努时指出,"他是艺术空间中金钱与商业名副其实的代表……兼得两种对立逻辑的好处,一方面是不计利害的艺术逻辑,另一方面是商业逻辑……他让艺

---

① [美] 安迪·沃霍尔:《沃霍尔论艺术》,人民美术出版社 2002 年版,第 201 页。

② 叶子:《中国书画艺术市场》,上海人民美术出版社 2006 年版,第 31 页。

③ Robert jensen, *Marketing Modernism In Fin-De-Siecle Europe*, Princeton University Press, 1994, p. 52.

④ [法] 福楼拜:《情感教育》,王文融译,人民文学出版社 2006 年版,第 60 页。

术家落入设定好的圈套，还让艺术家留下最好的部分，进而从他们的劳动中抽取物质利益，留给自己"①。

艺术市场经过艺术中介的分割，出现了供给与消费两个市场，艺术中介在这两个市场上分别扮演买家与卖家的角色，于是，造成艺术家与消费者在信息获取上的不对称，艺术中介一方面操持着艺术品供给的单边信息优势，另一方面又控制着艺术品销售价格，这种信息优势也保障了艺术中介能够持续地获得高额利润。这一过程如图 1-1 所示。

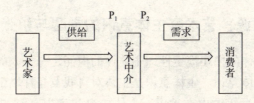

P_1 为艺术中介购买艺术品的价格，P_2 为艺术中介销售艺术品的价格

图 1-1　艺术中介参与艺术流通环节

最后，高额的利润转化为资本和资源，艺术中介据此逐步控制艺术市场。② 由此，艺术市场上逐渐形成了艺术中介的供给强权。② 这一强权产生于 19 世纪之后，伴随着艺术市场的发展而逐步形成。在此之前，艺术中介尚不具备市场支配地位，古时书画商人地位低下，时常因为贩卖赝品受到世人的蔑视。这也是艺术市场区别于普通商品市场的重要特征之一，普通商品并无等级层次之别，故而普通商品市场具有平等性和民主性。

（三）追续权能够平衡艺术家与艺术中介间的利益

由上可见，艺术中介对于艺术家的意义重大。不过，艺术中介通过参与艺术品流通，获得了巨额利益。为了平衡艺术家与艺术品交易商的利益，法国于1920 年引入追续权制度，由此，艺术家可以从其艺术品的转售中分得一定的利益。③ 这也成为日后《伯尔尼公约》规定追续权的由来。《伯尔尼公约指南》中指出，"规定这一权利（追续权）是想维护美术家和美术作品的其他制作者的利益。作品可能在几经转手后价值大增。它们成为从事艺术作品销售的人（商人、专家、美术鉴赏家等）获得收益的来源，并常常被当作一种回报丰厚

---

① ［法］布迪厄：《艺术的法则》，刘晖译，中央编译出版社 2001 年出版，第 13 页。
② 李万康：《艺术市场学》，生活·读书·新知三联书店 2012 年版，第 110-111 页。
③ Guy Tritton etc, *Intellectual Property in Europe*（Third Edition），Sweet & Maxwell, 2008, p. 541. 转引自李明德、闫文军、黄晖、邰中林：《欧洲知识产权法》，法律出版社 2010 年版，第265 页。

的投资来购买。所以，这一款使美术家有可能跟随他的作品，以便因这一财产每次转手时的增值而受益"①。

当然，追续权制度可能并不是实现其预期目标中最优的办法，但从政府对艺术家进行制度保障的角度上看，追续权制度或许是在同等条件下调整艺术品自由市场运行的最优选择，追续权制度的创设也从侧面反映出当时法国政府正在逐步减少对艺术品产业与商业活动的干预，而转向发挥市场活力，以实现艺术品市场的自我完善与自我调节。②

三、思想根源：艺术家主体意识的觉醒与扩张

主体意识是主体的内在规定性即主体性的内涵之一，人的能动实践使人成为主体，并具有主体意识。主体意识是主体对自我及在环境中的地位、作用的认识，以及创造力发挥的内在欲求，主体的自我意识具有"为我"倾向，任何形式的"为他"意识都不是主体意识，只能是主体意识的外射。③ 追续权在法国产生之时，伴随着艺术家主体意识的觉醒与扩张运动，这一思想层面的进步也推动了追续权制度在法国的诞生。

（一）艺术家主体意识的觉醒

在古希腊时期，人们认为艺术家不过是仿造物的模仿者。在苏格拉底看来，每一个物都有三个层次的存在。如以床为例，人们理念中的床是床第一层次的存在，它由上帝创造，是床的本质；木匠制造的床是床第二层次的存在，它只是床的外表，影响而已，因而是不真实的；画家笔下的床是床第三层次的存在，艺术不仅低于物体的本质，甚至还不如物的外表。④ 这一涉及艺术的模仿说贯穿了整个欧洲中世纪，对后世造成了非常消极的影响。⑤

在经历中世纪的黑暗时期之后，人类主体意识在文艺复兴时代开始觉醒，但在 17 世纪的欧洲却分化为两条不同的路径，一条是新古典主义信奉的理性

---

① ［法］克洛德·马苏耶：《保护文学和艺术作品伯尔尼公约指南》，刘波林译，中国人民大学出版社 2002 年版，第 72 页。

② David L. Booton, A Critical Analysis of the European Commission's Proposal for a Directive Harmonising the Droit de Suite, (1998) *Intell. Prop. Q.* 165, p. 168.

③ 高兆明：《论个体主体意识与社会主体意识》，载《社会科学战线》1990 年第 3 期，第 49 页。

④ ［古希腊］柏拉图：《理想国》，郭斌和、张竹明译，商务印书馆 1996 年版，第 387－426 页。

⑤ M. H. Abrams, The Mirror and the Lamp: Romantic Theory and the Critical Tradition, Oxford University Press, 1953. p. 12.

主义思想路径，一条是后来开启了浪漫主义艺术的经验主义思想路径。① 对于艺术家而言，新古典主义约束了艺术家内在创造性的发挥，而"浪漫型艺术是精神本身表现精神，是精神与精神本身的统一，具有内在主体性的原则"②，正是在这一观念的影响下，艺术家主体意识开始觉醒，存在于艺术家与艺术品之间的内在联系逐渐为人们所认识。

新古典主义遵循着理性主义思想路径，着眼于外部世界的关注和模仿。理性主义思想来源于笛卡尔的"我思故我在"，即通过正在思维的"我"来证实真理和存在，而思维是理性活动，所以一切都应该凭借理性去判断，而不应该仅凭信仰行事。但是，笛卡尔所说的理性是先天的，先于人的经验而存在的，因而理性主义又会陷入一种抽象和教条的境地。表现在美学和艺术上，新古典主义美学认为，理性既然是先天的，先于人的经验而人所共有的，那么符合理性的事物必然是普遍和永恒的。"美"和艺术要符合理性，就必须反映普遍永恒的人性，而反映普遍永恒的人性的作品就是得到历史上一致赞赏的作品。古希腊、罗马的古典主义艺术是古往今来被一致赞扬的作品，因此，古希腊罗马的经验和成就应该得到遵循。于是，新古典主义将"古典"绝对化了，"古典"就是"美"，就是真正的艺术。最后，在新古典主义的影响下，艺术家的主体意识故而受到外界束缚，在无法发挥主观创造性的情况下，"艺术家的创作活动逐渐退化成对古代艺术的机械模仿，并形成同时代精神格格不入的学院式的僵化风格"③。

浪漫主义的诞生是对当时新古典主义的一次革命。诞生于 18 世纪末期和 19 世纪初期的浪漫主义被视为一种思潮、一场运动和一个流派④，它涉及各种文化领域，如文学、社会学、政治经济学、哲学、宗教、自然科学甚至医学，但是，它与艺术却有着最为独特的联系。⑤ 浪漫主义（romanticism）一词来源于"浪漫的"（romantic），两者又可以追溯至罗曼司（romance）一词。在古法语中，roman 一词既可以指通俗故事，也可以指用韵文表现贵族式的罗曼

① 孙薇：《从"感性的人"到"美的艺术"——浪漫主义艺术的美学观念探析》，载《学习与探索》2012 年第 7 期，第 139 页。

② ［德］黑格尔：《美学》，商务印书馆 1997 年版，第二卷，第 273 - 274 页。

③ 彭麟麟，王杨：《十九世纪法国浪漫主义绘画的美学特征及影响》，载《辽宁工程技术大学学报（社会科学版）》2003 年第 1 期，第 45 页。

④ 吴怀东：《历史现实方法——欧洲浪漫主义思潮论》，载《安徽大学学报（哲学社会科学版）》2009 年第 3 期，第 80 页。

⑤ 凌继尧，季欣：《浪漫主义美学与艺术学的理论思考》，载《东南大学学报（哲学社会科学版）》2004 年第 5 期，第 68 页。

司，于是，这些爱情、冒险故事的特点和想象的奇异很快就与这个词本身联系了起来。① 浪漫主义这一概念早在 18 世纪的英国便已出现，不过直至德国美学家施莱格尔兄弟于 1798 年出版的杂志《雅典娜神殿》中使用后，它才开始广泛流传开来。法国作家和文学理论家德·斯塔尔夫人很快把它引进到法国，然后它也传播到其他国家。

不同于古典主义，浪漫主义艺术放弃了那种普遍而绝对的共同美，着力追寻个体内心世界的理想美，试图揭示个人的心灵和独特的自我，于是，艺术转变为以强调艺术家主观感情为基础的创造。② 对此，黑格尔曾进行了精辟的解读，他指出，"浪漫型艺术的真正内容是绝对的内心生活，相应的形式是精神的主体性，亦即主体对自己的独立自由的认识"③。由此，艺术家自身成为创造艺术品并制定其判断标准的主要因素。④ 艺术家 J. S. G. 博格斯（J. S. G. Boggs）恰到好处地总结了浪漫主义的概念，他说道，"我的本职工作在于，通过创作作品向世人表达我本人的思想与感受，为了实现艺术的真挚、公正与坦诚，我必须释放内在的自我"⑤。由此可见，在浪漫主义观的影响下，艺术家逐渐培养出独立的人格，发挥主观能动性创作作品，于是，艺术家的主体意识开始觉醒，并凸显了艺术家内在的个人特质在作品创作中起到最为重要的作用。

（二）艺术家主体意识的扩张

在美学史上，欧洲的浪漫主义运动持续至 1848 年欧洲资产阶级民主革命。⑥ 这对其后的后印象派乃至现代派产生了深远的影响，"沿着浪漫主义之路径，后印象派画家们得到启示，从对客观世界的关注转向了对人的内心世界的研究，从而导致了现代派的诞生"⑦。在这一过程中，艺术家的主体意识开始扩张。

---

① ［英］里利安·弗斯特：《浪漫主义》，李今译，昆仑出版社 1989 年版，第 16 页。

② 同上注。

③ ［德］黑格尔：《美学》，商务印书馆 1997 年版，第二卷，第 276 页。

④ ［美］M. H. 艾布拉姆斯：《镜与灯——浪漫主义文论及批评传统》，郦稚牛等译，北京大学出版社 2004 年版，第 20 页。

⑤ Weschler, Onward and Upward with the Arts: Value — Category Confusion, *The New Yorker*, Jan. 25, 1988, at 95.

⑥ 凌继尧，季欣：《浪漫主义美学与艺术学的理论思考》，载《东南大学学报（哲学社会科学版）》2004 年第 5 期，第 68 页。

⑦ 彭麒麟，王杨：《十九世纪法国浪漫主义绘画的美学特征及影响》，载《辽宁工程技术大学学报（社会科学版）》2003 年第 1 期，第 46 页。

在 1885—1905 年出现于法国的后印象主义艺术运动中，后印象派艺术家否定了印象主义"客观再现"的艺术风格，主张"艺术应当忠实于个人的感受和体验，主张无须与客观真相完全一致，表现艺术家的主观世界是第一位的，后印象派艺术家拉大了艺术和客观现实之间的距离，更注重在创作中再现'主观化的现实'"[1]。后印象主义艺术也为后来出现的现代主义艺术奠定了坚实的基础。[2]

紧接着，现代主义艺术于 1905 年在巴黎诞生，以野兽派画家于 1905 年在巴黎举办展览为标志。[3] 现代艺术彻底地摆脱和超越了传统的对象性的写实描述，走上了一条主体扩张之路，艺术家的主体意识较之前更进一步，诚如野兽派代表人物马蒂斯所述，"色彩所固有的特性，不是把世界作为一种物体的现象来表达，而是作为一个现实中惟一存在着的世界——画家脑海中的世界来表达"[4]。两年后的 1907 年，以毕加索、布拉克为首的立体派在巴黎出现。他们先把一切物象加以破坏和肢解，把自然形体分解为各种几何切面，然后加以主观的组合，甚至发展到把同一物体的几个不同方面组合在同一画面上，借以表达四维空间。从中可以看出，艺术家个性的主体从来不是通过到外部世界去寻求他们要找的东西，也不对发现本身有任何意愿，他只是想把内在的一切拿出来表现。[5] 如毕加索所说，"当我们发现'立体派'时，我们没有企图去发现，我们只想表现我们内心的东西"[6]。再至后来发展生成的抽象派，人们已经很难在绘画作品中看到艺术家所表现的客观物象的影子，画面上存在的仅仅是一些纯粹抽象的形式和构图而已，客体形象已经完全消失。[7]

（三）追续权制度的产生：艺术品与艺术家之间的联系永续

从浪漫主义艺术到后印象主义艺术，再到现代主义艺术，传统艺术发生了

---

[1]　龚平：《约会艺术之都——19 世纪法国美术漫谈之六·后印象主义画派》，载《中国美术》2011 年第 6 期，第 152 页。

[2]　法国后印象主义画家保罗·塞尚在作品中追求绘画语言的几何结构和形体美感，他也被人们称作"现代绘画之父"。

[3]　李黎阳编著：《西方现代之术流派书系——野兽派》，人民美术出版社 2000 年版，第 1 页。

[4]　[法] 亨利·马蒂斯：《画家笔记——马蒂斯论创作》，广西师范大学出版社 2002 年版，第 104 页。

[5]　蔡元：《主体意识的生成与扩张——从印象派绘画及现代艺术看主体》，吉林大学 2005 年博士论文，第 101 页。

[6]　云雪梅编著：《20 世纪外国大师论艺书系：毕加索论艺》，人民美术出版社 2002 年版，第 79 页。

[7]　曹桂生：《现代主义、后现代主义艺术的终结——对现代主义、后现代主义艺术进行一次系统梳理》，载《美术》2004 年第 11 期，第 61 页。

颠覆性的革命，从客体原则走向了主体原则，人们认识到，艺术品最重要的组成部分来自艺术家。随着艺术家在创作过程中主体意识的不断强化，艺术家在其作品中越来越多地融入了其个人内在的特质，无论作品归何人所有，都无法切断作品与艺术家之间的联系。

在这一基础上，艺术家能够通过作品向人们展现其主观感受，并带给人们以美的享受。正如 M. H. 艾布拉姆斯所述，"艺术品的真实价值源于艺术家的个人特质，艺术家会在作品上留下其天才的轨迹，在寻找这一天才轨迹的过程中，人们能够逐渐体会到审美的愉悦"①。例如，法国画家弗拉戈纳尔（Jean-Honoré Fragonard）在 18 世纪末期创作了名为"新模式"（*The New Model*）的美术作品，在该画作中，一位画家站在画板面前，面朝两位女性模特，准备作画。这一画作并未蕴含着社会或政治性主题，缺乏深刻的寓意，但却对 18 世纪传统的绘画理念提出了挑战。当时艺术界普遍认为，绘画类型在价值上具有高低之分，展示历史事件并具有重要寓意的画作具有最高的价值。然而，当时艺术品的潜在买家则希望画作能够展示艺术家的创造力，并带领其体验艺术的魅力②，而"新模式"一画正符合这一点。在该画中，弗拉戈纳尔展示了其高超的绘画技巧，他在描绘男性人物时使用硬笔，在描绘女性人物时使用软笔，画架的简单造型与褶皱的衣料形成强烈的对比。③ 这些色彩与外形上的搭配反映了艺术家在创作上对布局的把握，展现了弗拉戈纳尔高超的绘画才能，他以一种自然的方式展示世界，这一展示过程也体现了艺术家的掌控力。一位真正体会到弗拉戈纳尔创作要旨的观赏者会更加注重现实生活中的细节，也会更加了解展示世界的方法。单就这一点而言，艺术家提升了观赏者的鉴赏能力，并促进观赏者以不同的视角观察世界。④

再者，艺术家能够通过作品向人们指出蕴含于生活中的美与创造力，以激励其超越自我原有的社会观念与价值观。举例而言，创立于美国 20 世纪初的垃圾箱画派（ash-can school）刻画了亚洲与东欧移民在美国的艰苦生活，描绘了肮脏的城市角落。该画派是美国形成的第一个现代艺术流派，为美国的绘画界带来了革命性的改变。时值许多美国人提倡国家优生政策，美国社会

---

① M. H. Abrams, The Mirror And The Lamp: Romantic Theory and the Critical Tradition, Oxford University Press 1953. quoted in Neil F. Siegel, The Resale Royalty Provisions of the Visual Artists Rights Act: Their History and Theory, 93 *DICK. L. REV.* 1, 5 (1988).

② Sheriff, For Love or Money? —Rethinking Fragonard, 19 Eighteenth Century Studies 333, 345 (Spring 1986).

③ Sheriff, For Love or Money? —Rethinking Fragonard, 19 Eighteenth Century Studies, p. 347.

④ Ibid., at 345.

已经普遍接受种族的阶级观念，并将盎格鲁－撒克逊种族置于最高阶层。垃圾箱画派作品所反映的是一个真实的美国，人们在看到垃圾箱画派的画作后，不得不对社会现实及社会传统观念进行反思。正如第一代抽象表现主义画家阿道夫·戈特勒布（Adolph Gottlieb）与马克·罗斯科（Mark Rothko）所说，通过其对作品色彩与形状的布局，"观众会认识到事物的本质，并感受到这一本质所带来的冲击"，并且，"艺术家的使命在于，让观众以艺术家的方式认识世界"①。

由此可见，艺术品对于人类具有重要的作用，而这一切源于艺术家，在作品的观众感受艺术所带来魅力的同时，艺术家也应有权获得相应的回报。于是，对于艺术品的公开展览，《著作权法》赋予了艺术家以展览权，即公开陈列美术作品、摄影作品的原件或者复制件的权利。② 根据"首次销售原则"，物权人有权不经过艺术家许可便公开展览艺术品，但这一展览能够使得观众通过欣赏作品感受到作品的艺术魅力，获得精神层面的满足，观众无疑也需要向艺术家支付报酬。

考虑到作品原件在第一次出售时，作品原件的买家已经向艺术家直接支付了艺术品的对价，因此无须再向艺术家支付报酬，而在作品原件发生流转之后，新的作品原件所有权人仅向作品原件卖家支付购买作品原件的价款，基于此，新的作品所有权人应再对艺术家给予相应的补偿。③

此外，伟大艺术品的价值往往在创作完成一段时间后才为人所认识，由此，艺术品在初次销售时的价格往往低于其真实的价值。④ 造成这一现象主要有以下两个方面的原因，一方面，相较于艺术品购买者，艺术家在其艺术生涯初期在议价能力上处于下风，为了解决生计问题，艺术家不得不接受较为低廉的报价⑤；另一方面，受公众的欣赏能力及品味所限，一些前卫派的艺术品在创作之时难以为公众所理解，这使得潜在的购买者通常会低估这些作品的价值⑥，正如马蒂斯所说，"一个画家从来不曾为一些中等水平的观众所彻底理

---

① American Art 1700 - 1960 210（J. McCoubrey ed. 1965）.

② 《中华人民共和国著作权法》第 10 条。

③ Goetzl and Sutton, *Copyright and the Visual Artist's Display Right*：*A New Doctrinal Analysis*, 9 COL-UM. *J. L. & ARTS* 15, 49 - 53（1984）.

④ Sherman, *Incorporation of the Droit de suite into United States Copyright Law*, 18 COPYRIGHT L. SYMP（ASCAP）50, 56（1970）.

⑤ Ann Louise Straw, *A Proposal for National Uniform Art-Proceeds Legislation*, 53 IND. L. J. 129, 134（1978）.

⑥ Hauser, *The French Droit de Suite*：*The Problem of Protection for the Under-privileged Artist Under the Copyright Law*, 11 COPYRIGHT L. SYMP.（ASCAP）1, 1（1962）.

解过，更不用提大多数的观众了……甚至也不能肯定地说，他为他的同行们所理解……而包含在作品中的艺术思想却不易被察觉地、渐渐地在给观众以影响，这种潜藏的影响，也迫使广大的观众最后终于理解大胆的革新的真正意义"①。于是，随着大众欣赏艺术品的品位逐步提升，艺术品的价格在其后的转售中将逐渐回归其真实价值，因而，艺术家有权要求在作品出售后获得补偿，以弥补作品价格与价值间的差额。

作为 19 世纪至 20 世纪初的全球艺术中心，法国云集了当时世界上最为知名的艺术家，艺术家主体意识的扩张对法国的影响也最为深远，人们逐渐认识到艺术家在作品创作中起到最为重要的作用，也认识到艺术家有权从他人对作品的欣赏中获得补偿。于是，伴随着后印象主义运动的发展，追续权这一概念于 1893 年在法国首次提出，而后在现代主义艺术的浪潮下，法国于 1920 年正式创设追续权制度，成为追续权制度的发源地。法国学者福塞特在谈及追续权制度最先创设于法国与比利时的原因时认为，"与其说追续权的出现彰显了法律的进化，还不如说追续权制度的创设是社会与文化环境发生变革的结果"②。

四、制度根源：著作权法对艺术作品的保护尚不完善

法国关于艺术作品的制度保护可以追溯至 18 世纪。在 18 世纪后半叶，同伦敦书商一样，巴黎书商依据洛克的财产理论，一直在主张其对图书享有垄断权利，以对抗外省地区（非巴黎地区）的竞争者。最终，法国国王路易十六于 1777 年 8 月 30 日颁布皇家法令，授予作家一项永久性的财产权利。就在同一年，路易十六又颁布了《关于雕塑与油画的皇家宣言》③，在这一宣言中，法国国王意识到艺术家在作品创作上与作家创作作品的相似性，并赋予了艺术家以一项排他权利，在该宣言的第 8 条中指出，未经艺术家本人的同意，任何仿造艺术品的行为将受到惩罚。从中可以看出，此时关于艺术作品的保护还处于皇权特许时期。

1789 年法国大革命之后，特许保护时期就此结束。之后不久，法国在 1791 年颁布了保护戏剧作品的《表演权法》，1793 年颁布了《文学与艺术财产法》，依据这一法案，作者对其作品享有一项特殊的财产权，其中规定，作

① ［法］亨利·马蒂斯：《画家笔记——马蒂斯论创作》，广西师范大学出版社 2002 年版，第 51 页。

② Liliane de Pierredon-Fawcett: *The Droit de Suite in Literary and Artistic Property*, *A Comparative Law Study*, published by Center for Law and the Arts, Columbia University School of Law, 1991, p. 4.

③ *Royal Declaration on Sculpture and Painting* (1777).

家、作曲家、画家、制图者在其有生之年对其作品享有销售权、授权销售权和发行权，并有权整体或部分转让这些权利；在作者死后十年内，作者的继承人或权利受让人仍享有这些权利；仿冒者需要向权利人支付总额相当于生产3 000件作品复制件的成本费用；作品仿冒件的销售者还需要向权利人支付总额相当于生产500件作品复制件的成本费用。①

但是，这一法案只包含七条条款，许多规定较为模糊。于是，在法国国民议会议员索斯丹尼·罗什福科（Sosthène de La Rochefoucauld）的领导下，一个旨在修改《文学与艺术财产法》的委员会于1825年成立了，这一委员会由若干法学家与政治家组成，但这一委员会最后主要将修法注意力聚焦于著作权保护期限的问题，并在1866年将著作权保护期限延长至作者死后50年。而存在于《文学与艺术财产法》中涉及艺术作品保护的其他问题却随着19世纪的司法实践以及19世纪法国法学家的理论探索而逐渐暴露出来，这些制度层面的问题的发现与解决也为追续权制度最终于法国的诞生奠定了制度基础。

（一）艺术作品与作品载体在财产关系上曾存在争议

艺术作品与承载着艺术作品的有形载体之间到底存有何种关系？具体而言，艺术作品有形载体的转让是否意味着艺术作品亦发生了转让呢？这些问题也一直困扰着19世纪的法国法院，法国最高法院在1842年5月27日审理的一起案件中对上述问题作出了回答。② 在该案中，法国参议院于1809年委托法国著名画家安东尼－让·巴伦·格罗（Antoine-Jean Baron Gros）创作了一幅名为《金字塔会战》（*La Bataille des Pyramides*）的画作，描绘的是拿破仑率领军队攻占埃及、兵临金字塔脚下的情景。在交付这幅画作之后，让·格罗于1810年收到了12 000法郎的报酬，之后这幅画被安置在法国参议院大厅中。1814年，这幅画作失窃，法国国王路易·菲利普曾派人进行过搜寻。事后发现，这幅画落入贝特朗（Bertrand）将军之手。在1830年法国七月革命之后，法国皇室专门的负责人又重新获得这幅画作，并委托让·格罗在原画的基础上制作一幅尺寸更大的画作，于是，让·格罗又增加了两个部分，并形成一幅新画。但在新画完成前，让·格罗便去世了，添加工作最终由让·格罗指定的一位学生完成。

---

① Décret de la Convention Nationale, *Du Dix-neuf Juillet 1793*, available at http：//www. copyrighthistory. org/cam/tools/request/showRepresentation？ id = representation_ f_ 1793.

② Heirs of Baron Gros and Vallot v. Gavard, Cour de Cassation, 27 May 1842, Dalloz 1842. 1. pp. 297 – 304.

早在法国皇室专款委托让·格罗修改画作之前，即在贝特朗（Bertrand）将军占有画作期间，让·格罗便已将制作版画的复制权转让给了版画制作者瓦洛特（Vallot）。此后，瓦洛特了解到绘图仪与新型比例画图仪的发明者加瓦尔（Gavard）在生产这幅画作的版画。于是 1837 年 5 月 23 日，瓦洛特向加瓦尔提出要求，要求其停止生产作品的版画，但加瓦尔不以为意，并继续生产。之后直至 1840 年 8 月，瓦洛特以作品复制权受让人的名义，让·格罗的夫人以作品原作修改添加部分的著作权人的名义，共同向法国塞纳省法院提起诉讼，主张加瓦尔仿冒了作品。在经过审理后，塞纳省法院于 1841 年 1 月 23 日作出判决，驳回了原告的诉讼请求。原告随后向巴黎皇家法院提起上诉，巴黎皇家法院于 1841 年 4 月 22 日作出判决，驳回上诉，维持了原判。

原告继续向法国最高法院提起上诉，法国最高法院于 1841 年 7 月 23 日作出判决，认为，"如果智力作品有可能处于商业贸易环境中，那么，应当从利益最大化的角度分析，促使旨在传播作品的公共利益以及作者利益间的平衡。对于社会而言，社会能够获得智力财富，对于作者而言，除了荣誉之外，其还能获得实际利益"[1]。"在画作上存在着两个财产权利，一个是该画作的财产权，一个是无形的复制权，画家并未在销售画作的过程中放弃这一权利。在这里适用物权转让覆盖所有附属权利的原则无疑是错误的。1793 年法案并未授予画作的物权人以规制他人复制画作的权利，而是授予画作的画家这一权利"，"制作版画的权利并不属于画作物权的附属权利"。[2]

基于此，法国最高法院撤销了原判，并将该案发至奥尔良法院进行重审，但出人意料的是，奥尔良法院并未采纳法国最高法院的观点，奥尔良法院认为画作原件的转让时，承载在画作之上的所有附属权利亦发生转让。更加出人意料的是，在上诉案中，法国最高法院于 1842 年 5 月 27 日作出判决，推翻了其一年前所采纳的观点，主张："如果艺术家没有通过约定明确对权属加以保留，那么，依据财产转让的一般规则，艺术作品原件的转让也意味着原件上承载的所有的财产权发生了转让。"[3] 法院还认为，通过《文学与艺术财产法》的第一条对艺术家进行保护便已足够，任何其他的规定反而会违背艺术家自身的利益，因为艺术家的知名度只能通过他人对其作品的模仿而提高，复制作为模仿作品的手段之一，最终有助于增加公共利益，并能够提升艺术家的知名

---

① Veuve Gros et Vallot C. Gavard, Cour de Cassation, 23 July 1841, Dalloz 1841. 1. p. 322.

② Veuve Gros et Vallot C. Gavard, Cour de Cassation, 23 July 1841, Dalloz 1841. 1. p. 323.

③ Heirs of Baron Gros and Vallot v. Gavard, Cour de Cassation, 27 May 1842, Dalloz 1842. 1. p. 304.

度。在艺术领域，应赋予作品原件所有人占有、使用和处分作品的权利。①

法国最高法院在短短的一年时间内作出了两个完全相反的判决，对艺术作品的性质进行了截然不同的阐释。但法国最高法院于 1842 年作出的判决并未得到普遍的认可。事实上，法国曾于 1841 年提出过《文学与艺术财产法》的立法修改草案，该草案也曾引入与法国最高法院 1842 年判决完全相同的观点，但最终并未获得通过。②

此外，法国的一些知名学者也对法国最高法院 1842 年的判决提出了强烈的反对。如 C. 库塞（C. Couhin）指出，原件财产权利的转让并不意味着作品复制权的转让，1842 年的判决未能准确地适用法律，1793 年法案的立法者并不旨在创设一个与作品载体不可分离的权利，一方面，艺术作品的有形载体是一项财产，具有相对应的价值；另一方面，艺术作品作者对作品所享有的复制权也是一项财产，亦具有价值，这一财产不由法国民法典所规制，而是为1793 年法案所规制。③ E. 鲍伊莱（E. Pouillet）也指出，艺术作品原件的购买人仅仅购买了有形载体，艺术作品能使人感到陶醉和愉悦，控制艺术作品的权利则是另一项特定的权利。④

将追续权这一概念引入艺术领域的阿尔伯特·沃努瓦对此也指出，"从法律上看，艺术品的物质财产与艺术作品是不同的，后者由特定的法条所确立并加以规制，不能被视为一项附属品，从事实上看，两者的区别愈发明显，无论一件画作或雕塑的尺寸有多大，其物质财产在消失之后便不再具有价值，而艺术作品仍可以通过被制成复制品而获利。在 18 世纪，尽管画家华多（Jean-Antoine Watteau）销售了大量其创作的画作，其本人仍在贫穷中逝去，但生产华多作品复制件的版画商却获得了高额利润，与之相反的是，画家格勒兹（Jean-Baptiste Greuze）自己生产版画，所获得的收入反而比销售画作的收入更高。罗伯特·利奥波德（Léopold Robert）以 8 000 法郎将其创作的名为'收割人'（*Harvesters*）的画作卖出，'麦当娜的朝圣'（*The Pilgrimage to the Madonna of the Arch*）一画则卖出了 4 000 法郎，然而，他从销售这些画作的版画中

---

① Dalloz 1842. 1. pp. 301 – 304.

② Report of Lamartine and Parliamentary Debates on Literary Property (1841). Cited in Frédéric Rideau, Nineteenth Century Controversies Relating to the Protection of Artistic Property in France, available at *Privilege and Property Essays on the History of Copyright*, published by Open Book Publishers CIC Ltd. 2010, p. 250.

③ C. Couhin, *La Propriété Industrielle, Artistique et Littéraire*, vol. 2 (Paris, 1898). pp. 409 – 413.

④ E. Pouillet, *Traité Théorique et Pratique de la Propriété Littéraire et Artistique et du Droit de Représentation*, 2nd ed. (Paris, 1894). pp. 362 – 363.

获得的收入超过 100 万法郎"①。

（二）作品与载体间财产关系的厘清推动了追续权制度的创设

法国最高法院 1842 年的这一判决的影响力巨大，法国法院在后续的类似案件中也采用了相同的结论。这一判决不仅意味着艺术作品的复制权随着原件的销售而转移至购买方，还意味着在艺术作品原件销售之后，控制作品复制件后续利用的权利也发生了转让。由于 1842 年最高法院确立了涉及艺术作品复制权转让的这一特殊规则，法国学者如阿尔伯特·沃努瓦还曾质疑：是否应当将复制权仅仅视为艺术作品原件上的一项附属权利。② 此后直至 1910 年，修改后的法国著作权法才最终对这一问题进行了厘清，法国 1910 年 4 月 9 日法案推翻了 1842 年法国最高法院主张的"画作的购买者享有画作上的一切从属权利"③ 的判决，该法案规定："除非存在相反的规定，那么，艺术品的转让并不会导致复制权发生转让"。④ 这也是在世界上首次明确，作者对作品所享有的著作权与作品原件的财产所有权相独立，作品原件的转让不影响著作权的归属。今天，法国《知识产权法典》第 L. 111-3 条对这一原则进行了确认，其中规定，"L. 111-3 条规定的无形财产权与作品原件的财产所有权相独立，作品原件取得人，除 L. 123-4 条第二、三款⑤规定的情形外，不因取得原件本身获得本法典规定的任何权利"⑥。

与法国形成对比的是，在作品载体与作品间的关系上，美国也经历了与法国相类似的认知过程。最初，美国法院在 1942 年一起案件中主张，"承载在作品原件上的版权随着作品原件无条件的转让而发生转让"⑦，这一原则也成为美国的主流观点。此后，直至 1976 年修改版权法，美国才明确了作品载体的转让不延及载体上所承载着的作品⑧，这一规定延续至今，其中规定，"版权或依版权享有的任何专有权的所有权不同于作品的物质载体的所有权。任何有

① Albert Vaunois, *De la Propriété Artistique en Droit Français* (Paris: Imprimerie Moquet, 1884), pp. 293 – 294.

② Ibid., pp. 293 – 294.

③ 1842 Recueil Dalloz, Périodique et critique [D. P.] I 304; 1842 Recueil Sirey, Jurisprudence [S. Jur.] I 396.

④ See Law of 9 April 1910: "L'aliénation d'une œuvre d'art n'entraîne pas, à moins de convention contraire, celle du droit de reproduction."

⑤ 关于遗著独占权的规定。

⑥《法国知识产权法典》，黄晖译，载《十二国著作权法》，清华大学出版社 2011 年版，第63 – 64 页。("La propriété incorporelle définie par l'article L 111 – 1 est indépendante de la propriété de l'objet matériel.")

⑦ Pushman v. New York Graphic Society, Inc., 287 N. Y. 302, 308, 39 N. E. 2d 249, 251 (1942).

⑧ See *Copyright Act of 1976*, 17 U. S. C. S 202.

形物——包括作品首次固定于其中的复制品或录音制品——的所有权的转让本身并不让与该有形物所含载之版权作品的任何权利；未订立协议的，版权或依版权享有的任何专有权的所有权的转让，亦不让与任何有形物的财产权"①。不过，相较于法国，美国在认识这一原则上滞后的时间长达半个世纪之久，在这一时期内，追续权立法在美国一直处于抑制状态，而正是在 1976 年美国修改版权法并确立这一原则之后，美国加利福尼亚州方于 1976 年创设了追续权制度，并于 1977 年 1 月 1 日开始实施。②

由此可见，作品与作品载体间关系的厘清推动了追续权立法，反过来，两者间关系的混同会制约追续权制度的创设。法国作为世界上首个厘清这两者关系的国家，为其首创追续权制度奠定了基础，在法国于 1910 年确立这一规则后十年，法国创设了追续权制度。法国学者福塞特即认为，"《法国文学和艺术财产法》的发展彰显了法律正逐步扩大对作品原件物权人限制以及逐步扩张作者权利范围的潮流，追续权制度的产生则契合了这一立法进程，追续权制度对艺术品原件所有人施以了新的限制，并赋予了艺术家新的权利"③。

第二节 追续权制度的历史演进

国学大师钱穆先生曾说道，"每一制度，必须针对现实，时时刻刻求其能变动适应。任何制度，断无二三十年而不变的，更无二三百年而不变的"，"制度须不断生长，又定须在现实环境、现实要求下生长"。④ 追续权制度也概莫能外，自 1920 年创设于法国至今，追续权制度已有近百年的历史。百年间，追续权制度的立法体系从多样分化逐步走向统一，追续权的本质逐渐为世人所认识。

追续权制度的发展历史可以分为早期、中期、近期三个发展阶段，分别以 1948 年与 2001 年为分界时间点。前者的分界依据在于，1948 年布鲁塞尔修订会议上，《伯尔尼公约》正式引入追续权制度，并将追续权列于《伯尔尼公

---

① 《美国版权法》第 202 条，孙新强译，载《十二国著作权法》，清华大学出版社 2011 年版，第 785 – 786 页。

② *CAL. CIV. CODE* § 986.

③ Liliane de Pierredon-Fawcett: *The Droit de Suite in Literary and Artistic Property*, *A Comparative Law Study*, published by Center for Law and the Arts, Columbia University School of Law, 1991, p. 9.

④ 钱穆：《中国历代政治得失》，九州出版社 2012 年版，第 56 页。

约》第 14 条之二 （Article 14bis）。虽然追续权制度在《伯尔尼公约》中并非一项强行性规定，但这是首次在国际公约层面对追续权制度的权利主体、权利内容、适用范围以及一国作者在另一国适用追续权的规则进行了规定。即便仅仅对追续权进行了原则性的规定，《伯尔尼公约》仍是目前唯一规定追续权制度的国际公约，其意义不言而喻。在《伯尔尼公约》规定追续权制度之前，早期不同国家的追续权立法实践差异明显，分化严重，《伯尔尼公约》关于追续权制度的规定则起到了示范作用，后续的追续权立法也普遍采用了《伯尔尼公约》中关于追续权制度的规定。

后者的分界依据在于，欧盟于 2001 年颁布了《欧盟追续权指令》[1]，统一了欧盟境内的追续权立法，这也是目前唯一一个区域性立法实践。由此，追续权制度的规定逐渐走向统一与成熟，这一条例总结了过去几十年间欧盟境内各国的追续权制度实践经验，兼顾了追续权制度原理与运行效率，并明确要求欧盟委员会必须对追续权制度在欧盟境内的实施效果进行研究。在欧盟统一追续权立法之后，曾经一直反对追续权的英美法系国家——如英国、澳大利亚等国也陆续在国内法中创设这一制度。美国版权局在 1992 年公布的涉及追续权制度的报告中对创设追续权制度提出了反对，但它也考虑到当时欧盟正处于可能对追续权制度进行统一立法的社会背景，因此，在其 1992 年的报告中进一步指出，"美国国会可能需要换一个视角审视追续权制度，特别是当欧盟最后决定在欧盟全境范围内推行追续权制度之时"[2]。在欧盟统一追续权立法之后，美国版权局也履行了这一承诺，于 2013 年再次对美国是否需要创设追续权制度进行了研究，研究大量采纳了欧盟追续权立法实践的数据与资料，也正是基于这些客观数据，美国版权局转变态度，支持追续权制度于美国的创设。可以看出，欧盟统一追续权立法，绝不仅仅影响了欧盟境内的各国国内立法，还间接推动了世界范围内的追续权立法发展。

一、追续权制度的早期发展（1920—1948）：多样与分化

追续权制度的早期发展阶段指的是法国创设追续权制度至《伯尔尼公约》引入追续权制度的时期，由于中间间隔着第二次世界大战，这一时期选择创设

---

① See Directive 2001/84/EC of the European Parliament and of the Council of 27 September 2001 on the resale right for the benefit of the author of an original work of art. Available at http：//eur－lex. europa. eu/legal－content/FR/TXT/HTML/？uri＝CELEX：32001L0084&from＝EN.

② U. S. Copyright Office, *Droit de Suite*：*The Artist's Resale Royalty*, at 149 （Dec. 1992）, available at http：//www. copyright. gov/history/droit_ de_ suite. pdf.

追续权制度的国家并不多，但极具特色。具体而言，在法国于 1920 年创设追续权制度之后，毗邻法国的比利时于 1921 年创设了追续权制度①，之后创设该制度的国家包括捷克斯洛伐克②（1926 年）、波兰③（1935 年）、乌拉圭④（1937 年）和意大利⑤（1941 年），此后，《伯尔尼公约》于 1948 年的布鲁塞尔会议上正式引入追续权制度⑥。早期的追续权立法尚处于探索阶段，各国立法具有多样性，不同国家对追续权的规定存在较大差别。

（一）各国早期的追续权立法

追续权立法最初并非规定于国际公约中，而是来源于各国国内立法。1920 年，法国最先创设了追续权法，这一法律对其他国家的追续权立法造成了巨大的影响，比利时 1921 年便基本以法国 1920 年追续权法为模板创设了本国追续权法。除比利时之外，这一时期其他规定追续权的国家也延续了法国追续权法的某些规定，亦做出一些修改，这使得各国早期的追续权立法极具特色。

1. 法国 1920 年追续权法

1920 年 5 月 20 日，法国国会最终通过了追续权法案⑦，由此，法国成为世界上第一个正式建立追续权制度的国家。同年的 12 月 17 日，法国追续权制度的实施细则出台⑧。1922 年，法国对追续权制度进行了第一次修改⑨。

依据 1920 年法国追续权法，当艺术品原件在公开交易场合发生转售时，艺术家或其继承人有权获得占转售价一定比例的追续金，该法适用于能够体现艺术家个人智力创作的绘画、雕塑作品原件⑩，追续权不可转让，追续权的保护期间与艺术产权（著作权）的保护期间相同。

（1）追续金的计量

追续金的计量基础为作品原件的转售总额，不论作品原件在转售中是否发

---

① Law of 25 June 1921.

② Law of 24 November 1926, art 35.

③ Law of 22 March 1935.

④ Law of December 1937, art 9.

⑤ Law of 22 April 1941, no. 633, arts. 144 – 155, (1941) Raeeolta Uffieiale delle Leggi et Deereti della Repubbliea Italiana (Rae. Utl.) 2253 · 2255, (1941).

⑥ Brussels Conference on the Berne Convention for the Protection of Literary and Artistic Works (June 26th 1948).

⑦ See Loi du 20 mai 1920 Frappant D'un Droit au Profit des Artistes les Ventes Publiques D'objet D'art.

⑧ Décret du 17 décembre 1920, Pris pour l'application de Loi du 20 mai 1920.

⑨ Loi du 27 Octobre 1922.

⑩ See Loi du 20 mai 1920 FRAPPANT D'UN DROIT AU PROFIT DES ARTISTES LES VENTES PUBLIQUES D'OBJET D'ART. art. 1.

生增值。这也为日后比利时、德国等国所采纳，这也意味着，即便作品原件发生了贬值，亦需要支付追续金。这有违追续权制度基本原理之嫌，即追续权制度旨在保证艺术家有权参与分享艺术品的增值利益①。但这种立法规定也是无奈之举，"这是一种最简便亦实用的方法，不需要对艺术品历次销售价格进行记录"②。

追续金的计提比例采用了滑动计提比例，并对计量中的作品原件转售价格设置了 1 000 法郎的最低门槛，其中规定，作品原件转售价格中 1 000 ~ 10 000 法郎部分的计提比例为 1%，10 000 ~ 20 000 法郎部分的计提比例为 1.5%，20 000 ~ 50 000 法郎部分的计提比例为 2%，超过 50 000 法郎部分的计提比例为 3%。③

（2）追续权适用的交易方式

1920 年的法国追续权制度仅仅适用于公开交易（Vente Publique）场合下的转售，这之后，所有创设追续权制度的国家都将公开转售作为追续权适用的最基础的交易方式。事实上，公开转售也促进了追续权制度的产生与发展，因为多数艺术品的高额转售都发生在公开交易市场，公众由此开始关注艺术家的生存状况。同时，考虑到艺术品公开交易在交易管理与广告宣传上的完善性，相较于其他艺术品交易方式，公开交易更容易监管。

对于早期的艺术品交易而言，艺术品公开交易的主要方式为艺术品公开拍卖。公开拍卖过程中，卖家通常会定一个底价，如果他人出价低于该底价，卖家有时会出价购回拍卖物，或者拍卖商出最高价，并将拍卖物归还卖家。由此也引发一个问题，当拍卖过程中的成交价低于底价时，倘若卖家或者受卖家委托的交易商回购拍卖物，那么，卖家是否需要提交追续金。④ 1931 年 1 月 21 日，法国塞纳省法院在一起相关的判决中指出，即便卖家在拍卖过程中出价购回拍卖物，此时依旧存在一个真实有效的交易，因为卖家设置的底价在拍卖前并未公开，尽管这一市场惯例也已经为投标人所普遍承认，但卖家回购拍卖物

---

① See Kathryn Graddy, Noah Horowitz, & Stefan Szymanski: *A Study Into The Effect On The UK Art Market of The Introduction of the Artist's Resale Right*, p. 51. （2008），available at http：//www. ipo. gov. uk/ study – droitdesuite. pdf.

② See Liliane de Pierredon-Fawcett: *The Droit de Suite in Literary and Artistic Property*, A Comparative Law Study, published by Center for Law and the Arts, Columbia University School of Law, 1991, p. 5.

③ See Loi du 20 mai 1920 Frappant D'un Droit au Profit des Artistes les Ventes Publiques D'objet D'art. art. 2.

④ 笔者注：这一问题在我国并不存在，《中华人民共和国拍卖法》第 30 条规定："委托人不得参与竞买，也不得委托他人代为竞买。"《拍卖监督管理办法》第 10 条规定："委托人在拍卖活动中不得参与竞买或者委托他人代为竞买。"

不应当影响善意第三人的权益，因此，卖家仍然需要向追续权人支付追续金。① 在实践中，卖家还可能为了抬高拍卖物的价格而故意以最高价回购拍卖物，并之后选择在私人交易渠道出售该藏品，以规避追续金。②

对此，法国学者福塞特则认为，为了保障艺术市场上卖家的利益，在是否需要支付追续金上不应一概而论，应参考卖家回购的动机，倘若卖家为了避免成交价低于底价而选择撤回拍卖物，此时应保障卖家的交易自由，免除其提交追续金的责任，然而，如果卖家以投机为目的抬高拍卖物价格后进行回购，那么，卖家仍需要支付追续金。③ 此外，A. 华尔（A. Wahl）认为，卖家撤回拍卖物的过程中，物权并未发生转移，卖家不应提交追续金。④

（3）追续权的行使

根据1920年的追续权制度实施细则，追续权人可以通过两条途径主张追续权，即特定程序与一般程序。在特定程序中，追续权人需在转售发生之后24小时内向拍卖商（commissaire-priseur）提出支付追续金的申请，极少有追续权人在实践中依据特定程序主张追续权。在一般程序中，追续权人必须在法国政府公报（*Journal officiel de la République Française*）进行作品登记公告，声明其将行使追续权，必须指明艺术家的姓名、地址、签名，以证明作品的真实性，并向法国艺术部门提交一份该作品登记声明的复制件，这一目的在于建立艺术作品的登记制度，但该登记制度最后并未取得成功。

一般程序可由艺术家或其继承人、权利继受人完成，除此之外，1920年的法国追续权制度实施细则还允许艺术家指定的代理人完成一般程序下的追续权申报。⑤ 这一条款为日后法国追续权集体管理开创了空间，由此，追续权人可以选择加入集体管理组织，由集体管理组织代表其主张追续权。在追续权法案于法国议会的讨论中，阿贝尔·法利（Abel Ferry）和列昂·贝拉尔（Léon Bérard）都认为，追续权的实际运行须建立在一个保护艺术家利益的艺术家组织的基础上，正是在这一背景下，法国艺术财产联盟（Union of Artistic Property）⑥

---

① Judgment of January 21, 1931, Tribunal de la Seine, 1931 G. P. I301. 1936 Rev. Trim. Dr. Civ.

② Liliane de Pierredon-Fawcett: *The Droit de Suite in Literary and Artistic Property*, *A Comparative Law Study*, published by Center for Law and the Arts, Columbia University School of Law, 1991, p. 80.

③ Ibid.

④ A. Wahl, Le Droit des Artistes sur les oeuvres retirées d'une vente publique ou adjugées au profit du vendeur, *35 Revue Trimestrielle de Droit Civil* [Rev. trim civ.] 613, 623.

⑤ Décret du 17 décembre 1920, Pris pour l'application de Loi du 20 mai 1920. Art 3.

⑥ 这一组织又被称为艺术产权和设计及模型协会（Société de la Propriété Artistique et des Dessins et Modèles, SPADEM）。

得以创立，并代表艺术家主张追续权。值得注意的是，在法国追续权实践中，尚不存在追续权人亲自主张追续权的先例，都是通过集体管理组织主张追续权。①

无论追续权人是否按上述程序主张追续权，拍卖商都应当在转售发生之后三天内通知追续权人，权利人必须证明其享有权利的资格。如果转售发生之后三天内拍卖商无法通知到追续权人，应在接下去一个月时间内继续联系追续权人。若转售发生之后三个月内，追续权人都未曾提出追续金的申请，那么拍卖商应将追续金返还给卖家。拍卖商需要记录销售发生的情形以及销售成交价格。若追续金的征收与分配上存在争议，拍卖商应当将该追续金暂存于法国信托局（caisse des dépôts et consignations）。②

可以看出，1920 年法国追续权实施细则在追续权的支付上是以拍卖商为中心进行设计的，不过，由于法国艺术财产联盟的强势地位，在实践中，拍卖商最后的职责只剩下向卖家收取追续金，以及向法国艺术财产联盟支付追续金。艺术财产联盟与拍卖商达成协议，艺术财产联盟可以使用上述提及的拍卖商对于销售以及成交价的记录，财产联盟再将这份记录与拍卖商的产品手册进行比对，实质上起到监督拍卖商的作用。③ 一次拍卖活动往往涉及多位艺术家的作品，拍卖商则直接向艺术财产联盟支付追续金总额，再由财产联盟向追续权人分发追续金。倘若卖家拒绝支付追续金或者拍卖商拒绝向艺术财产联盟支付追续金总额，在实践中也是由艺术财产联盟代表追续权人向法院提起诉讼，事实上，也很少有诉讼发生。④ 正是基于此，法国复杂的追续权实施程序在现实中都转为追续权的集体管理模式，这种模式也保障了法国早期追续权制度的有效实施。

（4）外国作者的追续权保护

此外，在具有外国国籍的艺术家是否有权在法国享有追续权的问题上，1920 年法国追续权法采用了互惠原则，即如果一国在其本国赋予法国艺术家以追续权，那么该国的艺术家也可以在同法国艺术家相同的方式和相同的情况

---

① J. L. Duchemin, le Droit de Suite des Artistes (1948), p. 83. quoted in Rita E. Hauser, The French Droit de Suite: The Problem of Protection for the Underprivileged Artist under the Copyright Law, *11 Copyright L. Symp.* 1, 9. (1959)

② Décret du 17 décembre 1920, Pris pour l'application de Loi du 20 mai 1920.

③ Rita E. Hauser, The French Droit de Suite: The Problem of Protection for the Underprivileged Artist under the Copyright Law, 11 *Copyright L. Symp.* 1, 9. (1959)

④ Ibid., p. 10.

下于法国享有追续权。① 这一原则在日后也为《伯尔尼公约》所采纳，成为世界各国创设追续权制度的通用原则。

2. 比利时 1921 年追续权法

继法国之后，比利时成为第二个规定追续权制度的国家，1921 年 6 月 25 日，比利时创设了以法国追续权制度为模板的追续权法。有人曾认为追续权制度的创设是基于作者浪漫主义②和人本主义的发展而导致的结果③，而福塞特教授在谈及追续权制度在法国与比利时初创的原因时认为，"与其说追续权的出现彰显了法律的进化，还不如说追续权制度的创设是社会与文化环境发生变革的结果，在追续权迎来第一次创设的高峰之后，该权利逐步成为不同利益方争议的焦点，艺术品拍卖商与交易商一直在对追续权的实施进行抵制"④。

比利时的追续权制度建立在民法不当得利的法理基础之上，随着艺术家逐渐成名，其早期创作的作品也随之升值，作品原件的购买者将因此获益，如果该购买者不向艺术家分享部分利益，则将构成不当得利。⑤ 此外，比利时追续权制度还与民法上的情事变更原则有关，正如比利时追续权法起草人 Wauvermans 所指，"当事人可以根据情事变更原则变更或解除合同，当我们回想起那些伟大艺术家死于贫困的故事，这促使我们不得不扩大情事变更原则的适用范围，从另一个角度分析，艺术家与其作品的所有权人之间具有永久性的联系，艺术家分享后者的增值利益无疑是合理的"⑥。在追续权的理论基础上，法国有别于比利时，情事变更原则在法国法上的运用受到严格的限制，仅限于合同解除环节，法国不会采用这一原则作为追续权的法理基础。⑦

同法国 1920 年追续权法相同的是，比利时追续金的计量基础为作品原件

① Decree of December 17, 1920, Relating to the Application of the Law of May 20, 1920, reprinted in Liliane de Pierredon-Fawcett: *The Droit de Suite in Literary and Artistic Property*, *A Comparative Law Study*, published by Center for Law and the Arts, Columbia University School of Law, 1991, p. 218.

② Neil F. Siegel, The Resale Royalty Provisions of the Visual Artists Rights Act: Their History and Theory, 93 *Dick. L. Rev.* 1, 5 (1988).

③ U. S. Copyright Office, *Droit de Suite: The Artist's Resale Royalty*, at 30. (Dec. 1992), available at http://www. copyright. gov/history/droit_ de_ suite. pdf.

④ Liliane de Pierredon-Fawcett: *The Droit de Suite in Literary and Artistic Property*, *A Comparative Law Study*, published by Center for Law and the Arts, Columbia University School of Law, 1991, p. 4.

⑤ Sherman, Incorporation of the Droit de Suite into United States Copyright Law, 18 *Copyright L. Symp.* (ASCAP) 50, 59 (1968).

⑥ Pierre Recht, Has the "Droit de Suite" A Place in Copyright? 3 *Unesco Copyright Bulletin* 51, 55 (1950) (quoting Wauvermans).

⑦ Rita E. Hauser, The French Droit de Suite: The Problem of Protection for the Underprivileged Artist under the Copyright Law, 11 *Copyright L. Symp.* 1, 22. n. 65. (1959).

的转售总价，并且，转售中无论作品原件是否增值都需要提交追续金，追续金的计提比例也采用了滑动计提比例，但计提比例是法国的两倍，作品原件转售价格中 1 000～10 000 法郎部分的计提比例为 2%，10 000～20 000 法郎部分的计提比例为 3%，20 000～50 000 法郎部分的计提比例为 4%，超过 50 000 法郎部分的计提比例为 6%。①

在对待国外作者上，比利时也采用了互惠原则。② 根据 1923 年条例，法国艺术家的作品在比利时进行公开销售时，该艺术家有权在比利时主张追续权，与之相对的是，比利时艺术家在法国也可以行使追续权。③

尽管比利时 1921 年追续权法为一部独立的单行法，但法案中规定的追续权保护期限与比利时著作权法下经济权利的保护期限保持一致。④ 同法国 1920年追续权法一样，比利时 1921 年追续权法适用的交易也限制为公开拍卖，追续权适用于能够体现艺术家个人智力创作的作品原件，如绘画、雕塑、雕刻作品。⑤

比利时 1921 年追续权法也规定，追续权具有不可剥夺性，并规定艺术家死后，艺术家的继承人可享有追续权。⑥ 但与法国不同的是，比利时追续权法允许受遗赠人成为追续权人，1945 年 4 月 25 日，在一起涉及艺术家死后追续权是否可以转让的案例中，布鲁塞尔法院法官认为，追续权可以作为财产的一部分，受遗赠人也可以成为追续权人。⑦ 1967 年 6 月 26 日，根特地区初级法院在另一起案例中确认了一份包含追续权转让的合同的有效性，它还指出，尽管追续权具有不可剥夺性，但这不适用于追续权人去世时发生的权利转让。⑧

此外，依据比利时 1921 年追续权实施细则，卖家、买家与拍卖商在支付追续金上应当承担连带责任。⑨ 比利时还在公共教育部（Department of Public

①　Belgian Law of 25 June 1921. art. 2.

②　Ibid. , art. 4.

③　Regulation of September 5, 1923, reprinted in Liliane de Pierredon-Fawcett: *The Droit de Suite in Literary and Artistic Property*, *A Comparative Law Study*, published by Center for Law and the Arts, Columbia University School of Law, 1991, p. 207.

④　Belgian Law of 25 June 1921. art. 1.

⑤　Ibid.

⑥　Belgian Law of 25 June 1921. art. 1.

⑦　1945 Journal des Tribunaux [J. T.] 367, Belg.

⑧　Liliane de Pierredon-Fawcett: *The Droit de Suite in Literary and Artistic Property*, *A Comparative Law Study*, published by Center for Law and the Arts, Columbia University School of Law, 1991, p. 42.

⑨　Royal Decree of September 23, 1921, Regulating the Application of the Law of June 25, 1921, art. 1.

Instruction）内创设了一个登记中心，用于记录追续金的存放与支付情况。① 在转售完成之后，为了完成记录，追续金必须存放于该登记中心8天以上，登记的信息包括作品原件的销售日期、销售价格、作品的种类、作者的姓名、追续金金额。② 追续金直接支付给艺术家或其继承人或追续权集体管理组织。③ 每隔两年，比利时政府公报会向外公布那些加入追续权集体管理组织的艺术家名单，由此，集体管理组织可以以艺术家的名义收取追续金。④ 登记中心并不需要核实追续金的数额是否符合追续权法的计量比例与计量基础，任何涉及追续金的争议应由当事人协商或通过法律程序解决。⑤

3. 意大利1941年追续权法

意大利于1941年4月22日创设追续权制度⑥，意大利采用"潜在的、本质的价值"理论为追续权的理论基础⑦，这一理论在日后也为德国所采用。与法国和比利时不同的是，意大利在追续金的计量基础上采用的是作品原件的转售增值额⑧，在计量比例上则同法国、比利时一样，采用了滑动计提比例，转售增值额越高，追续金计量比例越高，当转售增值额超过175 000里拉时，计量比例最高，为10%。⑨

意大利追续权法既适用于公开交易，也适用于私人交易，但也施加了限制条件。对于公开拍卖而言，只有当素描画作转售价格超过1 000里拉，或者油画转售价格超过5 000里拉，或者雕塑转售价格超过10 000里拉时，方能适用追续权。⑩ 对于私人交易而言，限制条件更加严格，只有当素描画作转售价格超过4 000里拉，或者油画转售价格超过30 000里拉，或者雕塑转售价格超过40 000里拉，同时，作品原件转售价格达到作品原件初次出售价格的5倍以上

---

① Royal Decree of September 23, 1921, Regulating the Application of the Law of June 25, 1921, art. 3.

② Royal Decree of September 23, 1921, Regulating the Application of the Law of June 25, 1921, art. 4.

③ Royal Decree of September 23, 1921, Regulating the Application of the Law of June 25, 1921, art. 5.

④ Royal Decree of September 23, 1921, Regulating the Application of the Law of June 25, 1921, art. 6.

⑤ Royal Decree of September 23, 1921, Regulating the Application of the Law of June 25, 1921, art. 7.

⑥ Law of 22 April 1941, no. 633, arts. 144 – 155, (1941) Raeeolta Uffieiale delle Leggi et Deereti della Repubbliea Italiana (Rae. Utl.) 2253 · 2255, (1941) Gazzetta Uffieiale della Repubbliea Italiana (Gaz. Utl.) 2809.

⑦ Carole M. Vickers, The Applicability of the Droit de Suite In the United States, 3 *B. C. Int'l & Comp. L. Rev.* 433, 442. (1980).

⑧ Law of 22 April 1941, no. 633, arts. 144 (1941) Raeeolta Uffieiale delle Leggi et Deereti della Repubbliea Italiana (Rae. Utl.) 2253 · 2255, (1941).

⑨ Ibid., art. 152, [1941].

⑩ Ibid., art. 146, [1941].

时，方能适用追续权①。

在追续权的行使上，艺术家本人既可以直接向卖家主张权利，也可以选择加入著作权集体管理组织——意大利作者与出版商协会（Societa Italiana degli Autori ed Editori，SIAE），由 SIAE 代表其主张追续权。

意大利追续权制度的复杂性使得追续权制度在实施上极其困难，给 SIAE 施加了巨大的财务负担，并且，拍卖商并未积极配合，艺术家及其继承人也对其权益持漠不关心的态度②，由此，意大利 1941 年追续权法并未取得成功③。

4. 其他国家立法

在追续权制度史上，乌拉圭和捷克斯洛伐克两国的追续权制度非常特别，其追续权制度适用于所有种类的作品，而不加以区别。乌拉圭的追续权制度适用于"文学或艺术财产的任何转让"④，捷克斯洛伐克的追续权制度适用于"作品的任何转让"⑤。在多数规定追续权制度的国家中，追续权仅仅适用于特定种类的作品，如艺术作品或美术作品，一些国家还将文学作品和音乐作品的手稿纳入其中，多数国家将建筑艺作品和实用艺术作品排除在外。

在追续金的计量上，与意大利追续权法相同，波兰、乌拉圭、捷克斯洛伐克追续金的计量基础亦为转售增值额，梅里曼（Merryman）教授认为这种立法才符合追续权的立法原理⑥，但这将大幅增加追续权的管理成本，意大利学者认为，可能正因如此，最后导致意大利追续权立法在实践中几乎没有实施过⑦，除意大利 1941 年追续权法外，乌拉圭 1937 年的追续权法也未实施过⑧。福塞特教授认为，这种立法注定会面临失败，因为其要求在实践中追踪艺术品交易轨迹，才有可能比较艺术品的购买价格与出售价格，计算出确切的增值金额。⑨

---

① Law of 22 April 1941, no. 633, arts. 147（1941）Raeeolta Uffieiale delle Leggi et Deereti della Repubbliea Italiana（Rae. Utl.）2253·2255,（1941）.

② Sherman, *Incorporation of Droit de Suite into United Stotes Copyright Law*, 18 ASCAP Copyright L. SYMP. 50, 55 (1970)

③ DeSanctis, *Lettre d'Italie*, 74 le Drolt D'auteur 221, 221 – 222 (1961).

④ Uruguay Law Number 9739 Concerning Literary and Artistic Copyright of December 15 – 17, 1937, amended February 15 – 25, 1938.

⑤ As amended by the Law of December 22, 1953, the Czechoslovakian Law of November 24, 1926.

⑥ John H. Merryman and Albert Elsen, *Law, Ethics and the Visual Arts*, University of Pennsylvania Press, 2nd Revised edition. p. 216 (1987).

⑦ Vittorio M. DeSanctis and Mario Fabiani, The Right on the Increase in Value of the Works of Fine Arts in the Italian Copyright Law, in *Legal Protection for the Artist at* V, V – 39 (M. Nimmer ed. 1971).

⑧ C. Mouchet & S. Radaelli, Los Derechos Del Escritor Y Del Artista 156 (1953).

⑨ Liliane de Pierredon-Fawcett: *The Droit de Suite in Literary and Artistic Property*, *A Comparative Law Study*, published by Center for Law and the Arts, Columbia University School of Law, 1991, p. 5.

　　与意大利不同的是，波兰、乌拉圭、捷克斯洛伐克在追续金计量比例上采用的是固定计提比例。波兰和捷克斯洛伐克的计提比例为 20%，波兰还规定，转售增值额需达到销售价的 50% 以上①，追续权方能适用，但这一销售价的含义不清，并未指明是作品原件初次销售价，还是作品原件的转售价②。更重要的是，尽管追续金由卖家支付，但提供作品原件转售价和初次销售价信息的义务需由艺术家承担。乌拉圭追续金的计提比例为 25%，对此，学者安图纳（J. Antuna）指出，乌拉圭的追续权立法过于极端③。

（二）《伯尔尼公约》对追续权进行规定

　　在法国创设追续权制度后不久，国际上便开始了保护追续权的尝试，到1928 年的《伯尔尼公约》罗马会议时，虽然当时只有三个国家（法国、比利时、捷克斯洛伐克）创设了这一制度，但国际文学与艺术组织 ALAI（Association Littèraire et Artistique Internationale）已经开始关注追续权，特别是自 20 世纪 20 年代中期开始，ALAI 收到了一系列主张保护追续权的报告。国际知识产权合作协会 IIIC（International Institute of Intellectual Cooperation）也倡导在国际法与国内法层面创设这一权利。

　　在罗马会议上，法国政府提出了在《伯尔尼公约》中引入追续权制度的提案，其中指出，"法国 1920 年 5 月 20 日法案与比利时 1921 年 6 月 25 日法案中创设的具有不可剥夺性的追续权，在互惠原则之下，应当成为其他国家未来的立法选项"④。这一主张得到了比利时和捷克斯洛伐克代表团的支持，也得到了作为大会观察团代表 IIIC 的支持，但英国与挪威代表团对于追续权与著作权保护间的联系提出了质疑⑤，最后由于英国、匈牙利、荷兰、挪威、瑞士等国的反对，围绕追续权的提案最终没能进入大会投票环节。大会在最后形成的文本中指出，"大会希望那些未规定追续权制度的国家应对创设这一制度的可能性进行研究"⑥。

　　在罗马会议结束之后，ALAI 和 IIIC 继续对在国际法与国内法引入追续权

---

　　①　Law of Mar. 22, 1935, art. 27 bis.

　　②　Schulder, Art Proceeds Act: A Study of the Droit de Suite and a Proposed Enactmmtfor the United States, 61 *Nw. U. L. REV.* 19, 31 (1966).

　　③　J. Antuna, La loi uruguayenne de protection des droits d'auteur, 9 11 *Diritto de Autore* 570, 576 (1938).

　　④　Actes de la Conférence réunie à Rome du 7 mai au 2 juin 1928, p. 103.

　　⑤　Ibid., 283.

　　⑥　Ibid.

制度进行研究①，其他一些国际组织，如著名的国际私法统一协会（Interna-tional Institute for the Unification of Private Law）也对此进行了研究②。更值得注意的是，比利时政府在 1934 年将追续权作为《伯尔尼公约》布鲁塞尔大会的预备会议的一项议题，提出了创设追续权制度的新条款第 14 条第 2 款，这一条款不单涉及艺术作品，还包括了作品手稿，指出："本公约对于艺术作品原件以及作家和作曲家手稿原件的保护还包括赋予作品的作者及其继承人一项不可剥夺的权利，使得其能够在作品原件首次销售之后，从作品原件后续公开转售环节中分享一定比例的利益。这一利益的数额与征收方法由各国自行决定。"③ 提案中规定的追续权制度采用的是国民待遇原则。

这一提议得到了公约成员国的广泛关注，一些成员国对创设这一强制性条款持明确的反对意见，还有一些成员国对这一提议的部分内容提出反对，如这一提议将手稿包括在内，这就意味着建筑作品与实用艺术品的原件也应涵盖在内，再如这一提议将权利主体仅仅限定为作者及其继承人，又如这一提议并未体现权利的保护期限与著作权的保护期限之间具有何种关联。④

然而，追续权仍成为《伯尔尼公约》布鲁塞尔大会的预备会议的重要议题，重要原因在于，受国际私法统一协会的组织，一个专家委员会对此进行了长期的关注。该委员会提交了涉及一些特殊权利（后来被称为邻接权）的提议，这些权利并不被视为著作权，但与著作权有着紧密的联系，委员会认为这些权利应当引入附属于《伯尔尼公约》的公约或协议之中，这样的话，《伯尔尼公约》成员国可以选择性地规定这些权利。这些权利包括表演者权、广播组织权、录音制作者权，专家委员会主张将追续权也纳入其中。⑤

这一提议最终被纳入由伯尔尼国际局局长 Fritz Ostertag 所起草的一份公约草案中，并于 1939 年 7 月在瑞士萨马登（Samaden）进行进一步审议。这一草案一共规定了七项邻接权，追续权被规定为第七项邻接权，其中要求每一个缔约国应赋予绘画、雕塑、版画领域中的艺术作品作者作品原件转售以追续权。⑥ 这一权利不可剥夺，在作者死后由作者的继承人所享有。⑦ 权利保护期

① See J. L. Duchemin, *Le Droit De Suite Des Artistes* (1948), 243ff.

② Ibid., 252ff.

③ Ibid., p. 301.

④ Documents de la Conférence réunie à Bruxelles du 5 au 26 juin 1948 (1951), pp. 362 – 363.

⑤ J. L. Duchemin, Le Droit De Suite Des Artistes (1948), p. 255.

⑥ Ibid., pp. 299 – 301, Draft text, art 1.

⑦ Ibid., Draft text, art 5.

限、追续金的计量与征收、权利救济的规定由各缔约国自行决定。① 最后，只有《伯尔尼公约》成员国有资格加入这一公约。②

随着第二次世界大战的爆发，在萨马登所讨论的公约文本就此搁置，在第二次世界大战结束后，这一文本中的主要内容逐渐发展为 1961 年的《保护表演者、音像制品制作者和广播组织罗马公约》。而追续权则在 1948 年《伯尔尼公约》布鲁塞尔会议上被人重新提及，比利时政府将其 1934 年所提出的议案再次提交大会讨论，其目的在于，将追续权纳为著作权权利体系的一部分，而非其他权利，如萨马登草案中的邻接权。③ 然而，自从罗马会议结束至布鲁塞尔会议之间的 20 年间，只有 2 个《伯尔尼公约》成员国（意大利和波兰）新创设了追续权制度。④ 还有许多成员国对这一提案提出保留意见，奥地利代表团主张那些已经规定追续权制度的公约成员国不应当要求其他成员国对作者提供更强的保护，挪威和芬兰代表团则认为在其国家不存在规定追续权制度的客观需要，英国代表团虽未明确表示反对，但也认为在英国创设追续权制度的时机尚不成熟。⑤ 荷兰代表团更指出，这一权利不属于著作权范畴，不应纳入《伯尔尼公约》框架之中。⑥

基于上述反对意见，比利时代表团对原始提案进行了修改，新的提案放弃了旧提案采用的国民待遇原则，并特别在追续权的适用上采用互惠原则（principle of reciprocity）。修改后的提案并没有遭到反对，于是，《伯尔尼公约》正式引入追续权制度，并将追续权列于《伯尔尼公约》第 14 条之二（Article 14bis）。在此后的《伯尔尼公约》斯德哥尔摩会议上，追续权被列于《伯尔尼公约》第 14 条之三（Article 14ter），但追续权条款的内容并未进行实质性修改，仅有两词做了修改，即第 14 条之三第一款中的"处置"（disposal）被修改为"转让"（transfer），第 14 条之三第二款中的"范围"（extent）被修改为"程度"（degree）。条文共有三款，其中规定，"1. 对于艺术作品原作和作家与作曲家的手稿，作者或作者死后由国家法律所授权的人或机构享有不可剥夺的权利，在作者第一次转让作品之后对作品进行的任何出售中分享利益。2. 只有在作者本国法律承认这种保护的情况下，才可在本同盟的成员国内要求上

---

① J. L. Duchemin, Le Droit De Suite Des Artistes（1948），art 6 and 7.

② Ibid., art 9.

③ See Sam Ricketson and Jane Ginsberg, *International Copyright and Neighboring Rights*：*The Berne Convention and Beyond eds.* 2 vols., Oxford University Press, 2006, p. 675.

④ 需要注意的是，乌拉圭于 1937 年也创设了追续权制度，但彼时乌拉圭并未加入《伯尔尼公约》。

⑤ Documents de la Conférence réunie à Bruxelles du 5 au 26 juin 1948（1951），pp. 364 – 367.

⑥ Ibid., p. 366.

款所规定的保护，而且保护的程度应限于被要求给予保护的国家的法律所允许的程度。3. 分享利益之方式和比例由各国法律确定"①。

至于公约引入追续权的原因，世界知识产权组织国际局著作权和公共信息司前司长克洛德·马苏耶在其撰写的《伯尔尼公约》指南中指出，"规定这一权利（追续权）是想维护美术家和美术作品的其他制作者的利益。作品可能在几经转手后价值大增。它们成为从事艺术作品销售的人（商人、专家、美术鉴赏家等）获得收益的来源，并常常被当作一种回报丰厚的投资来购买。所以，这一款使美术家有可能跟随他的作品，以便因这一财产每次转手时的增值而受益"②。

1. 《伯尔尼公约》关于追续权的第一款规定的分析

从《伯尔尼公约》关于追续权的第一款规定上看，追续权是一项不可转让（inalienable）的权利，这使得追续权有别于作者在公约保护下的其他财产性权利，从这一角度分析，追续权更类似于公约第6条所规定的著作人身权。但是，无论追续权是否被视为作者著作权的一项权利，追续权都是一项旨在使作者从作品原件的后续出售中分享利益的权利。从《伯尔尼公约》布鲁塞尔大会预备会议上看，追续权条款中所指的利益是经济利益（Pecuniary interest）③。

在追续权适用的交易类型上，不同于比利时政府最初所提出的议案，公约中追续权适用的交易类型不再区分公开交易和私人交易。此外，无论作品原件在转售中是否升值，追续权人都可以从转售中分享利益，这意味着，公约并未将追续金的计量限定于作品原件转售的增值利益之上。

值得注意的是，公约在艺术品原件或手稿第一次交易上使用的是"转让"（transfer）一词，在后续交易上使用的是"销售"（sale）一词。④ 公约采用 transfer 一词暗含了作者初次转让艺术品原件或手稿的所有权时，不需要以有偿交易为前提，作者可以无偿地将艺术品原件或手稿以捐赠或遗赠的方式转让给他人。公约采用 Sale 一词意味着，艺术品原件或手稿的后续交易以有偿交易为前提，只有在买家支付对价的情况下，追续权方能适用，倘若他人购买艺

---

① 《伯尔尼保护文学和艺术作品公约》，载世界知识产权组织网站：http：//www. wipo. int/wipolex/zh/treaties/text. jsp？file_ id ＝283701，2015 － 12 － 6。

② 克洛德·马苏耶：《保护文学和艺术作品伯尔尼公约指南》，刘波林译，中国人民大学出版社2002 年版，第 72 页。

③ Documents de la Conférence réunie à Bruxelles du 5 au 26 juin 1948（1951），362ff.

④ 英文原文为 "The author ... enjoy the inalienable right to an interest in any sale of the work subsequent to the first transfer by the author of the work"。

术品原件之后无偿转赠与他人，则无须提交追续金。

在追续权的适用对象上，公约尽可能地采用了最宽的规定，即"艺术作品原作和作家与作曲家的手稿"，不过公约并未对艺术作品与手稿进行定义，但通过对公约关于追续权的第二款规定的解释，并非所有成员国都需要对第一款所规定的作品类型及手稿提供保护，本书后文会进一步阐释。公约还在规定追续权为一项不可转让权利的情况下，规定了追续权在作者死后"由国家法律所授权的人或机构"所享有，这意味着，在作者死后，追续权的继承既可以依据一国的继承法进行，也可以不依继承法而依据一国创设的特殊规定进行，例如，一国可以规定作者死后，追续权可由指定的公共机构所行使，征收获得的追续金则发放给全体艺术家。值得注意的是，公约并未提及追续权的保护期限，若将追续权视为作者著作权的一部分，那么追续权的保护期限应当依据公约第 7 条进行规定①，在这一问题上，通过对公约关于追续权的第二款规定的解释，成员国可以在本国法中对追续权保护期限作出不同于公约第 7 条的规定。

2. 《伯尔尼公约》关于追续权的第二款规定的分析

根据世界知识产权组织于其官方网站发布的中文版翻译，公约关于追续权的第二款规定为："只有在作者本国法律承认这种保护的情况下，才可在本同盟的成员国内要求上款所规定的保护，而且保护的程度应限于被要求给予保护的国家的法律所允许的程度"。从这一规定上看，"与享有其他大多数权利不同，能否享有这一权利取决于成员国之间的互惠。这一权利具有可选择性，本联盟成员国可以自行决定是否在国内法中对它予以确认"②。

因此，对于公约成员国而言，追续权并非强制性规定，一国作者在国外适用追续权时采用互惠原则，这也是公约所采用的国民待遇原则③的例外规定。公约中存在例外情形的规定并不少见，诸如公约关于实用艺术品、权利保护期限、翻译权的规定。需要注意的是，在互惠原则的适用上，这一条款也未采用公约所一般采用的作品起源国（Country of Origin）主义，而是采用了作者国籍主义，在作品起源国主义下，即便作者并非公约成员国的国民，只要其作品起

①　《伯尔尼公约》第 7 条第 1 款规定："本公约给予保护的期限为作者有生之年及其死后 50 年内。"

②　克洛德·马苏耶：《保护文学和艺术作品伯尔尼公约指南》，刘波林译，中国人民大学出版社 2002 年版，第 72 页。

③　《伯尔尼保护文学和艺术作品公约》第 5 条第 1 款规定了国民待遇原则："就享有本公约保护的作品而论，作者在作品起源国以外的本同盟成员国中享有各该国法律现在给予和今后可能给予其国民的权利，以及本公约特别授予的权利。"

源于公约成员国,那么其作品仍可在公约各成员国得到保护①,在作者国籍主义下,需要考量的是作者所属国家的国内法中是否规定了追续权。

(三)追续权早期立法的特点

早期的追续权立法从一国国内立法逐渐发展至国际公约立法,历经近30年,这一时期的追续权立法尚处于探索阶段,尽管各国追续权立法延续了法国1920年追续权法的某些规定,但不同国家在追续权具体制度设计上存在较大的差异,总的来看,早期追续权立法主要有以下几个特点。

1. 追续权主要采用单行法的形式进行规定

早期追续权立法主要采用单行法对追续权进行规定,如1920年法国追续权法以及1921年比利时追续权法,当然,也有国家直接将追续权置于著作权法下进行规定,如意大利。这反映的是早期追续权立法中,各国对于追续权权利性质的认识不同,换言之,各国对追续权的认识尚处于混沌阶段。《伯尔尼公约》引入追续权的过程更是体现了这一点,在罗马会议上,法国政府提出了在《伯尔尼公约》中引入追续权制度的提案,但英国与挪威代表团对于追续权与著作权保护间的联系提出了质疑。② 此后在萨马登会议上,追续权还曾被规定为一项邻接权。③《伯尔尼公约》采用了折中的办法,在追续权上采用的是互惠原则,而不是国民待遇原则,搁置了对于追续权权利性质的判定。

2. 早期追续权制度确定了追续权的基本架构

早期追续权制度对后世影响巨大,其中的许多规定延续至今。例如,最先创设追续权制度的法国、比利时都规定了追续权不可转让性,这已经成为目前各国规定追续权的基本特征,并被吸收至《伯尔尼公约》。又如,法国、比利时在针对外国作者的追续权适用上采用了互惠原则,这一原则也被引入《伯尔尼公约》,成为各国所普遍采纳的原则,由于《伯尔尼公约》针对著作权采用的是国民待遇原则,这也使得追续权与著作权之间的关系一直存在争议。倘若法国在最初针对外国作者的追续权适用上采用国民待遇原则,结果或许又将有所不同。在管理上,法国、比利时也都采用了著作权集体管理,这也成为目前各国实施追续权的主要模式。另外,早期有关追续权适用范围、追续金计量基础等方面的规定也成为日后各国创设追续权制度的范本。

---

① 具体关于作品起源国的规定参见《伯尔尼保护文学和艺术作品公约》第5条第1~4款。

② Actes de la Conférence réunie à Rome du 7 mai au 2 juin 1928, p. 283.

③ J. L. Duchemin, *Le Droit De Suite Des Artistes* (1948), pp. 299 – 301, Draft text, art 1.

3. 追续权在立法设计上并未充分考虑制度的可操作性

除法国与比利时之外，其他国家早期的追续权立法设计较为复杂，未充分考虑制度实施上的可行性，以至于这些国家的追续权制度在实践中几乎没有实施过。一方面，追续金计量方法在实践上不具有可操作性，这些国家在追续金的计量基础上采用的都是作品转售增值额，为了确定转售增值额，追续权人或集体管理组织必须确定作品原件交易的前后售价，这将大幅增加追续权的管理成本。另一方面，追续权所实施的交易类型不具有可操作性，意大利、乌拉圭、捷克斯洛伐克都规定追续权适用于"任何转售"，私人交易也涵盖在内，意大利还专门针对私人交易设置了比公开交易更高的追续金计提门槛，即便如此，意大利 1941 年追续权法也并未取得成功。① 不过，这些国家的追续权立法实践也具有重要的价值，为之后各国创设追续权制度提供了指引，如果为了保证追续权在实施上具有可行性，必须考虑摒弃不利于追续权实施的规定。

二、追续权制度的中期发展（1948—2001）：扩张中兼顾效率

随着《伯尔尼公约》引入追续权，追续权制度的发展进入中期阶段。许多国家在这一时期于本国法中创设了追续权制度，如挪威（1961 年）、突尼斯（1966 年）②、阿尔及利亚（1973 年）、智利（1970 年）、卢森堡（1972 年）摩洛哥（1970 年）③。不过，曾于 1935 年创设追续权制度的波兰于 1952 年废止了追续权法。第二次世界大战之后，美国逐渐取代法国，成为世界第一大艺术市场所在地，加利福尼亚州引入追续权制度也开创了美国追续权立法的先河，在这一背景下，美国也开始考虑在联邦层面引入追续权制度。国际层面，联合国教科文组织与世界知识产权组织参与制定了《发展中国家突尼斯版权示范法》，其中较为明确地规定了追续权制度，为各国规定追续权提供了一个样本。

（一）各国中期的追续权立法

这一时期，各国逐渐在著作权体系中规定追续权，并且逐步扩大了追续权的适用范围，追续权立法也在扩张中兼顾了制度的运行效率。由于这一时期追

---

① DeSanctis, Lettre d'Italie, 74 Le Droit D'Auteur 221, 221–222 (1961).

② Act of 14 February 1966, art. 17, 109 *Journal Officiel de la Republique Tunisienne* 227 (Feb. 15, 1966).

③ Duchemin, Le Droit de Suite, 80 *Revue Internationale De Droit D'Auteur* 5, 9 (1974).

续权立法的国家数量较多，这里选取具有代表性的国家进行阐述。

1. 法国将单行的追续权法引入《文学和艺术产权法》（著作权法）

1957 年，法国对追续权制度进行了大幅调整，废止了 1920 年追续权法，将追续权归入 1957 年《文学和艺术产权法》（著作权法）第 42 条①，成为作者的一项财产权利。后随着《文学和艺术产权法》于 1992 年并入《法国知识产权法典》，法国追续权制度也规定于法典的《文学和艺术产权》第一卷中的 L. 122-8 条，L. 123-7 条。

（1）追续金的计量

在 1957 年的修法中，法国将滑动计提比例修改为固定计提比例，并设置了作品转售价的最低门槛，当作品原件转售价格超过 10 000 法郎时，艺术家有权获得占作品原件转售总额 3% 的追续金。

（2）追续权的保护期限

关于追续权的保护期限，1957 年，法国对追续权制度进行了大幅调整，废止了 1920 年追续权法，将追续权归入 1957 年著作权法第 42 条，成为作者的一项财产权利。由此，追续权的保护期限为作者终生及其死亡后 50 年，之后 1997 年，追续权的保护期限再次延长至作者终身及其死亡后 70 年。② 这也引发了追续权是否应当归入著作权法的争议，反对者认为，追续权规制的是作品原件的转售行为，作品原件是有形物，而著作权保护的是作品，两者并不相同。③ 支持者认为，对于艺术品而言，作品的有形载体具有唯一性，即作品与作品原件存在一一对应的关系，法国著作权法建立在作者有权通过作品获益的基础之上，追续权是一项将著作权原理运用于那些无法受益于复制权或表演权的作品而创设的特殊权利，在本质上而言，追续权属于著作权的一部分。④

（3）追续权适用的作品类型

法国 1920 年追续权法适用于能够体现艺术家个人智力创作的绘画、雕塑作品原件⑤，1957 年的追续权制度适用于平面及立体作品原件⑥。同时，法国艺术家集体组织与拍卖商就追续权适用的具体作品类型达成了一致，并且，双

---

① Loi n° 57-298 du 11 mars 1957 sur la propriété littéraire et artistique，Article 42.

② 1997 年 3 月 27 日 97-283 号法律。

③ Robert Plaisant, The French Law on Proceeds Right: Analysis and Critique in *Legal Protection for the Artist* IV，IV - 5（M. Nimmer ed. 1971）.

④ Ibid.

⑤ Loi du 20 mai 1920. art. 1.

⑥ Loi n° 57 - 298 du 11 mars 1957 sur la propriété littéraire et artistique，Article 42.

方约定，特定数量的作品复制件进行转售时，艺术家也可以获取追续金，当然这些复制件也有严格的条件要求，例如，对于雕塑作品而言，雕塑作品复制件数量应在 8 件以内，须经作者署名并按序编号（1/8，2/8……8/8），该复制件还要求由作者本人亲自完成或在其监督下完成①；对于雕刻作品而言，复制件的数量限额为 100 件，也须经作者署名并按序编号②；对于织锦而言，复制件的限额为 6 件，要求在作者监督下完成，经作者署名并按序编号③。

　　文学作品及音乐作品的手稿是否属于追续权的客体也成为围绕法国追续权制度的争议焦点。在法国的一些书稿转售过程中，作者曾获取过追续金。④ 有人认为，法国 1957 年的《文学和艺术产权》扩展了追续权的适用范围，其中追续权所适用的平面作品原件也应包括文学、喜剧和音乐作品原件⑤，法国国会议员 Albert Le Bail 早在 1936 年便在一份提交至法国议会的报告中也采用了相同的观点⑥。不过，拍卖商和多数法学教授提出了反对，在法国，该争议随着法国拍卖协会的一份官方文件而逐渐平息，其在 1958 年明确指出，文学、音乐作品的原件不属于追续权所适用的平面及立体作品原件。⑦ 世界知识产权组织与联合国教科文组织曾联合对追续权制度进行研究，在最后公布的报告中，两组织都不赞成将追续权制度扩展适用于文学作品与音乐作品的手稿，指出，尽管手稿寄托了作者原始的情感，并有一定的历史价值，但对于作品而言，手稿仅仅起到有形载体的作用，相较于作品的其他复制件，手稿并不能更多地体现文学作品或音乐作品的本质价值。⑧

　　至于家具设计图与外观设计图，在一起涉及家具设计的案例中，巴黎上诉法院认为，应当对法国著作权法第 42 条（即追续权制度）进行限缩解释，因为追续权较为特殊，并非所有的作者都能享有该权利。该案中，世界知名的设计师让·杜南（Jean Dunand）设计了一套家具，该设计图发生了转售，巴黎上诉法院认为，单纯的家具设计图并不属于法国著作权法第 42 条下的作品原

---

① Art. 79 – 30 de l' annexe III du code général des impôt.

② Agreement of November 28, 1957, between Authors and Auctioneers.

③ Agreement of January 15, 1958, between Authors and Auctioneers.

④ Robert Plaisant, The French Law on Proceeds Right: Analysis and Critique in *Legal Protection for the Artist* IV, IV – 15 (M. Nimmer ed. 1971).

⑤ World Intellectual Property Organization and United Nations Educational, Scientific and Cultural Organization, *Study on Guiding Principles Concerning the Operation of "Droit de Suite"* at 22 (1985).

⑥ Report No. 3222 by Albert Le Bail to the Chamber of Deputies, sitting on 6 December 1937.

⑦ circulaire du 14 fevrier 1958 de la chambre nationale des commissaires – priseurs, art 3.

⑧ World Intellectual Property Organization and United Nations Educational, Scientific and Cultural Organization, *Study on Guiding Principles Concerning the Operation of "Droit de Suite"* at 23 – 24 (1985).

件，设计师仅仅在智力层面创作了该套家具，并未亲手完成该套家具的制作，与家具设计图相类似的是，法院也拒绝将追续权制度适用于外观设计图。① 由此可见，法国追续权制度适用的作品原件并非指向任何原始承载艺术作品的有形载体。

（4）追续权适用的交易方式

1957 年的法国著作权法将追续权适用的交易方式由"公开销售"扩展至"公开拍卖以及由中间商参与的交易"②，但 1920 年追续权法在 1957 年被废止之后，法国并未公布新的追续权实施细则，因此，1920 年追续权制度实施细则在 1957 年之后继续适用，而这实施细则仅仅规定了公开销售的交易方式。此后直至 1993 年 4 月 9 日，在法国著作权集体管理组织 SPADEM 的诉请下，法国最高行政法院才最终扩大了追续权在法国的实施范围③，解决了这一问题。

这也意味着，在制度层面，法国追续权在相当长的一段时间内仅仅适用于公开交易场合。一个很重要的原因在于，考虑到"由经销商参与的交易"会大大增加管理难度，法国的追续权管理部门曾对此提出反对，最后导致实施细则在长时间内未曾更新。④ 法国艺术家集体管理组织 ADAGP 的负责人 Jean-Marc Gutton 也曾指出，在 1957 年追续权引入法国著作权法后，法国艺术家集体管理组织与画廊达成协议，其中约定画廊需将其总收入的一部分提交至艺术家社会保险管理部门，用于分担艺术家的社会保险金，而该保障金的支付与计算并不依据追续权制度，这也明显影响了追续权集体管理部门征收源于"由经销商参与的交易"的追续金的积极度。⑤

（5）外国作者的追续权保护

关于具有外国国籍的艺术家是否有权在法国享有追续权的问题，法国在 1920 年追续权法所采用的互惠原则的基础上，于 1956 年的追续权实施细则中进一步扩大了外国作者的追续权保护范围，其中规定，外国国籍艺术家在法国

---

① Cours d'appel de Paris – 4èm chambre 28 janvier 1991，RIDA. No. 130 octobre 1991. p. 141.

② Loi n° 57 – 298 du 11 mars 1957 sur la propriété littéraire et artistique，Article 42.

③ 法国最高行政法院 1993 年 4 月 9 日的判决，卷宗号 1993 – 041264（CE，9 avr. 1993，n° 122623，Spadem：Juris – Data n°1993 –041264）。

④ John H. Merryman and Albert Elsen，*Law*，*Ethics and the Visual Arts*，University of Pennsylvania Press，2nd Revised edition. p. 214（1987）.

⑤ Telephone interview with Jean-Marc Gutton，Director General of ADAGP，cited in U. S. Copyright Office，*Drolt De Suite*：*The Artist's Resale Royalty*，at 23.（Dec. 1992），available at http：//www. copyright. gov/history/droit_ de_ suite. pdf.

从事艺术活动并在法国居住满 5 年，即便这 5 年并不连续，其可以不依据互惠条件，在法国享有追续权①。不过，在实践中，即便具有外国国籍的艺术家并不满足上述要求，只要他们加入集体管理组织，并通过集体管理主张追续权，也能够获得追续金②。

（6）追续权的运行

根据 1957 年《文学和艺术产权法》第 42 条第 5 款，追续权的运行将依据新的追续权实施细则，但是，法国并未公布新的追续权实施细则，因此，1920年追续权实施细则在 1957 年之后继续适用，法国在追续权的运行上也仍依据1920 年的追续权实施细则，前文已经介绍，在此不再赘述。

这一时期内，法国追续金的征收与管理主要由两大艺术家集体组织负责，即艺术产权和设计及模型协会（Société de la Propriété Artistique et des Dessins et Modèles，SPADEM）与图像及造型艺术著作人协会（Société des Auteurs dans les Arts graphiques et Plastiques，ADAGP）。值得注意的是，SPADEM 又被称为法国艺术财产联盟（Union of Artistic Property）。

法国艺术家在加入 SPADEM 与 ADAGP 后，即将征收追续金的权利转让给加入的集体组织。拍卖商既可以选择将追续金提交至艺术家集体组织，也可以选择直接提交至作者或其继承人。前者中，艺术家集体管理组织在扣除管理费用（一般为追续金总额的 15%）后再将余下的追续金支付给作者或其继承人，后者中，作者或其继承人需在作品原件转售发生之日后 3 天内向拍卖商提出索要追续金的申请。

尽管追续权人没有加入集体管理组织的义务，但多数追续权人会选择加入集体管理组织，委托集体管理组织收取追续金，只有少部分追续权人会选择其他申报方式。法国拍卖商联盟与 SPADEM 还曾就追续金的申报达成协议③。ADAGP 的负责人 Jean-Marc Gutton 认为，艺术家集体组织是征收追续金的最佳选择，因为其了解艺术品市场，并有能力对抗拍卖商。④ 艺术家集体组织会对拍卖行的销售目录进行监督，以获取即将拍卖的艺术品信息。同时，集体组织还可以获取拍卖商的拍卖纪录，拍卖商必须对每一笔拍卖进行登记，当然，这

---

① Decree of 15 September 1956.

② J. Duchemin, *Le Droit De Suite Des Artistes*, p. 84（1948）.

③ Robert Plaisant, The French Law on Proceeds Right: Analysis and Critique in *Legal Protection for the Artist* IV, IV‑21‑IV‑25（M. Nimmer ed. 1971）.

④ Telephone interview with Jean‑Marc Gutton, Director General of ADAGP, cited in U. S. Copyright Office, Droit De Suite: The Artist's Resale Royalty, at 23.（Dec. 1992），available at http://www.copyright.gov/history/droit_de_suite.pdf.

些拍卖纪录亦向艺术家及其继承人公开。①

但在1995年，SPADEM组织因为无法负担运行成本而宣告破产②，在宣告破产之时，SPADEM共拥有3 500名成员，与之相对比的是，SPADEM的竞争对手ADAGP拥有2 860名成员。③ 之后，原SPADEM成员加入ADAGP，其原有的数据与资料都存放至法国国家档案馆（Archives Nationales）。由此，ADAGP成为法国目前唯一管理追续权的艺术家集体管理组织，现代表超过10万名艺术家在法国主张追续权。④

（7）追续权制度的实施效果

自1957年将追续权纳入法国著作权法之后，法国追续权制度在运行上较为成功，如表1-1所示，法国艺术财产联盟（又称SPADEM）代表艺术家仅仅在两个交易日的艺术品转售过程中就征收并获得了大额追续金。⑤

表1-1　法国艺术财产联盟（SPADEM）收取追续金的情况

转售时间	作者	转售金额（法郎）	追续金（法郎）
1957年6月14日	Gauguin（保罗·高更）	104 000 000	3 120 000
	Gauguin（保罗·高更）	35 500 000	1 065 000
	Renoir（奥古斯特·雷诺阿）	22 000 000	660 000
	Renoir（奥古斯特·雷诺阿）	9 800 000	294 000
	Monet（莫奈）	17 500 000	525 000
	Boudin（尤金·布丹）	13 800 000	414 000
1958年3月15日	Utrillo（莫里斯·郁特里罗）	7 500 000	225 000

法国另一家追续权集体管理组织ADAGP亦运转良好，其在1988年征收获

---

① Telephone interview with Jean – Marc Gutton, Director General of ADAGP, cited in U. S. Copyright Office, Droit De Suite: The Artist's Resale Royalty, at IV – 24 and 25. （Dec. 1992）, available at http: // www. copyright. gov/history/droit_ de_ suite. pdf.

② Jennifer Pfeffer, The Costs and Legal Impracticalities Facing Implementation of the European Union's Droit de Suite Directive in the United Kingdom, 24 Nw. J. Int'l L. & Bus. 533, 558 (2004).

③ http: //next. liberation. fr/culture/1995/12/06/la – spadem – depose – son – bilan_ 153048. （last visited Jan. 20, 2016）.

④ Missions & Rights Administered, ADAGP, http: // www. adagp. fr/ENG/static_ index. php. （last visited Feb. 10, 2012）.

⑤ 数据来源参见 Rita E. Hauser, The French Droit de Suite: The Problem of Protection for the Under-privileged Artist under the Copyright Law, 11 Copyright L. Symp. 1, 11 (1959).

得了 1 300 万法郎的追续金，短短两年之后的 1990 年，ADAGP 更是获得了 5 200 万法郎的追续金。①

法国追续权制度实施效果如此显著的主要原因在于，法国追续权制度限缩了追续权所适用的交易类型，并且，法国追续金的征收与发放主要由集体管理组织负责，除此之外，法国艺术品交易主要发生于巴黎，法国艺术市场在地理位置上的集中进一步便于追续权的集体管理。②

2. 德国追续权法的创设

德国于 1965 年创设了追续权制度，将其置于著作权法下第 26 条。追续权在德语中的表述为 Folgerecht，但德国也经常使用 droit de suite 一词。但两者的含义并不完全相同，在德国著作权法中，Folgerecht 一词指的是艺术家有权分享其作品原件转售过程中产生的增值利益，而 droit de suite 除了包含 Folgerecht 的含义之外，还指文学或音乐作品的作者在对作品进行著作权许可后，作品的价值上升，作者有权分享该增值利益。③ 尽管德国是世界上最先考虑引入追续权制度的国家之一，但其在历经 50 年的研究与讨论之后，才正式创设追续权制度。

（1）德国追续权制度的创设过程

早在 1910 年，就有人提议在德国创设追续权制度④，两年之后的 1912 年，一位来自德国巴伐利亚州的议员正式提出创设追续权制度的议案，但德国文化部部长认为，这一制度的实际运行存在诸多困难之处，他承诺将对此进行进一步的研究。⑤ 1913 年，Otto Opet 细化了追续权的制度设计，主张艺术家应有权从其作品原件转售过程的增值额中分享 20% ~ 25% 的追续金⑥。

之后，随着法国、比利时和捷克斯洛伐克纷纷创设追续权制度，并且，在 1928 年于罗马举行的《伯尔尼公约》修订会议上，法国政府提议将追续权条

---

① U. S. Copyright Office, *Droit De Śuite*：*The Artist's Resale Royalty*（Dec. 1992），p. 191.

② Carole M. Vickers, The Applicability of the Droit de Suite In the United States, 3 *B. C. Int'l & Comp. L. Rev.* 433，440.（1980）.

③ Max – Planck – Institut fur auslandisches und Internationales Patent –，Urheber – und Vettbewerbsrecht，*The roit de Suite in German Law in Legal Protection for the Artist* VI，VI – 3.

④ Ferdinand Avenarius, Urheberschutz und Urheberschatz, Flugschriften des Durerbundes 65，Flugschrift zur Ausdruckskultur 22（1910）.

⑤ Minister for cultural affairs von Knilling, and Member of parliament Hubsch, Verhandlungen der Kammer der Abgeordneten des Bayerischen Landtags, 36. Landtagsversammlung, 1. Session in 1912, stenographische Berichte, vol. 4, p. 291 et seq.

⑥ Otto Opet, Der Wertzuwachsanspruch des bildenden "Kunstlers, Annalen des Deutschen Reichs 368 – 85（1913）.

款加入《伯尔尼公约》，由此，1929 年，德国政府决定对创设追续权制度进行一项全面的研究。①

1932 年，德国司法部与奥地利政府一道，起草了德国与奥地利著作权法修改草案，修改草案包括了追续权制度，其中规定，当作品原件的转售价格超过 500 帝国马克（RM）时，作者或其继承人有权从作品原件的转售价中分享 3% 的追续金，该权利的保护期间与著作权的保护期间相同。当作品原件的转售价扣除追续金后的价款低于卖家购买作品原件的价款时，即作品原件的价格在转售中并未上涨时，追续权将不再适用。② 然而，这一草案遭到了德国艺术市场交易商的极力反对，德国学者格奥尔格·克劳尔（Georg Klauer）、汉斯·奥拓·德·波尔（Hans Otto de Boor）等人也主张在草案中删去追续权制度，甚至几位知名的艺术家，包括保罗·克利（Paul Klee）、埃米尔·诺尔德（Emil Nolde）、恩斯特·路德维格·基尔希纳（Ernst Ludwig Kirchner），一同向德国司法部提交了一份请愿书，请求将追续权制度从草案中删除。③

基于此，德国司法部最终在 1933 年的著作权法修改草案中删去了有关追续权制度的规定。之后，由于第二次世界大战的爆发，德国的著作权法修改进程也搁置了近二十年。伴随着 1948 年《伯尔尼公约》布鲁塞尔会议正式将追续权制度引入《伯尔尼公约》，德国也重启了著作权法修改，然而，联邦德国司法部在 1954 年公布的德国著作权法修改草案中仍未规定追续权制度。

在这一背景下，联邦德国艺术家协会、联邦德国科学与文学院、联邦德国工业产权与著作权协会、柏林艺术家协会联名上书联邦德国司法部，支持引入追续权制度，与之相对的是，联邦德国拍卖商协会则表示反对。1955 年 1 月 17 日，联邦德国司法部与上述协会代表召开了一次座谈会，并得出结论，认为追续权制度在德国具有可行性。由此，1959 年德国著作权法修改草案中最终规定了追续权制度。1962 年，德国政府公开了著作权法修改草案的官方文本，草案将追续权制度规定于德国著作权法第 26 条，草案于 1965 年 9 月 9 日正式获得通过，并于 1966 年 1 月 1 日开始实施，由此德国正式创设追续权制

① Justus Koch, über die Einfuhrting des "Droit de suite" in Deutschland, UFITA II 1929, pp. 279 - 299.

② Max - Planck - Institut fur auslandisches und Internationales Patent -, Urheber - und Vettbewerbsrecht, The roit de Suite in German Law in Legal Protection for the Artist VI, VI - 18 and 19.

③ Wilhel. F. Arntz, "Gewinnbeteiligung fur Kunstler" Das Schonste, No. 11, 1960, p. 11; also see Hans Wicher, Folgerecht und Versteigerunqsrecht, UFITA 31, 1960, p. 207 (219).

度。这一制度适用于美术作品原件的转售，并明确将建筑艺术作品和实用艺术作品排除出追续权的适用范围。①

（2）德国追续权的理论基础

"潜在的、本质的价值"（latent, intrinsic value）理论是德国追续权制度的理论基础。② 该理论认为，艺术作品在第一次交易时往往体现不了其真实价值，只有在几年之后，市场才能逐步挖掘这些艺术品的价值，正因如此，艺术家在出售艺术作品时，往往是以低于艺术品价值的价格将作品进行出售，为了补偿艺术家，其有必要参与到艺术品之后的增值分享中。

（3）追续金的计量

为了能够有效地实施追续权，德国主张对追续权的内容进行简化，并对此进行了详细的考察。一项研究显示，法国与比利时采用转售总额作为追续金的计量基础，法国1959年征收到数额约为20万马克的追续金，同一年，比利时征收到数额约为2万马克的追续金，而采用转售增值额作为追续金计量基础的意大利却未征收过任何追续金。③ 由此，与法国与比利时相同的是，德国将追续金的计量基础规定为作品转售总额。不过，早在德国联邦参议院进行审议之时，这一规定便遭到了强烈的反对，因为这一规定有违德国创设追续权制度的"潜在的、本质的价值"理论。最终，为了保证追续权制度在实施上的可操作性，德国还是做出了必要的妥协，坚持采用转售总额作为追续金计量基础。

并且，同法国1957年的著作权法相同的是，德国在追续金的计量比例上采用固定计提比例，并对转售价格设置了计提追续金的最低门槛。最初1965年德国著作权法规定，当作品原件转售价格超过500法郎时，卖家需向作者支付数额为转售总额1%的追续金。④ 1972年，德国修改著作权法，降低了转售价格的最低门槛，并大大提高了计量比例，其中规定，当作品原件转售价格超

---

① Gesetzüber Urheberrecht und verwandte Schutzrechte（Urheberrechtsgesetz）vom 9. September 1965; http: //lexetius. com/UrhG/26, 030614. art. 26.

② Rita. E. Hauser. *The French Droit de Suite*: *The Problem of Protection for the Underprivileged Artist under the Copyright Law*, (1959) 6. The Bulletin of the Copyright Society of the USA94 at p. 106. Also See Opet, Der Wertzuwachsanspruch des bildenden Kunstlers, 46 Annalen Des Deutschen Reiches 368 (1913), cited in Price, Government Policy and Economic Security for Artists: The Case of the Droit de Suite, 77 *YALE L. J.* 1333, 1338 n. 14. (1968).

③ Max – Planck – Institut fur auslandisches und lnternationales Patent –, Urheber – und Vettbewerbsrecht, *The roit de Suite in German Law in Legal Protection for the Artist* VI – 56, VI – 57.

④ Gesetzüber Urheberrecht und verwandte Schutzrechte（Urheberrechtsgesetz）vom 9. September 1965; http: //lexetius. com/UrhG/26, 030614. art. 26.

过 100 马克时，卖家需向作者支付数额为转售总额 5% 的追续金。①

（4）追续权适用的交易方式

与法国追续权制度不同的是，德国追续权制度适用的交易方式较法国更广，法国虽然在 1957 年修改了著作权法，将追续权制度扩展至艺术品交易商参与的交易，但其长时间内都未曾在实践中加以实施。而德国追续权制度从一开始就适用于艺术品交易商作为买受人、出卖人或中间人参与的交易，当然也包括公开拍卖场合。②

（5）外国作者的追续权保护

德国也对外国作者提供追续权保护，不过这种保护也是附条件的。只有外国国民所属国给予德国国民相应条件时，该国国民才根据联邦司法部长在联邦法律公报上的公告享有追续权。③

（6）追续权的运行

德国追续金的征收与管理由德国图像艺术集体管理组织（VG Bild - Kunst）负责，该组织类似于法国的艺术家集体组织 SPADEM。在德国视觉艺术家协会和德国艺术家协会的支持下，VG Bild-Kunst 于 1968 年创立，其创设的目的在于代表艺术家行使著作权。最初 VG Bild-Kunst 仅代表艺术家主张追续权，收取与发放追续金，之后也代表艺术家行使复制权、广播权、转播权等权利。

在实践中，由于 1965 年德国的追续权制度未规定艺术品交易商与拍卖商有提供信息的义务，因此，只要艺术品交易商与拍卖商拒绝提供与作品销售有关的信息，德国追续权制度将无法运行。④ 据 Nordemann 教授的统计，1965—1972 年的七年间，交易商未在德国支付任何追续金。⑤ 在这一背景下，1971 年 6 月 7 日，德国最高法院在一起案例中主张，即便艺术品交易商或拍卖商负有保密义务，只有在其向作者支付了追续金的情况下，其才可以拒绝向作者透露卖家的姓名、联系地址。⑥ 这意味着德国司法已经准予作者在行使追续权的

---

① Gesetzüber Urheberrecht und verwandte Schutzrechte（Urheberrechtsgesetz）vom 10. November 1972；http：//lexetius. com/UrhG/26，030614. art. 26.

② Gesetzüber Urheberrecht und verwandte Schutzrechte（Urheberrechtsgesetz）vom 9. September 1965；[BGBI. I 1273]，§26，http：//lexetius. com/UrhG/26，030614.

③ Ibid. Article 121（5）.

④ Wilhelm Nordemann, Ten Years of "Droit de Suite" in Federal Germany, *91 Revue Internationale Du Droit d'Auteur 76*（1977）.

⑤ Ibid.，at 78.

⑥ Liliane de Pierredon-Fawcett：*The Droit de Suite in Literary and Artistic Property*，*A Comparative Law Study*，published by Center for Law and the Arts，Columbia University School of Law，1991，p. 130.

情况下向艺术品交易商或拍卖商获取交易信息的权利。之后，德国于 1972 年对追续权条款进行了修改，新的规定赋予作者信息获取权，即从艺术品交易商或拍卖商处获取卖家名称、地址及成交价格信息的权利，需要注意的是，这些权利只能由集体管理组织代为行使。①

依靠集体管理组织，作者可以要求艺术品交易商或拍卖商提供上一年度艺术作品原件转售的信息；此外，只要对追续权的行使是必要的，作者可以要求艺术商或拍卖人提供出卖人的名称、地址及出售所得的信息；若集体管理组织对上述信息的正确性和完整性持有合理怀疑，集体管理组织可以要求查阅会计报表或其他文件。②

（7）德国追续权制度的实施效果

但即便德国规定了信息获取权，德国追续权制度在实践中依旧举步维艰，有研究表明，直至 1977 年，艺术品交易商依旧未支付任何追续金③。雪上加霜的是，德国艺术品交易商协会的成员联合抵制那些加入德国图像艺术集体管理组织（VG Bild-Kunst）的艺术家以及主张追续权的艺术家，拒绝购买或展览上述艺术家的作品④。面对这些不提供交易信息的交易商，VG Bild-Kunst 只能通过诉讼方式主张信息获取权，高昂的诉讼成本给 VG Bild-Kunst 施加了过于沉重的财政负担，这也使得 1972 年新设立的信息获取权形同虚设，德国追续权仍未能有效地实施。

尽管如此，在 1975 年之后，随着 VG Bild-Kunst 被授权代表法国艺术家在德国主张追续权⑤，VG Bild-Kunst 获得了进一步发展，到 1977 年，VG Bild-

---

① 德国 1972 年《著作权法》第 26 条第 3、4、5 款："（3）作者可以要求艺术商或拍卖人提供下列信息，作者的哪些作品原件在其咨询请求提出前最后的年度内在艺术商或拍卖人的参与下被再次出售。（4）只要对请求权的行使是必要的，作者可以要求艺术商或拍卖人提供出卖人名称、地址及出售所得的信息。艺术商或拍卖人支付了作者应得份额的，可以拒绝提供出卖人名称和地址信息。（5）第 3 款和第 4 款规定的请求权只有通过著作权集体管理组织行使方为有效。" See Gesetzüber Urheberrecht und verwandte Schutzrechte（Urheberrechtsgesetz）vom 10. November 1972；§26，http：//lexetius. com/UrhG/26，030614.

② Gesetzüber Urheberrecht und verwandte Schutzrechte（Urheberrechtsgesetz）vom 10. November 1972；§26，http：//lexetius. com/UrhG/26，030614.

③ See generally Wilhelm Nordemann, Ten Years of "Droit de Suite" in Federal Germany, *86 Revue Internationale Du Droit d'Auteur* 76（1977）.

④ See Nordemann, Dix ans de droit de suite en Allemagne Federate, *91 Revue Internationale De Droit D'Auteur* 77，86（1977）.

⑤ See Law of 8 November 1975，（1975）BGBI 1112775.

Kunst 的成员数由 1975 年的 1 000 人上升至 4 000 人。① 规模的扩大促使 VG Bild-Kunst 开始与艺术品交易商商讨一次性支付追续金总额的可能性。② 最终，1980 年 9 月 29 日，VG Bild-Kunst 与德国艺术品交易商协会及拍卖商协会达成协议，这一协议涵盖了追续金和艺术交易过程中的艺术家社会保险金事宜。③

依据该协议，艺术品交易商与拍卖商将其当代艺术品销售总额的 1% 支付给 VG Bild-Kunst，VG Bild-Kunst 将其中的 50% 提交至德国的艺术家社会保险基金库，并将剩下的 50% 用于支付追续金。从此之后，追续金的支付获得了保障，艺术家在德国开始收到追续金。VG Bild-Kunst 的负责人 Gerhard Pfenning 曾指出，这一协议的安排是多数艺术品交易商的选择，他同时也指出，赋予艺术家以获取交易信息的权利是必要的，但在实践中并未经常使用，因为根据 VG Bild-Kunst 与艺术品交易商及拍卖商的协议，VG Bild-Kunst 真正需要的信息是后者的完税记录，它只需根据后者的完税记录即可算出后者需要缴纳的金额④。

根据 VG Bild-Kunst 的统计，在德国，需要支付追续金的交易中，50% 为公开拍卖，50% 为艺术品交易商参与的交易（40% 为画廊交易，10% 为代理人参与的交易）。⑤ 在追续金的分配上，VG Bild-Kunst 会扣除 10% 的追续金作为追续权管理费用，再将 10% 的追续金投入一个用于支持年轻艺术家的基金，余下的追续金中，66% 支付给德国艺术家，34% 支付给国外艺术家，主要是法国艺术家。⑥

3. 美国联邦一级的追续权立法尝试

迄今为止，美国尚未在联邦立法层面规定追续权制度。在美国，唯一正式实施过的追续权制度仅限于加利福尼亚州。美国在联邦层面一共有六次追续权立法尝试，前五次都失败了，第六次立法的草案正在美国国会审议之中。尽管

---

① See generally Wilhelm Nordemann, Ten Years of "Droit de Suite" in Federal Germany, *86 Revue Internationale Du Droit d'Auteur 76*, 88－90（1977）.

② Ibid. , at 88.

③ 笔者注：德国于 1980 年修改社会保障立法，将艺术家纳入德国社会保险系统，修改后的法律于 1983 年 1 月 1 日起实施。See CISAC Document CIAGP/8O/882（1980）.

④ Letter from Gerhard Pfenning, managing Director, Bild-Kunst, to Ralph Glan, Register of Copyrights（Aug. 27, 1992）. Cited in U. S. Copyright Office, *Droit De Suite：The Artist's Resale Royalty*, at 45.（Dec. 1992）, available at http：//www. copyright. gov/history/droit_ de_ suite. pdf.

⑤ Letter from Gerhard Pfenning, managing Director, Bild-Kunst, to Ralph Glan, Register of Copyrights（Aug. 27, 1992）. Cited in U. S. Copyright Office, *Droit De Suite：The Artist's Resale Royalty*, at 45.（Dec. 1992）, available at http：//www. copyright. gov/history/droit_ de_ suite. pdf.

⑥ Ibid.

如此，美国的艺术家组织、艺术市场专业人员、立法者、学者等群体仍对追续权这一议题展开了长期的探讨。美国画家格兰特·伍德（Grant Wood）是美国公认最早主张在作品升值中分享利益的艺术家。早在 1940 年，当其创作的一幅名为"革命之女"的作品在短期内大幅升值之后，伍德便与他的经销商签订合同，并约定，在其创作的名为"帕森·威姆斯的寓言"的作品的转售过程中，他有权从中分享 50% 的增值利益。①

之后，同法国创设追续权之初所具有的"挨饿的艺术家"现象相类似的是，美国关于创设追续权制度的集中讨论起源于一次转售中获得暴利的艺术作品拍卖，拍卖的对象是罗伯特·劳森伯格（Robert Rauschenberg）于 1958 年创作并命名为"Thaw"的画作。劳森伯格在 1958 年时将这幅画作以 900 美元的价格卖给了知名的纽约收藏家罗伯特·斯卡尔和埃塞尔·斯卡尔夫妇（Robert Scull and Ethel Scull）。15 年之后的 1973 年 10 月 18 日，在纽约苏富比拍卖行举办的"Scull 拍卖会"（The Scull Sale）上，该画作在转售中被拍出 85 000 美元的高价，而艺术家劳森伯格却无法分享任何转售增益。② 由于转售利润过于惊人，以至于在拍卖会结束时，劳森伯格甚至冲斯卡尔大叫道，"我卖力地工作，就是为了让你赚钱！"③ 这次传奇的拍卖会最后甚至被拍成了电影。④ 就在这次拍卖结束后不久，愤怒的劳森伯格发表声明，要求从转售中获得许可费，并得到了众多艺术家的支持。⑤ 这一事件使得美国公众开始关注艺术家在艺术市场上的地位，并推动了联邦层面与州层面的追续权立法活动。

在美国联邦层面，众议员和参议员前后多次向国会提交涉及创设追续权制度的立法议案。在加利福尼亚州实施追续权制度后不久，加州众议员亨利·沃克思曼（Henry Waxman）便于 1978 年向美国国会提交了《视觉艺术家剩余权利法案》（1978）（又被称为"Waxman"法案）。该法案以《加利福尼亚州追续权法案》为模板，其中规定，在艺术作品转售价格超过 1 000 美元时，艺术

---

① Sylvia Hochfeld, Artists' Rights: Pros and Cons, *23 ART News 20* (May 1975).

② Patricia Cohen, Artists File Lawsuits, Seeking Royalties, *N. Y. TIMES*, Nov. 1, 2011, http://www.nytimes.com/2011/11/02/arts/design/artists - file - suit - against - sothebys - christies - and - ebay.html? pagewanted = all.

③ The Scull Collection, available at http://www.artinamericamagazine.com/reviews/the - scull - collection/. last visited in 2015/9/1.

④ 1974 documentary film by E. J. Vaughn, entitled "America's Pop Collector: Robert C. Scull - Contemporary Art at Auction".

⑤ Artists Decide They Should Share Profits on Resale oj Paintings, *Wall St. J.*, Feb. 11, 1974, at 1, col. 4.

家有权在转售总价中获得 5% 的追续金，该追续金由卖家支付。① 同时，依据该法案，财政部下将成立联邦视觉艺术委员会和视觉艺术基金会以负责执行追续权制度。为了确保制度的有效运行，艺术品必须首先到联邦视觉艺术委员会处进行登记，追续金的征收与发放最后由联邦视觉艺术委员会负责完成。如果法院认为卖家故意拖延支付追续金，那么卖家将承担三倍于其应缴纳追续金的惩罚性赔偿责任，或者承担 5 000 美元的法定赔偿责任，两者相较，择一重执行，卖家还需要承担额外费用，如律师费用。并且，该法案仅适用于法案生效后方才进行初次出售的艺术品。不过，沃克思曼所提交的这一议案在提交至国会委员会前的非正式听证会上即遭否决②，主要原因在于，由于当时缺乏足够的信息，美国国会难以评估追续权制度对美国艺术市场所造成的影响，更重要的是，国会所掌握的信息显示，实施追续权制度的成本将超过艺术家所获得的利益③。

1986 年，参议员爱德华·肯尼迪（Edward Kennedy）向国会提交了《视觉艺术家修正法案》（1986）④，除了向视觉艺术家提供著作人身权外，该修正案还向视觉艺术家创设了追续权制度，当艺术作品转售价格超过 500 美金并且转售价是卖家买入价的 140% 及以上时，艺术家有权分享转售中 7% 的增值利益，追续金也由卖家支付。这之后的第二年，参议员爱德华·肯尼迪（Edward Kennedy）又向国会递交了《视觉艺术家权利法案》（1987）⑤（又被称为 Kennedy-Markey 法案⑥），较前一法案，该法案中对追续权制度略作修改，当转售价格超过 1 000 美元，并且转售价是卖家买入价的 150% 及以上时，艺术家有权分享转售中 7% 的增值利益，该法案还要求艺术家必须到美国版权局处对其作品进行登记，若不登记，则无权获得追续金，并且，追续权制度不适用于雇佣作品。

在 Kennedy-Markey 法案的听证会上，参议员爱德华·肯尼迪（Edward Kennedy）也指出了视觉艺术家面临的困难，并强调该法案旨在通过给予艺术

---

① *Visual Artists' Residual Rights Act of 1978*, H. R. 11403, 95th Cong. (1978).

② 在美国联邦立法过程烦琐，一项议案自提出到最终成为法律要经过以下立法程序：议案提出、委员会审议、通过，全院大会审议、通过，两院统一文本，总统签署。

③ Carole M. Vickers, The Applicability of the Droit de Suite In the United States, *3 B. C. Int'l & Comp. L. Rev. 433*, 451. (1980).

④ *Visual Artists Rights Amendment of 1986*, S. 2796, 99th Cong. (1986).

⑤ *Visual Artists Rights Act of 1987*, S. 1619, 100th Cong. § 3 (1987).

⑥ 笔者注：众议员 Edward J. Markey 也于 1987 年向国会提交了一份相同的法案 H. R. 3221, 100th Cong. (1987)，故得此名。

拍卖市场提供了方便。例如，在 2002 年，为避免法国的追续权制度对交易的影响，Rene Gaffe 的一幅当代印象派的作品最后选择到纽约进行交易，并最终拍到 5 000 万美元的高价。① 评论家认为该销售地点的变化反映出欧洲艺术品交易市场相较于其他市场已处于劣势。②目前追续权制度主要针对的是公开拍卖市场，为避开公开拍卖需要缴纳的追续金，艺术品交易也可能转向地下市场进行。③一部分拍卖行可能因为追续权制度的创设，而将拍卖业务迁移到未规定追续权的国家或地区。

苏富比（Sotheby）和克里斯蒂（Christie）两大拍卖行向美国版权局提供的公开意见中指出，在加州追续权法于 1977 年实施之后不久，苏富比决定关闭其设立在洛杉矶的拍卖行，因为加州追续权法已经损害了加州的艺术品市场②，这一观点也为许多学者所采用③。同时，大多数加州的拍卖行和交易商若在美国其他州有设立业务，都将把加州的艺术品转移到其他州进行拍卖，以避免追续金的收缴④。欧盟委员会 2011 年的报告中也指出，"类似于追续金的市场交易费用的存在，将可能使得卖家选择那些交易成本更低的市场出售艺术品，理性的卖家会选择那些对其最有利的市场进行交易，而追续权无疑是影响卖家选择的一项考量因素"⑤。

相对应地，支持方认为：①有学者曾进行过估算，一个德国的卖家只有在艺术品成交价格超过 50 万欧元的情况下，把艺术品转移到未规定追续权国家进行拍卖才是有效的，否则该艺术品的运输费用和高昂的保险费用已经超过了追续金。⑥ 因此对于价值较低的艺术品而言，根本不存在转移拍卖的必要。

---

① Ginsburgh, Kusin and Mc Andrew, The Modern and Contemporary Art Market (2005), p. 8. cited in Grady, Horowitz and Szymanski, *A Study into the Effect on the UK Art Market of the Introduction of the Artist's Resale Right* (2008), p. 49.

② Sotheby's, Inc. & Christie's, Inc., Comments Submitted in Response to U. S. Copyright Office's Sept. 19, 2012 Notice of Inquiry at 13 (Dec. 5, 2012).

③ See, e. g., John Henry Merryman, The Wrath of Robert Rauschenberg, 41 *AM. J. COMP. L.* 103 (1993); Gilbert S. Edelson, The Case Against an American Droit de Suite, 7 *CARDOZO ARTS & ENT. L. J.* 260 (1989).

④ Kusin & Co, "Europe and California: A Case History in Inefficiency and Marketplace Distortion and the Kusin Report: Understanding Markets in this $ 17 Billion Sector" (1999) 1 (2 & 3) Dallas, cited in McAndrew and Dallas-Conte, *Implementing Droit de Suite (Artist's Resale Right) in England* (2004), p. 44.

⑤ European Commission, Report From the Commission to the European Parliament, the Council, and the European Economic and Social Committee: Report on the Implementation and Effect of the Resale Right Directive (2001/84/EC), at 7 - 8 (2011), available at http: //ec. europa. eu/internal_ market/copyright/docs/re-sale/report_ en. pdf.

⑥ McAndrew and Dallas-Conte, *Implementing Droit de Suite (Artist's Resale Right) in England* (2004), p. 23.

②各国追续金普遍都规定了上限，如《欧盟追续权指令》规定的追续金上限为 12 500 欧元，对于价值较高的艺术品而言，追续金相较于其高昂的拍卖价格不过是九牛一毛罢了，而转移拍卖可能会因为搬运对艺术品造成损坏，因此转移拍卖亦不必要。③一些知名的拍卖行并没有将追续权视为负担①，如克里斯蒂拍卖行和苏富比拍卖行在巴黎开了拍卖分行，因此不能因部分数据而片面地认为拍卖行会将其拍卖业务迁往未规定追续权的国家。④虽然在美国的加州规定追续权制度之后，享誉全球的苏富比拍卖行将其原先设在洛杉矶的拍卖行迁出了加州，但是，弗雷德里克·R.韦斯曼艺术中心主任亨利·霍普金斯（Henry Hopkins）认为，苏富比拍卖行原本就未在加州尽力地发展拍卖业务，这不过是他们离开的借口。②

（二）立法实践视角：创设追续权制度不会损害艺术市场

从现有的追续权立法实践上看，追续权的创设并不会对艺术品市场造成明显的负面影响。这里分别以欧盟和美国加利福尼亚州的追续权立法实践为例进行分析，并总结得出结论。

1. 欧盟的追续权立法实践

以欧盟为例，《欧盟追续权指令》明确要求欧盟委员会必须对追续权制度在欧盟境内的实施效果进行研究，其第 11 条明确规定，欧盟委员会每 4 年需要重新审视追续权制度对欧盟境内艺术品市场的影响，并且需要对那些在条例生效前未规定追续权制度的国家的实施效果进行研究。③

欧盟委员会最新的报告于 2011 年公布。④ 在该报告的制定过程中，欧盟委员会对其成员国进行了问卷调查，主要涉及追续权制度的框架以及追续权制度对成员国艺术家和艺术品市场的影响⑤，欧盟委员会共收到超过 500 份源自其成员国普通公民、艺术家和艺术品市场专业人士的公众意见。在评估追续权对

① Becker, *Droit de Suite* (1995), p. 58.

② The Visual Artists Rights Act of 1987: Hearings on S. 1619 before the Subcomm. on Patents, Copyrights and Trademarks of the Senate Comm. on the Judiciary, 100th Cong. 110 (1987).

③ *Directive Art.* 11 (1).

④ European Commission, Report From the Commission to the European Parliament, the Council, and the European Economic and Social Committee: *Report on the Implementation and Effect of the Resale Right Directive* (2001/84/EC) 3 (2011) ("EC REPORT"), available at http://ec. europa. eu/internal_ market/copyright/docs/resale/report_ en. pdf.

⑤ *European Commission*, Consultation on the Implementation and Effect of the Resale Right Directive 2001/84/EC ("EC CONSULTATION PAPER"), available at http://ec. europa. eu/internal_ market/consultations/docs/2011/resale_ right/consultation_ paper_ en. pdf.

艺术家和其继承人的影响时，欧盟委员会在报告中指出，绝大多数艺术家欢迎追续权制度的创设，因为追续权制度对其确实发挥了积极的作用。① 在分析追续权对艺术品市场的影响时，报告指出，2005—2010 年，欧盟和美国的艺术品市场份额下降，而中国的艺术品市场份额持续增长②，然而，报告中也强调：①从欧盟《追续权指令》生效后的 2002—2010 年，欧盟在世的艺术家创作的艺术品份额上升了；②一部分国家于 2006 年起才开始实施追续权制度，如奥地利、荷兰，这些国家在实施追续权制度之后，其在世的艺术家创作的艺术作品份额也有上升。在比较那些最初未将追续权适用于已故艺术家的国家时（即奥地利、爱尔兰、荷兰、英国），报告指出，没有证据表明，在 2008—2010 年，这些国家的艺术品市场表现较其他国家更为出色。③

由此，欧盟委员会认为，现有的数据不足以证明，欧盟艺术品市场份额的下降与欧盟境内统一追续权立法有直接关系④，并且，也没有证据表明，欧盟统一追续立法会导致艺术品市场向欧盟境外转移⑤。欧盟委员会也承诺其会持续关注欧盟艺术品市场的发展，并公布最新的调查报告。

2. 英国的追续权立法实践

英国研究报告中的结论与欧盟委员会于 2011 年公布的报告中的结论基本保持一致。一项受英国知识产权局委托的研究显示，"没有证据表明追续权制度会促使英国的艺术市场转移至其他国家，英国的艺术市场发展速度并不落后于那些未创设追续权制度的国家"⑥，该项研究比较了英国追续权制度实施前后艺术品价格的变化情况，发现在英国实施追续权制度后，符合追续权制度适用要求的艺术品销售价格上涨了超过 400%，同期可比的美国艺术品销售价格上升了 167%，瑞士艺术品销售价格上升了 168%，而美国和瑞士都未实施追续权制度，由此，该研究认为，"没有证据表明追续权制度的实施会导致艺术品价格的降低"⑦。

并且，在英国，在追续权只适用于在世的艺术家的那段时期（2006—2011）

---

① *EC REPORT* at 10.

② *EC REPORT* at 5 – 6.

③ *EC REPORT* at 6.

④ *EC REPORT* at 5.

⑤ *EC REPORT* at 10.

⑥ Kathryn Graddy, Noah Horowitz, & Stefan Szymanski, *A Study into the Effect on the UK Art Market of the Introduction of the Artist's Resale Right*, p. 2. (2008), available at http：//www. ipo. gov. uk/study – droit-desuite. pdf.

⑦ Ibid. at 19.

其艺术市场份额从 27% 下降到 22%，但在同一时期内，美国的市场份额从 46% 陡降到 29%。① 由此可见，即便规定了追续权制度，英国的艺术市场表现也比美国更加稳定。再者，在英国实施追续权制度后，由英国在世的艺术家创作的艺术品销售份额并未下降，反而在多数的国家获得了上升。② 即便 2012 年英国追续权制度全面实施至已故艺术家创作的艺术品，当年的英国艺术市场仍然达到了第二次世界大战之后的又一高峰。③ 在英国实施追续权 4 年后的另一份报告也指出，没有证据显示英国艺术品市场因为追续权制度的创设而受到损害。④

　　在结合现有各国追续权立法实践的数据后，美国版权局也认为，从现有追续权立法实践的资料上看，无法得出与追续权反对者相同的结论，无法得出追续权制度会对美国艺术市场造成实质性损害的结论，不存在妨碍创设追续权制度的法律或政策事由。⑤

　　（三）影响市场因素视角：创设追续权制度不会损害艺术市场

　　艺术品市场一般划分为一级市场和二级市场，一级市场的主要经营方式是艺术品经营者通过代理艺术品的所有权，将艺术品投入市场的营销方式；二级市场的主要经营方式是艺术品经营者接受艺术品所有者的委托，将艺术品投入市场的销售方式。⑥ 考虑追续权对艺术市场的影响，应对这两个市场分别进行分析。

　　1. 追续权制度的创设对一级艺术市场的影响

　　从一级艺术市场上看，一级艺术市场上买家购买艺术品时会受多种因素的影响，而不会仅仅考虑艺术品的远期利润。正如艺术家弗兰克·斯特拉（Frank Stella）所称，"多数买家只会购买那些他们真正喜爱的艺术品，他们在购买艺术品时不会考虑在未来将艺术品转售出去，而那些以投机为目的的购买艺术品的买家一般不会参与一级艺术市场，他们只会购买那些已经成名的艺术家

　　① *la brochure sur le droit de suite des artistes visuels*, p. 4. available at https：//www. adagp. fr/sites/default/files/brochurea4_ mandarin_ lowres. pdf.

　　② Ibid. , at 16.

　　③ British Art Exports Hit Post – Credit – Crunch Peak, *REUTERS*, Aug. 11, 2013, http：// www. reuters. com/article/2013/08/12/us – britain – art – exports – idUSBRE97B00220130812.

　　④ Henry Lydiate, Artists Resale Right：4th Year Report, *ARTQUEST*（2010），http：// www. artquest. org. uk/articles/view/artists – resale – right –4th – year – report.

　　⑤ U. S. Copyright Office, *Resale Royalties：An Updated Analysis*, at 66（2013），available at http：// www. copyright. gov/docs/resaleroyalty/usco – resaleroyalty. pdf.

　　⑥ 刘权：《艺术品二级市场考察》，载《国画家》2007 年第 1 期，第 79 页。

创作的艺术品"①。换言之，有相当多数的买家不会因为追续权制度的存在就改变其购买艺术品的决定。

从那些已经实施追续权制度的国家看，没有足够的实证性数据能够证明追续权制度在实践中会对一级艺术市场造成负面的影响。② 一项针对英国的调查显示，73%的受访艺术品交易商认为，追续权制度的实施对伦敦艺术市场造成了负面影响，但55%的艺术品交易商认为，追续权对其从事的市场业务并没有造成影响，48%的艺术品交易商认为，追续权对其在一级艺术市场上的交易倾向并未造成影响。③

并且，现有的追续权立法已经考虑了对于一级艺术市场可能造成的潜在影响，例如，对于欧盟成员国而言，欧盟《追续权指令》规定各成员国可以选择性地规定追续权权利的例外情形，即在艺术品首次售出不满3年且转售价格不超过10 000欧元的情况下免除义务人缴纳追续金的义务。④ 这一规定旨在调和艺术家和艺术品交易商之间的关系，以避免损害交易商购买艺术品的积极性。⑤ 欧洲追续权集体管理组织也并不认为追续权已经改变了一级艺术市场上艺术家与艺术品交易商之间的关系。英国设计及艺术家版权协会（DACS）就认为，"现有的资料并未显示，艺术家与交易商之间的关系会因为追续权而受到损害，与之相反的是，大多数画廊还支持追续权的创设，因为他们与艺术家之间具有直接的联系"⑥。

2. 追续权制度的创设对二级艺术市场的影响

从各国的规定来看，追续权的保护期限一般同著作权的保护期限相同。考虑到这一保护期限，据业内人士分析，目前实施追续权对近现代、当代书画及现当代油画家作品的交易有影响。⑦ 根据雅昌艺术市场监测中心对我国拍卖市场的统计，这三部分占拍卖总额的40%左右。

我国近现代、当代书画及现当代油画家作品的交易情况如表2-1所示。

---

① Tr. at 86：13-22 (Frank Stella). See U. S. Copyright Office, *Resale Royalties：An Updated Analysis*, p. 43 (2013), available at http：//www. copyright. gov/docs/resaleroyalty/usco-resaleroyalty. pdf.

② U. S. Copyright Office, *Resale Royalties：An Updated Analysis*, p. 43 (2013), available at http：//www. copyright. gov/docs/resaleroyalty/usco-resaleroyalty. pdf.

③ Ibid. , at 24.

④ *Directive Art.* 1 (3).

⑤ Tr. at 82：22, 83：01-06 (Tania Spriggens, DACS), See U. S. Copyright Office, *Resale Royalties：An Updated Analysis*, p. 44 (2013), available at http：//www. copyright. gov/docs/resaleroyalty/usco-resaleroyalty. pdf.

⑥ Ibid. , at 83：16-22, 84：01 (Tania Spriggens, DACS).

⑦ 马学东：《"追续权"短期内不会影响艺术市场》，载《东方早报》2012年8月13日。

表2-1　近现代、当代书画及现当代油画家作品的交易情况①

	拍卖总额（亿元）	近现代书画（亿元）	当代书画（亿元）	油画及当代艺术（亿元）	三部分占拍卖总额的比重
2015 年秋拍	257.00	44.66	11.03	26.45	31.96%
2015 年春拍	244.00	41.43	16.72	27.49	35.10%
2013 年秋拍	333.08	63.55	49.94	36.53	45.45%

　　二级艺术市场是一个庞大、复杂的市场，受许多关联因素的影响。首先，艺术市场随着艺术品投资价值的变化而变化，国际艺术市场的整体态势将会引导与激励艺术市场上的交易行为，而这一过程非常复杂，艺术市场甚至不会遵循传统的经济学理论。② 许多买家也不会将购买艺术品视为一项投资，一般而言，收藏家持有艺术品的平均时间长达30年，远远超过其他资产，并且，艺术品销售的主要原因被拍卖商归结为"3D"现象，即死亡（death）、债务（debt）和离婚（divorce），而不单纯是为了获利③，因此在上述现象发生时，收藏家也愿意降价出售艺术品。一些无形的因素，如区位、知名度、审美观，也会对二级艺术市场的相对竞争力造成影响，特别是高端的当代艺术品交易。当市场的潮流发生变化时，艺术市场上的艺术品价值也会随之变化。④

　　其次，追续权只是卖家在选择交易市场时所考量的众多因素的一项，追续金对艺术市场的影响甚微。二级艺术市场在一系列影响艺术品交易因素的作用下逐渐发展并成型，除了追续权之外，其他因素包括拍卖税、佣金、预付款、保险费、汇率、存储和运输成本、公共关系和市场营销成本、拍卖行的竞争力等。⑤ 当然，追续金将成为买家和卖家之间的众多交易成本中的一项，但其他交易费用总额远远超过了追续金⑥。例如，Christie 拍卖行现在征收的买家佣金

　　① 数据来源：雅昌艺术市场监测中心：《中国艺术品拍卖市场调查报告（2015 年秋季）》《中国艺术品拍卖市场调查报告（2015 年春季）》《中国艺术品拍卖市场调查报告（2013 年秋季）》，http：//amma. artron. net/report. php，2016 - 2 - 22。

　　② See, e. g., Olav Veltuis, Art Markets, in *A Handbook of Cultural Economics* 35 (Ruth Towse ed., 2011).

　　③ Daniel Grant, Secrets of the Auction Houses, *WALL ST. J.*, Oct. 31, 2007, http：//online. wsj. com/news/articles/SB119378936198176920.

　　④ Olav Veltuis, Art Markets, in *A Handbook of Cultural Economics* 37 (Ruth Towse ed., 2011).

　　⑤ Kathryn Graddy, Noah Horowitz, & Stefan Szymanski, *A Study into the Effect on the UK Art Market of the Introduction of the Artist's Resale Right*, p. 49. (2008) ("U. K. REPORT") available at http：//www. ipo. gov. uk/study - droitdesuite. pdf.

　　⑥ Shira Perlmutter, Resale Royalties for Artists: An Analysis of the Register of Copyrights' Report, 16 COLUM. - *VLA J. L. & ARTS* 395, 409 n. 11 (1991 - 1992).

（Buyer's Premium）最低的提成比例已经超过10%，例如，在上海的 Christie 拍卖行对艺术作品销售价格在 600 000 元以下的部分收取计提比例为 25% 的买家佣金，对 600 001 ~ 12 000 000 元的部分收取计提比例为 20% 的买家佣金，对 12 000 000 元以上的部分收取计提比例为 12% 的买家佣金[①]。我国国内的拍卖行以福建省贸易信托拍卖行为例，其向卖家和买家各征收相当于落槌价 10% 的佣金[②]。再如，税务因素也已经成为影响交易的重要因素，许多世界顶级的艺术品收藏家都会利用避税政策参与交易，例如，许多艺术品交易商和收藏家会利用注册于开曼群岛、卢森堡或摩纳哥的公司的名义进行艺术品交易与管理，以减少需要支付的税款。[③]

　　法国政府在对追续权进行调查后也认为，对于投机性极强的艺术交易而言，市场主体对交易市场的选择会受到多种因素的影响，包括市场的专业性、买家的集中度和流动资金、税费、管理费用。[④] 相较于其他因素，追续金占艺术市场整体价值的比例非常低，几乎可以忽略不计。例如，在英国，集体管理组织征收到的追续金仅占艺术市场整体总值的 0.15%，占现代与当代艺术市场的 0.4%[⑤]，在法国亦如此，追续金所占的比重非常低[⑥]。再如阿尔贝托·贾科梅蒂（Alberto Giaocometti）的《行走的人》（1960 年）在 2010 年 2 月拍出了 5 800 万英镑的天价，买方为其支付的保证金就高达 700 万英镑，倘若英国当时已经全面实施追续权（英国直至 2012 年才将追续权扩展适用于已经不在世的艺术家），这笔交易所需支付的追续金为 12 500 欧元，仅仅占到了买方保证金的 0.16% 的和最终售价的 0.02%。

　　再次，市场交易主体并不会因为追续权而放弃或改变交易。根据 Camp 的

① http：//www. christies. com/features/guides/buying – guide/related – information/buyers – premium. Last Visted on 2015/4/22.

② 《福建省贸易信托拍卖行拍卖规则》第 21 条，第 46 条。

③ Mar Cabra & Michael Hudson, Mega – Rich Use Tax Havens to Buy and Sell Masterpieces, *Int'l Consortium of Investigative Journalists* (Apr. 3, 2013), http：//www. icij. org/offshore/mega – rich – use – tax – havens – buy – and – sell – masterpieces.

④ Consultation Preparatoire au Rapport de la Commission Europeenne sur la Mise en Oeuvre et les Effets de la Directive 2001/84/Ce du Parlement Europeen et du Conseil du 27 Septembre 2001 Relative au Droit de Suite au Profit de L'Auteur D'une Oeuvre D'art Originale 25 (May 2011), http：//circabc. europa. eu/sd/d/5447f8e9 – c1e2 – 4d30 – a4d6 – 12e529510bdf/Authorities of France. pdf.

⑤ DACS Comments Submitted in Response to U. S. Copyright Office's Sept. 19, 2012 Notice of Inquiry at 1, See U. S. Copyright Office, *Resale Royalties：An Updated Analysis*, p. 51 (2013), available at http：//www. copyright. gov/docs/resaleroyalty/usco – resaleroyalty. pdf.

⑥ ADAGP Comments at 6, See U. S. Copyright Office, *Resale Royalties：An Updated Analysis*, p. 51 (2013), available at http：//www. copyright. gov/docs/resaleroyalty/usco – resaleroyalty. pdf.

实证研究，艺术作品收藏家对艺术作品价格并不敏感，他们并不会因为5%的追续金就选择放弃购买艺术作品。① 早在1993年时，多数大拍卖行就开始向买家征收占成交价10%的新型佣金，这对艺术品市场也并未造成明显的负面影响。② 并且，随着追续权制度在全球范围内的普及，市场主体越发难以选择至未规定追续权制度的国家进行艺术品交易，英国的报告已经指出，追续金大致等于将艺术品转移至海外进行交易的运输费用，市场主体一般不会倾向于转移艺术品的销售地点以规避支付追续金的义务。③ 因此，即便英国创设了追续权制度，伦敦在艺术市场的地位也并未动摇。

最后，我国艺术品市场具有浓重的本土特色，追续权对我国艺术品市场的影响非常有限。我国艺术品市场上交易的主要对象是具有中国特色的艺术作品，如国画、书法、水彩、陶瓷杂项，这些艺术作品潜在的收藏家或购买者主要生活在我国境内，艺术交易的发生地也主要集中在我国本土，艺术品并不会因追续权的创设而大量流入海外进行交易。况且，我国的地理位置较为特殊，距离世界艺术中心伦敦和纽约④较远，英国已经规定追续权制度，考虑到销售成本和潜在购买者的聚集地，卖家不太可能为了规避追续权制度而将艺术品转移至纽约进行销售。

（四）结论：追续权制度的创设不会损害艺术品市场

总的来看，支持方与反对方针锋相对，充分论证了本方观点。相较而言，支持方的观点更具有说服力，追续权制度的创设不会损害艺术品市场。首先，包括上述欧盟的立法实践在内，目前没有确切数据显示追续权的存在会对艺术品市场造成负面影响，2008年英国知识产权局发布的报告显示，2003年5月到2007年7月，英国的艺术品市场份额从29.35%升至32.46%，同期美国市场份额从30.83%升至33.20%，英国的市场份额增长比美国要快⑤，由此可

---

① Carol Sky, Report of the Register of Copyrights Concerning droit de suite, the artist's resale royalty: A response (1993). *Journal of the Copyright Society of the United States of America 315.* p. 316.

② Ibid.

③ Kathryn Graddy, Noah Horowitz, & Stefan Szymanski, *A Study into the Effect on the UK Art Market of the Introduction of the Artist's Resale Right*, p. 38. （2008）, available at http://www.ipo.gov.uk/study - droitdesuite. pdf.

④ 二战结束之后，纽约和伦敦长期处于艺术领域中的核心地位，在20世纪80年代末至90年代的时间内，纽约和伦敦两座城市的艺术品市场份额甚至占到全球的75%以上。See Clare Mcandrew, *The International Art Market in* 2011: *Observations on the Art Trade over 25 Years 65*, pp. 68 - 69 (2012).

⑤ 笔者注：英国于2006年开始实施追续权制度，美国加利福尼亚州曾有关于追续权的规定，目前该规定因为违宪已被撤销。

见，对追续权制度可能使艺术品市场转移的担心是不必要的①。

其次，艺术市场的形成不单由一国的法律环境所决定，更重要的是由历史和专门技术结合所产生的结果。② 卖家选择拍卖市场时，通常优先考虑拍卖市场中拍卖行的专业度，专业的拍卖行能够准确地评估作品的价值并吸引潜在的购买者。对买家而言也是同样的，买家更愿意选择在拥有专业拍卖行和交易者的拍卖市场购买艺术品。有学者通过实证的调查亦证明了这一点，收藏者通常对拍卖价格并不敏感，5%的追续金并不会非常影响其购买决策。③ 由此可见，追续权制度对艺术品市场的影响是非常有限的。

最后，衡量与评判追续权制度的正当与否不应以其对艺术品市场的影响作为依据，当然，艺术品市场会受法律制度的影响，这种影响可能积极，亦可能消极，但是，艺术品市场形成的源头在于艺术家的创作，没有艺术家创作的艺术品，艺术市场亦成空中楼阁，因此可以认为，艺术家的权益是第一位的，艺术品市场的经济利益是第二位的，应优先保护艺术家的正当利益，在此基础上寻求艺术品市场的进一步发展。

二、创设追续权制度是否确能保障艺术家的权益

追续权制度是否能够保障艺术家的权益？该争议直接针对前述支持创设追续权制度的激励艺术创作学说，反对方认为，追续权制度只能有限地激励甚至可能损害艺术创作，追续权能够惠及的艺术家范围也非常有限。不过，总的来看，追续权是对艺术家权益的直接增进，能够保障艺术家的权益。

（一）追续权制度能保障艺术家权益的争议

首先，反对者认为，无论视觉艺术家是否获得追续金，都不会阻碍艺术家创作作品，创作是人类的一项基本活动，"创造是人类的天性，创造行为本身是不需要利益刺激的"④，即便扩大至知识产权领域，"没有证据表明，知识产权制度产生之后的创造行为多于知识产权制度建立之前"⑤。著名的艺术家詹

---

① Grady, Horowitz and Szymanski, *A Study into the Effect on the UK Art Market of the Introduction of the Artist's Resale Right* (2008), p. 17.

② Booton, "A Critical Analysis of the European Commission's Proposal for a Directive Harmonising the Droit de Suite". (1998) *I. P. Q.* 165, 182.

③ Tom Camp, "Art Resale Rights and the Art Resale Market: An Empirical Study". (1980) 28 *Bulletin of the Copyright Society of the United States of America* 146, 161.

④ 李琛：《论知识产权的体系化》，北京大学出版社 2005 年版，第 63 页。

⑤ 同上注。

姆斯·罗森奎斯特（James Rosenquist）亦曾指出，"艺术只是艺术家的自我表达方式，除此之外，没有任何创作原因"①。

其次，反对者指出，追续权的存在可能会损害艺术品交易商和收藏家投资购买那些由年轻艺术家创作的作品的积极性。② 这可能会减少艺术品初级市场的需求，并降低一级艺术品市场上艺术品的价格，直接减少艺术家的收入。因为相较于购买那些没有交易负担的产品，买家只愿意出更低的价格购买这些未来可能需要支付追续金的艺术品③，并且，多数艺术家难以通过获得追续金而弥补其在初级市场上的损失，由此，这将损害而不是激励艺术家创作作品的积极性。④ 中国拍卖行业协会赵勇副秘书长也指出，真正需要扶持的其他绝大多数艺术家却可能会因为"追续权"的实施，降低了艺术品收藏者的购买热情（或选择私下交易），加大了艺术作品的推广难度，从而制约了这些基层艺术家的发展空间。⑤

最后，还有反对者认为，追续权制度仅仅能造福于一些已经成名的艺术家，总的来看，多数追续金仅为少部分成功的艺术家所获得，追续金的分配严重地向高收入的艺术家倾斜。⑥ 实施追续权制度的国家的资料或多或少地支持了这一结论，如英国的研究报告指出，收到追续金的艺术家中，70%的艺术家属于高收入群体，仅有少部分的追续金能为低收入的艺术家所享有。⑦ 另一项针对英国的研究也显示，80%的追续金最终为10%的艺术家所获得，最顶尖的20位艺术家获得了40%的追续金。⑧ 美国版权局在1992年的报告中亦认

---

① James Rosenquist, "Artists and Planning"，转引自：詹姆斯·海尔布伦，查尔斯·M. 格雷：《艺术文化经济学》，詹正茂等译，中国人民大学出版社2007年版，第174页。

② Toby Froschauer, *The Impact of Artist Resale Rights on the Art Market in the United Kingdom*，p. 19 (2008) ("FROSCHAUER")，available at http：//www. lapada. org/public/Impact_ Study_ by_ Toby_ Froschauer. pdf.

③ Simon Stokes, *Artist's Resale Right（Droit de Suite）：Law and Practice* 5 (2006)，p. 7.

④ Sotheby's, Inc. & Christie's, Inc.，Comments Submitted in Response to U. S. Copyright Office's Sept. 19, 2012 Notice of Inquiry at 10 (Dec. 5, 2012)，quoted in U. S. Copyright Office, *Resale Royalties：An Updated Analysis*，at 38 (2013)，available at http：//www. copyright. gov/docs/resaleroyalty/usco‐resaleroyalty. pdf.

⑤ 毕武英：《艺术品追续权究竟保障了谁的利益》，http：//finance. qq. com/a/20121225/001658. htm，2015‐10‐23。

⑥ Kathryn Graddy, Noah Horowitz & Stefan Szymanski, *A Study into the Effect on the UK Art Market of the Introduction of the Artist's Resale Right*，p. 47.（2008），available at http：//www. ipo. gov. uk/study‐droitdesuite. pdf.

⑦ Ibid.，atp. 32.

⑧ Toby Froschauer, *The Impact of Artist Resale Rights on the Art Market in the United Kingdom*，p. 17 (2008)，available at http：//www. lapada. org/public/Impact_ Study_ by_ Toby_ Froschauer. pdf.

为，有证据表明，只有1%左右的艺术家有权获得追续金。[1] 我国也有业内人士估计，追续权的影响范围有限，主要只涉及近现代和当代画家，据估计，我国艺术品市场上的这部分画家，市场表现较稳定和市场流通力较高者不过百位，他们不需要依靠追续权来维持生活。其他绝大部分画家则希望通过拍卖市场来推广作品，追续权将使其作品遭阻。[2] 我国收藏家协会的张忠义先生认为追续权不应入法，指出适用追续权的艺术品类型过狭，因而只是保护了很小一部分的艺术家。[3]

（二）争议之厘清：创设追续权制度能保障艺术家的权益

但是，总的来看，追续权制度对艺术家而言是有益的。追续权是对艺术家利益的直接增进，能够为艺术家提供物质与精神层面的支持，对艺术家行业的发展亦起到积极作用，还能够惠及不知名的艺术家。

1. 追续权制度能够为艺术家提供物质与精神层面的支持

追续权制度的创设目的即在于保护艺术家的权益，赋予艺术家参与艺术品增值的分享权，这是对艺术家利益的直接增进。尽管多数艺术家获得的追续金数额并不多，但是这笔资金还是能够帮助他们创作作品，如添置创作所需的工具和材料。并且，追续权的实施成本由艺术品原件的转售人或者买受人承担，无须艺术家承担。

同时，追续金还能给予艺术家以精神上的支持，很多艺术家会将追续金视为对其创作的认可，这种非物质层面的鼓励堪比追续金给予艺术家物质上的支持。[4] 正如原国家新闻出版总署版权管理司巡视员许超所说，“著作权制度它本身主要就是一个激励制度，靠着著作权法的规定而发了大财是不可能的。追续权在某种程度上与著作权在激励属性上是一致的，特别是名画家，他们的财产不是靠追续权得来的，它带来的收益只是微乎其微。但是对所有的艺术家，不管是成名的还是刚出校门一贫如洗的，有一点是共同的，那就是对自己作品的尊重”[5]。知名国画家石齐也持这一观点，他认为：“追续权如果能够实施，

---

① U. S. Copyright Office, *Droit de Suite*: *The Artist's Resale Royalty*, p. 145. (Dec. 1992).

② 毕武英：《艺术品追续权究竟保障了谁的利益》，http：//finance. qq. com/a/20121225/001658. htm，2015－10－23。

③ 刘韡：《追续权相关法律问题研讨会综述》，http：//ipr. ruc. edu. cn/article. asp? id＝361，2016－4－19。

④ Design and Artists Copyright Society (“DACS”), Comments Submitted in Response to U. S. Copyright Office's Sept. 19, 2012 Notice of Inquiry at 3.

⑤ 王林娇、段维：《矛盾利益体：中国引入艺术品“追续权”之争?》，载雅昌艺术网：http：//news. artron. net/20151020/n786604_ 3. html，2016－2－6。

多年来通过各种方式流散出去的作品都和画家本身有了关系。这个关系不仅仅体现在金钱上，而是对画家一种前所未有的尊重。"①

在实践中，一项由英国设计及艺术家版权协会（DACS）实施的调查显示，99%的受访艺术家认为，追续权并未对其创作的艺术品的销售产生负面影响，再者，70%的受访艺术家认为，追续权能够激励其创作作品。② 由此可以看出，那些认为追续权制度将挫伤艺术家创作艺术品积极性的观点有失偏颇。

2. 追续权制度对艺术家行业的发展起到积极的作用

从实践来看，目前欧洲的艺术家集体管理组织会使用追续金开展艺术活动，同时从经济上支持低收入的艺术家，例如，在德国，德国图像艺术集体管理组织（VG Bild-Kunst）负责分配80%的追续金给艺术家，同时10%的追续金交由德国社会事业组织（Sozialwerk）组织支配，该组织将这笔钱用于政府的退休金计划，同时救济处在危机的艺术家，另外的10%的追续金交由德国文化事业组织（Kulturwerk）管理，主要用于培育和支持当代艺术，为展览提供空间和物质支持。③ 这种追续金的分配方式大范围地影响了德国的艺术家，为年轻艺术家的创作提供了支持，并给予经济危机的艺术家物质援助。

3. 追续权能够惠及不知名的艺术家

追续权惠及面极广，不知名的艺术家也能够获得追续金，前述反对者的意见主要是一种理论上的推测。例如，法国ADAGP在1990年征收到了5 200万法郎的追续金，当时ADAGP由2 500位成员构成，其中1 600位收到了追续金。④ 又如，根据欧洲艺术协会（TEFAF）在2005年对47个国家的1 259个拍卖行的调查报告显示，在2003年，全球一共有8 423位艺术家有资格享受追续金⑤，这些能获得追续金的拍卖中，来自欧洲大陆的艺术品拍卖的平均成交价为16 549欧元，英国为78 064欧元，美国为102 043欧元⑥。

在欧盟统一追续权制度之后，追续权也惠及了更多的艺术家。法国ADAGP在2013年一共从24 293次转售中获得了12 443 901欧元的追续金，并

① 李虎：《"追续权"实施将动谁的奶酪》，载《上海证券报》2013年2月27日。

② Design and Artists Copyright Society（"DACS"），Comments Submitted in Response to U. S. Copyright Office's Sept. 19, 2012 Notice of Inquiry at 101：13 – 18.

③ Merryman, The Wrath of Robert Rauschenberg, (1993) 40 *Journal of the Copyright Society of the U-nited States of America*, pp. 241, 260.

④ U. S. Copyright Office, *Droit de Suite：The Artist's Resale Royalty*, p. 191（Dec. 1992）.

⑤ Kusinet et al., *The Modern and Contemporary Art Market*（The European Fine Art Foundation, Helvoirt, the Netherlands, 2005）, pp. 9 – 10.

⑥ Ibid. , p. 27.

发放给 1 938 位追续权人，其中 45% 为在世的艺术家。① 英国自 2012 年全面实施追续权（2006—2011 年的追续权仅适用于在世艺术家的艺术作品转售，2012 年起亦适用于非在世的艺术家的艺术作品转售），在前一年即 2011 年，英国设计及艺术家版权协会（DACS）向 750 位艺术家发放了 270 万英镑的追续金。② 2012 年，英国 DACS 向 1 300 位追续权人分发了 470 万英镑的追续金。③ 2013 年，英国 DACS 向 1 400 位追续权人支付了 840 万英镑的追续金。④ 2014 年，英国 DACS 向超过 1 500 位追续权人支付了 960 万英镑的追续金。⑤ 英国的另外一家集体管理组织——艺术家征收组织（ACS）在 2013 年向其会员发放了 1 144 895.69 欧元的追续金⑥，2012 年为 1 069 310 欧元⑦。即便是早已创设追续权制度但长期未曾实施的意大利，也在 2013 年征收到了 6 088 771 欧元的追续金。⑧

澳大利亚自 2010 年 6 月起实施追续权制度，澳大利亚艺术部委托澳大利亚版权代理组织（Copyright Agency）集体管理追续权。截至 2015 年 12 月 31 日，共有超过 1 115 名追续权人从超过 11 400 次转售中获得了超过 380 万澳元的追续金，单次支付的追续金主要介于 50～500 澳元。⑨

其他国家的追续权实践对我国追续权立法有着积极的借鉴意义，从上述数据可以看出，能获得追续金的艺术家数量众多，且能获得追续金的拍卖成交价并非知名艺术品的天价，证明了并非只有知名的艺术家才会获得追续权，不知名的艺术家亦可获得追续金。

---

① 数据来源于法国追续权集体管理组织 ADAGP 向 Sam Ricketson 提供的资料，See Sam Ricketson, Proposed International Treaty on Droit De Suite/Resale Royalty Right for Visual Artists, 245 *Revue Internationale du Droit D'Auteur*. 3，45（2015）.

② *DACS Annual Review 2011*，p. 14. available at http：//www. dacs. org. uk/DACSO/media/DACSDocs/DACS_ Annual_ Review2011. pdf.

③ *DACS Annual Review 2012*，p. 9. available at http：//www. dacs. org. uk/getattachment/About－Us/Annual－Reviews/DACS_ Annual_ Review_ 2012. pdf.

④ *DACS Annual Review 2013*，p. 10. available at http：//www. dacs. org. uk/DACSO/media/DACSDocs/reports－and－submissions/DACS－Annual－Review－2013. pdf.

⑤ *DACS Annual Review 2014*，p. 11. available at http：//www. dacs. org. uk/DACSO/media/DACSDocs/reports－and－submissions/DACS－Annual－Review－2014－FINAL. pdf.

⑥ *ACS Annual Review 2014*，p. 5. available at http：//artistscollectingsociety. org/wp－content/uploads/2015/03/ACS_ ANNUAL_ REVIEW_ YE_ MAY_ 20141. pdf.

⑦ *ACS Annual Review 2013*，p. 5. http：//artistscollectingsociety. org/wp－content/uploads/2015/05/ACS_ ANNUAL_ REVIEW_ YE_ MAY_ 2013. pdf.

⑧ *SIAE Documentazione Relazioneditrasparenza 2013*，available at https：//www. siae. it/sites/default/files/Siae_ Documentazione_ Relazioneditrasparenza2013. pdf.

⑨ *About the Scheme*，available at http：//www. resaleroyalty. org. au.

4. 成功艺术家从作品中获得多数回报是著作权领域的普遍现象

关于"成功艺术家获得多数追续金"的现象，事实上，这一情形在任何作者群体中都客观存在，由于作品商业价值的不同，作者的收入亦高低有别。正如英国艺术和设计版权协会的 Tania Spriggens 所说，"我们必须正视版税的运行机制，作品的成功才能带来版税，市场上最受欢迎的作品的作者总是更容易获取版税"，"我们从来不抱怨保罗·麦卡特尼（英国著名的音乐家）获得版税，也不抱怨 J. K. 罗琳（英国著名作家）获得版税，为何我们要对其他艺术家获得追续金提出质疑呢？"① 再者，创设追续权制度的国家也采用了多种方法以保证追续权能够惠及大多数作者，这些手段既有降低追续金计提门槛的立法，也有分层设置追续金计提比例的立法，即对于价值越低的艺术品，其追续金计提比例越高，对于价值越高的艺术品，其追续金计提比例越低。这种立法模式将使得追续金的分配不仅仅针对知名的艺术家，也能够涵盖普通的艺术家。

因此，从总体上看，追续权制度能够使得艺术家真实地获得追续金，客观上维护了艺术家获得艺术品的增值分配权益。并且，随着追续权制度对艺术家的支持，将激励艺术家创作更多的艺术品，这些艺术品最终会流入艺术品市场，从而促进艺术品的市场进一步发展。在这一基础上，立法者应当考量的是，如何降低追续权制度的实施成本，增加追续权制度为艺术家创造的福利。

三、追续权制度是否违反"首次销售"原则

有学者认为追续权制度限制了财产的自由转让，违背了著作权法上的"首次销售原则"②。不过，如若对著作权法上"首次销售"原则的内涵进行分析，便可以得出追续权制度并未违背"首次销售"原则的结论。

（一）追续权制度违反"首次销售"原则的争议

"首次销售"原则（the First Sale Doctrine），又称"权利穷竭原则"或"发行权一次用尽原则"，是著作权法领域中一项限制著作权人行使专有权利

① Tr. 115：21 –116：03 (Tania Spriggens, DACS). See U. S. Copyright Office, *Resale Royalties*：*An Updated Analysis*, p. 68（2013）, available at http：//www. copyright. gov/docs/resaleroyalty/usco – resaleroyalty. pdf.

② J. H. Merryman, "The Proposed Generalisation of Droit de Suite in the European Communities"（1997）1 *I. P. Q. 16*, at p. 123.

的重要原则。① 它的含义是："虽然著作权人享有以所有权转移的方式向公众提供作品的原件或复制件的发行权，但作品原件和经授权合法制作的作品复制件经著作权人许可，首次向公众销售或赠与后，著作权人就无权控制该特定原件或复制件的再次流转了。"② "首次销售"原则是为了平衡著作权人和物权所有权人之间利益关系而创设的法律原则。

在反对者看来，追续权制度限制了财产的自由转让，买家购买获得的艺术品仍存在产权负担。反对者进一步认为，追续权制度将会造成视觉艺术家与其他创作者间的不平等，并且，"首次销售原则"将无法正常适用。③ 美国版权局在 1992 年的报告中亦认为，追续权制度可能同版权法上的"首次销售原则"产生冲突，在已经出售的物上增加交易负担，这违背了财产自由转让的传统④。

追续权制度的支持者则认为，追续权制度并不会妨碍财产的自由转让，因为该制度仅仅要求艺术品交易主体在艺术品转售时向艺术家支付追续金，并未限制艺术品的出售与移转。追续权也并未赋予作者控制艺术品流转的权利，这意味着，在艺术品发行之后，艺术品的转售无须经过作者的同意即可进行。⑤ 换言之，追续权只会影响最终艺术品交易所需要支付的总价款。并且，在支持者看来，追续金类似于市场主体在交易艺术品时所需支付的税款、佣金等费用，而这些费用已经为买家和卖家所接受。⑥

（二）追续权制度并未违反"首次销售"原则

主张追续权制度违反"首次销售"原则的观点是错误的。一方面，"首次销售原则"只是针对发行权的"穷竭"⑦，并不是针对所有著作权权利的"穷竭"，出租权⑧的存在已经证明了这一点，主张追续权违背"首次销售"原则的观点实质上扩大了这一原则的适用范围。

---

① 英美法系国家称之为"首次销售原则"，大陆法系国家称之为"权利穷竭原则"。

② 王迁：《知识产权法教程》，中国人民大学出版社 2011 年版，第 135 页。

③ Christie's, Inc. & Sotheby's, Inc., Comments Submitted in Response to U. S. Copyright Office's Sept. 19, 2012 Notice of Inquiry at 7 (Dec. 5, 2012).

④ *1992 REPORT* at xi.

⑤ Design and Artists Copyright Society, Comments Submitted in Response to U. S. Copyright Office's Sept. 19, 2012 Notice of Inquiry at 2.

⑥ American Society of Media Photographers ("ASMP"), Comments Submitted in Response to U. S. Copyright Office's Sept. 19, 2012 Notice of Inquiry at 3.

⑦ M. 雷炳德：《著作权法》，张恩民译，法律出版社 2005 年版，第 236 页。

⑧ 《世界知识产权组织版权条约》（WCT）第 7 条。

即便存在"首次销售原则",若物权人行使物权的行为涉及著作权的其他权能,这种行为依旧为法律所禁止。已故的美国前版权局局长芭芭拉·林格(Barbara Ringer)亦指出,"'首次销售'原则就像一堵墙,阻止了作者对墙内其他财产权人行使权利的干预,但是,这堵墙并不是不可逾越的。近年来,著作权人也可以通过'技术措施'或者出租权等著作权权利越过这堵墙。如果立法者决定在著作权法中设立追续权制度,这堵墙并不足以对此进行限制"①。

即便在"首次销售"原则的起源地,美国对"首次销售"原则的适用也作出了限制。虽然《美国版权法》109 条(a)款已经规定了"首次销售"原则,即"根据本法合法制作的复制品或录音制品的所有人,或者该所有人授权之任何人,有权不经过版权所有人许可而出售该复制品或录音制品,或者以其他方式处置其占有"②。但《美国版权法》也规定了"首次销售原则"的例外情形,如《美国版权法》第 109 条第(b)款规定,"非经录音制品的版权所有人或者计算机程序的版权所有人许可,涉及体现在计算机程序中的音乐作品的录音制品时,非经音乐作品版权所有人许可,特定录音制品的所有人或计算机程序的特定复制品的占有人,均不得为了直接或间接的商业利益以出租、租赁或出借,或者以其他具有出租、租赁或出借性质的行为或做法,处置或者授权他人处置该录音制品或计算机程序的占有"③。

美国国会报告也指出,这一立法的目的即在于"修改首次销售原则"④。在追续权是否违反"首次销售"原则的问题上,美国版权局在 2013 年的报告中指出,即便追续权制度可能会影响"首次销售原则"的适用,也不应作为反对创设追续权制度的合理理由,因为美国国会有权基于版权法立法目的,对"首次销售原则"作出限制。⑤

另一方面,从"首次销售原则"的立法意图看,主要是为了防止著作权人以行使发行权为由对他人合法财产的自由流通加以干涉。然而,追续权人行使追续权的行为并未干预艺术品原件所有权人转让艺术品原件,追续权人实质上享有的是获得追续金的权利,这种权利并没有限制艺术品原件所有权人转让

---

① Barbara Ringer, Book Review of The Droit de Suite in Literary and Artistic Property, 16 Colum. – VLA *J. L. & Arts* 247, 252 (1991 – 1992).

② 17 U. S. C. § 109 (a).

③ 17 U. S. C. § 109 (b) (1) (A).

④ H. R. REP. NO. 98 – 987, at 4 (1984).

⑤ U. S. Copyright Office, *Resale Royalties*: *An Updated Analysis*, p. 60 (2013), available at http://www. copyright. gov/docs/resaleroyalty/usco – resaleroyalty. pdf.

其财产，艺术品原件所有权人对作品原件享有占有、使用、收益、处分的权能，可以根据自己的意志自由转让其财产。综上所述，追续权制度实质上并未违背"首次销售原则"。

四、追续权制度是否可为替代制度所替换

有人指出，追续权可以被其他替代制度或方法所替换。实践中也已经存在类似追续权的做法，如通过合同约定转售增值利益的归属，在一定程度上扮演了追续权的角色。不过，无论是合同约定还是公共基金以及政府资助，都无法替代追续权制度。

（一）合同约束无法替代追续权制度

建立在纽约的艺术机构——Boyd Level 旨在帮助市场主体签订涉及未来艺术品转售的私人协议。艺术品初始买家和艺术家能够通过 Boyd Level 达成一项"协定的追续权"的协议，初始买家依据该协议，在未来转售艺术品时向艺术家支付一定比例的追续金。① 追续金的计提比例因个案的不同而不同，当然，艺术家需要分配一部分追续金至 Boyd Level，作为该机构日常管理的费用。相较于法定的追续权制度，"协定的追续权"使得艺术家与买家对利益分配加以分配。

事实上，艺术市场上早就出现过类似的协议。例如，1971 年，艺术品交易商赛斯·西格尔劳伯（Seth Siegelaub）和律师罗伯特·普若詹克赛（Robert Projanksy）一同创作了名为"艺术家的保留权利转让与买卖协议"的合同范本，该协议又称为"Projansky 合同"，该协议旨在对艺术领域内公认的不公正现象提供救济，特别是帮助那些无法参与艺术品后续利益分配的艺术家。② 依据该协议，在艺术品被转售、捐赠、交换或以其他方式流转之时，艺术品出让人需要将艺术品增值部分的 15% 支付给艺术家，除此之外，艺术品所有权人只有在征得艺术家的同意后才能向公众展出艺术品，并且，艺术家还有权获取艺术品进行展览，展览不得超过 60 天。③

关于该协议的实施效果，赛斯·西格尔劳伯承认艺术品出让人可能会刻意

---

① Boyd Level，http：//www. boydlevel. com/home/home. php？ p = 15.

② *Primary information of The Artist's Reserved Rights Transfer and Sale Agreement*（1971），http：//www. primaryinformation. org/the－artists－reserved－rights－transfer－and－sale－agreement－1971/.

③ *The Artist's Reserved Rights Transfer and Sale Agreement*，http：//primaryinformation. org/files/english. pdf.

向艺术家隐瞒艺术品的流转情况，但他也指出，由于隐瞒的成本较高，并且，为了避免承担违约风险，多数艺术品出让人仍会选择向艺术家支付 15% 的增值利益。① 美国版权局也曾在 1992 年对此询问过纽约的艺术品交易商约翰·韦伯（John Weber），他表示，这一协议能够规制艺术品三次以内的流转，在某些情况下，甚至能达到四次②。而约翰·迈瑞曼（John Merryman）和阿尔伯特·艾尔森（Albert Elsen）教授则认为，该协议只能约束艺术家与艺术品初次流转的受让人。③

无论如何，该协议仅仅在 20 世纪 70 年代流行过一段时间，之后艺术家由于难以有效地获取艺术品流转的信息，逐渐放弃使用该协议。④ 原因在于，首先，多数艺术家并不具备要求艺术品买家签署 Projansky 合同的议价能力，这一合同可能会降低买家购买艺术品的积极性，其损失可能会超过艺术家所获利益。其次，即便艺术品最初的买家与艺术家签署了这一合同，艺术家也很难追踪后续艺术品的转让信息并主张获取增值利益，如美国当代雕塑家卡尔·安德烈（Carl Andre）在 1971 年出售了约 80 件受 Projansky 合同约束的艺术品，但他和其交易商在之后数年间仅仅追踪获取了几件艺术品转售的信息，考虑到追踪交易信息需要花费的高额支出，他在之后出售艺术品中放弃了针对所有艺术品使用 Projansky 合同，而仅仅在一些价值较高的艺术品上使用这一合同。⑤ 再次，这一协议赋予了艺术家控制艺术品公共展出的权利，对于任何博物馆或者艺术馆而言，这一规定是不可接受的。⑥

（二）公共基金无法替代追续权制度

有很多组织已经开展了自愿性项目以支持艺术家，其中一个项目是专门针对艺术家而创办的长期投资信托计划——"艺术家共同信托"（Artist Pension Trust，APT），该项目于 2004 年创建于纽约，如今已经推广至世界范围内的各大城市。按照"艺术家共同信托"的要求，艺术家在加入信托后的 20 年时间里，须无偿提供 20 件艺术品。具体而言，艺术家在头 5 年每年须提供两件艺

---

① Primary *information of The Artist's Reserved Rights Transfer and Sale Agreement*（1971），http：//www. primaryinformation. org/the－artists－reserved－rights－transfer－and－sale－agreement－1971/.

② U. S. Copyright Office，*Droit de Suite：The Artist's Resale Royalty*，at 63 n. 11（Dec. 1992），available at http：//www. copyright. gov/history/droit＿ de＿ suite. pdf.

③ John H. Merryman and Albert Elsen，*Law，Ethics and the Visual Arts*，University of Pennsylvania Press，2nd Revised edition. p. 230（1987）.

④ Ibid.

⑤ Hochfield，Artists Rights：Pros and Cons，*ART NEWs*，May 1975，at 23.

⑥ Duffy，Royalties for VisualArists，*PERFORMING ARTS REV.* 560，582（197）.

术品，在 5 ~ 10 年间，艺术家每年须提供一件艺术品，在剩余的十年间，艺术家平均每两年提供一件艺术品。

这些作品在未出售时所有权仍归属艺术家本人，但经营管理权归属 APT，它通过展出和出借艺术品的方式促使艺术品升值，艺术品的销售也将由 APT 的国际专家队伍负责。APT 的国际专家队伍有义务为每件藏品选择最恰当的时机销售，而持有作品时间通常在 10 年以上。当 APT 售出某一件作品时，艺术家有权获得 40% 的净收益，净收益中的 40% 则分配给集体公积金账户，信托中的每位艺术家都会从中获得均等的一份，从而使每位艺术家都能从集体成功中获利，剩下的 28% 将作为 APT 投资和管理艺术品的费用。截至目前，APT 已经拥有超过 10 000 件艺术品，这一数字每年还以 2 000 件的规模递增，这些艺术品来自 75 个国家的 2 000 位艺术家。① 艺术家既可以通过"艺术家共同信托"获得当期收入，又可以分享未来的收益，并且，艺术家可以通过这项投资规避自己艺术品的市场风险。

还有一些机构主动向艺术家分享艺术品的增值利益，例如，创建于加拿大渥太华的立方画廊（Cube Gallery）已经自愿性地向艺术家支付追续金长达 10 年时间。加拿大第一大拍卖行——里奇（Ritchies）拍卖行也在艺术品转售过程中向艺术家支付追续金②，这笔追续金来自拍卖行收取的佣金，因此不会对艺术品交易的买家和卖家造成影响③。里奇拍卖行在一封公开信中提及了这一行为的初衷，"当加拿大国会还在讨论是否要创设追续权制度时，我们决定不再让艺术家继续等待。艺术家经常处于贫困的生活状态，其作品却常常在转售过程中拍出天价，而其却无法从中分享任何增值利益，加拿大必须采取相应的措施，给予艺术家以追续权仅仅是漫漫长路中的第一步。我们呼吁加拿大全体艺术品卖家与拍卖行一道，向艺术家给付追续金"④。

当然，自愿性协议也有其极限性。艺术市场内任何涉及自愿性举措的谈判是不受法律规制的。相较于拍卖行、画廊和其他市场专业人员，艺术家的议价能力相对较弱，立法的介入对于提升艺术家的议价能力而言是不可或缺的。⑤

---

① ARTIST PENSION TRUST, http：//www. aptglobal. org/en/About/FAQ.

② Leah Sandals, Ritchies Auctions Resurge with Artist Royalties Call, *CANADIAN ART*（May 16, 2013），http：//www. canadianart. ca/news/2013/05/16/ritchies – art – auction/.

③ Introducing Project Contemporalis, RITCHIES（May 10, 2013），http：//www. ritchies. com/? p = 1133&name = introducing – project – contemporalis.

④ 同上注。

⑤ See U. S. Copyright Office, *Resale Royalties*：*An Updated Analysis*, p. 72（2013），available at http：//www. copyright. gov/docs/resaleroyalty/usco – resaleroyalty. pdf.

（三）政府资助无法替代追续权制度

在美国制定宪法中的知识产权条款时，制宪者已经意识到了激励创作的必要性，为了实现这一目标，美国制宪者曾在版权与专利条款之外，将创设联邦资助体系作为备选项，提出"建立学院，以促进文学、艺术与科学的发展"①。从历史上看，这种资助体系曾是独裁统治的产物，受制于政府的审查制度，受资助人难以提出异议，这也是当时美国所极力反对的。于是，制宪者放弃了联邦资助体系的提案，选择创设版权体系。由此，对于作者而言，财产制度，而非资助制度，就此确立下来。

但对于艺术家而言，只能通过现有的版权法获得非常有限的回报，于是，随着第二次世界大战后美国艺术文化产业的发展，美国政府在艺术领域的态度由关注调至介入管理，并于 1965 年成立了美国国家艺术基金会（NEA），负责管理与发放联邦艺术资助。已故的美国前版权局局长 Barbara Ringer 女士对此曾认为，"在过去的数十年间，美国国家艺术基金会在某些程度上弥补了版权法在艺术家保护上的不足"②。关键的是，我们是否有必要沿着资助制度这一路径进行下去，或是对版权法作出调整？这并不意味着这些资助不重要，事实上，资助对于艺术家创作活动中扮演了重要的角色。但历史已经证明，当政治或者社会环境发生变化时，或者政府资金出现紧缺时，政府资助将可能立刻暂停。③ 由此，相较于政府资助，从制度层面上解决艺术家保障不力的现状无疑是更优的选择。

第二节　我国创设追续权制度正当性的部分学说之反思

从现有创设追续权正当性的观点上看，"挨饿的艺术家"、"非常损失"规制、情事变更原则、不当得利规制、价值学说在论证追续权正当性上具有非常重要的意义，这些学说中，有的已经成为推动各国追续权立法的理论依据。不过，"理性必须在其一切活动中都把自己置于批判之下，并且理性不能在不损

---

① 2 The Records of the Federal Convention of 1787, at 322（M. Farrand ed. 1911），quoted in Gary Kauffman, Exposing the Suspicious Foundation of Society's Primacy in Copyright Law: Five Accidents, 10 COL-UM. – VIA *J. L. & ARTS* 381, 404 – 405 (1986).

② Barbara Ringer, Book Review of The Droit de Suite in Literary and Artistic Property, 16 Colum. – VLA *J. L. & Arts* 247, 248 (1991 – 1992).

③ Ibid., at 249.

害自身和不引起一种不利于它的嫌疑的情况下通过任何禁令破坏这种批判的自由"①。通过对这些学说与追续权之间的关系进行分析，可以发现，这些学说尚无法论证追续权的正当性。

一、"挨饿的艺术家"现象之反思

前文已经对"挨饿的艺术家"现象进行了简单论述，"挨饿的艺术家"现象说也是国外论证追续权制度正当性的主流观点。该学说认为，大多数艺术家在早年通常以低廉的价格卖出艺术品，往往贫困潦倒，而作者早年创造的美术作品后来价格飞涨，其作品的购买者却通过转卖艺术品获得巨额的回报，于是出现了"挨饿的艺术家"现象（starving artist phenomenon），这是很不公平的，法律需要对此作出回应，从而论证追续权的必要性。② 但该分析更多的是从现象到现象，没有厘清该现象的本质，而若以该分析为前提，换一种思路对"挨饿的艺术家"现象进行阐释，可以更容易探析该现象与创设追续权制度之间的关系。

（一）"挨饿的艺术家"现象论证创设追续权制度的基本逻辑

沿着"挨饿的艺术家"现象说的分析逻辑，可以很容易得出以下结论，即追续权制度是基于特定的社会现象而产生的，那么，当这一现象在今天不再存在之后，追续权制度就不再具有存在的必要了。事实上，多数追续权制度的反对者采用了与之相类似的分析思路，认为倘若不存在"挨饿的艺术家"现象，就无须创设追续权制度③。如何认定是否存在"挨饿的艺术家"现象？多数学者通过对比艺术家与其他行业间的收入以得出结论，换言之，若艺术家群体的平均收入低于其他行业的平均收入，可以直接推导出艺术市场上存在着"挨饿的艺术家"现象，因此需要创设追续权制度保障"挨饿的艺术家"的权益。

于是，越来越多的研究开始关注视觉艺术家与其他作者间收入的差异情

---

① ［德］康德：《纯粹理性批判》，邓晓芒译，杨祖陶校，人民出版社 2004 年版，第 569 页。

② 郭寿康：《谈美术作品的追续权》，载《美术》1991 年第 3 期，第 42 页。Also see Commission, Proposal for a European Parliament and Council Directive on the Resale Right for the Benefit of the Author of an Original Work of Art, Explanatory Memorandum, COM (96) 97 final, p. 2. Also see Price "Government Policy and Economic Security for Artists: The Case of the Droit de Suite" (1968) 77 *Yale L. J.* 1333, p. 1334 – 1336.

③ 笔者注：主张这一观点的学者较多，主要包括：Smith, "Droit de Suite. The Case Against the Initiative of the European Commission", (1996) 63 *Copyright World* 25, p. 26; and Merryman, "The Proposed Generalisation of the Droit de Suite in the European Communities", (1997) *I. P. Q. 1*, p. 21.

况。例如，美国经济学家法勒（Filer）于 1980 年在美国做了一场市场调查，调查显示艺术家的收入并不少于受过同等教育的其他行业职员的平均收入。[①]针对英国劳动力的调查也显示，艺术家的收入刚好超过同等专业水平的非文化行业职业人员的平均工资。[②] 美国国家艺术基金会亦曾对此进行研究，其于 2011 年公布的报告显示，2005—2009 年，艺术家（包括画家、雕塑家、插画家和多媒体艺术家，但排除了摄影师和平面设计师）的平均收入为 33 982 美元，少于平均收入为 44 792 美元的作家（包括广告作家、杂志作家、小说家、剧作家、电影编剧、歌词作者、字谜游戏创作者），但多于平均收入为 27 558 美元的音乐家（包括作曲家）。[③] 美国劳工统计局也对不同的文化创意产业的收入进行了统计，其于 2012 年 5 月公布的统计显示，艺术家（包括画家、雕塑家和插画家）的平均收入为 44 850 美元[④]，作家的平均收入为 55 940 美元，作曲家的平均收入为 47 350 美元。

根据这些统计信息，我们很难认定视觉艺术家群体的经济状况要差于其他的作者群体，"挨饿的艺术家"现象似乎并不存在，艺术家已经摆脱了贫穷的生活状态，并能够获得非常体面的收入，而该现象一直是追续权制度支持者和反对者聚焦的核心，因此，许多学者对"挨饿的艺术家"现象的存在持怀疑态度[⑤]，迈瑞曼教授也认为昔日"挨饿的艺术家"已经不复存在了[⑥]，因此追续权创设的现实基础已经不复存在了，没有必要继续为艺术家设立追续权制度。

周林教授在针对我国的调研中也发现，现今我国艺术家的生存状态与追续权制度诞生之时艺术家的处境相比较已经发生了巨大变化。据周林教授在北京

---

① R. K. Filer, "The 'Starving Artist'—Myth or Reality? Earnings of Artists in the United States" (1986) 94 *Journal of Political Economy* 56.

② S. Galloway, R. Lindley, R. Davies and F. Scheibl, *A Balancing Act*: *Artists' Labour Markets and the Tax and Benefit Systems* (Arts Council of England, London, 2002), p. 14; also see R. Davies and R. Lindley, *Artists in Figures*: *A Statistical Portrait of Cultural Occupations* (Arts Council England, London, 2003), 7 p. 40.

③ National Endowment For The Arts, Research Note #105: Artists and Arts Workers in The United States: Findings From the American Community Survey (2005 – 2009) and the Quarterly Census of Employment and Wages (2010), p. 10 (Oct. 2011), available at http://arts. gov/sites/default/files/105. pdf.

④ U. S. Dept. of Labor, Bureau of Labor Statistics, Occupational Employment and Wages: 27 – 1013 Fine Artists, Including Painters, Sculptors, and Illustrators, MAY 2012, http://www. bls. gov/oes/current/oes271013. htm.

⑤ John Henry Merryman, "the wrath of Robert Rauschenberg" (1993) *Journal of the Copyright Society of the United States of America* 241, p. 245. Also see Monroe. E. Price, "Government Policy and Economic Security for Artists: The Case of the Droit de Suite", 77 *Yale Law Journal* 1333. p. 1335.

⑥ J. H. Merryman, "The Proposed Generalisation of Droit de Suite in the European Communities" (1997) 1 *I. P. Q. 16*, at p. 21.

的调研，受调研艺术家中大约有 2/3 的人年收入已经超过 10 万元，处于全社会平均收入之上，追续权制度在法国诞生之时艺术家所处的穷困潦倒亟须救济的情况在我国不复存在，因此，在我国实施追续权制度的依据不足。① 我国拍卖行业协会赵勇副秘书长也认为，追续权实施的必要条件是艺术品市场基本成熟，目前我国艺术品市场中市场流通率较高、价格稳固并且属于追续权范围内的艺术家不过百名，这些艺术家的生活完全不需要依靠"追续权"来得以保障。②

（二）"挨饿的艺术家"现象源于赞助体制向市场的转型时期

事物皆由本质与现象构成，本质与现象是统一的，但又并不直接相符合，现象是本质在各方面的外部表现，一般是人的感官所能直接感觉到的，是事物比较表面的、零散的和多变的方面。③ "挨饿的艺术家"现象即是如此，若以现象为依托论述问题，只见树木不见森林，容易导向错误的结论，正如法语之古谚：les apparences sont trompeuses（表象是具有欺骗性的）。而本质是事物的内部联系，它由事物的内在矛盾构成，是事物比较深刻的一贯的和稳定的方面，本质从整体上规定事物的性能和发展方向，复杂的现象各从某一特定的方面表现事物的本质。④ 因此，为了更好地分析追续权制度的起源和原因，应当对"挨饿的艺术家"现象之后的涉及追续权制度的本质进行分析。

事实上，前文对于追续权制度缘起的分析已经给出了答案，"挨饿的艺术家"现象的产生正处于从法国官方资助体系到艺术市场的转型时期。法国官方赞助体制消亡后，艺术家无法再依靠国家的支持，只得进入艺术品市场，参与竞争，但当时艺术家通过艺术市场获得的利润远比不上昔日官方赞助体制所给予的利益。于是，很多艺术家逐渐难以维系生计，"挨饿的艺术家"现象就此产生。但客观而言，即便法国官方赞助体制存在之时，法国社会也存在"挨饿的艺术家"，亨利·穆杰（Henri Murger）在 1845 年出版的短篇故事集《波希米亚人的生涯》（*Scènes de la Vie de Bohème*）中即描写了四位挨饿的艺术家，只是当时这一现象尚未引起公众的关注。而在 1905 年，法国媒体大幅报道了法国印象派画家让－路易·弗朗（Jean-Louis Forain）创作的一幅名为

---

① 周林：《追续权立法及实施可行性调研报告》，http：//www.cssn.cn/fx/fx_ yzyw/201404/ t20140409_ 1061910. shtml，2015－10－8。

② 毕武英：《艺术品追续权究竟保障了谁的利益》，http：//finance.qq.com/a/20121225/ 001658. htm，2013－10－23。

③ 《辞海》哲学分册，上海辞书出版社1980年版，第84页。

④ 同上注。

"*Un tableau de Papa*！"（"一幅父亲的画！"）的画作之后①，"挨饿的艺术家"现象方才进入公众视野，法国公众由此开始关注艺术家的经济状况，进而引发了 1909 年的千名美术家的游行示威活动，这也推动了法国的追续权立法。

由此可见，采用"挨饿的艺术家"现象论证追续权制度的正当性是有一定历史依据的，特别是经由媒体报道之后形成了书面材料，学者在追溯追续权立法时不可避免地会沿历史脉络将这一现象与之后设立的追续权制度联系到一起。另外也可以看出，无论是"挨饿的艺术家"现象还是赞助体制的转型，追续权立法无不显现出社会对艺术领域的人文关怀，这也使得追续权制度在某种程度上具备了社会保障法的色彩。

（三）"挨饿的艺术家"现象无法论证追续权制度的正当性

不过，"挨饿的艺术家"现象无法作为论证创设追续权制度正当性的依据，这一观点实质上混淆了"挨饿的艺术家"现象与追续权制度之间的关系，"挨饿的艺术家"现象是追续权创设的客观社会现实，这并不能直接推导出创设追续权制度的必要性。

首先，"挨饿的艺术家"现象并不反映所有艺术家都面临的生活窘境，而是收入较低的艺术家的生活写实。学者萨姆·里基森（Sam Ricketson）与吉恩·金斯伯格（Jane Ginsburg）即认为，"挨饿的艺术家"这一现象并不足以论证追续权制度的正当性，他们指出"挨饿的艺术家"现象是否真实存在尚值得商榷，对于许多艺术家而言，即便其在早期的艺术生涯中只能获取非常有限的收入，但其却能在之后的创作生涯中获得较为可观的收入，即便真实存在，追续权制度也并非最有效的解决手段，对艺术家与画廊之间的协议进行更有效的规制或者给予艺术家以创作补贴能够更有效地解决这一问题。②

其次，对于创作而言，不同创作行业之间没有贵贱之分，但不同创作行业的收入有高低之别，每个创作行业内收入亦各不相同，对于艺术家而言如此，对于其他行业的作者而言亦是如此。在作家行列中，陀思妥耶夫斯基是穷死的，曹雪芹是穷死的，爱伦坡是穷死的，王尔德亦是穷死的。在音乐家行列

---

① 在该画作中，两个贫穷的小孩正注视着拍卖行橱窗里的一幅油画，这幅画由其父亲创作并正以 100 000 法郎的标价进行展示，该画作深刻地揭示了"挨饿的艺术家"现象，在法国产生了极大的反响。See Carole M. Vickers, The Applicability of the Droit de Suite in the United States, 3 *B. C. INT'L & COMP. L. REV.* 433, 438 n. 16 (1980).

② Sam Ricketson and Jane Ginsberg, *International Copyright and Neighboring Rights：The Berne Convention and Beyond eds.* 2 vols., Oxford University Press, 2006, p. 671.

中，莫扎特在壮年便贫困致死。可以说，无论是文字作品作者，还是音乐作品作者，其中肯定也存在收入较低的作者，因此，"挨饿的作家"及"挨饿的音乐家"现象在文字作品及音乐作品作者群体中必然也存在，是否也有必要再以此赋予文字作品及音乐作品作者以准追续权呢？答案显然是否定的，若按此逻辑分析，所有与著作权相关的行业中收入较低的"挨饿"作者都需要准追续权的保障。

最后，著作权法通过赋予作者以控制作品使用的财产权而使得作者能够获取经济利益，使得作者能够维持创作活动。但是，著作权法并不是社会保障法，著作权法的立法目的在于激励作品创作并促进作品传播，我国《著作权法》开宗明义地指出，"为保护文学、艺术和科学作品作者的著作权，以及与著作权有关的权益，鼓励有益于社会主义精神文明、物质文明建设的作品的创作和传播，促进社会主义文化和科学事业的发展与繁荣，根据宪法制定本法"。"挨饿的艺术家"现象并不在著作权法的保护范围之内，不应由著作权法规制，"挨饿的艺术家"更需要的是得到社会保障的救济。倘若以"挨饿的艺术家"现象作为追续权制度创设的理论基础，在法理上站不住脚。另一方面，艺术家群体收入的高低也不应成为确定追续权是否创设的决定性因素。

自 20 世纪 50 年代以来，追续权制度已经在世界范围内落地生根，到 2015 年，全球已有 81 个国家创设了追续权制度。[①] 即便是追续权制度的支持者也倾向于主张该现象同追续权制度的起源没有直接关系，例如，欧盟委员会认为，根据现有欧盟各成员国对艺术家提供的补助以及社会福利，将"挨饿的艺术家"这一现象作为论述追续权制度正当性的观点似乎已经过时了。[②]

二、"非常损失"规则之反思

有学者指出，艺术作品交易过程与"非常损失"规则的适用条件存在相似性，借鉴"非常损失"规则可以较好地解释追续权制度，并为追续权的设立提供理论依据。艺术作品原件在再次转售过程中，交易商往往获得远超过购入价的巨额回报，此时，艺术家与交易商的利益发生了严重失衡，对于艺术家

---

① Sam Ricketson, Proposed International Treaty on Droit de Suite/Resale Royalty Right for Visual Artists, 245 *Revue Internationale du Droit D'Auteur*. 3, 3（2015）.

② Commission, Proposal for a European Parliament and Council Directive on the Resale Right for the Benefit of the Author of an Original Work of Art, Explanatory Memorandum, COM（96）97 final, p. 2.

而言，构成了"非常损失"的情形。① 此时，提取交易商所获得的一部分暴利作为对艺术家的经济补偿，这种方法既未破坏交易秩序，亦从实质正义上对艺术家进行了救济，最终使已经失衡的利益关系重归平衡。

"非常损失"规则起源于罗马法，最初指的是：在不动产的价金低于其价格的一半时，遭受"非常损失"的出售人有权撤销该项买卖。之后，罗马立法者将只适用于不动产的限制予以取消，并将其扩大到所有的买卖，推定价金不足标的市价的一半时，出卖人表明上自愿，但实际上受到了压迫，这种买卖可以撤销。② 从表象上看，"非常损失"规则与追续权制度确有类似之处，那么该规则是否可以作为论证追续权制度的依据呢？这需要对"非常损失"规则的具体适用进行研究后才能得出结论。

（一）罗马法中的"非常损失"规则只适用于土地买卖

从历史记载上看，前期罗马法在私权观念的影响下，并不对买卖合同的价金条款进行干涉，"价钱特贱，并不影响买卖契约的成立。所以卖主迫于经济困难，自愿低价卖出的，虽受损失，亦不能解除合同"③。正是在这一背景下，"非常损失"规则肇始于罗马戴克里先帝对买卖合同的价金条款进行法律干预的敕答（帝王的批答）。④ 在创设"非常损失"规则的敕答里，戴克里先帝还解释了前期罗马法不干预价金条款的理由，其中说道，"卖方总是想以较高的价格卖出，买方总是想以较低的价格买进，在多次讨价还价之后，双方终于接受了这一契约，卖方适当地降低了要价，买方也相应提高了买价，并在某一价格上达成一致"，"没有任何理由宣告一项无论是立即达成合意还是经过一番讨价还价之后确定价格并达成了合意的买卖契约无效"⑤。由此可见，前期罗马法采用的是主观价值论，即价值是一种心理现象，法律允许价格与价值存在背离，不对合同中的实体内容进行评判。

在罗马戴克里先帝的敕答的后半部分，却一转笔锋，提出了"非常损失"规则，即"当事人商定的价格尚不足订约时被出售土地实际价值的一半，而买方又不愿支付差价时，卖方可以解除合同，把钱退回给买方并在承审员的主

---

① 邹国雄、丁丽瑛：《追续权制度研究》，载《厦门大学法律评论》第 6 辑，厦门大学出版社 2003 年版，第 180 页。

② 周枏：《罗马法原论》（下册），商务印书馆 1994 年版，第 694 页。

③ 周枏、吴文翰、谢邦宇：《罗马法》，群众出版社 1983 年版，第 234 页。转引自徐国栋：《民法哲学》，中国法制出版社 2009 年版，第 394 页。

④ 在戴克里先帝继位后，皇帝独揽大权，敕答成为唯一的法律渊源。

⑤ 桑德罗·斯奇巴尼编：《民法大全选译·债·契约之债》，丁玫译，中国政法大学出版社 1992 年版，第 38 页。

持下收回售出的土地，也可以不解除合同，在买方同意的情况下，支付按实际价值少收的价款"①。从这一表述可以看出，"非常损失"规则只适用于土地交易，这份敕答也是罗马戴克里先帝就大区长官奥莱利奥·卢宝和当事人奥莱利娅·艾瓦蒂就土地买卖的问题而作出的。② 此外，不同于早期罗马法所采用的主观价值论，"非常损失"规则采用的是客观价值论，即价值是一种客观的存在，交易双方的交换物在价值上必须相当，换言之，法律也对合同中实体内容进行干预。

（二）法国法中的"非常损失"规则只适用于不动产交易

一般认为，《法国民法典》是罗马法的第一继承者，罗马法上的"非常损失"规则亦为《法国民法典》所吸收，并于法典第九章第六节"买卖的取消及解除"中规定了"出卖人受低价的损失而取消买卖"。其中1674条规定，"如出卖人因买卖有失公平所受低价损失超过不动产价金的7/12时，有取消买卖的请求权"，其中1681条规定，"买受人可以选择返还标的物而取回已支付的价金，或者选择减去正常价金的1/10后，支付正常价金的不足部分并保有不动产"③。

对比法国法中的"非常损失"规则与罗马法的"非常损失"规则，可以发现，《法国民法典》扩大了"非常损失"规则的适用范围，它适用于不动产买卖，而罗马法仅仅适用于土地买卖，对于不动产所有权人的保护更加充分。同时，《法国民法典》限缩了出卖人在取消交易的条件，其中要求出卖人损失需超过不动产价金的7/12（约为58.3%）才能取消交易，较罗马法中规定的一半（50%）要更高，这对不动产所有权人运用"非常损失"规则增添了难度。

（三）"非常损失"规则无法论证创设追续权制度的正当性

从立法历史上看，"非常损失"规则在罗马法上适用于土地交易，在法国法上适用于不动产交易，从未适用于动产交易，而依据多数国家的规定，追续权制度适用于艺术品原件的转售环节，艺术品原件属于动产范畴，难以适用"非常损失"规则，用这一规则论证追续权制度的正当性并不具有说服力。此外，据徐国栋教授的研究，"非常损失"规则表面上看似公平，背后却蕴含着

---

① 桑德罗·斯奇巴尼编：《民法大全选译·债·契约之债》，丁玫译，中国政法大学出版社1992年版，第37页。

② 徐国栋：《民法哲学》，中国法制出版社2009年版，第397页。

③ 同上注，第402页。

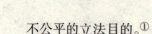

不公平的立法目的。①

"非常损失"规则的创立者——罗马戴克里先帝继位时②,罗马的物价不断上涨,货币不断贬值,罗马国库空虚③。戴克里先为了填饱国库,进行了社会改革,他将所有农民牢牢地束缚于土地,不得迁徙至其他地方,并对其征收人头税,这样,农民便世代固守于同一块土地。在城市里,不同行业的城市居民也"固定"在特定的职业中,不得调换工作。于是,土地所有权、商业以及运输业成为一种不可躲避的世袭负担。④ 在这一背景下,"非常损失"规则在某种程度上成为罗马戴克里先帝用来限制土地转让以保障税源的工具,而这更有违追续权制度的立法精神。因此,采用"非常损失"规则无法论证追续权制度的正当性。

三、情事变更原则之反思

比利时立法者曾采用民法上的情事变更原则论述追续权制度的正当性,正如比利时追续权法起草人 Wauvermans 所指,"当事人可以根据情事变更原则变更或解除合同,当我们回想起那些伟大艺术家死于贫困的故事,这促使我们不得不扩大情事变更原则的适用范围,从另一个角度分析,艺术家与其作品的所有权人之间具有永久性的联系,艺术家分享后者的增值利益无疑是合理的"⑤。法国学者 Fawcett 也认为,在客观环境发生变化之后,艺术家与艺术品买家缔结的艺术品交易合同不再公平,此时,艺术家有权从中获益,以扭转这一不公平⑥。一般认为,情事变更原则,指的是"合同依法成立后,因不可归责于双方当事人的原因发生了不可预见的情事变更,致使合同的基础丧失或动摇,若继续维持合同原有效力则显失公平,允许变更或解除合同的原则"⑦。

---

① 徐国栋:《民法哲学》,中国法制出版社 2009 年版,第 399 页。

② 罗马戴克里先帝于公元 284 年杀死努麦利安帝后被军队拥立为皇帝。

③ 〔美〕罗斯托夫采夫:《罗马帝国社会经济史》(下册),马雍、厉以宁译,商务印书馆 1985 年版,第 688 页。

④ 同上注,第 711 页。

⑤ Pierre Recht, Has the "Droit de Suite" a Place in Copyright?, *3 Unesco Copyright Bulletin 51*, 55 (1950) (quoting Wauvermans).

⑥ Liliane de Pierredon-Fawcett: *The Droit de Suite in Literary and Artistic Property*, *A Comparative Law Study*, published by Center for Law and the Arts, Columbia University School of Law, 1991, p. 14 – 17.

⑦ 崔建远:《合同法》,北京大学出版社 2012 年版,第 118 页。

依法成立的合同具有相当于法律的效力。① 合同缔结之后，双方当事人都应当依照合同约定履行自己的义务，这也是各国合同法所普遍接受的合同法基本原则——契约必须严守原则（Pacta Sunt Servanda）。但是，如果合同缔结之后，由于不可归责于双方当事人之客观情况的出现，致使合同履行不能，或者合同虽能履行，但若原样履行，双方当事人的利益均衡关系则受到严重破坏，或者合同履行已经失去意义，而且，其风险非由不利方当事人承担，这种情况下，如果仍严格适用契约必须严守原则，难免造成不公平之结果。于是，各国立法者也在契约必须严守原则之外创设了例外规则。② 在大陆法系国家，这种例外即为不可抗力及情事变更原则，在英美法系国家，这种例外即为契约受挫（frustration）原则③。我国《合同法》制定过程中，草案曾对情事变更设立一般条款，但最终由于争议过大，该条并未获得通过。后直至 2009 年，最高人民法院方于《合同法解释（二）》中规定了这一原则④。

一般认为，情事变更原则起源于十二三世纪注释法学派著作《优帝法学阶梯注解》。其中规定了情势不变条款，即假定每一个合同均包含一个具有如下含义的条款：缔约时作为合同基础的客观情况应继续存在，一旦这种情况不复存在，准予变更或解除合同。至十六七世纪，受自然法思想的影响，情势不变条款得到了广泛的适用。18 世纪时，情势不变条款滥用过度，损害了法律秩序的安定，逐渐为立法者所摒弃。到了 19 世纪初，随着分析法学派的兴起，法学家主张形式的正义，重视合同严守原则，情势不变条款愈发丧失重要性。⑤

情事变更原则的适用条件主要有以下几项：①须有情事变更之事实；②情事变更须发生在合同成立以后，履行完成之前；③须情事变更的发生不可归责于当事人，即由不可抗力及其他意外事故引起；④须情事变更是当事人所不可预见的；⑤须情事变更使履行原合同显失公平。⑥ 从主张情事变更原则论证追

---

① 法国民法典第 1134 条第 1 款。

② 孙美兰：《情势变动与契约理论》，法律出版社 2004 年版，第 1 页。

③ 需要注意的是，frustration 在我国尚无统一的法律翻译术语，有学者译为"合同落空"，参见崔建远：《合同法》，北京大学出版社 2012 年版，第 119 页，有学者译为"失效"，参见盖斯特：《英国合同法与案例》，张文镇等译，中国大百科全书出版社 1998 年版，第 14 章。

④ 《中华人民共和国合同法》若干问题的解释（二）第 26 条规定："合同成立后客观情况发生了当事人在订立合同时无法预见的、非不可抗力造成的不属于商业风险的重大变化，继续履行合同对于一方当事人明显不公平或者不能实现合同目的，当事人请求人民法院变更或者解除合同的，人民法院应当根据公平原则，并结合案件的实际情况确定是否变更或者解除。"

⑤ 彭凤至：《情势变更原则之研究》，台湾五南图书出版公司 1986 年版，第 1 - 3 页。

⑥ 崔建远：《合同法》，北京大学出版社 2012 年版，第 120 - 122 页。

续权制度正当性的观点来看，认为艺术家初次出售艺术品符合情事变更原则的适用条件，但从具体规则的适用分析，艺术品交易并不符合情事变更原则的适用条件。

（一）艺术品交易不具有情事变更之事实

所谓情事，泛指作为合同成立基础或环境的客观情况，如合同订立时的供求关系。这里的变更，是指上述客观情况发生了异常变动。例如，战争引起严重的通货膨胀。具体判断是否构成情事变更，应当以是否导致合同基础丧失、是否致使目的落空、是否造成对价关系障碍为判断标准。①

艺术品交易属于商业活动，商业活动的参与者需要承担商业风险，这种风险属于从事商业活动的所固有的风险。艺术品价格会随着艺术品市场供求、消费者喜好等市场因素发生变化，这种市场价格的涨落属于正常的商业风险，而作为艺术交易合同成立基础的客观情况的变化没有达到异常的程度。由此可见，艺术品交易中的商业风险不同于情事变更，后者强调的是作为合同成立基础的环境发生了异常的变动，最高人民法院在《合同法解释（二）》规定的情事变更条款中也明确地将商业风险排除在情事变更原则的适用范围之外，我国的司法实践中亦严格遵循该条之规定，严格区分了市场经济下正常商业风险与情事变更原则。② 此外，"对于商业风险，法律规定当事人有所预见，能够预见，对于情事变更，当事人未预见到，也不能预见；并且，商业风险带给当事人的损失，从法律的观点上看是可以归责于当事人的，而情事变更则不可归责于当事人"③。

（二）艺术品升值发生在艺术品交易履行完毕之后

情事变更须发生在合同成立以后、履行完成之前。之所以要求情事变更须发生在合同成立之后，是因为若情事变更在合同订立时已经发生，则应认定当事人已经认识到发生的事实，合同的成立是以已经变更的事实为基础的，不允许事后调整，只能令当事人自担风险。④ 即使有证据表明当事人于订立合同时确实不知道情事已经变更，也仍然不构成情事变更，而应根据意思表达错误的规则加以处理。之所以适用情事变更原则要求情事变更发生在履行完毕之前，

---

① 梁慧星：《中国民法经济法诸问题》，法律出版社 1991 年版，第 226 页。

② 相关案例可参见重庆市北碚区人民法院（2012）碚法民初字第 01860 号、（2013）渝一中法民终字第 00333 号。

③ 崔建远：《合同法》，北京大学出版社 2012 年版，第 122 页。

④ 王利明、崔建远：《合同法新论·总则》，中国政法大学出版社 1996 年版，第 325–335 页。

是因为合同因履行完毕而消灭，其后发生情事变更与合同无关。①

从艺术品初次交易来看，艺术家与艺术品买家经过磋商达成一致，艺术家向买家给付艺术品，倘若艺术品此后价格发生增长，也仅仅体现在艺术品后续的转售过程中。此时，艺术家早已履行完给付艺术品的义务，艺术品初次交易早已完成，此后即便艺术品价格在转售中暴增，也与原合同无关，艺术家无法主张情事变更原则要求分享艺术品后续交易所产生的增值利益。

四、不当得利规则之反思

有学者指出，比利时的追续权制度建立在民法不当得利的法理基础之上，随着艺术家逐渐成名，其早期创作的作品也随之升值，作品原件的购买者将因此获益，如果该购买者不向艺术家分享部分利益，则将构成不当得利。② 法国学者 Fawcett 也认为，法国法上的追续权制度也建立在不当得利的法理基础之上，买家以低价从艺术家手中购入艺术品，然后再在转售中将艺术品以高价售出。③ 这些观点主要源于艺术品转售中价格暴涨的历史事件，其逻辑在于，艺术品收藏家在购买艺术品后，艺术品价值的增长实质上来源于艺术家的劳动以及艺术家名气的提高，收藏家无法提升艺术品价值，那么，仅让艺术品收藏家在转售中获得暴利对于艺术家而言是不公平的，追续权旨在通过赋予艺术家分享艺术品后续增值利益的权利，从而扭转这一不公平。④

客观而言，艺术市场上存在作品原件转售发生大幅增值的现象。例如，2015 年春拍中，著名画家潘天寿的《鹰石山花图》在转售中拍出 2.794 5 亿元的天价，该作品原持有人于 2005 年以 1 171.5 万元的成交价拍卖获得。10 年间，去除拍卖佣金，该作品净增值 2.312 85 亿元人民币，价格增长了近 20 倍，平均年复合收益率超过 30%。⑤ 再如，2015 年秋拍，著名画家李可染的《万山红遍》最终以 1.84 亿元成交，这一作品上一次上拍还得追溯到 15 年前，当年拍出价为 501.6 万元，15 年间，涨幅逾 30 倍，而在 40 年前，李可染先生

---

① 崔建远：《合同法》，北京大学出版社 2012 年版，第 121 页。

② Sherman, Incorporation of the Droit de Suite into United States Copyright Law, 18 *Copyright L. Symp.* (ASCAP) 50, 59 (1968).

③ Liliane de Pierredon-Fawcett: *The Droit de Suite in Literary and Artistic Property*, *A Comparative Law Study*, published by Center for Law and the Arts, Columbia University School of Law, 1991, p. 13 – 14.

④ Ibid., p. 13.

⑤ 雅昌艺术市场监测中心（AMMA）：《中国艺术品拍卖市场调查报告（2015 年春季）》，第 14 页，http：//amma. artron. net/reportDetail. php? id = 23，2016 – 2 – 22。

仅 80 元价格便将这一画作出售给荣宝斋。① 国外学者针对艺术市场的研究显示，某些艺术品能以每年 10% 的幅度增值。② 那么，艺术家对此是否有权主张不当得利？

不当得利，指的是"无法律上的原因而受利益，致使他人受损害者，应负返还的义务"③。不当得利与契约、无因管理、侵权行为等均为债的发生原因。不当得利之债的源头可以追溯至罗马法，后大陆法系国家陆续通过立法或判例创设不当得利请求权。英美法上的不当得利，传统称为 Restitution，分散于准契约（quasi contract）、信托等制度，迄今尚未形成一个与契约，侵权行为鼎足而立的法律领域。④ 我国则在《民法通则》中规定了不当得利之债。⑤

在不当得利之债中，取得不当利益的人叫作受益人，是不当得利之债的债务人，负有返还不当得利的债务；财产受损失的人叫作受害人，是不当得利之债的债权人，享有请求受益人返还不当得利的债权。不当得利的构成要件有四点，包括一方获得利益，他方受到损失，获得利益和受到损失之间有因果关系，获得利益没有合法依据。⑥ 那么，不当得利是否可以论证追续权制度的正当性呢？若从上述不当得利构成要件的角度分析，可以发现这一观点值得商榷。

（一）艺术品交易存在合法依据

如果一方获得利益和他方受到损失有法律上的根据，当事人间的关系就受到法律的认可和保护，不构成不当得利。⑦ 从艺术品初次买卖上看，艺术家与艺术品买家达成一致，订立合同，完成艺术品交易，艺术品买家支付对价并获得艺术品所有权，整个交易过程都受合同法的规则，存在合法依据，不构成不当得利。正如王泽鉴先生所说，"不当得利和合同是私法自治，如果有合同存在，财产的变动有法律上的原因，不构成不当得利，如果合同或契约有瑕疵，就会有可能产生不当得利，所以不当得利与私法自治有着密切的关系"⑧。倘

① 《李可染〈万山红遍〉1.84 亿成交 40 年前仅 80 元》，http：//china．cankaoxiaoxi.com/bd/ 20151117/999305. shtml，2016 − 2 − 22。

② e. g. , Joshua Rogers, How to Outsmart the Billionaires Who'll Bid ＄80 Million for "The Scream," *FORBES*, Apr. 4, 2012 ("Rogers").

③ 王泽鉴：《债法原理（二）不当得利》，中国政法大学出版社 2002 年版，第 2 页。

④ 同上注，第 7 − 12 页。

⑤ 《民法通则》第 92 条规定："没有合法根据，取得不当利益，造成他人损失的，应当将取得的不当利益返还受损失的人。"

⑥ 王利明主编：《民法》，中国人民大学出版社 2007 年版，第 699 页。

⑦ 同上注，第 700 页。

⑧ 王泽鉴：《不当得利类型论与不当得利的发展》，http：//www.cssn.cn/fx/fx_ fxjt/201411/ t20141126_ 1416358. shtml，2015 − 11 − 25。

若艺术家向买家给付了艺术品，而艺术品买卖合同在交易之后被无效了或者被撤销了，此时，艺术家的给付行为没有法律上的原因，艺术家才有可能主张不当得利返还请求权，这种不当得利的类型即为给付不当得利。

（二）艺术家未受损失

他方确实受到损失是不当得利成立的另一个要件，如果一方获得利益，他方并没有因此而受到任何损失，就不构成不当得利。[1] 艺术家向艺术品买家出售艺术品的过程中，艺术品买家向艺术家支付对价，艺术家向艺术品买家给付艺术品，由此，艺术品所有权发生转移，艺术品买家从艺术家手中取得艺术品所有权，具体而言，艺术品买家享有占有、使用、收益和处分艺术品的权能。自此，艺术家已经从艺术品买卖的契约关系中获得了对价，不再享有使用收益的权能，故艺术品买家从转售中取得收益，并未致使艺术家受损害。若肯定艺术家的不当得利请求权，将使其获得双重利益。

倘若合同中约定了买家需向艺术家支付一定比例的艺术品转售的增值额，而买家并未支付，则艺术家受到损失，但由于此时存在合同约定，具有法律上的原因，亦不构成不当得利，艺术家应在契约上求其解决，艺术家可主张买家的违约责任。倘若合同订立中艺术品买家利用优势或艺术家缺乏经验，在订立合同时致使双方的权利和义务明显违反公平、等价有偿原则的合同，那么艺术家受到损失，可以主张合同显失公平，撤销或变更合同。[2] 在合同被撤销的情况下，若艺术家已经完成了给付行为，由于这一给付行为自始没有给付原因，考虑到我国现行立法尚未承认物权行为的独立性与无因性，因此，艺术家既可以主张针对艺术品的物上请求权，也可以主张不当得利返还请求权。

（三）艺术品买家所获利益与追续金在数额上并不等同

一方所获得的利益，是指一方因为一定的事实使得财产总额增加，如果一方使得他方的财产受到损害，自己并未从中获得任何利益，即使依法应负赔偿责任，也不构成不当得利。[3] 倘若认定艺术品买家因艺术品转售获利并需要向艺术家返还不当得利之债，并且，一般而言，艺术品买家在参与交易时主观上

---

[1]　王利明主编：《民法》，中国人民大学出版社 2007 年版，第 699 页。

[2]　《中华人民共和国民法通则》第 59 条规定：下列民事行为，一方有权请求人民法院或者仲裁机关予以变更或者撤销：（一）行为人对行为内容有重大误解的；（二）显失公平的。被撤销的民事行为从行为开始起无效。《中华人民共和国合同法》第 54 条则规定：下列合同，当事人一方有权请求人民法院或者仲裁机构变更或者撤销：（一）因重大误解订立的；（二）在订立合同时显失公平的。

[3]　王利明主编：《民法》，中国人民大学出版社 2007 年版，第 699 页。

并无恶意。善意受益人的返还义务的范围以现存利益为限，现存利益的确定时期为受益人受利益返还请求之时，于此时非现有的利益，免负返还义务。① 那么对于艺术品买家而言，其所需返还的现存利益应为艺术品增值额扣除成本后的现存利益。

艺术品买家所需返还的现存利益的计算需要扣除艺术品转售的交易成本，主要包括税金与佣金。根据国家税务总局于 2007 年下发的《关于加强和规范个人取得拍卖收入征收个人所得税有关问题的通知》，个人通过拍卖市场拍卖各种财产（包括字画、瓷器、古董等物品）的所得，应以其转让收入额减除财产原值和合理费用后的余额，按照 20% 税率缴纳个人所得税。如果纳税人不能正确计算财产原值的，按转让收入的 3% 缴纳个税。根据《中华人民共和国增值税暂行条例》，经营艺术品的公司在艺术品交易中需缴纳 17% 的增值税。至于佣金，一般是根据成交价乘以佣金率计算后得出，如中国嘉德拍卖公司的买方佣金比例为 15%。② 除此之外，还需扣除艺术品买家购买艺术品后支出的各项费用，如装帧费用、运费、维护费、仓储费、保险费等，同时需要考虑货币的时间成本。

但从金额的计量过程上看，艺术品买家所需返还的现存利益并不等同于艺术品买家需要向艺术家支付的追续金数额。从各国的立法实践看，多数国家在计量追续金时并非以艺术品增值额为基础。例如，在法国，追续金的计量基础为艺术品转售总额。③ 即便是采用"潜在的、本质的价值"（latent, intrinsic value）理论作为追续权制度理论基础的德国④，也将追续权的计量基础规定为艺术品转售总额⑤。追续金计量基础乘以计提比例即可算出所需要缴纳的追续金数额。

从上文可以看出，艺术品买家所需返还的现存利益与所需缴纳的追续金在计算过程上完全不同，得出的结果也不尽相同。由于追续金的计量主要以艺术品转售总额为计量基础，而现存利益的计量基础为艺术品转售增值额，追续金

---

① 王利明主编：《民法》，中国人民大学出版社 2007 年版，第 703 页。

② 《中国嘉德公司大幅度调整佣金》，available at http：//roll. sohu. com/20130226/n367146467. shtml，2015 – 11 – 27。

③ Décret n° 2007 – 756 du 9 mai 2007. Pris pour l'application de l'article L. 122 – 8 du code de la propriété intellectuelle et relatif au droit de suite. Art. R. 122 – 4.

④ R. E. Hauser, "The FrenchDroit de Suite：The Problem of Protection for the Underprivileged Artist under the Copyright Law"，(1959) 6，*The Bulletin of the Copyright Society of the USA*，94 at p. 106.

⑤ 《德国著作权法》第 26 条，许超译，载《十二国著作权法》，清华大学出版社 2011 年版，第 153 页。

极有可能超过所需要返还的现存利益。另一方面，倘若认定艺术品在转售中价格上升之后，艺术品买家应向艺术家返还不当得利，那么，如果艺术品在转售中价格下降，艺术家无须分担艺术品买家的损失，则又将产生新的不公平。①

五、价值学说之反思

围绕论述追续权制度正当性的价值学说主要有三种，分别为公平价值学说、价值实现说以及"潜在的、本质的价值"理论，三者联系紧密，放在一起分析更具有针对性。首先，公平价值学说认为艺术家面临着"垂直的不公平"与"水平的不公平"现象②，前者存在于艺术作品原件的交易链环节，指的是艺术家和艺术品交易商之间的不公平，后者指的是艺术家和文学、音乐作品作者间的不公平。其次，价值实现说认为，美术作品主要通过第一次出售原作而实现其价值，不像文字作品、戏剧作品等主要通过复制出版或演出而取得收入，所以应在后来原作再出售时也继续实现其价值，以与文字、戏剧等其他作品相平衡。国外版权学界认为，这种规定是版权的充分体现。同时，这一规定也表明追续权在有些国家立法上不是只就前后售价的差额求偿。③ 最后，"潜在的、本质的价值"理论认为，艺术作品在第一次交易时往往体现不了其真实价值，只有在几年之后，市场才能逐步挖掘这些艺术品的价值，正因为如此，艺术家在出售艺术作品时，往往是以低于艺术品价值的价格将作品进行出售，为了补偿艺术家，其有必要参与到艺术品之后的增值分享中。

这三种学说具有相通之处，都认为仅由交易主体获得艺术品的升值利益对于艺术家而言是不公平的。具体而言，价值实现说以及"潜在的、本质的价值"理论都主张作品的真正价值未能于第一次出售便为人所认识，其依据在于，受限于公众认知与欣赏水平，艺术作品价值的认识过程存在滞后性。④ 基于此，交易商可以以低价购入艺术作品，随着艺术作品的价值逐渐为人所认识后，再高价进行转售，这解释了公平价值说中艺术家所面临着的"垂直的不公平"现象的原因。通过对价值学说的内在逻辑进行分析，可以发现，这三

---

① U. S. Copyright Office. , *Droit de Suite*：*The Artist's Resale Royalty* (1992). p. 135. Also see Elliot C. Alderman, Resale Royalties in the United States for Fine Visual Artists：An Alien Concept, 40 *J. Copyright Soc'Y U. S. A.* 265, 282 (1992).

② Nobuko Kawashima, The droit de suite controversy revisited：context, effects and the price of art, *Intellectual Property Quarterly*, 2006 (3), 223, 229.

③ 郭寿康：《谈美术作品的追续权》，载《美术》1991 年第 3 期，第 42－43 页。

④ Price, Government Policy and Economic Security for Artists：The Case of the Droit de Suite, 77 *YALE L. J.* 1333, 1335 (1968).

种价值学说理论无法论证追续权的正当性，艺术作品原件在转售中并非必然上涨，即便发生上涨，也并非完全源于艺术家。

（一）价值学说论证追续权正当性的前提并不成立

价值学说论证追续权正当性的前提在于，艺术品原件在第一次交易中的价格无法体现其真实价值，艺术品的价值会在后续的交易中为人所认识，故而艺术品的价格会上涨。但从实践上看，艺术品原件在持有过程中，其价格并非总是上升，艺术投资存在风险。根据雅昌艺术市场监测中心对 2015 年我国艺术市场秋拍中的样本作品的统计，艺术作品持有期在 3 年以下的，作品投资成功的数量大于投资失败的数量，作品持有期在 3～6 年，作品投资也仅有一半成功，即便是长期持有的作品，作品投资也并非百分之百成功，如表 2-2 所示。并且，即便艺术品转售时价格上升，卖家获得的利润通常是微不足道的。根据斯坦福（Stanford）的调查，在 77% 的艺术品转售中，卖家最后能够获得不超过 1 000 美元的利润，只有低于 2% 的艺术品转售产生了超过 10 000 美元的利润。① 因此，艺术品原件价格在转售中并非必然上涨，价值学说论证追续权正当性的前提并不成立。

表 2-2　艺术品投资回报表②

作品持有期	作品总数（件）	投资成功数量（件）	成功率	平均年复收益率
3 年以下	78	30	38.46%	-6.33%
3～6 年	80	41	51.25%	1.74%
6 年以上	42	36	85.71%	14.28%

（二）价值学说论证追续权正当性的依据并不成立

一般而言，价值理论可以区分为两种理论，即客观价值理论和主观价值理论。客观价值论，即认为物品固有一种不受环境或人类估价影响的价值。③ 主观价值论则反映在物品能够满足主体的某种需要，因而被视为具有价值。主观价值理论和客观价值理论贯穿于民法理论体系中，在罗马法及其后的《法国民法典》中多有体现。我国在计划经济时期长期采用的是劳动价值理论，这是一种客观价值理论。劳动价值理论是马克思经济学的基石。

---

① Jon Stanford, *Economic Analysis of the Droit de Suite - The Artist's Resale Royalty* (2002), p. 20. Available at http：//www. uq. edu. au/economics/abstract/301. pdf.

② 雅昌艺术市场监测中心：《中国艺术品拍卖市场调查报告（2015 年秋季)》，第 20 页。http：//amma. artron. net/reportDetail. php? id = 29, 2016－2－22.

③ ［美］熊彼特：《经济分析史》（第一卷），商务印书馆 1991 年版，第 98 页。

价值学说在论证追续权正当性上依据的是客观价值理论，艺术品原件初次销售的价格无法体现其真实价值，这对于出售艺术品原件的艺术家而言是不公平的，因此需要赋予艺术家获取作品原件增值利益的权利，进而使得艺术家能够获得与艺术品原件真实价值相当的经济补偿。

不过，价值学说依据客观价值论无法论证追续权正当性，客观价值理论不具有说服力。一方面，如何通过客观价值论确定艺术品原件的价值？若按劳动价值理论，价值是由生产商品的社会必要时间所决定的，商品交换可以转化为等量劳动的交换。这对于工业化大生产的产品而言尚有适用的余地，但对于艺术创作而言却不具有适用的可能。艺术品具有稀缺性，每一幅作品的产生都是特殊的，即便是同一位艺术家，其创作的作品也不可能完全相同，因此，艺术创作的社会必要时间是无法确定的。

另一方面，作为理性的经济人，每一个参与市场交易的主体应当对其行为所负责。① 在艺术家原件的初次交易中，艺术家与原件的购买者通过合意已经完成了交易，在这一过程中，只有在合同订立程序存在缺陷的情况下，才会产生不公平的问题。并且，根据市场的供求关系，价格围绕着价值上下波动，从长期来看，价格能够体现价值。艺术品原件的价格由买卖双方根据意思自治原则和市场形势加以确定，法律应当尊重当事人的意思自治，而无须代其决策。

自 19 世纪以来，主观价值论逐渐成为价格理论的主流。奥地利学派最早对主观价值与客观价值进行区分，20 世纪 70 年代，奥地利人门格尔提出了边际效用价值说，之后逐步引发经济学的边际革命，主观价值理论逐步替代客观价值理论。② 现代微观经济学的价值说事实上是以主观价值论为基础，又吸取了客观价值论的合理因素而形成的。③ 因此，客观价值理论已经逐渐被取代，价值学说采用客观价值理论无法论证追续权正当性。

（三）价值学说论证追续权正当性会产生新的不公平

即便艺术品原件的价格在转售中上升，这一结果也并非完全源于艺术家，艺术价格的确定受多种因素的影响，除艺术家之外，还会受到交易商、通货膨胀率等多种因素的影响。需要正确看待艺术作品转卖价的上涨跟艺术家创作之间的关系，艺术作品价格上涨跟艺术作品进入市场后的宣传、推销、包装诸多

---

① 徐国栋：《民法哲学》，中国法制出版社 2009 年版，第 408 页。
② 同上书，第 411－413 页。
③ 张华夏：《主观价值和客观价值的概念及其在经济学中的应用》，载《中国社会科学》2001 年第 6 期，第 28 页。

因素有关，跟该作品所凝结的历史、文化、艺术内涵有关，跟该作品所处的社会环境、法治状况、文化氛围、社会整体财富水平等有关。因此，艺术作品转卖时价格上涨不能都归功于艺术家一己之身。

如果认为艺术家为该财富的增长作出的贡献需要补偿，那么，同样作出贡献的藏家、买家甚至拍卖企业，也应当有份。[①] 若单纯给予艺术家以获取增值利益的权利，对于其他市场主体而言是不公平的。中国拍卖协会常务副主任刘幼铮亦表示，一件艺术品的增值历程是复杂的，增值的背景和原因是多方面的，不仅是艺术家一个人的事情。[②] 并且，艺术家的知名度还取决于艺术领域发展的时代潮流以及外界对其作品的专业性评价，正如 Price 所称，艺术品的价值取决于文化本身，但追续权制度预设的前提在于，艺术品真正的价值其实是在转售中被人重新发现的结果，而不是文化潮流发展的结果。[③]

此外，若认为艺术家有权从艺术品增值利益中获取利益，那么，倘若艺术品原件价格下降，而艺术家无须承担任何损失，这对于艺术品投资人而言又缺乏公正。对于艺术家投资者而言，艺术品投资类似于买彩票，只有极少数的艺术品投资能产生高额的回报，并且，投资风险完全由艺术品投资者承担。在实践中，采用"潜在的、本质的价值"理论的德国还以转售总额进行追续金的计量，而非以转售的增值额为基础进行追续权计量。这意味着，不论艺术作品原件转售是否发生增值，都需要缴纳追续金。即便艺术作品原件贬值，卖家亏本转售，仍需要支付追续金，这无疑与"潜在的、本质价值"理论相矛盾。

第三节　我国创设追续权制度的正当性依据

由于艺术作品一般仅能承载于作品原件之上，这导致艺术作品与其他作品在作品使用的方式上存在区别，现有的著作权法并未考虑艺术作品在作品使用上的特殊性，正基于此，追续权的创设能够实现对作品使用的补偿。并且，我国艺术家的作品在海外销售的数量与规模越来越巨大，考虑到追续权在国与国之间适用采用的是互惠原则，我国应当规定追续权，以保障我国艺术家在海外

---

① 周林：《追续权立法及实施可行性调研报告》，http：//www.cssn.cn/fx/fx＿yzyw/201404/t20140409＿1061910.shtml，2015－10－8。

② 参见唐子韬、姜隅琼：《谁应该是艺术品增值的受益人》，载《读者欣赏》2013 年第 2 期，第 16 页。

③ Price，Government Policy and Economic Security for Artists：The Case of the Droit de Suite，77 *YALE L. J.* 1333，1351（1968）。

能够享有获取追续权益的资格。在艺术体制转型背景下，我国艺术家也需要追续权以保障其能从艺术创作中获取利益。

一、作品使用的补偿

从经济学角度分析，"产权的一个主要功能是导引人们实现将外部性较大地内在化的激励"①。激励理论被认为是论证著作权正当性的重要依据，《美国联邦宪法》第 1 条第八款赋予国会立法权力以"通过赋予作者和发明者对他们的创造物以有限的专有权利来促进科技和实用艺术的进步"，我国《著作权法》也开宗明义地规定："为保护文学、艺术和科学作品作者的著作权，以及与著作权有关的权益，鼓励有益于社会主义精神文明、物质文明建设的作品的创作和传播，促进社会主义文化和科学事业的发展与繁荣，根据宪法制定本法。"由此可见，著作权法的终极目标在于激励富有美感的创作，以提高公共福利，著作权法的直接作用在于保障作者们能够通过其智力劳动获得合理的收入。②

为了实现著作权法激励创作的目的，著作权法赋予作者对作品的排他使用权，并让作者获取作品商品化利用带来的经济利益。③ 从各国著作权法针对著作财产权的规定上看，著作权的内容都是围绕作品使用行为而确定的。④ 作者可以从他人对作品的使用中获取相应的经济回报，我国早期的《著作权法》更是直接规定了使用权和获得报酬权⑤，虽然我国《著作权法》于 2001 年经过修改，删去了使用权的表述，采用了具体的控制作品使用的权利规定，但这并未影响作品使用行为在著作权权利设置上的重要作用，也并未影响作者从作品使用中获得报酬的权利⑥。也只有存在相应的作品使用行为，著作权的设立才具有必要性。

---

① ［美］H. 登姆塞茨：《关于产权的理论》，载《财产权利与制度变迁——产权学派与新制度学派译文集》，上海三联书店、上海人民出版社 2004 年版，第 98 页。

② Twentieth Century Music Corp. v. Aiken, 422 U. S. 151, 156 (1975).

③ 高富平：《数字时代的作品使用秩序——著作权法中"复制"的含义和作用》，载《华东政法学报》2013 年第 3 期，第 137 页。

④ 王太平：《云计算环境下的著作权制度：挑战、机遇与未来展望》，载《知识产权》2013 年第 12 期，第 22 页。

⑤ 1990 年《著作权法》第 10 条规定："使用权和获得报酬权，即以复制、表演、播放、展览、发行、摄制电影、电视、录像或者改编、翻译、注释、编辑等方式使用作品的权利。"

⑥ 《著作权法》第 10 条最后一款规定："著作权人可以许可他人行使前款第（五）项至第（十七）项规定的权利，并依照约定或者本法有关规定获得报酬。"

也正基于此，我国现行的《著作权法》规定了 4 项著作人身权和 12 项著作财产权，规制着 16 种作品使用行为。但是，针对同一类型作品的使用行为并非多达 16 种，换言之，同一类型作品的著作权人并非能够行使 16 种著作权，例如，他人可以展览美术作品，但无法翻译美术作品，也无法表演美术作品，这就意味着，对于美术作品而言，我国《著作权法》中规定的翻译权与表演权是没有意义的。并且，不同类型作品的使用行为并不完全相同，换言之，不同类型作品的著作权人所享有的著作权亦不完全相同，如对于电影作品和以类似摄制电影方法创作的作品而言，著作权人享有出租权，而文字作品的著作权人则不享有。再者，即便不同作品的可以共享同一种作品使用行为，在作品使用的数量上也存在区别，例如，文字作品与音乐作品可以大量复制并传播，而美术作品由于其原件的不可替代性，也限制了美术作品的复制可能。沿着这一思维角度进一步分析，哪些作品使用行为需要纳入著作权法的规制范围呢？

（一）作品使用的等级体制

"作品经济上的价值体现在它能够满足人们在精神方面的需求。"① "那些需要用别人创作的精神财富来满足自己需求的人们，按照我们现有的经济制度，他们需要支付一定的报酬，智力成果的情形也不能例外，所以，作者从所有享用自己作品的人那里都得到一定的报酬。"② 正如《德国著作权法》第 11 条的规定："因他人利用著作（作品），本法保障著作人得到适当的报酬。"③ 这种请求权的行使在实际生活中，特别是在作品进入私人手中或者进入到不可监控的社会公众范围之后——是特别困难的，换言之，直接向消费者行使相关的请求权不具有可操作性。也正因为如此，现行著作权法所规定的著作权各项权能对最终消费者的间接涵盖是以某种等级体系表现出来的。作品创作人的权利必须在作品使用之前的一个阶段就开始行使，即通过作品中间商的中介来实现，这意味着，从作品利用之前的那一阶段开始所涉及的各种消费者群体也被包括在作者主宰权的势力范围之内。④

通常情况下，作品成果只有依赖某种具体的附着物或者按照某种有形的方式进行再现后才能为人所知晓，因此，在作者对作品利用环节的实际控制方

① ［德］M. 雷炳德：《著作权法》，张恩民译，法律出版社 2005 年版，第 216 页。
② 同上注，第 76 页。
③ 《十二国著作权法》翻译组译：《十二国著作权法》，清华大学出版社 2011 年版，第 149 页。
④ ［德］M. 雷炳德：《著作权法》，张恩民译，法律出版社 2005 年版，第 76 页、第 216 页。

面，法律如果作出如下的保障便已足够：将《著作权法》所规定的通过作品中间商实现的作品利用之各种可能性（如复制权、发行权、作品附作物的展览权和向公众再现作品的其他方式）保留在作者本人的掌握之中，并且，为作者提供一种针对作品中间商的报酬请求权的保障，这种保障将会比直接针对最终消费者行使报酬请求权要容易掌握得多。作品中间商（如出版商或者音乐会组织者）就会自然而然地把基于复制和发行以及向公众再现作品的目的而向作者所支付的报酬从最终消费者那里收集在一起，于是，最终消费者享有作品成果而需要向作者支付酬金的行为就能够间接地、而不是直接地实现。① 这一过程可以用图 2 - 1 表示。

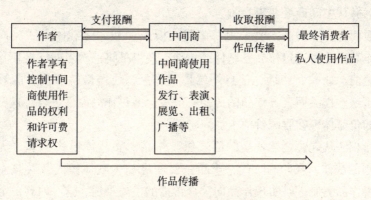

图 2 - 1　作者间接获取报酬

（二）作品"传播性使用"的一般模式

根据《发展中国家突尼斯版权示范法》的规定，中间商使用作品的行为可以分为三种类型，分别为复制作品，传播作品，演绎作品。② 在这之中，中间商传播性使用作品的行为是一种重要的作品使用行为。"版权制度的发展史，也就是传播技术的进步史。"③ 有学者甚至认为，著作权激励是通过控制传播性使用来实现的。④ 世界知识产权组织亦提到，作品的利用，是指"为营利目的，通过展览、复制、发行或其他方式向公众传播作品，对该作品进行的

---

① ［德］M. 雷炳德：《著作权法》，张恩民译，法律出版社 2005 年版，第 76 - 77 页。

② *Tunis Model Law on Copyright for Developing Countries*（*1976*），section 4，available at http：// portal. unesco. org/culture/en/ev. php - RL_ ID = 31318&URL_ DO = DO_ TOPIC&URL_ SECTION = 201. html.

③ 吴汉东著：《知识产权多维度解读》，北京大学出版社 2008 年 1 月版，第 506 页。

④ 高富平：《数字时代的作品使用秩序——著作权法中"复制"的含义和作用》，载《华东政法学报》2013 年第 3 期，第 136 - 137 页。

使用"①。即便是演绎权，其所控制的也是将演绎作品向公众提供的行为，个人未经著作权人许可，在家中对作品进行拍摄、翻译、改变或汇编，都属于合理使用行为，并不侵犯演绎权。② 因此，《德国著作权法》直接规定演绎权控制的是对演绎作品进行发表或者使用的行为③，而不是对于原作品的演绎行为。

就作品传播而言，在作者与最终消费者之间，中间商扮演了作品传播者的角色，并向最终消费者传播作品。在这一过程中，中间商以发行、表演等多种方式使用作品，如出版社印刷书籍，出版图书，最终使最终消费者能够接触并使用作品。作者再通过著作权所赋予的控制中间商使用作品的权利，控制作品的传播，并从中间商处获得报酬。

一般而言，中间商主要采用"多载体模式"和"无载体模式"向最终用户传播作品，前者通过作品复制件的传播，使得最终消费者能够使用作品，后者通过表演、放映、广播、信息网络传播作品，使得最初消费者能够接触作品。对于这些作品而言，作品的传播一般不会通过作品原件进行，这些作品原件更多的价值体现在收藏价值上。

著作权法从起源之初就是一部聚焦于作品"多载体模式"和"无载体模式"传播的法律。在印刷时代，作品主要通过"多载体模式"传播。印刷制作和出售作品复制件是实现作品向公众传播的主要渠道，这一时代的著作权法主要通过赋予作者以复制作品的权利，只要控制了复制就可以控制传播，复制的数量决定着传播的数量。④ 随着通信技术的发展，作品又可以通过广播、网络等方式进行"无载体模式"传播，著作权法也不断创设新的权利，使得作者能够控制新型的作品传播行为。由此，著作权也被人誉为"印刷出版之子"⑤"现代传播技术的副产品"⑥。

正基于此，著作权对于"多载体模式"和"无载体模式"下的作者而言

---

① 世界知识产权组织编：《著作权与邻接权法律术语汇编》，刘波林译，北京大学出版社2007年版，第108页。

② 王迁：《版权法保护技术措施的正当性》，载《法学研究》2011年第4期，第94页。

③ 《德国著作权法》第23条，许超译，载《十二国著作权法》，清华大学出版社2011年版，第151页。

④ 高富平：《数字时代的作品使用秩序——著作权法中"复制"的含义和作用》，载《华东政法学报》2013年第3期，第138页。

⑤ 段瑞林：《知识产权法概论》，光明日报出版社1988年版，第28页。转引自吴汉东：《著作权合理使用制度研究》，中国政法大学出版社1996年版，第223页。

⑥ ［英］R. F. 沃尔、杰里米·菲利普斯：《版权与现代技术》，王捷译，载《国外法学》1984年第6期，第17页。

非常重要，能够解决这些作者面临的市场困境。在缺乏著作权法保护的情况下，作者花费大量精力创作作品后，出版商可以免费使用作品制作复制件加以出版，广播组织可以免费广播作品。对于除视觉艺术家以外的其他作者而言，作品复制件能够替代作品原件，出版商或者广播组织与这些作者间的完全竞争会使得作品复制件的价格降至边际成本，这意味着作者将无法通过作品获利，最终损伤这些作者创作作品的积极性，著作权法即意图解决这一问题。[1]

（三）艺术作品"传播性使用"的特殊模式

但对于艺术作品而言，艺术作品的传播具有特殊性，大多数艺术作品的传播主要依靠的是"单一载体模式"。大多数艺术品都是独一无二、不可复制的。[2] 这一现象反映到市场和收藏中则对应着"独享"这一概念，艺术市场中可复制的艺术品类一直备受冷落。[3] 一位雕塑家或画家可能花数月甚至数年创作一个艺术作品，艺术作品正是基于其原创性和稀缺性而产生价值。[4] 在针对安徽书法家协会名誉主席陶天月先生的访问中，陶先生也指出，"画家、书法家创作的作品其实它的价值在于它是原件，这是书画的特性体现的，现在有那么多鉴定专家，因为一般没有人会想自己去买个复制品"[5]。在对艺术品收藏家、销售商陶戈先生的访问中，他也表示，"艺术品收藏，从根本上来说，他付钱买这件作品看中的是珍贵，是独一无二"[6]。

尽管互联网已经向艺术家提供了更多利用作品的机会，如开发演绎图片、销售作品复制件，但对于多数视觉艺术家而言，对艺术作品进行复制或展示的数量几乎可以忽略不计。[7] 因此，对于绝大多数艺术作品而言，艺术作品与载体具有不可分性，艺术作品只能产出在唯一的载体上[8]，这一载体即为作品原

---

[1]　Guy A. Rub, The Unconvincing Case for Resale Royalties, *Yale Law Journal Forum* April 25, 2014, available at http://www. yalelawjournal. org/forum/the – unconvincing – case – for – resale – royalties, (last visited Apr. 21, 2015).

[2]　［英］诺亚·霍洛维茨：《交易的艺术——全球金融市场中的当代艺术品交易》，张雅欣、昌轶男译，东北财经大学 2013 年版，第 24 – 27 页。

[3]　姜长城：《可复制性艺术品的投资之道》，载《艺术市场》2008 年第 5 期，第 105 页。

[4]　VAGA, Comments Submitted in Response to U. S. Copyright Office's Sept. 19, 2012 Notice of Inquiry at 1 (Dec. 1, 2012)

[5]　参见附录四。

[6]　同上注。

[7]　Société des auteurs dans les arts graphiques et plastiques ("ADAGP"), Comments Submitted in Response to U. S. Copyright Office's Sept. 19, 2012 Notice of Inquiry at 2 (Nov. 29, 2012).

[8]　U. S. Copyright Office, *Resale Royalties*: *An Updated Analysis*, at 10 (2013), available at http://www. copyright. gov/docs/resaleroyalty/usco – resaleroyalty. pdf.

件。以至于法国学者雅克·雷纳德（Jacques Raynard）用"共生"（symbiose）一词来形容这两者之间的关系。①

艺术作品的"单一载体模式"传播实质上即为作品通过以承载于作品原件之上的方式传播。这一传播只能依靠艺术作品原件的展览与艺术作品原件的流转进行，这两种传播行为会产生新的消费群体，这一消费群体将因此有机会观看艺术作品，通过欣赏作品满足了其在精神层面的需求，这意味着，消费群体实际使用了艺术作品，应当向作者支付报酬，但作者很难直接从最终消费者手中获得报酬。于是，依据作品使用的等级体制，中间商应当间接地向作者支付报酬。对于前者，法律赋予作者以展览权，对于后者，法律仅对于艺术品原件的初次出售规定了发行权，但对艺术品原件的转售并未作出规定。

由此可见，艺术家依据现有的著作权法并不能够完全控制中间商传播作品的行为，换言之，艺术家无法规制中间商使用作品的所有行为，无法从最终消费者使用作品的行为中获得足额的报酬。著作权法聚焦于作品"多载体模式"和"无载体模式"传播，"诗人或者作曲家可以从自己作品的利用过程中不断地获得报酬——只要社会公众对他们的作品一直感兴趣，但美术作品的作者们把自己的作品处分以后，通常情况下即使社会公众仍然对作品的原件很感兴趣并且作品能够被拍卖到很好的价钱，作者也不再能够从中获得收益"②。由此，对于"单一载体模式"下的艺术家而言，著作权法只有有限的实践价值③。

这一现象已为人所认识，原美国版权局局长的拉夫·欧曼（Ralph Oman）在 1989 年涉及《视觉艺术家权利法案》的听证会上也指出："由于视觉艺术作品特殊的创作过程和传播方式，版权法正在面临着视觉艺术作品的挑战，视觉艺术作品既不能大量地生产，也不能大量地对外发行，其通常只能体现于单一的载体之上。"④美国著名艺术法专家伦纳德·D. 杜博夫亦指出："虽然版权法授予作品创作者控制复制的权利，但艺术家不像作家那样直接受益于这项

---

① Jacques Raynard, Droit d'auteur et conflits de lois: Essai sur la nature juridique du droit d'auteur, Litec, 1990, n°147.

② ［德］M. 雷炳德：《著作权法》，张恩民译，法律出版社 2005 年版，第 286 页。

③ Guy A. Rub, The Unconvincing Case for Resale Royalties, *Yale Law Journal Forum* April 25, 2014, available at http://www.yalelawjournal.org/forum/the – unconvincing – case – for – resale – royalties, (last visited Apr. 21, 2015).

④ Hearing on H. R. 2690, Visual Artists Rights Act of 1990 before the Subcomm. on Courts, Intellectual Property, and the Administration of Justice of the H. Comm. on the Judiciary, 101st Cong. 27 (1989).

版权保护。作者从文学作品中所获得的基本经济收入取决于其作品出售的数量。而艺术家却不同，他们的经济收入主要来源于他们原作的销售。"①

（四）追续权是对艺术作品"传播性使用"的补偿

根据作品使用的等级体制，中间商再次出售艺术作品原件的行为传播了作品，产生了新的最终消费者，这一行为应构成中间商使用作品的行为。法律虽然未对此作出规定，不过，"从财产法角度分析，著作权中的财产权的不可穷尽性已经成为法学界的共识，虽然许多国家在著作权法典上会按照相应的标准把各项已知的财产权进行——列举，但由于社会的发展，特别是信息传媒技术的发展，人们不可能穷尽所有的作品使用类型"②。

于是，有的国家在列举著作财产权类型的基础上规定了一般条款，如我国《著作权法》第10条第17款规定了"应当由著作权人享有的其他权利"，《德国著作权法》第15条所规定的一般财产权。这种规定使得著作权法能够尽可能地涵盖所有的作品使用方式。一旦新的作品使用方式产生，或者原有未认识到的作品使用方式为人所认知，立法者应当将其纳入著作权的财产权范围中。德国在司法实践中便发展出了参与分配原则，即作者应当尽可能适当地参与分配作品所产生的经济利益。③ 艺术作品的转售使得新的最终消费者能够使用作品，作者应当分配作品所产生的经济利益并获得报酬，但"参与分配的思想被严格限制在涉及作品中介活动所带来的经济利益上"④，作者只能规制中间商使用作品的行为。因此，作者应获得控制中间商转售艺术作品原件的权利和报酬请求权。

不过，艺术作品原件所有权人对原件享有占用、使用、收益、处分的权能，考虑到艺术作品原件物权与艺术作品著作权的平衡，作者控制中间商使用作品的行为不应当侵犯原件所有权人对原件所享有的所有权，当然，原件所有权人行使原件所有权也不能侵犯作品的著作权。因此，作者出售艺术作品原件丧失原件所有权之后，一方面，艺术作品原件所有权人可以使用原件，作者不能禁止艺术作品原件所有权人展览作品，我国现行《著作权法》第18条甚至

---

① ［美］伦纳德·D. 杜博夫：《艺术法概论》，周林、任允正、高宏微译，中国社会科学出版社1995年版，第162页。

② ［德］M. 雷炳德：《著作权法》，张恩民译，法律出版社2005年版，第13页。

③ 德国联邦法院判例，ZUM 杂志，1999年，第572页：复印件发送服务案（Kopienversanddienst），转引自 M. 雷炳德：《著作权法》，张恩民译，法律出版社2005年版，第77页。

④ ［德］M. 雷炳德：《著作权法》，张恩民译，法律出版社2005年版，第77页。

规定："美术作品原件的展览权由原件所有权人享有"①。另一方面，艺术作品原件所有权人可以处分原件，作者不能控制作品原件物权的再次流转，因此，作者不享有控制中间商转售艺术作品原件的权利，但作者仍享有针对中间商使用作品的报酬请求权。于是，同其他的作品中间商一样，作品原件的出卖人此时也应当向作者本人支付一定的报酬②，追续权便由此产生。

可以看出，追续权在本质上属于使用作品的权利，这一权利源于最终消费者对作品的使用，但由于作品的使用等级，作者只能对中间商传播性使用作品的行为主张报酬请求权。正如法国之所以在 1920 年创设追续权制度，是因为"随着法国著作权法的发展，人们逐渐意识到，尽管从理论上看，艺术家受到与其他作者相同的著作权法保护，但艺术家无法同其他作者一样采用相同的方式利用作品"③。

"上帝的归上帝，凯撒的归凯撒"④，赋予艺术家以追续权是保护艺术品著作权的应有之义。通过行使追续权，艺术家能够参与对其作品的使用，在转卖艺术作品时获得提成费，只有这样才能使艺术家与其他作者处于平等的地位。⑤ 早在法国国会讨论创设追续权制度之时，法国国会曾委托美术委员会对这一议题进行研究，美术委员会的主席——阿贝尔·法利（Abel Ferry）即认为，法案所提出的追续权的正当性在于，在现有的著作权法下，受艺术作品本质属性的影响，艺术家并未得到充分的保护。⑥ 欧盟进行统一追续权立法，其

---

① 笔者注：我国现行《著作权法》的这一规定存在问题，艺术作品原件所有权人行使原件所有权不能侵犯作品的著作权，展览权仍为著作权人所享有，《著作权法》送审稿也作出了修改，其中第 22 条规定"美术、摄影作品原件的所有人可以展览该原件"。

② ［德］M. 雷炳德：《著作权法》，张恩民译，法律出版社 2005 年版，第 287 页。

③ Toni Mione, Note, Resale Royalties for Visual Artists: The United States Taking Cues from Europe, 21 *CARDOZO J. INT'L & COMP. L.* 461, 465 (2013).

④ 语出《圣经》新约·玛窦福音（22：15－22）：那时，法利塞人去商讨怎样在言谈上叫耶稣入圈套。他们遂派自己的门徒和黑落德党人到他跟前说："师傅，我们知道你是真诚的，按真理教授天主的道路，不顾忌任何人，因为你不看人的情面，如今请你告诉我们：你以为如何？给凯撒纳税，可以不可以？"耶稣看破他们的恶意，就说："假善人，你们为什么要试探我？拿一个税币给我看看！"他们便递给他一块"德纳"。耶稣对他们说："这肖像和名号是谁的？"他们对他说："凯撒的。"耶稣对他们说："那么，凯撒的，就应归还凯撒；天主的，就应归还天主。"他们听了大为惊异，遂离开他走了。

⑤ ［美］伦纳德·D. 杜博夫：《艺术法概论》，周林、任允正、高宏微译，中国社会科学出版社 1995 年版，第 162 页。

⑥ Journal Officiel, Parliamentary Documents, Chamber of Deputies, Ordinary Session, second sitting of January 23, 1914, Annex 3423 at 150 (1914). Quoted in Rita E. Hauser, the French Droit de Suite: The Problem of Protection for the Underprivileged Artist under the Copyright Law, 11 *Copyright L. Symp.* 1, 5 (1959).

立法的目的之一便是，"平衡艺术作品作者与其他能够持续利用作品获利的创作者之间的收入状况"①。澳大利亚在考虑创设追续权制度时，其环境、遗产和艺术部部长认为，"从历史上看，视觉艺术家所取得的成就并未获得同作曲家、作家和表演者相同的待遇……该法案旨在调节这一明显不公平的现象"②。综上所述，追续权是对作者基于作品使用的补偿，这一论述过程可以用图 2 - 2 表示。

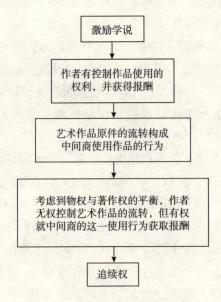

图 2 - 2 追续权正当性的论证

二、保障我国艺术家权益的客观必要

追续权的创设也是保护我国艺术家权益的客观要求。一方面，随着经济全球化的发展，我国的艺术作品亦大量被外国人购买，然而由于我国未规定追续权制度，国外的销售商在出售我国艺术家的艺术作品时并不需要支付追续金。另一方面，我国艺术体制正处于转型时期，一大批艺术家面临着从体制转向市场的过程，这与追续权于法国诞生之时的社会背景具有相似之处，追续权的存在能够为艺术家走向市场并依靠创作生存提供制度支持。

---

① Recital 3, Directive 2001/84/EC of the European Parliament and of the Council of 27 September 2001 on the resale right for the benefit of the author of an original work of art.

② See, e. g., Copyright Agency/Viscopy, Comments Submitted in Response to U. S. Copyright Office's Sept. 19, 2012 Notice of Inquiry at 2 (Dec. 2012).

（一）保障我国艺术家能够在海外享有主张追续权的资格

《伯尔尼公约》对一国作者于外国保护追续权作出了规定："只有在作者本国法律承认这种保护的情况下，才可在本同盟的成员国内要求上款所规定的保护，而且保护的程度应限于被要求给予保护的国家的法律所允许的程度。"[1]可以看出，一国作者在国外主张追续权时采用互惠原则，这也是公约所采用的国民待遇原则的例外规定。这意味着，若我国未规定追续权，那么，我国艺术家在其他规定追续权的国家中无法主张追续权、获取追续金。

基于追续权的互惠原则，许多国家也将保护本国艺术家于海外的利益作为创设追续权的考量因素之一。澳大利亚在创设追续权制度时的立法讨论中便明确考量了这一点[2]，一些发展中国家也将此作为论证追续权正当性的理论基础之一[3]。此外，正在考虑创设追续权制度的加拿大，也有人提出相同的观点。[4]

我国自改革开放以来，艺术市场发展迅猛，艺术市场规模逐渐超越老牌的艺术市场大国，如法国、英国、美国等。2014 年我国艺术品市场规模达到56.6 亿美元，占全球份额的 37.2%，连续数年保持全球第一的位置。[5] 虽然受经济疲软的影响，我国艺术品市场份额在 2015 年有所下降，被美国所超越，但仍位居全球前两位，占据全球份额的 30.19%。[6]《著作权法》第三次修改过程中，国家版权局在谈到创设追续权的理由时亦指出，"考虑到我国目前艺术品市场的迅速发展和巨大规模，增加了追续权的规定"[7]。我国艺术市场的快速发展，也加速了艺术品流通的可能，随着艺术市场逐步国际化，我国艺术家创作的艺术品也从国内逐渐走向海外。

如表 2 - 3 至表 2 - 5 所示，从中国书画、瓷器杂项、油画及当代艺术三个

---

① 《伯尔尼保护文学和艺术作品公约》第 14 条之三第 2 款，载于世界知识产权组织网站：http：//www. wipo. int/wipolex/zh/treaties/text. jsp？ file_ id ＝283701，2015 - 12 - 6。

② the second reading speech of the c（Hon P Garrett MHR）in introducing the Resale Royalty Right for Visual Artists Bill 2008 in the Australian Parliament on 27 Noember 2008.

③ Sam Ricketson, Proposed International Treaty on Droit De Suite/Resale Royalty Right for Visual Artists, *245 Revue Internationale du Droit D'Auteur.* 3, 55（2015）.

④ Canadian Artists Representation and Le Regroupement des Artistes en Arts Visuels du Quebec, *Recommendation for an Artist Resale Right in Canada*, April 2013, Appendix C.

⑤ 雅昌艺术市场监测中心（AMMA）、Artprice：《2014 年全球艺术市场报告》，第 6 页，http：//amma. artron. net/reportDetail. php？ id ＝1，2016 - 4 - 14。

⑥ 雅昌艺术市场监测中心（AMMA）、Artprice：《2015 年全球艺术市场报告》，第 3 页，http：//amma. artron. net/reportDetail. php？ id ＝30，2016 - 4 - 14。

⑦ 国家版权局：关于《中华人民共和国著作权法》（修改草案）的简要说明，2012 年 3 月公布。

艺术品种类上看，我国艺术家创作的艺术作品在海外与港澳台进行交易的数量呈现逐年上升之势，虽然受近年来艺术市场不景气的影响，我国艺术家创作的作品在海外与港澳台成交金额有所波动，但该成交额也占总成交金额的相当大的比重，油画与当代艺术在海外与港澳台的成交量甚至占到总成交金额的一半以上。并且，"在全球艺术家拍卖成交总额排名前十位中，中国艺术家占据6席，百万美元以上成交艺术品数量也远超美国、英国"①。

表 2-3　中国书画在海外与港澳台上的拍卖情况②

	中国书画在海外与港澳台上拍量（件）	中国书画在海外与港澳台上拍量占总中国书画上拍量比重	中国书画在海外与港澳台成交金额（亿元）	中国书画在海外与港澳台成交金额占中国书画总成交金额比重
2014 年秋拍	18 011	9. 98%	15. 23	10. 57%
2013 年秋拍	15 348	8. 26%	28. 965	16. 3%
2013 年春拍	11 175	8. 02%	18. 96	13. 28%

表 2-4　瓷器杂项在海外与港澳台上的拍卖情况③

	瓷器杂项在海外与港澳台上拍量（件）	瓷器杂项在海外与港澳台上拍量占总瓷器杂项上拍量比重	瓷器杂项在海外与港澳台成交金额（亿元）	瓷器杂项在海外与港澳台成交金额占瓷器杂项总成交金额比重
2014 年秋拍			13. 74	39. 53%
2013 年秋拍	18 227	23. 66%	37. 915	46. 78%
2013 年春拍	15 035	25%	38. 42	52%
2012 年秋拍		20. 9%	39. 6	48. 53%

①　许超：《增加追续权是"文化走出去"的重要环节》，光明网 http：//news. gmw. cn/2015－12/14/content_ 18081132. htm，2016－3－14。

②　数据来源：雅昌艺术市场监测中心：《中国艺术品拍卖市场调查报告（2014 年秋季）》，第 25 页；《中国艺术品拍卖市场调查报告（2013 年秋季）》，第 35 页；《中国艺术品拍卖市场调查报告（2013 年秋季）》，第 35 页。http：//amma. artron. net/report. php，2016－2－22。

③　数据来源：雅昌艺术市场监测中心：《中国艺术品拍卖市场调查报告（2014 年秋季）》，第 32 页；《中国艺术品拍卖市场调查报告（2013 年秋季）》，第 51 页；《中国艺术品拍卖市场调查报告（2013 年春季）》，第 49 页；《中国艺术品拍卖市场调查报告（2012 年秋季）》，第 41 页。http：//amma. artron. net/report. php，2016－2－22。

表2-5 油画及当代艺术在海外与港澳台上的拍卖情况①

	油画及当代艺术在海外与港澳台上拍量（件）	油画及当代艺术在海外与港澳台上拍量占总油画及当代艺术上拍量比重	油画及当代艺术在海外与港澳台成交金额（亿元）	油画及当代艺术在海外与港澳台成交金额占油画及当代艺术总成交金额比重
2014年秋拍	3 703	37.31%	17.35	56.72%
2013年秋拍	3 046	26.65%	16.066	43.98%
2013年春拍	3 266	41%	14.78	58%
2012年秋拍		27.04%		51.98%

随着追续权在全球范围内的普及，越来越多的国家已经创设了这一制度。随着英国于2006年创设追续权制度②以及瑞士于2014年引入追续权制度③，除我国之外，世界顶级的艺术品市场中只剩下美国尚未规定追续权。我国若不规定追续权制度，将意味着我国艺术家在其他规定追续权的国家中无法享有与当地艺术家相同的主张追续权的资格。早在2007年7月，中国著作权人组织前往法国访问法国视觉艺术集体管理组织时，法方总干事便已经表示，欧洲艺术市场上有很多中国艺术家的作品被拍卖，但由于中国并未保护追续权，这些中国艺术家无法在欧洲主张追续权，这对中国艺术家并不公平。④

在艺术市场日趋全球化的今天，这将严重影响我国艺术家在国际环境中的权益。郭寿康教授曾指出，"我们的绘画、书法等美术作品随着改革开放的发展，大量出售给国外，如果我国著作权法上没有追续权的规定，即使一旦加入伯尔尼公约，对公约成员国内的我国作者创作的艺术作品，无论价格如何飞涨，也只能眼睁睁看着国外艺术商大发其财而不能按照该国法本可以得到的求偿，这显然对我国的艺术作品作者大为不利"⑤。

① 数据来源：雅昌艺术市场监测中心：《中国艺术品拍卖市场调查报告（2014年秋季）》，第41页；《中国艺术品拍卖市场调查报告（2013年秋季）》，第60页；《中国艺术品拍卖市场调查报告（2013年春季）》，第58页；《中国艺术品拍卖市场调查报告（2012年秋季）》，第23页。http://amma.artron.net/report.php，2016-2-22。

② The Artist's Resale Right Regulations, 2006, S. I. 2006/346; The Artist's Resale Right (Amendment) Regulations, 2009, S. I. 2009/2792; and the Artist's Resale Right (Amendment) Regulations, 2011, S. I. 2011/2873.

③ 2013年12月，有人在瑞士提出了在瑞士版权法中引入追续权的议案，2014年3月，这一议案获得瑞士议会的批准。Available at http://www.adagp.fr/sites/default/files/brochurea4_mandarin_lowres.pdf.

④ 刘栋：《激励创作，"追续权"不应缺位》，载《文汇报》2016年3月11日。

⑤ 郭寿康：《谈美术作品的追续权》，载《美术》1993年第3期，第43页。

党的十七届六中全会通过的《关于深化文化体制改革推动社会主义文化大发展大繁荣若干重大问题的决定》明确提出了我国"文化走出去"战略，其中指出："推动中华文化走向世界。开展多渠道多形式多层次对外文化交流，广泛参与世界文明对话，促进文化相互借鉴，增强中华文化在世界上的感召力和影响力，共同维护文化多样性。"实施"文化走出去"战略需要保障我国艺术家在海外的权益，创设追续权将能使我国艺术家在国外获得追续金，这将对那些走出国门的艺术家提供支持，并激励更多的艺术家参与国际性的艺术活动。综上所述，我国应当创设追续权制度，以保障我国艺术家在其他规定追续权的国家中享有主张追续权的资格。

（二）追续权能为体制转型中的艺术家提供支持

追续权制度在法国诞生之时，正伴随着法国官方资助体系的衰亡与艺术市场的兴起，艺术家在失去国家保障之后，不得不选择进入艺术市场，参与市场竞争。在这一社会转型过程中，法国艺术家由于难以通过艺术市场维持生计，于是逐渐出现了"挨饿的艺术家"现象，而与此同时，当时法国的艺术品交易商却通过转售画家的作品获得惊人利润。通过法国媒体的报道与渲染，这一现象逐步为法国公众所知悉，这也推动了追续权制度在法国的产生。由此可见，追续权制度的缘起与艺术家收入分配的调整有着直接的关联。

我国艺术家也面临着与当时法国艺术家相同的境遇。新中国成立之后，中华全国美术工作者协会于 1949 年 7 月 21 日第一届全国文代会时成立（后于1953 年改名为中国美术家协会），政府为协会的省级和地方分会的注册会员提供了固定薪水和免费住房，艺术家开始享受一种他们过去从未有过的保障。[①]在新中国成立到改革开放的近 30 年间，对于我国艺术家而言，国家或政府是主要的、通常也是唯一的艺术赞助人。这一时期内，我国一直存在着一个艺术主流，它对所有创作目的与创作意图都产生着影响，要求内容必须是积极的、鼓舞人心的，在创作风格上是因循惯例的。[②]

这一过程一直持续至改革开放初期，画家张九千先生曾亲身经历了我国艺术家与艺术市场的发展情况，他指出，在改革开放初期，没有艺术市场这个大环境，艺术家也没有卖画的观念，零星的卖画行为也不是一个主动的市场行

---

① ［英］迈克尔·苏立文：《20 世纪中国艺术与艺术家》（上），陈卫和、钱岗南译，上海人民出版社 2013 年版，第 225－226 页。

② 同上书，第 362 页。

为。[①] 在对安徽书法家协会名誉主席陶天月先生的访问中，陶先生也表示，“那时候，我们的作品不可以随意拿到市场上卖的，那时候也没有艺术品交易市场。那时候的书法家、画家作画的目的都很纯粹，是自己的兴趣和喜好驱使他们创作，也有固定的单位工作”[②]。

不过，自改革开放以来，我国经济模式面临着由计划经济向市场经济的转型，我国艺术市场逐渐成形并发展，时代的转变使得许多艺术家不得不脱离原有的体制，投入艺术市场，参与市场竞争。到20世纪90年代，这一进程逐渐加快。1992年10月，古董艺术自新中国成立以来首次可以在北京进行拍卖，除古董外，1992年广州举办了双年展。2011年党的十七届六中全会通过的《中共中央关于深化文化体制改革、推动社会主义文化大发展大繁荣若干重大问题的决定》明确提出，“发挥市场在文化资源配置中的积极作用”。2012年发布的《国家“十二五”时期文化改革发展规划纲要》更是指出，“在国家许可范围内，要引导社会资本以多种形式投资文化产业，参与国有经营性文化单位转企改制”。自此，中国现代艺术同艺术市场，比以往更加紧密地捆绑在一起。[③] 与之相对应的是，艺术家在创作上逐渐获得更大的自由。

在这一转型时期，美协的影响力和控制力依旧非常巨大，艺术标准被少数人制定，很多时候，加入美协等体制内，成为会员的名头就能被藏家所认可。[④] 一批艺术家在体制内升迁后，其作品价格大幅上升。虽然艺术家已经面临着从体制向市场的转变，但由于体制的力量过大，致使市场被压缩，那些脱离体制、依靠市场的职业画家很难做下去。画家张九千先生也指出，我国艺术市场虽然发展迅猛，但是市场环境比较混乱，欠缺规范，大部分画家的生活仍非常艰难。[⑤] 在这一背景下，赋予艺术家从作品创作中获取利益使得艺术家能够在失去体制保障的情况下维持创作活动。

由于艺术作品在载体上的单一性，我国艺术家在出售艺术作品原件后无法从作品的使用中获益，即使我国《著作权法》规定了展览权，但也规定“美

---

① 刘韡：《追续权相关法律问题研讨会综述》，http：//ipr. ruc. edu. cn/article. asp？ id = 361，2016 - 4 - 19。

② 参见附录四。

③ ［英］迈克尔·苏立文：《20世纪中国艺术与艺术家》（下），陈卫和、钱岗南译，上海人民出版社2013年版，第435页。

④ 燕敦俭：《市场机制下职业画家的历史地位及影响力》，载《中国美术》2013年第5期，第140页。

⑤ 刘韡：《追续权相关法律问题研讨会综述》，http：//ipr. ruc. edu. cn/article. asp？ id = 361，2016 - 4 - 19。

术作品原件的展览权由原件所有人享有"。《著作权法》立法目的在于激励创作，在艺术体制转型的背景下，追续权的创设将使得艺术家能够从作品原件出售后的后续使用中获取利益，为离开体制并进入市场的艺术家提供支持，这将激励艺术创作，对于我国艺术家而言具有现实意义。

　　总的来看，我国追续权立法具有正当性。这也符合我国《著作权法》第三次修改的基本原则，即遵循独立性、平衡性和国际性原则，独立性原则就是要立足中国国情、体现中国特色、结合中国实际、解决中国问题；平衡性原则就是要妥善处理好创作者、传播者和社会公众利益的基本平衡；国际性原则就是从国际著作权制度调整变化的趋势和提升我国负责任大国的国际形象角度推进修法工作。① 首先，本次追续权立法的原因在于"我国目前艺术品市场的迅速发展和巨大规模"②，由此可见追续权的创设旨在解决目前我国的实际问题，这是独立性的体现；其次，追续权制度针旨在实现艺术家、作品传播者、作品最终用户之间的利益平衡，进而实现艺术家与其他创作者在作品使用上获得收益的平衡，这体现了平衡性原则；最后，由于国际公约的互惠要求和艺术家权益保护的需要，无论是大陆法系国家，还是英美法系国家，都趋于接受追续权制度。根据刘波林先生的统计，至少有 80 个左右的国家在民法典或著作权法中规定了该项权利③，追续权制度已经成为各国著作权立法的趋势，我国引入追续权制度因此体现了国际性原则的要求。

---

① 国家版权局：关于《中华人民共和国著作权法》（修改草案）的简要说明，2012 年 3 月公布。
② 同上注。
③ 李雨峰：《我国设立追续权制度的必要性》，载《中国版权》2012 年第 6 期，第 11 页。

第三章 我国实施艺术品追续权制度的可行性研究

法律是商品经济发展的必然产物，是商品交换不可或缺的调整机制，商品经济愈发展，社会对法的要求就愈多，法律制度的不断更新与完善又会对商品经济施以更有效的影响，结合追续权制度的可行与否，立法者必须对追续权制度背后的艺术品市场有所了解，若追续权制度的实施脱离了我国艺术品市场的现状，那么追续权入法将成为无本之木、无源之水。

第一节 追续权制度的运行障碍

艺术品市场的一项重要特征在于其具有保密性和不透明性，卖家和买家之间的信息是不对称的，买家很难获取艺术品质量的信息，卖家很难了解买家的购买意愿。并且，卖家和买家的身份信息通常不对外公开，这使得卖方和买方之外的第三人很难获取艺术品交易信息。[①] 这一"信息获取障碍"会对追续权制度的实施造成严重的影响。因为，现有的追续权法预设的前提在于艺术市场上的各从业人员可以获取艺术市场上特定的交易信息，但艺术品交易具有秘密性，市场的专业人员也一直在保守着交易信息的秘密性，而这些信息对于追续权制度的有效运行又是必不可少的。[②]

一、艺术市场的信息获取障碍

追续权可行性的主要障碍在于艺术市场的"秘密性"，这造成了信息获取的困难。这一现象不单为私人交易所有，公开拍卖市场亦存在信息获取障碍。

[①] Olav Veltuis, Art Markets, in *A Handbook of Cultural Economics* 36 (Ruth Towse ed. , 2011).

[②] Stephanie B. Turner, The Artist's Resale Royalty Right: Overcoming the Information Problem, 19 *UCLA ENT. L. REV.* 329, 334 (2012).

立法者必须正视艺术市场的这一特性，分析我国是否能够实施追续权制度。

（一）私人交易下的信息获取障碍

私人交易的方式，占到艺术市场交易份额的近 60%，是艺术市场最不透明的部分。[①] 在这些交易中，卖家和其代理人直接与买家进行交流，不需要通过广告或者其他公开的方式，一般由画廊、交易商、艺术品顾问参与完成，有时拍卖行也会参与受私人协议约束的艺术品交易，这些私人交易的信息既不对外公开，公众也无从知晓。

那么这种秘密性将对艺术品交易造成什么影响呢？为了能更好地理解这一点，必须分析卖家和买家为什么会选择私人交易的方式，而不是采用公开拍卖的方式。原因多种多样，但一般而言，交易方之所以选择私人交易是因为双方都希望保证交易的"秘密性"。对于很多卖家而言，他们担心自己的朋友会向他们借钱，担心如果公开拍卖毕加索、莫奈等人的作品会暴露所有权人的身份信息。特别对于我国收藏家而言更是如此，中国人有怀璧其罪的传统，不愿露富，很多艺术品财产交易都通过地下交易完成。另外还有一些原因导致了买卖双方会选择私人交易：买卖双方可能想避开历史学家、收藏家等，以防止作品损坏或盗窃；更有甚者意图向税务局隐瞒艺术品交易，以期逃税。有时，保密也出于其他目的，如"越少的信息意味着越高的艺术品价格"，"非透明的报价可以使得类似的艺术品的价格完全不同"[②]。

通常是由艺术品交易商、拍卖行协助完成私人交易，因为这些专业机构了解客户的"秘密性"需求，并能提供最专业的服务。因此选择私人交易的买卖双方基本上不会透露任何的交易信息，很多情况下，交易双方都不签订交易合同，否则会增加信息泄露的风险。在这种情况下，交易双方一般会选择与中间商私下签订保密协议。

即便如此，这些私人交易的信息有时也会泄露。例如，2010 年，一个名为克雷格·罗宾斯（Craig Robins）的收藏家以违反保密协议起诉了艺术交易商大卫·茨维尔纳（David Zwirner）。该案中，Zwirner 把 Robins 销售艺术品的事实告诉了艺术家杜马斯（Dumas），因为对 Robins 利用转售其艺术品获得巨

---

① Erica Coslor, *Transparency in an Opaque Market: Auction Prices as Anchors and Guideposts* 16 (March 22, 2011) (unpublished manuscript) (on file with U. S. Copyright Office), available at http://aahvs. duke. edu/uploads/media_ items/coslor - transparency - in - an - opaque - market - 03 - 22 - 2011. original. pdf.

② Donald N. Thompson, *The $ 12 Million Stuffed Shark: The Curious Economics of Contemporary Art* 194 (2008).

额回报的不满，Dumas 将 Robins 列入黑名单，不再向 Robins 出售任何自己的作品。[1] 本案也从侧面反映出卖家保密的原因：不希望艺术家知晓转售中获得暴利的消息，这很可能会惹怒艺术家。

私人交易在近年来变得越来越流行。近年来在全球范围发生的经济危机使得投机商和收藏家无力支付高昂的公开拍卖费，同时，相较于拍卖行的公开化和高风险，很多艺术品收藏商都倾向于具有灵活性和秘密性的私人交易市场。世界上最顶级的两大拍卖行——克里斯蒂和苏富比也越来越注重私人交易的业务以应对这一趋势，随着越来越多艺术品交易以私人交易形式完成，艺术市场的"秘密性"也将越来越流行。

因此，艺术市场"秘密性"对私人交易的影响在于：实践中几乎不可能收集足够的信息以进行实证调查。因此，第三方将难以知晓交易是否发生。而交易细节，如当事人信息、购买价格、艺术品的交易历史等，都将就此尘封。

（二）公开拍卖下的信息获取障碍

公开拍卖比私人交易要更加透明。顾名思义，公开拍卖一般面向大众，拍卖行会在拍卖前和拍卖后发布信息，在拍卖前，拍卖行一般会发布拍卖品列表，拍卖结束后，拍卖行会发布一份交易价格清单。因此，公众能够非常容易地获取特定的信息，如拍卖发生的地点和拍卖的成交价格。

但是，即便是公开拍卖，也存在"秘密性"问题。大多数卖家会选择在专业的拍卖行拍卖自己所有的艺术品，这些拍卖行一般会根据卖家的要求将一部分信息保密，如卖家的姓名、住址、合同信息、艺术品的销售链，通常买家的信息也受保密。如我国现行的《拍卖法》赋予了拍卖过程中的买卖主体以保密权利。我国《拍卖法》第 21 条规定："委托人、买受人要求对其身份保密的，拍卖人应当为其保密。"并且，多数拍卖的投标人甚至不会出现在拍卖现场，顶级的博物馆和收藏家一般都选择匿名参与拍卖，并通过电话或雇用拍卖代表的方式进行拍卖。在网络拍卖中，投标人更无须露面即可通过信息网络跟踪艺术品报价情况，并进行远程出价。[2]

公开拍卖在其他方面也具有"秘密性"，例如，大多数拍卖行都会设置一

---

[1] Edward Winkleman, The Case for Droit de Suite in New York, *Art Newspaper* (Apr. 28, 2010), http://theartnewspaper.com/articles/The-case-for-droit-de-suite-in-New-York/20673.

[2] See, e.g., Olav Veltuis, Art Markets, in *a Handbook of Cultural Economics* 36 (Ruth Towse ed., 2011).

个拍卖底价，这个底价指的是卖家愿意出售艺术品的最低价格，在公开拍卖中一般由卖家和拍卖行商议决定，并且处于保密状态，因此投标人没法获取该信息。我国《拍卖法》的第28条即规定："委托人有权确定拍卖标的的保留价并要求拍卖人保密。"在很多拍卖中，拍卖人会大声地宣布和记录出价，引导投标人一步步提高出价，并超过底价，这种情况为公众所诟病，其发生可能由多重原因造成，但最主要的原因或许正是底价的"秘密性"：任何投标人都不会了解最初设置的底价。

根据《拍卖法》对交易信息秘密性的规定，若要求获取交易的特定信息，可能会侵犯买家与卖家的隐私。澳大利亚也对此表示了担忧，"追续权管理组织必须在其官方网站上公开艺术品转售信息，倘若无法保护交易双方的隐私，那么其可能不愿意继续进行交易"[①]。总的来说，在公开拍卖中，第三人一般能获取一些交易信息，但不是全部。一般而言，第三人只能够获悉该拍卖交易的完成与否，以及特定作品的拍卖成交价格，而其他信息，如交易主体的身份信息、特定作品以往的所有权人的信息，基本上无法获知。[②]

二、艺术市场信息获取障碍对追续权制度的影响

追续权制度的有效运行依赖于艺术市场的有效信息，如卖家、艺术家、集体管理组织的信息。正如上文所指出的，这些信息非常难获取，并可能导致追续权制度和艺术市场"秘密性"产生冲突。

（一）以美国加利福尼亚州的制度失效为例

有学者指出，追续权制度在实践中极少实施，在很多已经规定追续权的国家中，追续权往往被"忽视"或"闲置"。这个观点主要依据美国加利福尼亚州的追续权实践："没有人支付追续金，没有人因此起诉，艺术市场上每个人都在逃避追续权"的情况。[③] 这个反对意见点切中了追续权制度的要害，即若追续权制度无法有效运行，那么设立该制度将失去意义。

那么追续权制度在实施中会遇到什么障碍？我国若创设追续权制度能否解决这些问题并有效实施呢？本文将以美国加利福尼亚州的制度失效为例进行分

---

① House of Representatives Standing Committee on Climate Change, Water, Environment and the Arts, Resale Royalty Right for Visual Artists Bill 2008, p. 37.

② Stephanie B. Turner, The Artist's Resale Royalty Right: Overcoming the Information Problem, 19 *UCLA ENT. L. REV.* 329, 334 (2012).

③ Lewis D. Solomon & Linda V. Gill, Federal and State Resale Royalty Legislation: "What Hath Art Wrought?" 26 *UCLA L. Rev.* 322, 335 (1978).

析，之所以选择把美国加利福尼亚州的追续权制度作为一个研究的样本，主要基于两个原因：一是加州追续权的制度结构与其他国家的制度结构基本一致；二是因为加州的追续权制度并未有效地运行，而其失效或多或少地与艺术市场的信息障碍相关。

加州的追续权制度要求卖家在转售艺术家的作品时，找到艺术家，并向其支付占转售总收入 5% 的追续金。如果卖家不能在交易发生 90 天内找到艺术家，卖家就应当将这笔追续金交给加利福尼亚州艺术协会。这时，艺术协会便承担了寻找艺术家的重任，如果艺术协会在 7 年内无法找到艺术家，那么该协会就可以将这笔追续金用于其他与艺术相关的项目。最后，若卖家未在 90 天内向艺术家支付追续金，法案规定"艺术家可以据此在特定的诉讼期限内向卖家提起诉讼，索要赔偿"。①

然而，加州的追续权制度缺乏可行性。首先，法案将寻找艺术家和支付追续金的初始责任施加于卖家。为了能找到艺术家，卖家必须知道艺术家的住所，或至少能联系到艺术家；其次，支付责任在交易发生 90 天后将转移到艺术协会，与卖家相同，艺术协会必须知晓艺术家的信息才能履行这一责任；最后，艺术家可以要求追续金的强制执行：如果卖家未在交易发生 90 天内支付追续金，艺术家可以在特定的诉讼期限内向卖家提起诉讼，索要赔偿，这意味着，艺术家若欲通过诉讼方式获取追续金，也必须知晓艺术品转售的情况。

因此，加州的追续权制度建立在一种假设的基础上，这种假设认为艺术市场的各种信息都可以被轻易地获取。事实上，信息是追续权制度的决定性因素，如果当事人无法获取相关信息，追续权就可能在不同阶段遇到执行的困难，例如，如果艺术协会和艺术家都不知晓交易的发生，那么卖家将不向上述任何一方支付追续金，换言之，卖家只要保证交易的秘密进行，就不需要支付追续金。如果艺术协会知晓交易发生的事实，却无法找到艺术家，那么艺术家也无法收到追续金。遗憾的是，这些例子在加州已经成为现实，美国加利福尼亚州的追续权制度处于"没有人支付追续金，没有人因此起诉，艺术市场上每个人都在逃避追续权"② 的状况。根据美国《纽约时报》于 2011 年 11 月的报道，自美国加利福尼亚州追续权法生效以来的 34 年间，只有约 400 名艺术

---

① *Cal. Civ. Code* 986（a）.

② Katreina Eden, Fine Artists' Resale Royalty Right Should Be Enacted in the United States, 18 *N. Y. Int'l L. Rev.* 121，122 – 123（2005）.

家获得过总额约为 328 000 美元的追续金。①

（二）信息获取障碍将影响追续权制度的运行与评估

由上文所述可以看出，追续权的有效运行，需要不同的市场主体提供特定的信息，但是艺术市场上存在的信息获取障碍使得上述信息基本不对外透露，因此艺术市场的困境与追续权制度存在冲突。当然了，这些信息获取障碍只会存在于一种情况，即当事人更愿意按照市场的"秘密性"进行交易，而不是遵守追续权制度的要求。事实上，有证据已经证明了艺术市场的"秘密性"已经压倒了追续权制度，例如，在加州的追续权制度生效 10 年之后，有人对艺术家做了一项调查，结果显示：32% 的艺术家表示，交易商拒绝提供买家的信息或地址，甚至销售的价格，而这些信息对于艺术家获取追续金是不可或缺的。② 同样地，在许多国家，包括希腊、意大利、卢森堡、葡萄牙、西班牙等国，追续金从未真正地征收过。③ 如果当事人更愿意按照市场的"秘密性"进行交易，那么追续权制度就将无法有效地适用，而这一点将违背立法的意图，打击艺术家创作的积极性。

同时，受艺术市场信息获取障碍的影响，追续权的实施成本将大幅上升。根据英国 2008 年的报告，很多拍卖行和交易商认为，追续权制度的管理成本非常高。④ 同样，欧盟委员会在 2011 年的报告中也指出了追续权管理上存在效率低下的现象，在某些欧盟成员国，这种低效率给市场专业人员施加了不必要的负担，并减少了艺术家实际获得的追续金，据估计，每次交易追续权的管理成本可能多达 50 欧元。⑤

除了影响追续权制度的运行之外，信息获取障碍也会影响追续权制度的评

---

① Patricia Cohen, Artists File Lawsuits, Seeking Royalties, *N. Y. TIMES*, Nov. 1, 2011, http: // www. nytimes. com/2011/11/02/arts/design/artists – file – suit – against – sothebys – christies – and – ebay. html? pagewanted = all).

② Michael B. Reddy, The Droit de Suite: Why American Fine Artists Should Have a Right to a Resale Royalty, 15 *Loy. L. A. Ent. L. Rev.* 509, 521 (1995)

③ Ivan Macquisten, EU Impact Study on Resale Right Inconclusive, *Antiques Trade Gazette* (Dec. 19, 2011), http: // www. antiquestradegazette. com/news/8101. aspx.

④ Kathryn Graddy, Noah Horowitz & Stefan Szymanski, *A Study into the Effect on the UK Art Market of the Introduction of the Artist's Resale Right*, p. 36. (2008) ("U. K. REPORT") available at http: // www. ipo. gov. uk/study – droitdesuite. pdf.

⑤ European Commission, Report from the Commission to the European Parliament, the Council, and the European Economic and Social Committee: Report on the Implementation and Effect of the Resale Right Directive (2001/84/EC), at 11 (2011), available at http: //ec. europa. eu/internal_ market/copyright/docs/resale/report_ en. pdf.

估。美国之前之所以反对创设追续权制度，其原因就在于，缺乏足够的实证数据以评估追续权立法对美国现有法律可能造成的影响。① 而从现有研究看，尽管存在追续权制度对艺术市场影响的研究，但受到信息获取障碍的影响，这些研究的数据并不充分，可能会起到误导作用。例如，一项研究表明，在设立追续权的国家中，许多艺术家依据追续权制度获得了可观的追续金，并且艺术品的销售价格并未下降。② 但另一项基于 29 个已设立追续权国家的研究中，24 个国家极少或根本没有分发追续金。③

追续权的支持者和反对者甚至会引用同一份报告，最后得出完全相反的结论。例如，美国版权局为研究追续权而向外征求意见时，收到来自欧盟视觉艺术家协会和德国图像艺术集体管理组织（VG Bild-Kunst）的支持意见，其中指出，"艺术品贸易并不会因为追续权制度的创设而转移至其他未规定追续权的国家"，美国版权局还曾收到苏富比（Sotheby）和克里斯蒂（Christie）两大拍卖行提供的反对意见，指出"欧盟在实施追续权制度后，那些售价越高的艺术品交易越有可能转移至那些交易成本更为低廉的艺术品市场"。值得注意的是，这两份意见都引用了欧盟委员会于 2011 年公布的《追续权条例的实施与效果报告》（*Report on the Implementation and Effect of the Resale Right Directive*），而欧盟委员会的该份报告数据又来自 Arts Economics 事务所的研究报告。④

由此可见，艺术市场"信息获取障碍"对于追续权制度的运行与评估都将构成巨大的挑战，正如美国传媒摄影师协会的维克托·S. 帕尔曼（Victor S. Perlman）所称，"我们所具有的都是传闻性的信息和数据，对这些数据的分析仅仅是一种罗夏墨迹测验法⑤，每一个人都能够通过这些数据看到他们所期待获取的东西"⑥。由此，许多涉及追续权立法的探讨都是基于某种假设而进行

① U. S. Copyright Office, Droit de Suite: The Artist's Resale Royalty, at xv. . (Dec. 1992), vailable at http://www.copyright.gov/history/droit_de_suite.pdf.

② Katreina Eden, Fine Artists' Resale Royalty Right Should Be Enacted in the United States, 18 *N. Y. Int'l L. Rev.* 121, 122 – 123 (2005).

③ Liliane de Pierredon-Fawcett: *The Droit de Suite in Literary and Artistic Property*, *A Comparative Law Study*, published by Center for Law and the Arts, Columbia University School of Law, 1991. p. 106.

④ U. S. Copyright Office, *Resale Royalties*: *An Updated Analysis*, p. 27 n. 197 (2013), available at http://www.copyright.gov/docs/resaleroyalty/usco-resaleroyalty.pdf.

⑤ 笔者注：罗夏墨迹测验因利用墨渍图版而又被称为墨渍图测验，是非常著名的人格测验，也是少有的投射型人格测试。这一测试在临床心理学中使用得非常广泛。通过向被试者呈现标准化的由墨渍偶然形成的模样刺激图版，让被试自由地看并说出由此所联想到的东西，然后将这些反应用符号进行分类记录，加以分析，进而对被试人格的各种特征进行诊断。

⑥ Tr. at 103: 17 – 22 (Apr. 23, 2013) (Victor S. Perlman, American Society of Media Photographers ("ASMP")).

的，缺乏实证数据的支撑。

第二节　我国具有实施追续权制度的可行性

追续权制度在我国具有实施可行性，我国能够应对追续权制度的运行障碍并控制追续权制度的实施成本。追续权人在我国可以通过拍卖监管部门，也可以通过艺术市场信息平台获取艺术品交易信息。我国已经建立起著作权集体管理制度，未来追续权集体管理组织可由我国美术家、书法家协会发起设立，并且，我国正在逐步探索建立艺术品登记制度，这些措施将保障我国实施追续权制度的可行性。当然，可以预见的是，在我国创设追续权制度后，艺术市场各方主体需要一段时间适应追续权制度。

一、追续权人可以获取艺术品拍卖信息

尽管艺术品市场上存在信息获取障碍，但就我国而言，艺术品拍卖的信息存在获取的可能。一般而言，各国都将公开拍卖纳入追续权制度的适用范围，并在公开拍卖的基础上扩展追续权制度的适用范围，如艺术市场专业人员参与的交易以及私人交易等。我国《著作权法》修改草案第二稿、第三稿以及送审稿都将追续权的适用范围限定为"通过拍卖方式的转售"，这一规定将增强我国实施追续权制度的可行性。

（一）追续权人通过拍卖监管部门可获取艺术品拍卖信息

我国拍卖行业受多方监管。商务部是拍卖行业主管部门，对全国拍卖业实施监督管理。[①] 除商务部之外，工商行政管理机关亦对拍卖企业及拍卖企业进行的拍卖活动实施监督管理。中国拍卖行业协会协助政府部门开展行业管理工作。[②] 在现有的拍卖行业监管体系下，拍卖人需要根据《拍卖法》保管艺术品拍卖资料[③]，拍卖企业还需向中国拍卖行业协会反映情况，提供各种有关数据

---

① 参见《拍卖管理办法》第 4 条。

② 《拍卖法》第 17 条规定："拍卖行业协会是依法成立的社会团体法人，是拍卖业的自律性组织。拍卖行业协会依照本法并根据章程，对拍卖企业和拍卖师进行监督。"中国拍卖行业协会简称中拍协，截至目前，中拍协共发展会员 2 529 家，并由 1.2 万拍卖师构成。http://www. caa123. org. cn/frontNcShow-IntroAction. do? method = showNewsByID&ID = 103，2016 – 2 – 27。

③ 《拍卖法》第 54 条规定："拍卖人应当妥善保管有关业务经营活动的完整账簿、拍卖笔录和其他有关资料。前款规定的账簿、拍卖笔录和其他有关资料的保管期限，自委托拍卖合同终止之日起计算，不得少于 5 年。"

和统计资料①。通过拍卖行业监管部门对拍卖信息的收集与整理，第三方能够获取艺术品拍卖信息。

1. 追续权人通过商务部可以获取艺术品拍卖信息

根据《拍卖管理办法》的要求，商务部组织制定有关拍卖行业的规章和政策，指导各地制定拍卖行业发展规划，依法建立拍卖业监督核查、行业统计和信用管理制度。② 为了加强拍卖行业的信息报送和统计工作，作为拍卖行业的主管部门，商务部委托中商商业发展规划院开发了全国拍卖行业管理信息系统，如图3-1所示。通过这一系统，拍卖企业填报其经营数据（月度报表、年度报表），各地商务主管部门进行审核，中国拍卖行业协会汇总形成月度、年度行业统计报表。③

图3-1 全国拍卖行业管理信息系统中拍卖企业使用界面

这一系统中的拍卖交易信息管理板块建立了拍卖企业业务信息报送渠道，通过多种形式对拍卖业务信息进行汇总，包括拍卖会、拍品、竞买人、拍卖成交确认书以及拍卖成交结算单的登记，如图3-2所示。

图3-2 全国拍卖行业管理信息系统中拍品备案界面

---

① 参见《中国拍卖行业协会章程》第11条：会员履行下列义务：（四）向本会反映情况，提供各种有关数据和统计资料。

② 参见《拍卖管理办法》第43条。

③ 参见《商务部办公厅关于启用新版全国拍卖行业管理信息系统有关事项的通知》，http://ltfzs. mofcom. gov. cn/article/smzx/201502/20150200891123. shtml，2016-2-27。

拍卖会前，拍卖企业需要在系统中进行拍品备案，登记拍品名称、拍品类型、委托人信息、保留价等信息。只有完成拍品备案，才能后续录入拍卖成交确认书，如图 3 - 3 所示。

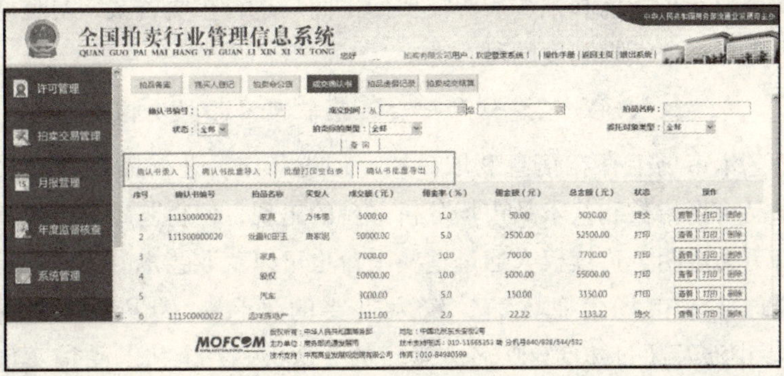

图 3 - 3　全国拍卖行业管理信息系统中成交确认书界面

企业通过拍卖交易管理中的"成交确认书"功能，可以录入成交确认书信息并进行在线打印，同时对已有的确认书信息进行导出。成交确认书中包括拍品名称、买受人、拍品成交额等信息。拍卖企业应于每月 6 日前报送上月月报数据，每年 1 月 28 日前报送上一年度年报数据，中国拍卖行业协会每月 15日前完成月度数据汇总分析，每年 2 月 10 日前完成上一年度数据汇总分析。①

通过这一系统，追续权人可以获取艺术品拍卖的信息，包括艺术品卖家、买家的信息，也包括成交金额，拍卖时间等信息，这将有效地解决拍卖市场上信息获取障碍的问题，保证实施追续权的可行性。不过，根据商务部的要求，这一数据现处于保密状态，不得将数据用于政府统计分析以外的其他用途②，我国若创设追续权制度，还需要赋予追续权人获取交易信息的权利。

2. 追续权人通过工商行政管理机关可以获取艺术品拍卖信息

除此之外，追续权人也可以通过工商行政管理机关获取艺术品拍卖信息，根据《拍卖监督管理办法》第 5 条的规定，"拍卖企业举办拍卖活动，应当于拍卖日前到拍卖活动所在地工商行政管理机关备案"，"拍卖企业应当在拍卖

---

①　参见《商务部办公厅关于启用新版全国拍卖行业管理信息系统有关事项的通知》。

②　同上注。"四、工作要求（三）加强保密工作：各级商务主管部门要强化对企业信息数据的保密工作，不得将数据用于政府统计分析以外的其他用途，未经企业同意，严禁复制、传播相关企业数据信息。各使用单位应加强保密管理，妥善管理系统登录账户和密码，防止非法使用系统及泄露信息事件发生，确保系统登录的安全性"。

活动结束后 7 日内，将竞买人名单、成交清单及拍卖现场完整视频资料或者经当事人签字确认的拍卖笔录，送拍卖活动所在地工商行政管理机关备案。具备条件的工商行政管理机关可以通过互联网受理拍卖活动的备案材料"。可以看出，拍卖企业在拍卖前和拍卖后都需要向工商局进行拍卖备案，对这些信息的获取将大大增强追续权制度的可行性。

（二）追续权人通过艺术信息平台可获取艺术品拍卖信息

尽管艺术市场上存在信息获取障碍，但近年来，艺术品拍卖成交价数据库、艺术品市场指数和艺术品市场分析平台的出现，使得艺术品市场在某种程度上变得更为透明，追续权人通过这些平台也可以获取艺术品拍卖信息。

就全球艺术市场信息而言，较为重要的平台如 ArtPrice、ArtNet 等[1]，ArtPrice 提供涉及超过 405 000 名艺术家的 2 500 多万个艺术品拍卖价格和指数[2]，ArtNet 的数据库囊括了全球 1 400 多家拍卖行的 700 多万条拍品价格纪录，覆盖了从古至今 27 万多位艺术家的作品[3]。

就我国艺术市场信息而言，雅昌艺术网建立了雅昌中国艺术品数据库，覆盖了 1993 年至今 1 000 多家拍卖机构的 23 000 多场拍卖中超过 5 300 000 件拍品的信息，每年新增约 60 万条中国艺术品拍卖信息。依托这一数据库，雅昌艺术市场监测中心每年定期推出雅昌指数、《中国艺术品拍卖市场调查报告》，雅昌每年与 ArtPrice 合作，共同推出全球艺术市场报告。这些数据与信息也成为研究艺术市场的重要素材，我国追续权人可以依托这些平台与数据库获取与其相关的艺术品拍卖信息。

二、我国已经创设了著作权集体管理制度

从追续权实践上看，国外一般都设立集体管理组织行使追续权，由于艺术市场信息获取障碍，对于单个艺术家而言，若其不加入集体管理，则其追续权在信息获取障碍下将无法得到保障，那么我国目前是否具备相应的集体管理组织制度？我国目前已经从立法层面对著作权集体管理组织作出了规定，2001年修订的《著作权法》首次规定了著作权集体管理组织的性质、法律地位等，2004 年由国务院颁布的《著作权集体管理条例》对集体管理组织的规定作了

---

① 还包括 Invaluable （http：//www. invaluable. com/），Art Market Research （http：//www. artmarketresearch. com）.

② ArtPrice （http：//www. artprice. com）.

③ ArtNet （http：//www. artnet. com/）.

进一步细化，这为我国著作权集体管理组织的发展提供了积极有益的制度保障。

同时，我国的著作权集体管理组织已经相继成立并发展迅速，现已创设了中国音乐著作权协会、中国文字著作权协会、中国音像集体管理协会、中国摄影著作权协会、中国电影著作权协会。虽然我国目前尚未建立与艺术作品有关的集体管理组织，但可以认为，我国的集体管理组织在制度保障和经验积累上已为我国追续权的有效行使提供了可行的依据。值得注意的是，本次《著作权法》修改草案第三稿和送审稿已经明确规定由相应的著作权集体管理组织行使追续权①，这意味着我国追续权制度在权利行使的主体上具有可行性。

三、美术家、书法家协会能够发起设立追续权集体管理组织

我国美术家协会与书法家协会能够为我国追续权的实施提供管理保障，这两家协会与追续权的渊源由来已久，我国最早提出追续权的，便是已故中国美术家协会主席吴作人先生。1990 年 9 月 17 日，我国《著作权法》通过后仅仅十日之际，吴先生便在国家版权局组织的一次研讨会上，提到了《著作权法》没有规定追续权的缺憾，他也郑重提出对追续权进行研究。② 并且，这两家协会对追续权的创设持支持态度。此次《著作权法》修改过程中，美术家协会也向国家版权局呼吁，希望确保追续权条款最终能够被写入《著作权法》终稿。③ 中国书法家协会会员、书法家王文英也指出，"提出追续权是一种进步，对艺术家来说是好事"④。

维护会员合法权益是美术家协会的职能之一⑤，也是书法家协会的职能之一⑥。

---

① 《著作权法》修改草案第三稿第 62 条："著作权和相关权权利人依据本法第十二条、第十七条、第三十六条和第三十九条享有的获酬权，应当通过相应的著作权集体管理组织行使。"其中第 12 条为规制追续权制度的条款。参见《著作权法》修订草案送审稿第 64 条："著作权和相关权权利人依据本法第十四条和第四十条享有的获酬权，应当通过相应的著作权集体管理组织行使。"其中，追续权规定于第 14 条中。

② 吴作人：《加强法制意识，保护美术家合法权益》，载《法制日报》1990 年 10 月 3 日第 3 版。

③ 陶勤、吕岩峰：《美术作品著作权保护，应有参考比对的国际视野》，载《美术》2012 年第 6 期，第 14 – 15 页。

④ 张娟：《追续权 看起来很美》，载《中国商报》2012 年 12 月 13 日。

⑤ 《中国美术家协会章程》第 16 条：建立健全权益保障职能，依法维护会员的相关合法权益，及时向有关单位或部门反映会员诉求。

⑥ 《中国书法家协会章程》第 17 条：依据有关法律和本会章程保护会员的合法权益，并建立相应权益保障组织机构。

《著作权集体管理条例》规定了设立著作权集体管理组织的条件①，我国美术家协会和书法家协会由上万名美术家和书法家构成，属于著作权人比较集中的单位，能够在全国范围代表相关权利人的利益，未来我国追续权集体管理组织可由美术家协会和书法家协会发起设立，追续权集体管理组织最初的成员可由美术家、书法家协会的会员构成。并且，这一集体管理组织在日常运行中受到美术家、书法家协会的监督与指导。当然，这一集体管理组织在成立后亦将便于我国艺术家行使其他著作权权利。

在我国，成立与艺术家有关的著作权集体管理组织的客观需求早已存在，我国美术家协会已经认识到这一点。多年之前，日本、加拿大出版社计划刊用我国美术家的作品，但限于没有对接的著作权集体管理组织，出版社最后颇费周折才获得许可。② 我国文联在 2014 年印发的《关于进一步加强文艺维权工作的意见》中指出，"努力推动美术、书法等艺术门类的著作权集体管理组织的申办工作。"美术家、书法家协会发起设立的追续权集体管理组织将填补这一空白。

四、我国正在逐步探索建立艺术品登记制度

我国目前正在探索建立艺术品登记制度，考虑到艺术市场上存在信息获取障碍，也存在严重的艺术品造假现象，艺术品登记制度能够保证艺术品流转有序。早在 2005 年，作为国家知识产权试点的上海知识产权园便率先在全国设立了首家艺术品登记中心，对艺术品进行登记。③ 这一登记以国家版权局的作品登记表为蓝本，对艺术品的内容、标题、局部细节等进行记载。国外也早已建立起多种艺术品登记制度，英国有艺术档案中心，美国联邦政府也设立了专门登记 1914 年以前所创作的绘画作品的登记处。④

---

① 《著作权集体管理条例》第 7 条：依法享有著作权或者与著作权有关的权利的中国公民、法人或者其他组织，可以发起设立著作权集体管理组织。设立著作权集体管理组织，应当具备下列条件：（一）发起设立著作权集体管理组织的权利人不少于 50 人；（二）不与已经依法登记的著作权集体管理组织的业务范围交叉、重合；（三）能在全国范围代表相关权利人的利益；（四）有著作权集体管理组织的章程草案、使用费收取标准草案和向权利人转付使用费的办法（以下简称使用费转付办法）草案。

② 陶勤、吕岩峰：《美术作品著作权保护，应有参考比对的国际视野》，载《美术》2012 年第 6 期，第 14 页。

③ 徐勇：《为艺术真品上保险——上海知识产权园建立艺术品登记制度》，载《长三角》2006 年第 4 期，第 66 页。

④ 罗晓东：《艺术品登记制度能否守得住艺术品交易防线？》，载《艺术市场》2006 年第 8 期，第 58 页。

　　我国文化部于 2016 年最新修订的《艺术品经营管理办法》明确规定艺术品经营者有责任应买受人要求，对所经营的艺术品的真实性提供合法来源的证明。① 中国非遗备案中心专家委员会主任徐一墨指出，该办法拉开了持续完善艺术品登记体系、建立痕迹管理机制的序幕。② 建立艺术品登记制度将使得追续权人或集体管理组织能够掌握艺术品的流转信息，进而保障追续权的正常实施，增强追续权制度的可操作性。并且，这一制度不仅有利于追续权制度，也将有助于规范艺术市场的交易秩序，这对艺术家、艺术品收藏家以及艺术市场中介人员而言都是有益的。

　　总的来看，我国能够应对艺术市场上的信息获取障碍，具备实施追续权的可能。当然，可以预见的是，在我国创设追续权制度之后的短时间内，由于追续权集体管理组织刚刚建立，并且艺术市场从业人员对追续权缺乏认识，我国艺术市场各方主体尚需要一段时间适应追续权制度的运行。不过，在经历这段适应期后，我国追续权制度在运行上将逐步走上正轨。正如英国 2008 年的报告在其结论中指出，"相较于追续权制度对艺术家带来的福利，追续权的管理成本并不高昂，从长远上看，这一制度的成本将远远低于制度福利"③。

---

　　① 《艺术品经营管理办法》第 10 条：艺术品经营单位应买受人要求，应当对买受人购买的艺术品进行尽职调查，提供以下证明材料之一：（一）艺术品创作者本人认可或者出具的原创证明文件；（二）第三方鉴定评估机构出具的证明文件；（三）其他能够证明或者追溯艺术品来源的证明文件。

　　② 《文化部新规望治理艺术品市场三假》，http：//art. people. com. cn/n1/2016/0226/c206244 - 28151950. html，2016 - 3 - 23。

　　③ Kathryn Graddy, Noah Horowitz, & Stefan Szymanski, *A Study into the Effect on the UK Art Market of the Introduction of the Artist's Resale Right*, p. 36. (2008) available at http：//www. ipo. gov. uk/study - droit-desuite. pdf.

第四章 我国艺术品追续权制度的权理基础

国学大师钱穆先生曾说道，"无论如何变，一项制度背后的本原精神之所在，即此制度之用意的主要处，则仍可不变。于是每一项制度，便可循其正常轨道而发展。此即是此一项制度之自然生长"①。追续权制度亦如此，无论追续权制度如何变动与发展，追续权制度的"本原精神"仍不变，具体而言，即是追续权制度的权理基础，对此进行梳理与总结也便成为研究追续权制度的重点所在。追续权的权利基础由追续权的特征、追续权法律关系以及追续权权利性质三部分构成，本章对此分别进行阐述。

第一节 追续权的特征

追续权具有不可转让性以及非禁止性的特征，这两个特征也为所有的追续权立法所承认，有些追续权立法还规定了追续权的不可放弃性。这些特征使得追续权有别于现有著作权领域中的排他性权利。

一、不可转让性

《伯尔尼公约》和所有规定追续权制度的国家都承认了追续权制度的不可转让性。② 早在 1920 年的法国追续权法中便已经规定了追续权的这一特征，其中规定，"艺术家享有不可转让的追续权（droit de suite inaliénable）"③。根据《伯尔尼公约》的规定，追续权是一项不得转让的权利（inalienable right），

---

① 钱穆:《中国历代政治得失》，九州出版社 2012 年版，第 56 页。

② World Intellectual Property Organization and United Nations Educational, Scientific and Cultural Organization, *Study on Guiding Principles Concerning the Operation of "Droit de Suite"* at 49 (1985), available at http://unesdoc.unesco.org/images/0006/000660/066003eb.pdf.

③ Article1, Loi du 20 mai 1920 Frappant D'un Droit au Profit des Artistes les Ventes Publiques D'objet D'art.

《欧盟追续权指令》在前言部分指出，追续权不得转让（unassignable and inalienable）①，从修饰词的使用上，欧盟采用了两个修饰词（unassignable 和 inalienable 均有不可转让之义），突出了追续权的这一特性。

（一）追续权不可转让性的原因

需要注意的是，在书面含义上，inalienable 也可以译为"不可剥夺""不移""不可让渡"等，世界知识组织在其官方网站上发布的中文版《伯尔尼公约》即采用了"不可剥夺"这一表述，将追续权规定为一项不可剥夺的权利②；联合国在其官方网站上发布的中文版《世界人权宣言》中采用了"不移"的表述③；我国关于法国 1789 年《人权和公民权宣言》的权威翻译版本中，在序言部分介绍人权时采用了"不可让渡"这一表述④。相较于其他翻译词汇，"不得转让"一词已广泛运用于我国物权法、公司法、保险法中，运用这一词汇更符合我国法律用语习惯，宜将 inalienable 译为"不得转让"。

追续权有别于传统著作权法原则的原因在于，艺术家在市场上只有非常有限的议价能力，甚至没有议价能力，因此，如若允许追续权可以放弃或转让，艺术家将因买家的压力而无法享受追续权益。⑤ 世界知识产权组织国际局著作权和公共信息司前司长克洛德·马苏耶在其撰写的《伯尔尼公约指南》中也指出，"这一权利（追续权）不能转让，这是为了防止美术家迫于生计而将它卖掉"⑥。我国美术家徐子林也认为，"为什么追续权的关联条款是艺术家不得放弃权利，这在所有国家都一样属于'强制性权利'，这恰恰说明多数艺术家处于弱势地位，这一关联条款非常重要，避免了艺术家在发展初期和困难时期迫于生计而被迫放弃权利"⑦。正是为了避免此种情况的发生，立法者对追续

---

① Recital 1, Directive 2001/84/EC of the European Parliament and of the Council of 27 September 2001 on the Resale Right for the Benefit of the Author of an Original Work of Art. Available at http://eur - lex. europa. eu/legal - content/FR/TXT/HTML/? uri = CELEX: 32001L0084&from = EN.

② 《伯尔尼保护文学和艺术作品公约》，载世界知识产权组织网站：http://www. wipo. int/wipolex/zh/treaties/text. jsp? file_ id = 283701, 2015 - 12 - 6。

③ 《世界人权宣言》，载联合国网站：http://www. un. org/zh/universal - declaration - human - rights/index. html, 2015 - 12 - 6。

④ 《1789 年人权和公民权宣言》，王建学译，载朱福惠、邵自红主编：《世界各国宪法文本汇编（欧洲卷）》，厦门大学出版社 2014 年版，第 236 页。

⑤ Liliane de Pierredon-Fawcett: *The Droit de Suite in Literary and Artistic Property*, *A Comparative Law Study*, published by Center for Law and the Arts, Columbia University School of Law, 1991, p. 33.

⑥ 克洛德·马苏耶：《保护文学和艺术作品伯尔尼公约指南》，刘波林译，中国人民大学出版社 2002 年版，第 72 页。

⑦ 徐子林：《欢迎艺术品追续权的到来》，http://auction. artron. net/20121203/n286628. html, 2015 - 10 - 6。

权制度作出了特殊的安排。

(二) 追续权不可转让性的争议

艺术家既不可以放弃追续权，也不可以转让追续权。这一特性似乎有违追续权作为财产权利的特性，更符合人身权或精神性权利的特性。《伯尔尼公约》和所有规定追续权制度的国家都承认了追续权制度的不可转让性。[①]

反对者认为追续权的这一规定有违合同自由原则。Merryman 教授指出，如果艺术家希望将追续权转让给他人或者放弃追续权，法律应当尊重这种选择，否则将违背权利的本质属性。同时，艺术品的定价和价值分配应由市场决定，艺术家在艺术品首次销售后就不应介入价值分配过程。[②]

合同自由，是指当事人在法律允许的范围内，就与合同有关的事项享有选择和决定的自由。[③] 我国《合同法》第 4 条规定了这一原则，"当事人依法享有自愿订立合同的权利，任何单位和个人不得非法干预"。合同自由原则反映了商品交易的本质要求，因而有商品经济就会有合同自由的概念，但作为一项法律原则却是迟至近代才得以确立，1804 年的《法国民法典》第 1134 条的规定表达了合同自由原则，这也是古典的合同自由原则[④]。这一原则的上位概念为私法自治原则[⑤]或意思自治原则，基于私法自治原则，法律赋予并且保障每个民事主体都具有在一定的范围内，通过民事行为，特别是合同行为来调整相互之间关系的可能性。《中华人民共和国民法通则》（以下简称《民法通则》）第 4 条也规定，"民事活动应当遵循自愿、公平、等价有偿、诚实信用的原则"。但需要注意的是，法律是行为规范，法律直接规制的是行为，非当事人的意思，意思必须通过意志的形式表现于外，法律作为行为规范，就是限制意思自治的，因此，当事人的意思只能相对自治，不能绝对自治。[⑥]

法国学者 Liliane de Pierredon-Fawcett 则大胆地认为，追续权制度的"不可转让"的规定源于追续权制度在创设之初过于感性的认识观，这间接导致了追续权在制度安排上陷入误区。若基于追续权的权利基础与本质，同表演权与

---

① World Intellectual Property Organization and United Nations Educational, Scientific and Cultural Organization, *Study on Guiding Principles Concerning the Operation of "Droit de Suite"* at 49 (1985), available at http://unesdoc. unesco. org/images/0006/000660/066003eb. pdf.

② John Henry Merryman, The Wrath of Robert Rauschenberg, 41 *Am. J. of Comp.* L. 103, 123 (1993).

③ 崔建远：《合同法》，北京大学出版社 2013 年版，第 15 页。

④ 同上注。

⑤ 私法自治原则以契约自由、所有权自由及遗嘱自由（遗产自由处分）为其主要内容。参见王泽鉴：《民法概要》，中国政法大学出版社 2003 年版，第 29 页。

⑥ 李锡鹤：《民法哲学论稿》，复旦大学出版社 2009 年版，第 151 页。

复制权相同的是，追续权旨在使作者能够从作品的使用中获取利益，立法者应将追续权置于表演权、复制权所处于的著作财产权之中。但正是由于追续权"不可转让、不可放弃"的规定，导致了追续权如今在立法体系中的尴尬地位。①

通过援引菲利坡·帕凯拉（Filippo Pasquera）的著作，法国学者 Fawcett 进一步认为，一部民主的法律绝不可能包括那些有违作者意志的条款规定。在追续权适用的领域，并不涉及法律所必须维护的公共利益，也不存在公共利益与私人利益间的冲突，一国更无义务仅仅因为作品升值就在制度层面介入这一领域。应当意识到追续权仅仅是为了艺术家的利益而设立，因此，法律应当允许追续权人自由处分这一权利。② 因此，不应将追续权的流转限于具有血缘关系的亲属。追续权立法旨在保护艺术家和其家人，但这一立法已经偏离了法律的一般规则，并造成艺术家与其他作者在立法规定上的不一致，解决这一问题的唯一办法就是废除追续权不可剥夺性的规定。③

在实践中，确实有许多艺术家愿意出让其在远期可能的追续金，以换取艺术品价格的上升。④ 考虑到多数艺术家的收入来自一级艺术市场，剥夺艺术家转让与放弃追续权的权利也许会适得其反。并且，在很多情况下，其他作者也处于较为劣势的议价地位，但即便如此，这些作者依旧可以自由转让其对作品所享有的著作财产权，由此，艺术家与其他作者之间又将产生一个新的不公平现象。⑤

近年来，法国国民议会议员在 2010 年⑥和 2012 年⑦陆续提出允许追续权转让的法案。其修改理由在于，为了更好地实现作者保护和自由之间的平衡，应当允许追续权转让，但法案对追续权的转让也附加了限制，首先，追续权的

---

① Liliane de Pierredon-Fawcett：*The Droit de Suite in Literary and Artistic Property*，*A Comparative Law Study*，published by Center for Law and the Arts，Columbia University School of Law，1991，p. 46 – 47.

② Ibid. Quoting Filippo Pasquera，Nuovi lineamenti del diritto dell'autore aul plus valore delle opere d'arte，in 18 *IL DIRTTO DI AUTORE* 153（1947）.

③ Liliane de Pierredon-Fawcett：*The Droit de Suite in Literary and Artistic Property*，*A Comparative Law Study*，published by Center for Law and the Arts，Columbia University School of Law，1991，p. 47.

④ Christie's，Inc. & Sotheby's，Inc.，Comments Submitted in Response to U. S. Copyright Office's Sept. at 12，2012 Notice of Inquiry at 17（Dec. 5，2012）.

⑤ Kathryn Graddy，Noah Horowitz，& Stefan Szymanski，*A Study into the Effect on the UK Art Market of the Introduction of the Artist's Resale Right*，p. 50.（2008），available at http：//www. ipo. gov. uk/study – droitdesuite. pdf.

⑥ N° 3053 Assemblée Nationale Constitution du 4 Octobre 1958 Treizième LÉgislature Enregistré à la Présidence de l'Assemblée nationale le 20 décembre 2010. Proposition de Loi visant à permettre à l'auteur de céder son droit de suite en matière de propriété intellectuelle.

⑦ N° 170 Assemblée Nationale Constitution du 4 Octobre 1958 Quatorzième LÉgislature Enregistré à la Présidence de l'Assemblée nationale le 12 septembre 2012. Proposition de Loi visant à permettre à l'auteur de céder son droit de suite en matière de propriété intellectuelle.

转让不能免费让与，其次，转让限于在作者死后的 70 年内进行，再次，获得追续权的人不能再转让追续权。不过，截至目前，这些法案尚未获得通过。

然而，帕莱森特（Plaisant）教授也指出，限制追续权的转让是积极的，考虑到追续权对于公平价值的追求，不应赋予那些同作者没有紧密关系的人享有追续权的资格。① 对于我国而言，考虑到《伯尔尼公约》已经规定了追续权的不可转让性②，这一规定也成为国际通行的标准，如果我国采用其他的规定，其他缔约国可能会认为我国追续权制度不符合《伯尔尼公约》的要求，从而使得我国的艺术家无法根据互惠原则在其他国家获取追续金。

（三）追续权不可转让性的适用

追续权并非绝对不可转让，不同于著作人身权（发表权除外），在作者死后，追续权仍可以通过继承发生转让，例如，《伯尔尼公约》即规定，作者死后，由国家法律所授权的人或机构可享有追续权。③ 因此，更加准确地说，追续权不可转让性的适用针对的是非继承性转让行为，一般是针对作者有生之年而言的，当然，作者死后，作者的继承人或者受遗赠人亦不能转让追续权。

一般而言，各国明确禁止了有偿转让追续权的行为，在无偿转让上，即便各国未作明确的规定，依据追续权的立法目的，也可以得出禁止赠予等无偿转让追续权的行为的结论，比利时法更是明确禁止了无偿转让追续权的行为④。正如法国学者 H. 德布瓦（H. Desbois）教授所说，"追续权制度的立法目的在于使得艺术家能够在未来的交易中分享利益，如果他们无偿地丧失这一获益的可能，那么，立法者创设追续权制度的立法目的将无法实现"⑤。

此外，还有很多追续权制度在规定追续权不可转让的基础上，规定了追续权的不可放弃性。例如，《欧盟追续权指令》第 1 条即规定，追续权既不能放

① Robert Plaisant, *The French Law on Proceeds Right: Analysis and Critique in Legal Protection for the Artist* IV, IV‐8 (M. Nimmer ed. 1971).

② *Berne Convention Art.* 14ter (1).

③ 《伯尔尼保护文学和艺术作品公约》，载世界知识产权组织网站：http://www. wipo. int/wipolex/zh/treaties/text. jsp? file_ id =283701, 2015‐12‐6。

④ World Intellectual Property Organization and United Nations Educational, Scientific and Cultural Organization, *Study on Guiding Principles Concerning the Operation of "Droit de Suite"* at 50 (1985), available at http://unesdoc. unesco. org/images/0006/000660/066003eb. pdf.

⑤ H. Desbois, *Le droit d'auteur en France*, troisième édition, Paris, Dalloz, 1978, p. 379.

弃，也不可转让①。《德国著作权法》第 26 条第 3 款规定追续权"不得转让，著作人不得事先放弃其应得的部分"②。《意大利著作权法》第 147 条规定追续权"不能成为转让或者放弃的对象，也不能成为被扣押的对象"③。美国版权局在 1992 年的报告也主张，若美国创设追续权制度，应规定这一权利既不可转让（inalienable），也不能放弃（non-waivable），但也指出，应当准予艺术家将收取追续金的权利转让给集体管理组织。④ 当然，也有一些国家仅规定了追续权的不得转让性，如《法国知识产权法典》仅规定追续权为一项不得转让的权利（droit inaliénable）⑤。

目前唯一一个曾明确允许追续权人放弃行使追续权的规定来自美国加利福尼亚州的《追续权法案》，其中规定，"若追续权人以放弃行使追续权为条件，并能够在艺术品流转过程中获得比法案规定（转售总额 5% 的追续金）更高的额外利益，那么该放弃行为为本法所允许"⑥。不过，这一法案在 2012 年因为违反美国宪法被美国法院认定无效。⑦ 当然，允许放弃行使追续权并不意味着允许追续权的转让。

我国著作权法修改草案第一、二稿都规定了追续权"不得转让或放弃"，第三稿规定了追续权"不得转让或者放弃、不可剥夺"，送审稿则删去了之前各稿中"不得转让或者放弃"的规定，直接规定追续权"专属于作者或者其继承人、受遗赠人"。第三稿明显受到《伯尔尼公约》的影响，采用了世界知识产权组织发布的《伯尔尼公约》中文版中"不可剥夺"的表述。从表述上看，草案起草者似乎认为"不可剥夺"等同于"不得转让或者放弃"，但根据

---

① "un droit de suite, défini comme un droit inaliénable auquel il ne peut être renoncé". See Article premier, Directive 2001/84/EC of the European Parliament and of the Council of 27 September 2001 on the resale right for the benefit of the author of an original work of art.

② 《德国著作权法》，许超译，载《十二国著作权法》，清华大学出版社 2011 年版，第 152 页。

③ 《意大利著作权法》，费安玲、魏骁、陈汉译，载《十二国著作权法》，清华大学出版社 2011 年版，第 324 页。

④ U. S. Copyright Office, Droit de Suite: The Artist's Resale Royalty, at 154. （Dec. 1992），available at http://www. copyright. gov/history/droit_ de_ suite. pdf.

⑤ Article L122-8, Code de la propriété intellectuelle. Available at http://www. legifrance. gouv. fr/affichCode. do; jsessionid = 625440E266B2867353531776232 93E1F. tpdila23v _ 3? idSectionTA = LEGISCTA000006161637&cidTexte = LEGITEXT000006069414&dateTexte = 20151207.

⑥ CAL. CIV. CODE § 986 （West Supp. 1992）.

⑦ 加利福利亚州于 1976 年通过了州一级的追续权法案，但在 2012 年 5 月 17 日，在一起诉讼案中，加州地区法院法官杰奎琳·阮（Jacqueline Nguyen）认为加州追续权制度可以规制发生在加州之外的艺术品交易，这违反了联邦宪法的贸易条款，并宣布该追续权法案无效，见 Estate of Graham v. Sotheby's Inc. , 2012 WL 1765445 （May 17, 2012）. at 5.

布莱克法律词典对于 inalienable① 和 inalienable right② 的解释，inalienable 并没有"不得放弃"之意，这一观点值得商榷。送审稿则直接将追续权的权利主体限定于"作者或者其继承人、受遗赠人"，一方面承认了追续权的不可转让特征，另一方面，送审稿回避了追续权是否"不可放弃"的问题。

二、非禁止权特性

在知识产权学界，有一种观点认为，知识产权既包括了"自用权"，也包含了"禁止权"，前者指的是知识产权人自己享有利用智力成果等受保护客体的权利，后者指知识产权人有权禁止他人未经许可利用，另一种观点，如王迁教授认为，知识产权就是"禁止权"，与"自用权"无关③。

传统著作权具有禁止权特性，著作权人一般消极地行使权利，而追续权与之不同，追续权人一般积极地行使追续权。④ 由于追续权不具有排他性的特征，《德国著作权法》也因此没有将追续权归入作者人格权或者财产权的范畴，而是把追续权同接触权、出租出借的报酬请求权一道，归入著作权的一个特殊群体⑤，置于《德国著作权法》的其他权利中。

我国此次《著作权法》修改草案中，采用了与《德国著作权法》类似的规定。除第一稿将追续权归入著作财产权中，其他各稿都单列条款对追续权进行规定。其原因在于，追续权不具有排他权特性。国家版权局在我国《著作权法》修改草案第二稿的修改说明中指出，"追续权本质上属于获酬权，因此将追续权单列一条规定"，此后，国家版权局在《著作权法》修订草案送审稿的说明中指出，追续权"本质属于报酬请求权，有别于著作权的基本权利，因此单列条款规定"。

---

① Inalienable means the characteristic of those things which cannot be bought or sold or transferred from one person to another, such as rivers and public highways, and certain personal right, *Black's Law Dictionary*, Fifth Edition (1979) by Henry Campbell Black, West Pub. Co. p. 683.

② Inalienable rights means rights which are not capable of being surrendered or transferred without the consent of the one possessing such rights, *Black's Law Dictionary*, Fifth Edition (1979) by Henry Campbell Black, West Pub. Co. p. 683.

③ 王迁：《知识产权法教程》，中国人民大学出版社 2014 年版，第 9 页。

④ Jon Stanford, *Economic Analysis of the Droit de Suite – The Artist's Resale Royalty* (2002), p. 11. Available at http：//www. uq. edu. au/economics/abstract/301. pdf.

⑤ ［德］M. 雷炳德：《著作权法》，张恩民译，法律出版社 2005 年版，第 285 页。

第二节　追续权法律关系

法律关系，即法律上的权利义务关系，从本质上看，法律关系表现为特定的支配关系。追续权的法律关系由主体、客体、内容三个方面构成，在客体上，追续权的客体为作品，而非作品载体；在主体上，追续权权利主体范围除了作者与作者继承人之外，亦应包含作者的受遗赠人，追续权义务主体为艺术作品原件的出让人；在追续权的内容上，追续权人有权请求追续权义务人向其支付追续金，追续权义务人需要向追续权人履行支付追续金的义务。可以看出，追续权属于请求权，追续权法律关系实质上是一种债，并且这种债并非基于当事人间的意思表示产生，而是由法律规定直接产生，因此，追续权法律关系是一种法定之债。

一、追续权的客体

博登海默认为："没有限定严格的专门概念，我们便不能理性和清楚地思考法律问题。"[1] 由此，科学地界定追续权客体便成为研究追续权的关键点，将追续权客体置于权利性质之前进行讨论更符合逻辑性要求。一般认为，民事法律关系的客体即为民事权利的客体[2]，现有学说多认为追续权的客体为作品的载体，即作品原件或手稿，这属于物的范畴，但通过对追续权内部逻辑的进一步分析，可以发现，追续权的客体应为作品，而非作品载体。

（一）现有关于追续权客体的学说

从现有针对追续权的规定上看，多数追续权立法都规定追续权适用于艺术作品原件，如《欧盟追续权指令》[3]，欧盟境内各国对艺术作品原件的规定进行了细化，《法国知识产权法典》规定追续权适用于"艺术家亲自创作的平面及立体作品原件，亦包括由艺术家亲自或者在其指导下完成的限量版作品"[4]，《德国著作权法》将追续权适用的范围限定于美术作品原件和摄影作品原件，

---

① ［美］E. 博登海默：《法理学、法律哲学与法律方法》，邓正来译，中国政法大学出版社 2004 年版，第 504 页。

② 梁慧星：《民法总论》，法律出版社 2011 年版，第 59 页。

③ Article 1, Directive 2001/84/EC of the European Parliament and of the Council of 27 September 2001 on the resale right for the benefit of the author of an original work of art.

④ 《十二国著作权法》翻译组译：《十二国著作权法》，清华大学出版社 2011 年版，第 73 页。

并明确排除了建筑作品和实用艺术品①，英国追续权制度针对的是"绘画、摄影及雕塑作品原件"②。《意大利著作权法》的规定最为详细，追续权制度适用于"绘画、雕塑、陶瓷、玻璃作品、照片、原始手稿，以及所有作者本人的原创作品和其他被认为是原件的艺术作品的样品"③。

有些追续权立法还规定追续权可以适用于作家与作曲家的手稿，如《伯尔尼公约》《发展中国家突尼斯版权示范法》以及印度、巴西、墨西哥等国关于追续权的规定④。《伯尔尼公约》关于追续权的规定并非强制性规定，各国在创设本国的追续权的规定上并非必须遵照《伯尔尼公约》的规定，一国可以限缩追续权的保护范围，不对手稿、实用艺术品和建筑作品提供保护。⑤

那么，追续权所适用的艺术作品原件或手稿是否构成追续权的客体？欧盟给予了肯定的答复，欧盟在《欧盟追续权指令》中"重述"部分指出，追续权的客体是"承载作品的有形载体"⑥。多数学者也持肯定意见，如李明德教授认为，"追续权的客体，是指艺术作品的有形载体，例如承载有艺术品的纸张、画布、木材、塑料、玻璃等"⑦。张今教授也指出，"追续权保护的客体是那些珍贵而稀有的具有创造性的艺术作品的原件或极其有限的作品复制品"⑧，韩国有学者也持类似观点⑨。

（二）追续权的客体应为作品而非载体

若单从各国立法的表述上看，艺术家通过行使追续权，能够分享艺术作品原件或手稿转售所带来的利益，人们很容易作出追续权的客体为作品原件或手稿的判断。但需要注意的是，作品与作品载体并不相同。追续权是对艺术作品"传播性"使用的补偿，这一权利的来源建立在作品的基础上，追续权的客体是作品，而非作品载体。

---

① 《十二国著作权法》翻译组译：《十二国著作权法》，清华大学出版社 2011 年版，第 153 页。

② 国际作曲者协会亚太地区主管洪伟典先生在 2012 年 12 月举办的中欧著作权专题研讨会上的发言记录。

③ 《十二国著作权法》翻译组译：《十二国著作权法》，清华大学出版社 2011 年版，第 323 页。

④ 具体可参见附录二。

⑤ 如德国，参见《德国著作权法》第 26 条。

⑥ Recital 2, Directive 2001/84/EC of the European Parliament and of the Council of 27 September 2001 on the resale right for the benefit of the author of an original work of art.

⑦ 李明德、闫文军、黄晖、邰中林：《欧洲知识产权法》，法律出版社 2010 年版，第 268 页。

⑧ 张今、孙伶俐：《追续权：艺术家的福利》，载《法学杂志》2013 年第 4 期，第 75 页。

⑨ "作品原件与复制品作为追续权客体"，参见宋元婧、权祯珉：《追续权的理论与立法》，载《北方法学》2015 年第 4 期，第 82 页。

1. 作品不同于作品载体

即便艺术作品是不可复制的，在载体上具有单一性，但艺术作品与作品载体也不能混为一谈。应把艺术作品与艺术作品的载体区分开来，艺术作品需要通过一定的载体获得表现，现实生活中很难将艺术作品与艺术作品的载体区分开来，但从著作权法的角度分析，艺术作品的载体不等于艺术作品。

一般来说，区分作品与作品载体，其意义在于正确认识相关权利人究竟享有何种权利，是版权或物权，因此，通常情况下区分作品与作品的载体是有必要的。① 著作权保护的是通过作品的载体所表现出来的具有独创性的智力创作形式，而不是作品的载体本身。艺术作品的载体，如某人收藏的一幅画，也是受法律保护的，不过它是作为物受物权法保护，而不是作为作品受著作权法保护。现实生活中，人们经常说某幅画是某人的作品，此乃语言习惯使然，这么说固然没错，但必须将作为物的这幅画与作为作品的这幅画区分开来，对物的这幅画享有所有权，不等于对该作品享有著作权。因此，从本质上说，作品是以这幅画为载体的智力成果，而不是作为物的这幅画本身。作为作品的这幅画，可以画在纸上，可以画在墙壁上或者其他载体上，也可以经数字化处理后，存储在电脑中。

2. 追续权的客体并非为作品载体

"知识产权的本质性事实上是由知识产权客体的本质性所决定的，有关知识产权客体的认识是我们认识知识产权法律关系的基础。"② 倘若认为追续权的客体是有形载体，那么，载体属于物的范畴，而非知识产权客体，不应将追续权归于知识产权范畴，追续权应当受《物权法》的规制。③ 并且，主客体是相对概念，互相依存，唯主体方有客体，唯客体方有主体，客体只能是主体的客体④，若将认定追续权的客体为物，那么追续权的主体应为物权人，而非作品创作者。

也正是基于这一认识，北京荣宝斋拍卖总经理刘尚勇表示，"追续权太不公平了，它追续的不是著作权，是物权，我们交易的也都是物权，因为艺术家没有把著作权卖出过，著作权法不能涉及物权的交易，怎么能够追我们物权交

---

① 李顺德，周详：《中华人民共和国著作权法修改导读》，知识产权出版社 2002 年版，第45－46页。

② 何敏：《知识产权客体新论》，载《中国法学》2014 年第 6 期，第 122 页。

③ 《物权法》第 2 条："因物的归属和利用而产生的民事关系，适用本法。"

④ 李锡鹤：《民法哲学论稿》，复旦大学出版社 2009 年版，第 22－29 页。

易的利益呢？物权上的获益与著作权是分开的"①。还有学者认为，"追续权具有物权的属性，但表现出有限性和不完整性。一般的物权体现为对物的全面管领和支配，而追续权却只有在作品原件转售后价值发生增值时才开始发动，并且一般只能对增值的部分主张权利"②。

再者，作品载体的所有权人对物享有占有、使用、处分、收益的权利③，这种权利是一种对世权、绝对权、排他权，除所有权人之外的任何第三人不得干预所有权人行使所有权，若认为追续权的客体是作品载体，这意味着，在该物发生转售时，追续权人将能够对该物主张收益权，这会侵犯物的所有权人对物享有的收益权，有违物权法律现有的逻辑。由此可见，追续权的客体并非作品的载体。

3. 追续权的客体为作品

追续权是对艺术作品"传播性"使用的补偿，这一权利源于作者对其作品"传播性"使用行为的控制。追续权的权利与义务所共同指向的对象是作品，只不过受艺术作品载体单一性的影响，艺术作品承载于艺术作品原件之上，作者依据追续权对作品"传播性"使用的控制外在表现为作者对作品原件转售的控制权和报酬请求权，考虑到物权与著作权的平衡，作者无权逾越物权领地，控制作品原件的正常流转，但作者并未丧失对于作品原件转售的报酬请求权，这一请求权即为追续权。由此可见，追续权建立在无体物——作品之上，而不是建立在有体物——作品原件之上。

根据德国学者梅克尔的"法力说"，权利是由"法律上之力"与"特定利益"两个因素构成。"特定利益"包含了财产利益和非财产利益两种，"法律上之力"为保护"特定利益"而创设，同时"法律上之力"规定了相关人的义务以保障权利的实现。④ 利益由客体而生，客体是利益的载体，要实现客体上的利益，必须针对客体实施行为，客体因此成为权利指向的对象。⑤ 追续权是基于作品使用而产生的权利，只有在中间商"传播性"使用作品的情形下，即中间商转售艺术作品原件时，追续权人才能够实现追续权上的特定利益，这

① 王林娇、段维：《矛盾利益体：中国引入艺术品"追续权"之争?》，载雅昌艺术网：http：// news. artron. net/20151020/n786604_ 2. html，2016 - 2 - 5。

② 袁博：《论基于作品原件物权属性而发动的追续权》，载《电子知识产权》2014 年第 7 期，第 38 页。

③ 《物权法》第 39 条："所有权人对自己的不动产或者动产，依法享有占有、使用、收益和处分的权利。"

④ 郑玉波：《民法总则》，中国政法大学出版社 2003 年版，第 62 页。

⑤ 朱谢群：《信息共享与知识产权专有》，载《中国社会科学》2003 年第 4 期，第 135 页。

一特定利益承载于作品之上，因此，追续权的客体应为作品。

（三）追续权的客体应为艺术作品

从各国追续权制度所适用的作品类型来看，大多数国家都将艺术作品纳入追续权的保护范围，在具体界定艺术作品的范围上，有的国家还将实用艺术品纳入保护范围，有的国家则明确排除了实用艺术品，如德国。为了明确我国的追续权客体，我国立法者应当结合追续权的立法目的、客体属性进行综合考量。

1. 追续权客体应为在载体上应当具备稀缺性的艺术作品

追续权的客体应为艺术作品。追续权设立的立法目的在于保护艺术作品原件转售时艺术家的收益权利，这种权利基于艺术作品在载体上的唯一性和不可复制性，也正是这种特性决定了艺术作品与其他作品在作品使用上的区别。若他人可以采用类似于使用文字作品、音乐作品的方式使用艺术作品，如艺术作品可以被大量复制，那么，这将破坏该艺术作品受追续权保护的权利基础，因此追续权所保护的作品在载体上应当具备稀缺性和独一无二性。

文字作品、音乐作品的著作权人可以从他人对于作品的复制性使用而获得大量的经济利益，艺术家一般只能通过出售艺术作品原件实现获利，立法者认识到了艺术作品在作品使用上的特殊性后才创设了以艺术作品为客体的追续权制度，并将其他能够通过大量复制许可获益的作品排除在外。德国的立法者之所以未将作家和作曲家的手稿列入追续权的适用范围，正是因为德国设立的追续权是为了解决艺术作品作者所遭遇的不公平待遇[1]，而这种不公正待遇在作家、作曲家身上并不存在。

因此，追续权的客体应当限于具有特殊性的艺术作品，即在载体上应当具备稀缺性。根据《伯尔尼公约指南》，公约第 2 条规定的"素描、颜料画、建筑、雕塑、版刻和石印作品"包括了所有的平面或立体艺术作品。[2] 由于我国《著作权法》对艺术作品没有进行界定，应当区分作品属性进行分析。从我国《著作权法实施条例》的规定来看，我国的美术作品指的是"绘画、书法、雕塑等以线条、色彩或者其他方式构成的有审美意义的平面或者立体的造型艺术作品"[3]，这一规定已经基本涵盖了《伯尔尼公约》中艺术作品的范围，应将

---

① Schricker/Katzenberger, Urheberrecht, 2. A. § 26 Rdnr. 19, Muenchen 1999. 转引自韩赤风：《德国追续权制度及其借鉴》，载《知识产权》2014 年第 9 期，第 87 页。

② 克洛德·马苏耶：《保护文学和艺术作品伯尔尼公约指南》，刘波林译，中国人民大学出版社2002 年版，第 15 页。

③ 《中华人民共和国著作权法实施条例》第四条（八）。

追续权客体规定为美术作品。

客观而言，追续权制度创设之初保护的作品类型只限于美术作品，例如，法国 1920 年《追续权法》就明确规定"该法适用于能够体现艺术家个人智力创作的绘画、雕塑作品原件"①，1965 年《德国著作权法》适用于美术作品原件②。随着追续权立法的发展，后来才逐步扩大至其他作品类型，如摄影作品、建筑作品、手稿等。那么，对于我国而言，除了美术作品之外，追续权客体又是否需要扩展至其他的作品类型？

2. 追续权客体不应包括实用艺术品

实用艺术作品不应纳入追续权客体范围内。实用艺术作品指的是"适于作为实用物品的艺术作品，不论是手工艺还是按工业规模制作的作品"③。根据《伯尔尼公约指南》，实用艺术品涵盖小摆设、首饰、金银器皿、家具、壁纸、装饰品、服装等制作者的艺术品。④《伯尔尼公约》第 2 条规定"文学和艺术作品"一词包括文学、科学和艺术领域内的一切成果，其中对图画、油画、建筑、雕塑、雕刻和版画作品和实用艺术作品作了区分。实用艺术品与纯艺术品之间的区别在于，前者既蕴含了艺术家的表达，也具有实用性，不过，区分实用艺术品与纯艺术品间的边界是模糊的，因此很多国家在著作权法中对此并未作区分。我国现行著作权法并未对实用艺术品作出任何规定，之前仅在《实施国际著作权条约的规定》中明确要求对外国实用艺术品进行为期 25 年的保护，此次《著作权法》修正草案将实用艺术作品独立规定为作品的类型之一。

从现有各国规定上看，有些追续权立法直接将实用艺术品规定为追续权客体，并对实用艺术品的具体类型进行了界定，例如，匈牙利规定："艺术作品原件包括美术作品（例如图片、拼贴、绘画、素描、雕刻、印花、石版画、雕塑等）和实用艺术品（如挂毯画、陶瓷、玻璃作品）和摄影作品的原件及被认为是原件的限量版复制件"⑤，有些追续权立法将实用艺术品的作品类型纳为追续权客体，如《欧盟追续权指令》将挂毯、陶瓷、玻璃制品纳入追续

① Loi du 20 mai 1920 Frappant D'un Droit Au Profit des Artistes les Ventes Publiques D'objet D'Art. art. 1.

② Gesetzüber Urheberrecht und verwandte Schutzrechte（Urheberrechtsgesetz）vom 9. September 1965，http：//lexetius. com/UrhG/26，030614. 转引自韩赤风：《德国追续权制度及其借鉴》，载《知识产权》2014 年第 9 期，第 82 页。

③ 世界知识产权组织编：《著作权与邻接权法律术语汇编》，刘波林译，北京大学出版社 2007 年版，第 9 页。

④ 克洛德·马苏耶：《保护文学和艺术作品伯尔尼公约指南》，刘波林译，中国人民大学出版社 2002 年版，第 16 页。

⑤ 1999. évi LXXVI. törvény a szerzöi jogról. art. 70.

权客体①。还有一部分追续权立法明确将实用艺术品排除出追续权的客体范围，如《发展中国家突尼斯版权示范法》和德国、尼日利亚、菲律宾的规定②。

一般而言，保护实用艺术作品的主要目的在于满足工业生产的需要，实用艺术品能够被大量复制，生产出与原件相同的复制品。世界知识产权组织与联合国教科文组织在《发展中国家突尼斯版权示范法》的说明中也指出，追续权不应当适用于实用艺术品，因为一般而言，几乎没有实用艺术品仅体现在作品原件之上，实用艺术品也体现在作品复制件之上。③基于此，实用艺术品在载体上不具有唯一性，不符合追续权客体特殊性的要求，因此，追续权的客体应当排除实用艺术作品。

3. 追续权客体不应包括建筑作品

根据《伯尔尼公约指南》，建筑也是立体艺术作品的一种类型④，那么，建筑作品是否为追续权客体？从现有追续权立法上看，多数国家对此持否定态度。有些追续权立法明确将建筑作品排除在追续权客体之外，如《发展中国家突尼斯版权示范法》和德国、芬兰、丹麦、尼日利亚等国家的规定。⑤还有些国家未在追续权客体范围中规定建筑作品，例如，法国规定追续权的客体为平面或立体艺术作品，其中并不含建筑作品。⑥

根据世界知识产权组织的定义，建筑作品，指的是"美术领域内一种建造建筑物的创作，这种创作通常被理解为保护设计图、草稿和模型，以及已经建成的建筑物或其他建筑性构筑物"⑦。可以看出，建筑作品应当包括：①建筑设计图与模型；②建筑物本身（仅指外观、装饰或设计上含有独创性成分的建筑物）⑧。从我国《著作权法》的规定看，2001年修订之前的《著作权法》中，

---

① Article 2, Directive 2001/84/EC of the European Parliament and of the Council of 27 September 2001 on the resale right for the benefit of the author of an original work of art.

② 参见附录二：现有代表性制度一览。

③ *Tunis Model Law on Copyright for Developing Countries* (1976), Commentary 30.

④ 克洛德·马苏耶：《保护文学和艺术作品伯尔尼公约指南》，刘波林译，中国人民大学出版社2002年版，第15页。

⑤ 参见附录二：现有代表性制度一览。

⑥ 平面或立体艺术作品包括绘画、拼贴、版画、铜板画、石版画、雕刻作品、织锦画、陶瓷、摄影作品以及通过数字技术创作的立体作品。See Décret n° 2007 – 756 du 9 mai 2007 NOR: MC-CB0751269D Pris pour l'application de l'article L. 122 – 8 du code de la propriété intellectuelle et relatif au droit de suite. Art. R. 122 – 2.

⑦ 世界知识产权组织编：《著作权与邻接权法律术语汇编》，刘波林译，北京大学出版社2007年版，第10页。

⑧ 郑成思：《版权法》，中国人民大学出版社2009年版，第154页。

建筑作品一直属于美术作品的范畴，2001 年修法后的《著作权法》将建筑作品与美术作品并列列举，该建筑作品指"以建筑物或者构筑物形式表现的有审美意义的作品"①，而建筑设计图、模型被纳入图形作品和模型作品的范围。因此，我国现行《著作权法》中的建筑作品仅指上述第二种类型的建筑作品，即建筑物本身。

一般而言，建筑师不会参与建筑物的具体建造过程，但这一建造过程是依据建筑师的设计或者在建筑师的管理下完成的，以建筑物形式表现的建筑作品存在艺术美感，建筑物无疑是建筑师创作的作品。并且，以建筑物形式表现的建筑作品一般只存在于唯一的载体之上，即建筑物本身。就此而言，建筑作品似乎符合追续权客体的要求。

但是，追续权客体不应包括建筑作品。一方面，建筑物并不会在艺术市场上发生转售②，追续权所适用的转售是针对艺术品的转售；另一方面，为了能够计算追续金，建筑物上所蕴含的艺术价值应当能够区分于建筑物作为有形财产所体现的价值，但即便建筑物发生转售，建筑物的转售价值也极少源于其艺术价值，而是基于建筑物所处的地理位置、面积、使用年限、建筑材质等其他因素③，在这一情况下，无法确定追续金的计量基础，围绕建筑物转售中的追续金的计量不具有可操作性，追续权将失去意义。因此，建筑作品在我国不应纳入追续权客体范围，世界知识产权组织也指出："追续权不适用于已建起的建筑物。"④

4. 追续权客体不应包括摄影作品

我国立法者在此次《著作权法》修正草案中还将摄影作品纳入追续权保护范围。摄影作品，是指借助器械在感光材料或者其他介质上记录客观物体形象的艺术作品。⑤ 从各国立法来看，有相当数量的国家将摄影作品规定为追续权的客体，特别是在《欧盟追续权指令》对此作出规定之后⑥，欧洲国家也纷

---

① 参见《中华人民共和国著作权法实施条例》第四条（九）。

② Michel M Walter, Silke Von Lewinski, *European copyright law*: *A Commentary*. Oxford University Press, 2010, p. 859.

③ World Intellectual Property Organization and United Nations Educational, Scientific and Cultural Organization, *Study on Guiding Principles Concerning the Operation of "Droit de Suite"* at 20 – 21 (1985).

④ 世界知识产权组织编：《著作权与邻接权法律术语汇编》，刘波林译，北京大学出版社 2007 年版，第 10 页。

⑤ 参见《中华人民共和国著作权法实施条例》第四条（十）。

⑥ 《欧盟追续权指令》第 2 条规定追续权适用于照片（photographs），See Directive 2001/84/EC of the European Parliament and of the Council of 27 September 2001 on the resale right for the benefit of the author of an original work of art. Art 2.

纷采用这一规定，例如，德国之前仅规定美术作品为追续权客体，在欧盟统一追续权制度后，德国也于 2006 年修改本国著作权法，将摄影作品纳为追续权客体。[①]

不过，追续权客体不应包括摄影作品。就摄影技术而言，可以认为，摄影作品的原件是底片。[②] 随着数字科技的发展，底片逐渐数字化，摄影作品可以被大量复制性使用，底片对于摄影作品而言仅仅起到物质载体的作用，与其他的摄影作品复制件并没有实质上的区别。因此，摄影作品在载体上并不存在唯一性，不符合追续权客体的要求，不应纳入追续权客体范围。

5. 追续权客体不应包括文字、音乐作品

我国立法者在此次《著作权法》修正草案中还将文字、音乐作品的手稿包含在追续权保护范围内。这一规定存在类似先例，早在 1937 年，乌拉圭所创设的追续权制度适用于"文学或艺术财产的任何转让"[③]，这一规定已经涵盖文字、音乐作品的手稿，《伯尔尼公约》也规定追续权适用于"作家与作曲家的手稿"[④]。还有人认为，可以通过解释将手稿纳入追续权保护范围之内，如法国 1957 年的《文学和艺术产权》扩展了追续权的适用范围，有人认为，其中追续权所适用的平面作品原件也应包括文学、喜剧和音乐作品原件[⑤]，法国国会议员阿尔伯特·勒贝奥（Albert Le Bail）也曾在一份提交至法国议会的报告中采用了相同的观点[⑥]。不过，从《发展中国家突尼斯版权示范法》的表述上看，平面作品、三维作品原件与手稿存在并列关系[⑦]，不应认为平面作品原件包括手稿。截至目前，只有少数国家将文字、音乐作品手稿纳入追续权保

[①] 《德国著作权法》第 26 条，许超译，载《十二国著作权法》，清华大学出版社 2011 年版，第190 页。

[②] World Intellectual Property Organization and United Nations Educational, Scientific and Cultural Organization, *Study on Guiding Principles Concerning the Operation of "Droit de Suite"* at 21 (1985).

[③] Uruguay Law Number 9739 Concerning Literary and Artistic Copyright of December 15 – 17, 1937, amended February 15 – 25, 1938.

[④] 《伯尔尼保护文学和艺术作品公约》，载世界知识产权组织网站：http://www.wipo.int/wipolex/zh/treaties/text.jsp? file_ id = 283701，2015 – 12 – 6。

[⑤] World Intellectual Property Organization and United Nations Educational, Scientific and Cultural Organization, *Study on Guiding Principles Concerning the Operation of "Droit de Suite"* at 22 (1985).

[⑥] *Report No.* 3222 by Albert Le Bail to the Chamber of Deputies, sitting on 6 December 1937.

[⑦] 该示范法中规定："平面作品、三维作品原件（和手稿）的作者可以通过公开拍卖的形式或通过某个艺术经销商转售其艺术作品原件的收入中提取一定比例的不可转让的权利，该权利不适用于建筑作品和实用艺术品，且该项权利的行使条件由主管机构通过制定具体规范来确定"。*Tunis Model Law on Copyright for Developing Countries* (1976), section 4, http://portal.unesco.org/culture/en/ev.php – RL_ ID = 31318&URL_ DO = DO_ TOPIC&URL_ SECTION = 201.html.

护范围，如意大利、巴西、墨西哥、菲律宾、尼日利亚。①

尽管手稿寄托了作者原始的情感，并有一定的历史价值，但对于文字作品、音乐作品而言，手稿仅仅起到有形载体的作用，相较于文字作品、音乐作品的其他复制件，手稿并不能更多地体现文学作品或音乐作品的本质价值，与之相对的是，一般而言，艺术作品原件就是艺术作品的唯一载体。② 正如H. Desbois 教授所说，"艺术作品本身就存在于载体之上，而手稿只是承载无形作品的载体之一"。

基于此，文字作品、音乐作品不符合追续权客体特殊性的要求，作者可以从他人大量复制性使用作品中获得相应利益回报，不需要追续权制度对其进行额外保护。尽管如今手稿的价值也明显提升，如布鲁斯·斯普林斯汀（Bruce Springsteen）创作的音乐作品《为跑而生》（*Born to Run*）的手稿在拍卖中拍出 197 000 美元的成交价③，又如钱钟书手稿拍卖案④受到人们的广泛关注。但这不足以将手稿纳入追续权的客体范围，文字作品、音乐作品作者对作品的利用并非建立在手稿这一特殊载体的基础上。追续权的客体应当排除文字、音乐作品。综合上述，我国的追续权客体应限于美术作品。

二、追续权的主体

法律关系的主体即为法律关系的参加者，对于追续权法律关系而言，追续权的主体包括追续权的权利主体与义务主体。当然，无论在哪种法律关系之中，权利主体与义务主体总是具有统一性的，即一方既是权利主体，又是义务主体，只不过其权利与义务的内容不同，在当事人之间往往表现为一方的权利为另一方的义务。⑤ 目前各国在追续权权利主体上的争议主要围绕是否要将受遗赠人归入在内，在义务主体上各国的规定较为统一，主要指的是出售人，不过有的国家还规定了中介人和买受人的间接责任。

（一）追续权权利主体

追续权的权利主体是合法享有获得追续金的权利人。在判定追续权主体

---

① 参见附录二：现有代表性制度一览。

② World Intellectual Property Organization and United Nations Educational, Scientific and Cultural Organization, *Study on Guiding Principles Concerning the Operation of "Droit de Suite"* at 23 - 24 (1985).

③ Deborah L. Jacobs, Springsteen's Handwritten "Born To Run" Lyrics Fetch $197 000 At Auction, *FORBES* (Dec. 5, 2013, 11：57 AM), http://www.forbes.com/sites/deborahljacobs/2013/12/05/springsteens-handwritten-born-to-run-lyrics-fetch-160000-at-auction.

④ 北京市高级人民法院民事判决书（2014）高民终字第 1152 号。

⑤ 何敏：《知识产权基本理论》，法律出版社 2011 年版，第 100 页。

上，需要注意主客体间的关系，主客体是相对概念，互相依存，唯主体方有客体，唯客体方有主体，客体只能是主体的客体①，追续权主体的认识建立在追续权客体——作品之上，艺术作品的创作人——作者因此成为追续权的原始权利主体。虽然追续权具有不可转让性，但这一不可转让性适用的是非继承性转让行为，在作者死后，追续权仍然可以通过继承发生转让。《伯尔尼公约》即规定，作者死后，由国家法律所授权的人或机构可享有追续权。② 考虑到所有规定追续权制度的国家都承认了追续权制度的不可转让性③，这意味着，除非追续权因继承发生转让，否则追续权的权利主体不会发生变化。因此，不同国家在追续权权利主体范围上的规定主要根据继承制度的不同而存在差别。从现有追续权制度的立法实践看，所有规定追续权制度的国家都将作者及其继承人纳入追续权权利主体的范围，然而，有的国家明确排除了受遗赠人作为追续权权利主体的资格，由此，追续权权利主体的范围主要存在以下两种不同的规定。

1. 关于追续权权利主体的第一种规定

第一种规定类型下，追续权在继承上依据普通的民事继承制度，作者死后，追续权可由作者的继承人或受遗赠人所享有，在这种规定下，追续权的继承与著作财产权的继承并无区别。这一规定最初源于比利时的司法判例，布鲁塞尔第二地区法院在一起案件中对 1921 年比利时追续权法进行解释时认为，"追续权的不可转让性不能延伸至因作者死亡而发生的转让行为，追续权可以根据作者遗嘱转让至受遗赠人"④。

多数规定追续权制度的国家采用了这一规定，如《德国著作权法》规定的追续权主体为著作人⑤，由于德国法采用著作权一元理论，著作权在作者去世后可以由继承人完整地继承，继承人可以成为著作人，这意味着德国法上的著作人实质上亦包括继承人，而依据德国民法，继承人可以包括受遗赠人。此外，依据《伯尔尼公约》将追续权权利主体规定为作者或作者死后由国家法

---

① 李锡鹤：《民法哲学论稿》，复旦大学出版社 2009 年版，第 22－29 页。

② 《伯尔尼保护文学和艺术作品公约》，载世界知识产权组织网站：http：//www. wipo. int/wipolex/zh/treaties/text. jsp? file_ id＝283701，2015－12－6。

③ World Intellectual Property Organization and United Nations Educational, Scientific and Cultural Organization, *Study on Guiding Principles Concerning the Operation of "Droit de Suite"* at 49 (1985), available at http：//unesdoc. unesco. org/images/0006/000660/066003eb. pdf.

④ Magistrate of the 2nd district of Brussels on 25 April 1945, confirmed by a ruling of the Departmental Court of Ghent on 26 June 1967.

⑤ 《十二国著作权法》翻译组译：《十二国著作权法》，清华大学出版社 2011 年版，第 153 页。

律所授权的人或机构①，这甚至超越了继承人和受遗赠人的范围。除上述国家之外，刚果、匈牙利、摩洛哥、秘鲁、乌拉圭等国也采用这种规定②。

2. 关于追续权权利主体的第二种规定

第二种规定类型下，追续权的继承并不完全依据普通的民事继承制度，作者死后，追续权仅能由作者的继承人所享有。有些采用这种规定的国家还会对作者的继承人范围作进一步的限定。这一规定最初源于法国法，后为部分国家所采纳。世界知识产权组织与联合国教科文组织认为，采用这一规定的原因在于，追续权的诞生源于20世纪初艺术家贫穷的生活状况以及艺术品交易繁荣的市场景象，在某些程度上，追续权可以视为对艺术家进行经济与社会支持的一种手段。一些立法者认为，在艺术家去世后，这一权利只能由其直系亲属所享有，由此，针对追续权继承的规定有别于一般的民事继承制度。③ 在具体规定上，部分国家，如法国、卢森堡，明确地将受遗赠人排除在外，另外部分国家，如厄瓜多尔、几内亚、菲律宾、塞内加尔、突尼斯等国，则在规定上未将受遗赠人纳入追续权权利主体范围。④

作为追续权制度的诞生地，法国在追续权权利主体上的规定可作为此种类型的代表。依据法国1920年追续权法，追续权可由艺术家的继承人（héritier）与权利继受人（ayant cause）所享有。⑤ 从立法上看，权利继受人包括受遗赠人，法国1920年追续权法似乎允许追续权为受遗赠人所享有，但法国法院在1937年的一起案例中推翻了这一观点，法院主张在艺术家去世后，追续权只能为其继承人所享有，在艺术家的继承人去世后，追续权由该继承人的继承人所享有，而不能为艺术家的其他亲属所享有。⑥ 这意味着追续权的继承有别于法国民法典中关于顺位继承的一般规定。在随后的追续权立法中，法国彻底厘清了这一问题，法国1957年将追续权制度纳入《文学与艺术财产法》，其中

---

① 刘波林译：《保护文学和艺术作品伯尔尼公约（1971年巴黎文本）指南》，中国人民大学出版社2002年版，第72－73页。

② World Intellectual Property Organization and United Nations Educational, Scientific and Cultural Organization, *Study on Guiding Principles Concerning the Operation of "Droit de Suite"* at 51 (1985), available at http: //unesdoc. unesco. org/images/0006/000660/066003eb. pdf.

③ World Intellectual Property Organization and United Nations Educational, Scientific and Cultural Organization, *Study on Guiding Principles Concerning the Operation of "Droit de Suite"* at 52 (1985), available at http: //unesdoc. unesco. org/images/0006/000660/066003eb. pdf.

④ Ibid.

⑤ Art. 1. Loi du 20 mai 1920 Frappant D'un Droit au Profit des Artistes les Ventes Publiques D'objet D'art.

⑥ Trib. Civ. Seine 5 Feb. 5th 1937. D. P. 1937 II. 41 note Escarra, *Gazette Palais* 437, I. 351. Conclusions du procureur Jodelet.

第 42 条第 2 款明确规定，作者死后，追续权只能为作者的继承人（héritier）所享有，任何受遗赠人（légataire）及权利继受人（ayant cause）都无法享受追续权。①《法国知识产权法典》延续了这一原则，其中 L. 123-7 条明确规定，"作者死后当年及其后 70 年，除去任何受遗赠人（légataire）及权利继受人（ayant cause），L. 122-8 条所指追续权由作者继承人（héritier）所享有"②。

（1）莫奈案

值得注意的是，即便是追续权继承，法国法院在司法实践中也采用了较为特殊的规定。在莫奈案中，法国著名的印象派艺术家克劳德·莫奈（Claude Monet）于 1926 年去世，其唯一的继承人为其儿子米歇尔·莫奈（Michel Monet），他于 1966 年去世，米歇尔·莫奈将马蒙丹博物馆（Musée Marmottan）作为其财产的受遗赠人。同年，克劳德·莫奈的一幅画作在拍卖行被人转售，但根据法国著作权法第 42 条，马蒙丹博物馆无权享有追续权，克劳德·莫奈的侄女向拍卖商索要追续金，却为拍卖商所拒绝，由此引发诉讼。在该案中，巴黎上诉法院认为，艺术家的继承人死后，如果艺术家没有其他继承人可以继承其财产，那么追续权灭失。然而，法国最高法院驳回了这一判决，认为，艺术家死后，追续权可以转移至艺术家的继承人，该继承人死后，追续权将继续转移至该继承人的继承人。法国最高法院将该案发回奥尔良上诉法院进行重审，奥尔良上诉法院在最高法院判决的基础上进一步指出，不仅仅只有艺术家的直系继承人能够继承追续权，其他顺位的继承人也可以继承追续权。从此之后，法国追续权的继承也依据法国民法典中的继承制度。③

（2）尤特里罗案

在另一案例中，享有"巴黎之子"美誉的法国画家莫里斯·尤特里罗（Maurice Utrillo）于 1955 年去世，他将妻子露西·瓦洛尔（Lucie Valore）作为财产的受遗赠人，瓦洛尔于 1965 年去世，其与前夫所生的女儿为其财产的继承人，之后尤特里罗的一幅画作发生转售，瓦洛尔的女儿索要追续金遭到拒绝后引发诉讼。1975 年 5 月 26 日，巴黎高等法院作出判决，认定瓦洛尔的女儿无法享有追续权，因为瓦洛尔的女儿与尤特里罗没有任何血缘关系。法国最高法院维持了这一判决，这意味着，在法国，只有同艺术家有血缘关系的继承

---

① Art. 42. Loi du 11 Mars 1957 sur la propriété littéraire et artistique.

②《法国知识产权法典》，黄晖译，载《十二国著作权法》，清华大学出版社 2011 年版，第 76 页。

③ Liliane de Pierredon-Fawcett：*The Droit de Suite in Literary and Artistic Property*, *A Comparative Law Study*, published by Center for Law and the Arts, Columbia University School of Law, 1991, p. 44. , p. 300.

人才有资格享有追续权。①

（3）布拉克案

此外，另一起案例涉及法国著名的立体派画家乔治·布拉克（Georges Braque），其于 1963 年去世，留下了妻子和一位侄子，几个月后，布拉克的妻子去世，1972 年，布拉克的侄子去世，留下了其妻子。1982 年时，布拉克的一幅画作在拍卖行被人转售，其三个远房的表兄弟主张追续权并由此引发诉讼。巴黎上诉法院首先根据尤特里罗案的判决理由，认定布拉克侄子的妻子无法享有追续权，因为其与布拉克没有任何血缘关系；其次，法院认为，布拉克的三位表兄弟也不能主张追续权，因为他们不是布拉克侄子的继承人。②

（4）达利案

进入 21 世纪以来，由于法国法在追续权继承上的特殊规定，引发了欧盟法院对于西班牙著名画家萨尔瓦多·达利（Salvador Dalí）追续权继承的先行裁决案。达利于 1989 年 1 月 23 日去世，其有五位合法继承人，早在去世前，达利便已经立下遗嘱，将西班牙国家作为其知识产权权利的唯一继承人，其知识产权由西班牙的 Gala-Salvador Dalí 基金会管理。③ 1997 年，Gala-Salvador Dalí 基金会授权西班牙著作权集体管理组织 VEGAP（Visual Entidad de Gestión de Artistas Plásticos）管理和行使达利的著作权。VEGAP 又与法国著作权集体管理组织 ADAGP 签订协议，约定由 ADAGP 管理达利在法国的著作权。自 1997 年起，ADAGP 收取达利作品在法国境内的许可费，在追续权上，ADAGP 认为，依据法国法，追续金应当支付给达利的继承人，因此，ADAGP 直接将达利作品原件转售的追续金支付给达利的继承人。④

但西班牙 VEGAP 认为，根据达利的遗嘱与西班牙法律，达利作品在法国转售所产生的追续金应当付给 Gala-Salvador Dalí 基金会。VEGAP 就此于 2005 年 12 月 28 日向巴黎地区法院诉请 ADAGP 支付追续金。ADAGP 请求达利的继承人参与诉讼。法国法院请求欧盟法院对于此案进行先行裁决。⑤ 这起案件的主要争议在于，欧盟成员国是否有权决定追续权受益人的范围。《欧盟追续权指令》第 6 条规定，追续金应当支付给作品的作者，并在作者死后，支付给那

① *The Droit de Suite in Literary and Artistic Property, A Comparative Law Study.*

② Judgement of October 15, 1986, R. I. D. A. No. 136, April 1988, p. Ihh.

③ ECJ, Case C‑518/08, Fundacion Gala‑Salvador Dali v. ADAGP, para 13‑15.

④ Ibid., para 16.

⑤ Ibid., para 17.

些有资格享有这一权利的人。① 欧盟法院认为，根据欧盟追续权指令，欧盟成员国有权通过其国内法律，选择决定作者死后的追续权受益人的类型②，本案应由法国法院决定追续权遗嘱继承之冲突法解决规制的适用。

由此可见，在法国，追续权并不根据作者的意愿而发生转移，并且法国在司法实践中还进一步限定了有资格继承作者追续权的主体范围，要求继承人与作者之间存在血缘关系。不过，法国的这一司法实践尚未转化至追续权立法，而在哥斯达黎加的追续权制度中甚至明确了这一追续权继承的要求，其中规定，作者死后，追续权只能由作者的配偶及有血缘关系的继承人所享有。③

不过，这种模式也会产生新的问题，如果作者不打算为其继承人留下任何财产时，在这一情形下，作者死后，应当如何确定追续权的归属？Plaisant 教授认为，此时存在两种可能，一种即是作者的继承人仍可享有追续权，不论作者的意志；另一种即是该权利由此而灭失。他进一步指出，倘若作者死后，追续权可为作者的远亲（如哥哥、妹妹或表兄妹等）所享有，这既不合理，也不符合追续权的立法本意。④

3. 我国关于追续权权利主体范围的选择：应涵盖艺术家受遗赠人

目前各国在受遗赠人是否有资格成为追续权主体上存在不同规定，那么我国应如何确定呢？解答这一问题，应当考虑到追续权制度的两方面内涵：第一个内涵是实质性的直接补偿，指作者有权对其艺术作品转售的增值部分获得直接补偿；第二个内涵是安慰性的间接补偿，指艺术作品原件不断升值，在作者去世后，为安慰离世的作者，给予作者以外的人以补偿。⑤ 因此，从直接补偿上看，作者作为权利主体是无可置疑的，从间接补偿上看，追续权的权利主体应包括作者的继承人，同时，权利主体亦应包括受遗赠人，因为作者对其追续权享有处分权，作者可以在去世前约定在死后将其追续权中的财产利益转让给受遗赠人，这也体现了追续权对作者的安慰性补偿，法律应当予以尊重。

此外，采用上述第二种规定可能带来的后果在于，首先，即便在作者死后，追续权保护期限尚未届满之时，很有可能因为不存在符合要求的继承人，

① DIRECTIVE 2001/84/EC OF THE EUROPEAN PARLIAMENT AND OF THE COUNCIL of 27 September 2001 on the resale right for the benefit of the author of an original work of art. Article 6 (1).

② Ibid. , para 33.

③ Costa Rica, *Law on Copyright and Related Rights*, Basic Law No. 6683 of 14 October 1982, as amended by law No. 8834 of May 3, 2010, Article 151.

④ Robert Plaisant, *The French Law on Proceeds Right: Analysis and Critique in Legal Protection for the Artist IV*, IV - 9 (M. Nimmer ed. 1971).

⑤ 刘辉：《追续权的几个理论问题研究》，载《西部法学评论》2011 年第 3 期，第 70 页。

最后导致追续权灭失，这反倒使得交易主体从中获益，正是基于此，在法国，拍卖商长期支持这一规定。其次，这种规定使得艺术家在著作权法上的地位过于特殊，可能会造成新的不公平。最重要的是，这种规定反映了追续权立法目的与立法规定上的冲突，追续权的功能在于使得艺术家能够利用作品，而非保障艺术家的生存。①

因此，无论从正面还是反面进行分析，追续权在继承上应当遵循一般的民事继承制度，应当允许受遗赠人在作者死后享有追续权。即便法国学界也对法国在追续权继承上的规定提出了质疑，正如法国学者 H. Desbois 教授所说，"追续权应当被视为一项作者权，追续权的继承应与其他作者权保存一致，如复制权或表演权，遗嘱继承应当涵盖在内"②。同时，考虑到追续权所具有的不可转让性，追续权的权利主体范围应当进行限缩规定。我国此次《著作权法》修正草案第一、第二、第三稿中都规定追续权权利主体为作者或者其继承人、受遗赠人，送审稿更是直接规定"该权利（追续权）专属于作者或者其继承人、受遗赠人"。由此可见，我国此次《著作权法》修正草案关于权利主体的规定采用了上述第一种类型，并对权利主体进行了限定，这值得肯定。

4. 追续权权利主体应限于自然人

此外，此次《著作权法》修正草案中仍保留了关于法人作者的规定，那么，作为追续权权利主体的作者是否包含法人作者？笔者认为，这里的作者仅指的是自然人作者，不应当包含法人作者。首先，追续权制度起源于大陆法系国家，大陆法系国家的作者仅指自然人作者，法人或单位无法成为作者；其次，我国在借鉴两大法系立法时，不但仿照英美版权法规定了视法人为作者的情形，还根据大陆法系著作权法，规定了不视法人为作者，而仅将法人视为原始著作权人的情形③，这两种同时存在于我国《著作权法》的互不相容的机制也导致了我国关于作者的规定存在争议。总的来看，追续权制度应主要考虑大陆法系的立法规定，我国追续权权利主体的作者仅指自然人作者。

从我国此次《著作权法》修正草案的表述上看，第一、第二、第三稿中都规定追续权权利主体为作者或者其继承人、受遗赠人，送审稿直接规定"该权利（追续权）专属于作者或者其继承人、受遗赠人"，这种表述已经暗含了追续权只能由自然人享有之意。其原因在于，继承权以及受遗赠权都是

① World Intellectual Property Organization and United Nations Educational, Scientific and Cultural Organization, *Study on Guiding Principles Concerning the Operation of "Droit de Suite"* at 54 (1985).

② H. Desbois, *Le droit d'auteur en France*, troisième édition, Paris, Dalloz, 1978, p. 383.

③ 王迁：《知识产权法教程》，中国人民大学出版社 2011 年版，第 163 页。

自然人所享有的权利，自然人死亡后才有继承与受遗赠的可能。法人在变更、终止后，其权利由其他法人承受，而非继承。我国现行《著作权法》第19条亦规定，著作权法属于公民的，公民死亡后的权利依照继承法的规定转移。由此可见，我国《著作权法》修改草案规定的追续权只能由自然人所享有，值得肯定。并且，假如作品由两人以上合作创作，追续权由合作作者共同享有。

最后，依据《伯尔尼公约》将追续权权利主体规定为作者或作者死后由国家法律所授权的人或机构[①]，若作者去世后，没有继承人、受遗赠人时，我国可以参照《意大利著作权法》的规定，《意大利著作权法》一般性地规定了追续权由作者和其继承人享有，但又规定了特殊情况，即在作者去世并不存在继承人的情况下，此项权利归画家、雕塑家、音乐家、作家等所在的国家救济团体所有。[②] 结合《中华人民共和国继承法》（以下简称《继承法》）第32条的规定："无人继承又无人受遗赠的遗产，归国家所有"[③]，我国也可以在权利主体的一般规定之外规定特殊情况，在作者去世并不存在继承人的情况下，规定追续权可由国家所有，由国家指定的机构行使。

（二）追续权义务主体

义务是法律确认的行为强制资格，义务主体是通过支配自己的人身和标的物（如有标的物），向债权人履行义务即完成特定行为的。[④] 追续权义务主体是承担支付追续金义务的民事主体，关系到追续权权利主体能否有效地实现追续权，在追续权立法中占据重要地位。

1. 各国对追续权义务主体的规定

目前各国的追续权制度中一般都将艺术作品原件的出让人规定为义务主体，如欧盟《追续权指令》[⑤] 的规定。同时，为了保障作者追续权的有效实现，部分国家还规定参与交易的受让人或者中间人负连带责任，如《德国著作权法》第26条规定，"让与人是个人的，除他外，参与交易的艺术商或者拍卖商作为受让人或者中间人负连带债务人义务；在他们相互间，让与人独自

---

① 刘波林译：《保护文学和艺术作品伯尔尼公约（1971年巴黎文本）指南》，中国人民大学出版社2002年版，第72-73页。

② 参见《十二国著作权法》翻译组译：《十二国著作权法》，清华大学出版社2011年版，第323页。

③ 《中华人民共和国继承法》第32条。

④ 李锡鹤：《民法哲学论稿》，复旦大学出版社2009年版，第28页。

⑤ 李明德、闫文军、黄晖、邰中林：《欧洲知识产权法》，法律出版社2010年版，第272页。

承担义务"①，可以看出，德国实质上采用的是不真正连带责任，最终还是由让与人承担责任。在实践中，德国法院还认为在委托出售的情况下，委托人与受委托人都负有责任。② 《意大利著作权法》采用的是连带责任，该法第 152 条规定："交易中的买受人和中介者就该项报酬的支付与出售人共同承担连带责任。"③

值得注意的是，一部分国家为了增强追续权的可操作性，区分了追续权的义务主体和支付追续金的主体。如《法国知识产权法典》中规定"追续权由转售者履行"，但又规定："付款的责任归于参与转售的艺术市场专业人员，如果转售行为在两个专业人员间进行，则归于转售者。"④ 这相当于出让人仍为追续权的义务主体，但追续金的支付义务由艺术市场专业人员承担。

在法国追续权的实施细则中，法国对这一支付义务的履行作了更加具体的规定："当平面或立体作品原件通过公开拍卖的途径而售出时，需要支付追续金的艺术市场专业人员指的是销售机构或拍卖估价人"，"在其他情况下，付款的责任归于参与转售的艺术市场专业人员，如果不止一位专业人员参与，那么需要支付追续金的艺术市场专业人员指的是：①如果卖家为专业人员，则由卖家支付；②若不存在上述情形，由收到买家价款的中介人员支付；③若不存在上述情形，如果买家为专业人员，则由买家支付"⑤。并且，在法国，"艺术市场专业人员从收到追续权人请求之日 4 个月内，或者，在销售之前已经收到请求，从销售之日起 4 个月内，需向追续权人支付追续金"；"如果艺术市场专业人员没有收到任何请求，在销售发生的季度后 3 个月内，其需要通知追续权集体管理组织，指出销售的日期、作者的名称，如有必要之时，其还需提供其所拥有的与追续权人有关的信息"⑥。

意大利采用了与法国相同的规定，《意大利著作权法》中规定，追续金由出售者负担并支付⑦，但又规定，艺术市场中的专业人员如拍卖行、艺术画廊或者其他任何艺术家商人负有从出售价款中将报酬部分进行提取并依实施条例

① 《十二国著作权法》翻译组译：《十二国著作权法》，清华大学出版社 2011 年版，第 153 页。
② 慕尼黑州立高等法院，GRUR 杂志，1979 年，第 641 页，转引自〔德〕M. 雷炳德：《著作权法》，张恩民译，法律出版社 2005 年版，第 287 页。
③ 《十二国著作权法》翻译组译：《十二国著作权法》，清华大学出版社 2011 年版，第 325 页。
④ 《法国知识产权法典》，黄晖译，载于《十二国著作权法》，清华大学出版社 2011 年版，第 73 页。
⑤ Décret n° 2007 - 756 du 9 mai 2007 Pris pour l'application de l'article L. 122 - 8 du code de la propriété intellectuelle et relatif au droit de suite. Art. R. 122 - 8.
⑥ Ibid., Art. R. 122 - 9.
⑦ 《意大利著作权法》第 152 条第 1 款。

规定的条件支付给意大利作者和出版者协会（SIAE）的义务①。在向意大利作者和出版者协会（SIAE）实施支付前，艺术市场专业人员是所提取款项的保管人。②

2. 追续权义务主体应为艺术作品原件的出让人

那么我国应当如何界定追续权的义务主体呢？我国此次《著作权法》修正草案各稿中并未给出答案，没有对追续权义务主体作出规定。从追续权的正当性基础上看，追续权是因中间商的"传播性"使用作品的行为而给予作者的补偿，追续权义务的创设即来源于这一作品使用行为，在中间商"传播性"使用作品之后，作品通过中间商传播至最终用户，最终用户方能使用作品。因此，追续权的义务主体为"传播性"使用作品的中间商，在作品原件发生转售时，这一中间商为作品原件的出让人，我国应将这一出让人规定为追续权义务主体，这也符合目前各国关于追续权义务主体的一般规定。

此外，艺术市场实践中，艺术作品出让人可能并不是本国人，出让人在完成艺术作品交易后便离开本国，在这种情况下，若艺术作品原件的转售符合追续权的要件，追续权人也难以向出让人请求支付追续金，即便出让人为本国人，其亦可能担心暴露身份而委托中间人进行交易，最终导致追续权人难以确定出让人身份而无法获得追续金。因此，为了保障作者追续权的有效实现，我国可以采取德国《著作权法》的规定，规定参与艺术作品交易的受让人向追续权人承担连带责任，这种连带责任应当是不真正连带责任，受让人在向追续权人支付追续金后应有权向出让人追偿。

在实践中，倘若艺术作品出让人与买受人之间签订协议，约定追续权义务由买受人承担，法律是否应允许这一行为？这一争议曾在法国追续权实践中产生并诉诸法院，不过，法国巴黎上诉法院对此作出了两个完全不同的判决。在第一个判决中，巴黎上诉法院认为，《法国知识产权法典》中追续权制度规定由卖家承担的义务建立在公共政策的基础上，这一义务不仅保护追续金的受益人，还保护市场，因此，约定追续权义务由买受人承担的合同条款无效。③ 在另一个判决中，巴黎上诉法院改变了之前的观点，认为为了使得追续权人能够获取追续金，当事人可以在《法国知识产权法典》之外，约定由买家承担追续权义务，法典中"追续权由转售者履行"的规定并非为强制性规定，这一

---

① 《意大利著作权法》第 152 条第 2 款。
② 同上注，第 152 条第 3 款。
③ Court of Appeal of Paris, 12 December 2012, 11/11606.

条款只涉及追续金的支付，并不涉及公共利益①。

当事人法国佳士得拍卖行在上述第一个案件中提起了上诉，法国最高法院中止了审判②，并将涉案的争议点提交至欧盟法院进行先行判决（Preliminary Ruling）。法国最高法院总结的问题在于，《欧盟追续权指令》第 1 条第 4 款规定由卖家承担支付追续金的义务③，这一规定是否限定了追续权的义务主体包括卖家、不能由合同进行改变？④ 欧盟法院认为，《欧盟追续权指令》要求欧盟成员国必须创设追续权制度，并保证追续金能够实际支付，倘若指令中的相关条款在实践中不具有可操作性，那么，成员国可以在指令的框架下，决定支付追续金的义务人。指令中关于卖家承担支付追续金义务的规定是一项原则性的条款，这一条款设计的理由在于，在转售环节中，一般是由卖家收取转售价款。然而，倘若成员国认为由其他人承担支付追续金的义务较卖家而言更具有可操作性，也可以在指令第 1 条第 2 款中提及的主体（卖家、买家或中介商）中确定支付追续金的义务人。基于此，追续金的支付责任由合同进行约定，由卖家之外的其他人承担，并不会影响追续权义务的履行。⑤

对于我国而言，追续权是一项不得转让的权利，但这并不意味着承担追续权的义务不能发生转让，如果卖家与他人约定，由他人承担支付追续金的责任，在符合法律规定的情况下，应当准许。追续权法律关系实质上是一种债，支付追续金的债务的转让应当基于债法进行，我国《合同法》对此作了规定，其中第 84 条规定："债务人将合同的义务全部或部分转移给第三人的，应当经债权人同意"，倘若追续权人同意追续权义务主体将支付追续金的责任转移给第三人，应当准许这一债务转让行为。并且，未征得追续权人同意的债务转让不能对抗追续权人。

最后，为了降低追续权的运行成本，提高运行效率，我国可以采用类似于法国法的规定，规定追续金由艺术品交易中的专业人员代扣代缴，并且这一规定具有可操作性。在拍卖市场上，个人拍卖各种财产的所得，应以其转让收入额减除财产原值和合理费用后的余额，按照 20% 税率缴纳个人所得税，如果

① Court of Appeal of Paris, 3 July 2013, 11/20697.

② Cass. Civ. 1, 22 January 2014, 13/12675.

③ 《欧盟追续权指令》第 1 条第 4 款规定："支付追续金的责任由卖家承担，成员国也可以在卖家之外，规定由第 2 款所规定的自然人或法人与卖家一道，承担支付追续金的连带责任。"

④ Case C–41/14, Christie's France SNC v. Syndicat national des antiquaries, OJ 7 April 2014.

⑤ ECJ, Case C–41/14, Judgment of the Court（Fourth Chamber）of 26 February 2015, Christie's France SNC v Syndicat national des antiquaires.

纳税人不能正确计算财产原值的，按转让收入的 3% 缴纳个税。① 为了增强拍卖中征收个人所得税的可操作性，拍卖企业需要履行代扣代缴个人所得税税款的义务。② 在实践中，拍卖行也非常积极地履行代扣代缴个人所得税税款的义务，因为一方面拍卖企业可以从中收取一部分手续费，另一方面通过纳税，拍卖企业进一步保障了拍卖的合法性。我国此次《著作权法》修改草案送审稿已经将追续权制度的适用范围限定在拍卖市场上，考虑到拍卖企业已有扣缴个人所得税的操作经验，并且，拍卖行还对买家和卖家征收佣金、保险费等其他费用，追续金的征收并不会对拍卖行施加过重的管理负担，这对于拍卖行而言并不复杂，拍卖企业扣缴追续金具有可操作性。

三、追续权的内容

民事法律关系的内容，指的是"民事法律关系的权利主体所享有的权利和义务主体所负的义务，即民事权利和民事义务"③。对于追续权的权利和义务而言，追续权人有权请求追续权义务人向其支付追续金，追续权义务人需要向追续权人履行支付追续金的义务，因此，追续权属于请求权，在这一请求权中，追续金成为界定这一权利内容的关键所在，通过确定追续金的计量基础、计提比例以及计量门槛，可以计算得出追续金的具体数额。

（一）追续金的计量基础

追续金的计量基础指的是计量追续金的依据，追续金为追续金计量基础与计提比例之乘积。追续金的计量基础是可变的，确定计量基础是计算追续金的难点所在。从各国的立法实践上看，追续权的行使不受转售次数的限制。同时，各国在计算作者可分享的追续金的计量基础与提成比例上存在较大差别，确定追续金的计量基础主要有以下两种方式。

1. 现有各国关于追续金计量基础的规定

第一种是总额提取法，即追续权人有权从艺术作品原件转售的总价款中提取一定比例的追续金，追续金的计量基础为转售价，这种方法简便易行，不需要考虑作品之前流转的售价。无论作品在转售中是否发生增值，追续权人都有

---

① 《关于加强和规范个人取得拍卖收入征收个人所得税有关问题的通知》第 1~4 条的规定。

② 《国家税务总局关于加强和规范个人取得拍卖收入征收个人所得税有关问题的通知》第 7 条规定："个人财产拍卖所得应纳的个人所得税税款，由拍卖单位负责代扣代缴，并按规定向拍卖单位所在地主管税务机关办理纳税申报。"第 8 条规定："拍卖单位代扣代缴个人财产拍卖所得应纳的个人所得税税款时，应给纳税人填开完税凭证，并详细标明每件拍卖品的名称、拍卖成交价格、扣缴税款额。"

③ 梁慧星：《民法总论》，法律出版社 2011 年版，第 60 页。

权获取追续金。这种方法现为多数国家所采用，特别在《欧盟追续权指令》采用这一方法之后①，欧盟境内各国都采用这一规定，如法国、德国、英国等。这种立法模式已经在实践中获得了成功②，具有可行性。

第二种是增值额提取法，即追续权人有权从艺术作品原件转售的增值额中提取一定比例的追续金，追续金的计量基础为作品原件转售的增值额。若作品原件在转售中未发生增值，则追续权人不享有追续金。目前只有极少数国家采用这种方法，如《巴西著作权法》第 38 条规定"作者就其已处置的艺术作品原件或手稿，对其每一次转售的增值额，都享有获得最低比例为 5% 的收益"③。

增值额提取法较总额提取法而言更为复杂，准确地获取艺术品增值额的难度较大，除了需要确定作品原件的转售价之外，还需要了解作品原件上一次出售的价格，实施起来具有相当大的难度，这会大幅增加制度运行的成本。实践中，曾经或正在采用此种方法的国家如意大利、巴西、乌拉圭、捷克等国几乎从未具体实施过。④ 值得注意的是，随着欧盟统一追续权制度，之前采用增值额提取法的国家，如意大利和捷克，也转而采用了计量门槛的总额提取法。同时，采用增值额提取法可能会侵犯交易双方的隐私，因为若欲获取艺术品之前交易的价格就需要对卖家的身份进行识别，这可能会导致艺术品销量的减少，因为在很多情况下，卖家会将保护隐私视为影响交易的最重要的考量因素。⑤

2. 我国追续金的计量基础应为除税的转售总额

从追续权的正当性基础上看，追续权是基于作品使用而产生的权利，作者有权因中间商的"传播性"使用作品行为而获得补偿，这一权利建立在无体物——作品之上，而不是建立在有体物——作品原件之上，无论中间人在转售中是否获得增值利益，都应当向作者支付保护报酬。在艺术作品原件转售过程中，中间商"传播性"使用了作品，这一使用行为体现为作品原件的转售，正基于此，追续金的计量基础应为作品原件的转售总额。米歇尔·M. 瓦尔特（Michel M. Walter）教授也指出，"作者有权从作品使用的总收入中分享利益，这是一项著

①　Directive art. 4（1）.

②　U. S. Copyright Office, *Droit de Suite：The Artist's Resale Royalty*, at 153（Dec. 1992）, available at http：//www. copyright. gov/history/droit_ de_ suite. pdf.

③　《巴西著作权法》，万勇译，载于《十二国著作权法》，清华大学出版社 2011 年版，第 13 页。

④　U. S. Copyright Office, *Droit de Suite：The Artist's Resale Royalty*, at 153（Dec. 1992）, available at http：//www. copyright. gov/history/droit_ de_ suite. pdf.

⑤　Max – Planck – Institut fur auslandisches und Internationales Patent –, Urheber – und Vettbewerbsrecht, *The Droit de Suite in German Law in Legal Protection for the Artist VI*, VI – 44.

作权法上的基本原则"①。

　　并且，追续金的计量基础应当在扣除税款后计算得出。有些艺术品成交价中已经包括了税款，税款来源的依据在于国家的公权力，不属于转售价的范畴，为了确定追续金的计量基础，还应当扣除这一税款。这一规定也为多数追续权立法所采用，如《欧盟追续权指令》第5条规定，"追续金的计量基础为除税净额"②；意大利《著作权法》也规定，"所适用的出售价格是指不含税的价格"③；法国追续权实施细则中则进一步细化了追续金计量基础的规定，"对于公开拍卖而言，追续金的计量基础为扣除税款后的拍卖成交价，对于其他类型的转售而言，追续金的计量基础为扣除税款后的转售总额"④。

　　此外，一般而言，艺术品交易在各方专业人员的参与下完成，作品原件的转售总额往往还包含其他交易费用，如交易佣金、运输费、保险费、作品原件的修补费等，这部分费用并不应从转售总额中扣除。⑤　一方面，这些费用都与交易有关，有的费用已经计入转售总额，扣除存在困难；另一方面，正如世界知识产权组织与联合国教科文组织所说，"若再扣除交易费用会使得追续权制度变得过于复杂，立法者要确认哪种交易费用应当扣除，哪种不应当扣除，这将产生新的争议"⑥。对于拍卖而言，追续金的计量基础即为拍卖成交价，根据拍卖行业惯例，拍卖成交价包括落槌价、佣金、保险费等。⑦　综上所述，我国应规定追续权的计量基础为扣除税款的转售总额。

　　（二）追续金的计提比例

　　追续金的计提比例是追续金计量基础与追续金之间的比例，计提比例由法律提前预设，在确定追续金的计量基础后即可确定计提比例。关于追续金的计提比

---

　　①　Michel M. Walter, Silke Von Lewinski, *European Copyright Law*：*A Commentary*. Oxford University Press, 2010, p. 839.

　　②　Article 5, Directive 2001/84/EC of the European Parliament and of the Council of 27 September 2001 on the resale right for the benefit of the author of an original work of art.

　　③　《意大利著作权法》，费安玲、魏骁、陈汉译，载《十二国著作权法》，清华大学出版社2011年版，第324页。

　　④　Décret n° 2007 – 756 du 9 mai 2007 Pris pour l'application de l'article L. 122 – 8 du code de la propriété intellectuelle et relatif au droit de suite Art. R. 122 – 4.

　　⑤　Michel M. Walter, Silke Von Lewinski, *European Copyright Law*：*A Commentary*. Oxford University Press, 2010, p. 869.

　　⑥　World Intellectual Property Organization and United Nations Educational, Scientific and Cultural Organization, *Study on Guiding Principles Concerning the Operation of "Droit de Suite"* at 39 (1985).

　　⑦　例如，在2007年秋拍油画专场中，陈丹青的作品《牧羊人》经过几十轮竞价，最终以3 200万元落槌，成交价达到3 584万元，各项费用为384万元。

例，从各国追续权立法上看，主要有固定计提比例和滑动计提比例两种计提方法。

1. 现有各国关于追续金计提比例的规定

固定计提比例指的是追续金的计提比例不会随着追续金计量基础的变化而变化，这一比例是固定不变的。采用固定计提比例方法的有巴西、澳大利亚等国，多数采用这种方法的国家将计提比例设定为5%，如巴西、澳大利亚、智利、菲律宾等，也有部分国家将其设为3%，如秘鲁①。美国参议员 Kohl 和众议员 Nadler 在 2011 年提交美国国会的《视觉艺术家公正法案》中的追续金计提比例则高达7%②，这是目前全球范围内最高的比例。

采用固定计提比例的计提方法简便易行，在《欧盟追续权指令》出台之前，大多数创设追续权的国家采用的都是这种计提方法，介于2%（西班牙）到6%（葡萄牙）之间③。如法国在 1957—2006 年期间一直采用的是 3% 的固定计提比例④，德国在 1965—1972 年间的《德国著作权法》中采用的是 1% 的计提比例⑤，在 1972—2006 年间采用的是 5% 的固定计提比例⑥。

滑动计提比例指的是追续金的计提比例会随着追续金计量基础的变化而发生变化，这种计提方法将追续金计量基础进行分段计量，追续金为分段计量的总额，这较固定计提而言更加复杂。滑动计提比例可细分为两种类型，一种是边际递增累进计提比例，另一种是边际递减累进计提比例。

边际递增累进计提比例会随着追续金的计量金额的提高而上升，在早期的追续权立法中为法国、比利时所采用，法国 1920 年追续权法规定，作品原件转售价格中 1 000 ~ 10 000 法郎部分的计提比例为 1%，10 001 ~ 20 000 法郎部分的计提比例为 1.5%，20 001 ~ 50 000 法郎部分的计提比例为 2%，超过 50 000 法郎部分的计提比例为 3%。⑦ 这种方法类似于税收中的超额累进税率，把征税对象的数额划分为若干等级，对每个等级部分的数额分别规定相应的税率，分别计算税额，各级税额之和为应纳税额。超额累进税率的"超"字，

---

① 参见附录二：现有代表性追续权制度一览。

② S. 2000, 112th Cong. (2011); H. R. 3688, 112th Cong. (2011).

③ U. S. Copyright Office, Droit de Suite: *The Artist's Resale Royalty*, p. 205. (Dec. 1992)

④ Loi n° 57 – 298 du 11 mars 1957 sur la propriété littéraire et artistique, Article 42.

⑤ Gesetzüber Urheberrecht und verwandte Schutzrechte (Urheberrechtsgesetz) vom 9. September 1965; http: //lexetius. com/UrhG/26, 030614.

⑥ Gesetzüber Urheberrecht und verwandte Schutzrechte (Urheberrechtsgesetz) vom 10. November 1972; http: //lexetius. com/UrhG/26, 030614.

⑦ Loi du 20 mai 1920 Frappant D'un Droit au Profit des Artistes les Ventes Publiques D'objet D'art. art. 2.

是指征税对象数额超过某一等级时，仅就超过部分，按高一级税率计算征税。[①] 不过，截至目前，已经不再有国家采用这种计提比例，早期采用这一计提比例的法国在 1957 年便已经采用其他计提比例。

边际递减累进计提比例会随着追续金的计量金额的提高而下降，《欧盟追续权指令》最先采用了此种计量方法，其中规定艺术作品原件销售价格 50 000 欧元以下的提成比例为 4%（在这一区间段，欧盟成员国也可以采用 5% 的比例），50 000～200 000 欧元的提成比例为 3%，200 001～350 000 欧元为 1%，350 001～500 000 欧元为 0.5%，500 000 欧元以上为 0.25%，同时追续金最高不超过 12 500 欧元，分段计量如图 4 - 1 所示。自欧盟《追续权指令》出台后，德国、法国、意大利等欧盟成员国纷纷修改本国追续金的提取比例，采用滑动提成比例的计提方法。

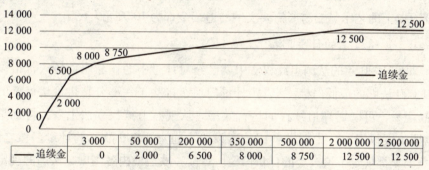

	3 000	50 000	200 000	350 000	500 000	2 000 000	2 500 000
追续金	0	2 000	6 500	8 000	8 750	12 500	12 500

（横轴为艺术作品原件转售价格，纵轴为追续金数额）　单位：欧元

图 4 - 1　《欧盟追续权指令》下的滑动计提比例

2. 我国应采用固定计提比例计算追续金

确定追续金计提比例时应当考虑两个重要的因素，即追续金的总量应当能够激励艺术家的创作，并且，该追续金不会对艺术市场造成过重的负担。我国的追续金计提比例宜采用固定计提比例。欧盟采用边际递减累进计提比例主要是为了实现艺术市场各方利益间的平衡，防止交易主体为规避追续权制度而转移艺术品的交易场所。[②] 由此可见，《欧盟追续权指令》在设计上充分考虑了追续权制度对艺术品交易可能造成的影响。艺术品交易价格越

---

① 《什么是超额累进税率?》，载全国人大网：http://www.npc.gov.cn/huiyi/lfzt/grsdsfxz/2011 - 04/19/content_ 1652123. htm，2016 - 3 - 4。

② Directive 2001/84/EC of the European Parliament and of the Council of 27 September 2001 on the resale right for the benefit of the author of an original work of art, Recital 24.

高，追续金计提比例越低，这使得追续金支付义务方能够有效地控制其交易风险，并能够防止交易商为避免支付追续金而选择欧盟之外的艺术市场进行交易。

但是，一方面，滑动计提比例采用分段式计量方法，这种计量方法较为复杂，采用这一计提比例会给追续金的计量造成困难。另一方面，艺术品交易价格越低，计提比例越高，这意味着追续权义务人需要支付越高比例的追续金，这对于追续权义务人而言并不公平。采用统一的固定计提利率能够简化追续金计量过程，采用固定计提比例的多数国家采用的是 5% 的比例①，我国也可以采用 5% 作为追续金的计提比例。当然，为了减轻追续权制度对艺术市场的影响，我国可以参照欧盟，规定追续金的支付上限。欧盟设置了 12 500 欧元的上限，我国可以规定 10 万元人民币的追续金上限。在这一规定下，成交价在200 万以上的艺术品交易所需要交纳的追续金都为 10 万元人民币。

（三）追续金的计量门槛

早在 1920 年的法国追续权法中就已经对计量中的作品原件转售价格设置了 1 000 法郎的最低门槛。② 设定计量门槛，排除了一部分转售价格极低的艺术品交易，可以提高追续权的运行效率。从现有追续权立法上看，特别是在《欧盟追续权指令》中要求各成员国设置不超过 3 000 欧元的计量门槛之后，多数国家都规定了追续金的计量门槛。目前，欧盟境内各国中，法国的规定为750 欧元，德国为 400 欧元，英国为 1 000 欧元，比利时为 2 000 欧元，意大利、挪威等国最高，为 3 000 欧元，正在美国国会审议中的《美国版权非常法案 2015》规定了 5 000 美元的计提门槛。③ 当然，也有部分国家未设定追续金计量门槛，如欧盟境内的希腊、斯洛文尼亚、拉脱维亚等国，以及巴西、智利、墨西哥、尼日利亚等国④。

若不预设最低价格，对几十元的艺术品都计算追续金，一来追续金过少，对艺术家而言并无多大意义，二来增加追续金的征收成本，可能导致很多追续金征收不到位，由此可以看出设立计量门槛的必要性，我国也应当设立追续金的计量门槛。但同时，计量门槛也不能设得过高，否则，一部分非知名艺术家将可能无法获取追续金，因为通常而言，这些艺术家的作品原件并不会以非常

---

① 参见附录二：现有代表性追续权制度一览。

② Loi du 20 mai 1920 Frappant D'un Droit au Profit des Artistes les Ventes Publiques D'objet D'art. art. 2.

③ S. 977 – 114th Congress (2015 – 2016); H. R. 1881 – 114th Congress (2015 – 2016).

④ 参见附录二：现有代表性制度一览。

高的价格转售。由此，考虑到计量门槛涉及作者与艺术市场之间的利益关系，我国立法者在决定计量门槛的具体数额时应当充分听取不同群体的意见。我国的立法者应当根据艺术市场中艺术品的转售价格，如图4-2、图4-3所示，兼顾追续权的运行成本，综合考量我国追续金计提的计量门槛。

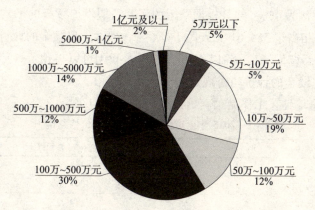

图4-2 2014年春拍艺术品各成交价比例❶

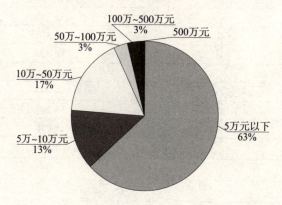

图4-3 2014年春拍艺术品各价格成交数量分布❷

从我国2014年春拍的情况看，成交价在5万元以下的交易额仅占总成交额的5%，但其中的成交数量占到总成交数的63%，由此可见，多数艺术品的拍卖成交额并非天价，我国在设定追续金计量门槛时不能设得过高，否则相当数量的艺术家将可能丧失获取追续金的机会。

---

① 资料来源：雅昌艺术市场监测中心：《中国艺术品拍卖市场调查报告（2014年春季）》，第19页，http：//amma. artron. net/reportDetail. php? id = 4，2016 - 2 - 22。

② 同上注。

欧盟委员会在 2011 年的报告中指出追续权管理上存在效率低下的现象，在某些欧盟成员国，这种低效率给市场专业人员施加了不必要的负担，并减少了艺术家实际获得的追续金，据估计，每次交易追续权的管理成本可能多达 50 欧元。[①] 若我国采用类似于《欧盟追续权指令》的计提比例，设置追续金计提的最高比例为 4%，并且根据欧盟的实践，假设追续权的平均实施成本为 50 欧元/次（相当于 354.61 元人民币/次）[②]，那么，追续金的计量基础最低应为 8 865.25 元（354.61 元除以 4% 的结果）。我国可以再预留一定的空间，并取整数，将追续金的计量门槛规定为 1 万元人民币。

　　2015 年全球纯艺术作品拍卖价格结构如表 4 - 1 所示。

表 4 - 1　2015 年全球纯艺术作品拍卖价格结构[③]

作品件数占比	成交金额在……美元以下
100%	< 179 365 000
99%	341 000
98%	149 725
96%	63 580
95%	48 480
94%	38 140
92%	26 330
90%	19 320
80%	6 875
75%	4 886
70%	3 595
60%	2 050
50%	1 234
40%	768
30%	488
20%	292
10%	149

---

　　① European Commission, Report from the Commission to the European Parliament, the Council, and the European Economic and Social Committee: Report on the Implementation and Effect of the Resale Right Directive (2001/84/EC), at11 (2011), available at http: //ec. europa. eu/internal_ market/copyright/docs/resale/re-port_ en. pdf.

　　② 采用 2015 年 12 月 31 日人民币对欧元汇率，2015 年 12 月 31 日银行间外汇市场欧元汇率中间价为：1 欧元 = 7.092 2 人民币元，1 人民币对欧元 0.141 0 欧元，100 人民币对欧元 14.1 欧元。

　　③ 数据来源：雅昌艺术市场监测中心（AMMA）、Artprice：《2015 年全球艺术市场报告》，第 15 页，http: //amma. artron. net/reportDetail. php? id = 30，2016 - 3 - 3。

2015 年间，全球约有 86.57 万批次的纯艺术作品[①]在各大公开拍卖现身，其成交价格结构如上表所示，这部分作品类型都属于追续权客体范围，其成交价对于衡量追续金的计量基础具有重要意义。结合这一表格，倘若将我国追续金的计量基础设置为 1 万元人民币（约为 1 540.9 美元）[②]，可以涵盖艺术品拍卖市场上超过 40% 的交易，接近艺术品拍卖成交总数的一半。由此可见，在保证追续权实施成本的基础上，采用 1 万元作为我国追续金计量门槛的规定可以使得追续权惠及大多数艺术家。若我国在创设追续权之后，通过实践发现可能进一步降低追续权的实施成本，届时立法者还可以考虑降低追续金的计量门槛，使得更多艺术家享有获取追续金的机会。

这一计量门槛是针对每一件作品原件转售而言的，倘若多件作品原件以总价进行转售，需要确定这些作品原件的单价后，对那些转售价超过计量门槛的作品原件的转售征收追续金。并且，计量门槛只是追续金计量的门槛，追续金在计量时，其计量基础并不能扣除计量门槛。

第三节　追续权权利性质

"研究权利必须对权利进行分类，分类必须有根据。寻找权利分类的根据，就是建立权利的逻辑体系。"[③] 追续权是一项非常独特的权利。英国的大卫·瓦韦（David Vaver）教授曾指出："再出售版税权（追续权）是与版权制度、作者权制度均有所区别的制度，它仅与分享再出售作品取得的利益有关，而与作品的使用行为没有关系。同时它又不是一项与作品使用补偿的享受有关的权利"[④]。即便追续权最初诞生于法国，时至今日，法国学者仍指出，"在著作权领域中，很难确定追续权应处于何种位置"[⑤]。

在追续权于 1920 年创设之后的近一百年间，围绕是否需要创设追续权制

[①] 纯艺术类作品，即为绘画、雕塑、装置艺术、水彩素描、摄影、影像、织毯、版画，不包括古董、匿名文化财产和家具。

[②] 采用 2015 年 12 月 31 日人民币对美元汇率，2015 年 12 月 31 日银行间外汇市场美元汇率中间价为：1 美元 = 6.489 3 元人民币，1 人民币对美元 0.154 1 美元。

[③] 李锡鹤：《民法哲学论稿》，复旦大学出版社 2009 年版，第 286 页。

[④] David Vaver：《〈伯尔尼公约〉和〈世界版权公约〉中的国民待遇》，载《工业产权和版权法国际评论》，1986 年第 7 期，第 715、719 页。转引自［美］保罗·戈尔斯坦：《国际版权原则、法律与惯例》，王文娟译，中国劳动社会保障出版社 2003 年版，第 260 页。

[⑤] André Lucas, Henri-Jacques Lucas, Agnès Lucas-Schloetter, *Traité de la propriété littéraire et artistique*, 4e edition, Lexis Nexis, p. 424. (2012).

度的争议一直未曾间断，这种争议主要建立在对于追续权性质的认识之上。并且，对于追续权性质判断的不同，决定了追续权的存废以及其在权利体系中的位置。如美国在制定《视觉艺术家权利法》时，曾在草案中规定过追续权，但美国国会在经过讨论之后，认为追续权不属于版权的范畴，于是，国会还是在最终法案中删去了这一条款。[①] 与之相反的是，欧盟在《欧盟追续权指令》中指出，"追续权是著作权不可分割的组成部分，是作者的一项特权"[②]，在这一基础上，欧盟统一了境内的追续权立法。

我国在《著作权法》修稿草案第一稿、第二稿、第三稿中都规定追续权"不得转让或者放弃"，但送审稿删去了这一规定，而是规定追续权"专属于作者或者其继承人、受遗赠人"，从这一表述上看，立法者似乎有意回避对追续权的性质进行界定。那么，追续权的权利属性如何？又应当将追续权置于权利体系的哪一位置？

一、追续权性质的现有学说

关于追续权的性质，目前并没有完全一致的看法。有的国家将追续权归入著作权的范畴内；而有的国家则认为追续权"只是一种报酬权"，"目的是对一些不公正的情况给予补偿，使艺术作品的作者在其绝对利用权范围之外出现将其作品用于商业目的的情况时，能够从这种使用所获得的好处中收取合理报酬"[③]。目前我国理论界多将追续权归入著作权范畴，并存在三种不同的观点，即著作人身权说、著作财产权说、综合权利说。

著作人身权说认为追续权是著作人身权的一种，追续权是为保护作者的利益而创设的权利，它只能由作者本人和其继承人所享有，并且追续权不可转让、不可放弃、不可剥夺，可以认为追续权是对作者精神利益的保护，相比于一般财产权，追续权主要体现的是权利的人身依附性。原《澳门著作权法》第 57 条第 1 款中便规定："追续权不可转让、也不受时效限制"，并且将该追续权归入著作人身权一节。我国持该观点的学者不多，例如，杨立新教授认为："追续权表面上看起来是著作财产权，但实质上是著作人身权，其立法本

---

① Paul Goldstein, *Copyright*, *Patent*, *Trademark and Related State Doctrines*, 1997, p. 801. 转引自：李明德、闫文军、黄晖、邰中林：《欧洲知识产权法》，法律出版社 2010 年版，第 264 页。

② Recital 4, Directive 2001/84/EC of the European Parliament and of the Council of 27 September 2001 on the resale right for the benefit of the author of an original work of art.

③ ［西］德利娅·利普希克：《著作权与邻接权》，联合国教科文组织译，中国对外翻译出版公司 2000 年版，第 163 页。

意是保护作者的权利，其他任何人不享有这种权利，因而，追续权是不得转让的人身权"①。又如，王迁教授认为："追续权总体来看更接近于著作人身权"②，并将追续权归入著作人身权的范畴内。

著作财产权说认为追续权是对作者经济利益的补偿，旨在消除艺术品市场交易存在的不公正现象，作者从追续权中获得的实质上是财产性的期待利益，这不同于精神权利的利益属性，所以追续权应受著作财产权制度的规则。持此观点的如吴汉东教授将追续权归入著作财产权的框架内③，李明德教授也将追续权归入著作经济权利中④。

综合权利说认为追续权兼具精神属性与经济属性的特点，但又不属于著作权的一种，而是独立于著作财产权与著作人身权存在，属于著作权的下位概念。持该观点的有郑成思教授，在其专著中他把追续权列为与著作经济权利、著作精神权利所并列的一种权利。⑤ 丁丽瑛教授在其专著中，把追续权列入了区别于著作人身权与著作财产权的著作权人的其他权利。⑥

二、追续权不属于人身权

各国都普遍规定追续权"不可转让"，这一特征使得追续权具有人身权利的权利外观，于是，如上所述，一些学者认为追续权是人身权，或"更接近于著作权人身权"。不过，人身权不能转让，并不意味着不能转让的就是人身权，权利特征的相同并不意味着权利属性的相同，民法上的权利不能转让有因权利本身性质不能转让，如人身权，也有依据当事人约定不能转让和依据法律规定不能转让等情形。一般而言，人身权包括身份权和人格权，通过对追续权性质的剖析，可以发现，追续权"不可转让"的产生不同于身份权，也有别于传统人格权和著作人身权，追续权不具有人身权属性。

1. 追续权不属于身份权范畴

身份权从起源至今都是基于主体的特定身份而产生的，其维护的是特定的亲属关系。所谓身份，指的是民事主体在特定的亲属团体中所享有的地位或者

---

① 杨立新：《人身权法专论》，中国检察出版社1996年版，第896页。
② 王迁：《知识产权法教程》，中国人民大学出版社2011年版，第116页。
③ 吴汉东主编：《知识产权法》，中国政法大学出版社1999年版，第85页。
④ 李明德、许超：《著作权法》，法律出版社2003年版，第106页。
⑤ 郑成思：《版权法》，中国人民大学出版社1997年版。
⑥ 丁丽瑛：《知识产权法》，厦门大学出版社2007年版，第124页。

资格，身份权实际上是权利的集合体，主要包括亲权、配偶权、其他亲属权。① "凡不以对人的支配为内容的民事权利，虽以身份关系为基础，亦不属身份权。"② 追续权的客体是作品，体现的是作者与作品间的联系，与身份关系无关，追续权不属于身份权范畴。

2. 追续权不属于人格权范畴

一般认为，现代民法的人格权，是指民事主体专属享有，以人格利益为客体，为维护其独立人格所必备的固有权利。③ 依德国法权威学说，人格权上承载的人格利益可以区分为三个方面：首先，与人格直接相关的利益。从物理上讲，这种权利包括对身体、对健康的保护；从精神方面讲，包括对人的尊严以及社会声望的保护；此外，还包括对这些权利在物理上以及精神上相关的拓展领域的保护。其次，主体直接拥有的非人身的利益，这些利益体现了主体的人格，如个人肖像、私人信件、把个人形象录制下来的音像载体。最后，主体直接拥有的无形财产利益，这些利益属于主体人格的创造性智力劳动所产生的成果。④

三种不同的人格利益的背后体现的是三种人格权。上述前两类人格利益是具体的人格利益，是具体人格权的客体，其外延表现为身体权、健康权、生命权、肖像权、名誉权等。对于上述第三种人格利益——无形财产利益而言，无形财产权学说最早源于费希特、黑格尔、寿潘哈沃，后由约瑟夫·科勒完整地阐述。费希特认为：一本书"有形的、类似于用于印刷的纸张之类的东西"与这本书的内容、思想和这些思想的表达形式等精神上的东西应当区分开来。黑格尔认为：书籍的出售，购买人只取得了该作品的附着物，而作品的普遍表达形式与方法的财产权依旧保留在作者手中。寿潘哈沃则最早将有体物的财产权与精神作品上的财产权区分开来。作为该学说的集大成者，科勒认为：在作品上，既存在着财产权，又存在着人格权，人格权保护作者本人的人格利益，同时，虽然这两种权利经常彼此联系，但并非同一权利，应当区分开来。⑤ 由此可见，著作人身权的客体是上述第三种人格利益——无形财产利益，正如我国多数学者所指出的，著作人身权，"是指作者的作品秘密、荣誉、名声和其他体现在作品上的无形人身利益而为著作权法保护

① 高富平主编：《民法学》，法律出版社 2009 年版，第 81－82 页。
② 史尚宽：《民法总论》，台湾荣泰印书馆股份有限公司 1980 年版，第 18 页。
③ 王利明、杨立新、王轶、程啸：《民法学》，法律出版社 2011 年版，第 178 页。
④ 〔德〕M. 雷炳德：《著作权法》，张恩民译，法律出版社 2005 年版，第 267 页。
⑤ 同上注，第 26 页。

的权利"①。

传统人格权与著作人身权的客体都是人格利益，而非财产利益，传统人格权与著作权人身权的保护并非基于财产利益而产生。不过，追续权"不可转让"产生的原因更像一种保护措施。② 艺术家在市场上只有非常有限的议价能力，甚至于没有议价能力，因此，如若允许追续权可以放弃或转让，艺术家将因买家的压力而无法享受追续权益。③《伯尔尼公约指南》中也指出，"这一权利（追续权）不能转让，这是为了防止美术家迫于生计而将它卖掉"④。法国学者 H. Desbois 教授所说，"追续权制度的立法目的在于使得艺术家能够在未来的交易中分享利益，如果他们无偿地丧失这一获益的可能，那么，立法者创设追续权制度的立法目的将无法实现"⑤。可以看出，追续权"不可转让"的权利特征的产生是以保障追续权人获取追续权益为前提的，这一特征基于财产利益而产生，其上所保护的并非艺术家的人格利益，而是财产利益。基于此，追续权不属于人格权范畴。再结合前述追续权不属于身份权的论断，可以认为，追续权不属于人身权。

三、追续权属于财产权

从追续权的权利特征上看，追续权是一项使得追续权人能够从艺术作品原件的转售中获取经济利益的权利。《伯尔尼公约》布鲁塞尔大会预备会议材料也明确指出，追续权条款中所指的利益是经济利益（Pecuniary Interest）⑥。从追续权的正当性上看，追续权是一项基于作品使用而产生的权利，追续权人通过追续权能够获得对于作品使用的补偿。从内涵和外延上看，追续权都具有财产权的属性。正如《欧盟追续权指令》重述第 1 条中所指出的："追续权是一

---

① 刘春茂主编：《知识产权原理》，知识产权出版社 2002 年版，第 77 页。吴汉东、彭万林、李东梅等学者亦持此观点。

② 有学者更是形象地将其称为"消费者保护措施"，见 Sam Ricketson, Proposed International Treaty on Droit De Suite/Resale Royalty Right for Visual Artists, 245 *Revue Internationale du Droit D'Auteur*. 3, 35 (2015).

③ Liliane de Pierredon-Fawcett: *The Droit de Suite in Literary and Artistic Property*, *A Comparative Law Study*, published by Center for Law and the Arts, Columbia University School of Law, 1991, p. 33.

④ 克洛德·马苏耶：《保护文学和艺术作品伯尔尼公约指南》，刘波林译，中国人民大学出版社 2002 年版，第 72 页。

⑤ H. Desbois, *Le droit d'auteur en France*, troisième édition, Paris, Dalloz, 1978, p. 379.

⑥ Documents de la Conférence réunie à Bruxelles du 5 au 26 juin 1948 (1951), 362ff.

项使作者在平面和立体艺术作品原件转售中分享经济利益的权利。"① 重述第2条还进一步强调："追续权是一项具有生产性（productive character）的权利，它能够使得作者或艺术家从其作品的转让中获得对价。"②

事实上，早在法国国会讨论追续权立法之时，法国国会曾委托美术委员会对追续权议题进行研究，美术委员会的主席——Abel Ferry 即指出，法案所提出的追续权并非一项施舍，追续权是一项财产权。③ 由此可见，追续权上承载的是财产性利益，在现有的权利体系下，应当将追续权归入财产权范畴。那么，追续权应当置于财产权的哪一位置呢？从各国关于追续权的规定上看，不同国家将追续权归入不同的位置，主要有以下三种规定。

1. 各国在追续权的财产权性质认定上的规定

第一种规定将追续权纳入著作权立法体系中，置于著作财产权中。"著作财产权又被称为著作权中的经济权利，是指那些作者和其他著作权人所享有的以特定方式利用作品并获得经济利益的专有权利。"④ 采用这种规定的如法国将追续权归入作者权下的财产权利中，与作者的精神权利相并列⑤，与法国相似的是，比利时将追续权制度单列一节置于作者权之下⑥，又如巴西将追续权置于著作财产权内，与著作人身权并列⑦。除上述国家外，目前还有刚果⑧、马达加斯加⑨等极少数国家采用这一规定。

第二种规定将追续权纳入著作权立法体系中，但不置于著作财产权内，而

---

① Directive 2001/84/EC of the European Parliament and of the Council of 27 September 2001 on the resale right for the benefit of the author of an original work of art. Recital 1.

② Ibid. , recital 2.

③ Journal Officiel, Parliamentary Documents, Chamber of Deputies, Ordinary Session, second sitting of January 23, 1914, Annex 3423 at 150 (1914). Quoted in Rita E. Hauser, The French Droit de Suite: The Problem of Protection for the Underprivileged Artist under the Copyright Law, *11 Copyright L. Symp.* 1, 5 (1959).

④ 王迁：《著作权法》，中国人民大学出版社 2015 年版，第 162 页。

⑤ 《法国知识产权法典》第 L. 122-8 条，黄晖译，载《十二国著作权法》，清华大学出版社 2011 年版，第 73 页。

⑥ Loi du 19 avril 2014 portant insertion du Livre XI " Propriété intellectuelle" dans le Code de droit économique, et portant insertion des dispositions propres au Livre XI dans les Livres I, XV et XVII du même Code. Section 3.

⑦ 《巴西著作权法》第 38 条，万勇译，载《十二国著作权法》，清华大学出版社 2011 年版，第 13 页。

⑧ Congo Law No. 24/82 of July 7, 1982 on Copyright and Neighbouring Rights, article 30, available at http：//www. wipo. int/wipolex/en/text. jsp? file_ id =152625.

⑨ Madagascar Law No. 94 – 036 of 18 Sept. 1995 on Literary and Artistic Property, art. 40, available at http：//www. wipo. int/wipolex/en/text. jsp? file_ id =186143.

是置于其他条款中。例如，德国将追续权置于著作权内容中的著作人的其他权利中，与著作人身权、使用权相并列。[①]　又如，意大利将追续权规定于著作权法下第三篇共同规则中的"使用权的转让"一章内，这部分既不属于著作权权利内容的规定，也不属于邻接权的规定。[②]　再如，俄罗斯也未在作品专有权中规定追续权，而是单独规定了追续权条款。[③]　还如，印度将追续权置于著作权法中"对著作权的侵害"章节，而未归入著作权的专有权范围。[④]　除上述国家外，目前世界上还有菲律宾[⑤]、匈牙利[⑥]、厄瓜多尔[⑦]等多数国家都采用这种规定。

　　第三种规定将追续权规定于著作权立法体系之外。这一立法模式在早期的追续权立法中非常常见，如 1920 年的法国追续权法[⑧]和 1921 年的比利时追续权法[⑨]都采用单行法规定追续权制度，不过，法国和比利时都已将追续权引入著作权立法体系内。如今采用这种模式的国家并不多，如英国[⑩]、澳大利亚[⑪]采用单行法的形式规定追续权。此外，在一些国家中，追续金作为一笔基金归政府支配，该笔基金并不是用于向被转售作品的原作者付酬，而是被政府用作社会福利目的，即对需要帮助的作者或其家庭提供补贴，或用于艺术教育事业，同时，实行该模式的国家即使是伯尔尼公约的成员国，这笔基金也只对本国国民使用。[⑫] 挪威曾采用这种立法模式[⑬]，这一规定也被人称为 "Lex Ulrik

---

　　① 《德国著作权法》第 26 条，许超译，载《十二国著作权法》，清华大学出版社 2011 年版，第152 页。

　　② 《意大利著作权法》第 144～155 条，费安玲、魏骁、陈汉译，载《十二国著作权法》，清华大学出版社 2011 年版，第 324 页。

　　③ 《俄罗斯著作权法》第 1292 条，焦广田译，载《十二国著作权法》，清华大学出版社 2011 年版，第 445 页。

　　④ 《印度著作权法》第 53 条，相靖译，载《十二国著作权法》，清华大学出版社 2011 年版，第253 页。

　　⑤ *Intellectual Property Code of the Philippines*, Rep. Act No. 8293, (Jan. 1, 1998), as amended July23, 2012, Article 200 – 201.

　　⑥ *Hungary Act No. LXXVI of* 1999 *on Copyright. art.* 70. Available at http: //www. wipo. int/wipolex/en/text. jsp? file_ id =325838.

　　⑦ *Ecuador Intellectual Property Law* (Consolidation No. 2006 – 13). article 37 – 39.

　　⑧ Loi du 20 mai 1920 Frappant D'un Droit au Profit des Artistes les Ventes Publiques D'objet D'art.

　　⑨ *Belgian Law* of 25 June 1921.

　　⑩ *The Artist's Resale Right Regulations*, 2006, S. I. 2006/346; *The Artist's Resale Right* (*Amendment*) *Regulations*, 2009, S. I. 2009/2792; and *The Artist's Resale Right* (*Amendment*) *Regulations*, 2011, S. I. 2011/ 2873.

　　⑪ *Resale Royalty Right for Visual Artists Bill* 2009 (Cth).

　　⑫ 戴钦功：《著作追续权制度探析及立法动议》，载《河北法学》1997 年第 2 期，第 34 页。

　　⑬ Law of 4 November 1948.

Henriksen"①，随着欧盟统一追续权法，挪威也不再采用这种独特的立法模式。

2. 追续权属于著作财产权

我国此次《著作权法》修正草案第一稿采用了上述第一种规定，将追续权归入著作财产权中。立法机关在征求意见后，对第一稿进行了修改，在修正草案第二、第三稿以及送审稿中采用了上述第二种规定，将追续权单独列明，与著作权并列设置。国家版权局在《著作权法》修改草案第二稿的简要说明中指出，"追续权本质上属于获酬权，因此将追续权单列一条规定（第12条）"，这一观点也为草案第三稿和送审稿所采纳，体现于草案第三稿第62条②和送审稿第64条③。国家版权局在送审稿的简要说明中指出，"增加追续权（送审稿中未出现追续权字样），同时考虑到其本质属于报酬请求权，有别于著作权的基本权利，因此单列条款规定"。

从表述上看，国家版权局认为追续权不属于著作权的基本权利，因此应进行单独规定，这一观点值得商榷。考量追续权的性质应从对客体的认识入手，"权利客体即权利主体可支配之稀缺资源，是权利性质的根据"④。前文已经指出，追续权的客体是作品，考虑到"著作权是著作权法赋予民事主体对作品及相关客体所享有的权利"⑤，应当将追续权置于著作权权利体系内。

为了实现著作权法激励创作的目的，著作权法赋予作者对作品的排他使用权，并让作者获取作品商品化利用带来的经济利益。⑥ 正因如此，我国1990年《著作权法》规定的著作财产权包括了"使用权和获得报酬权"⑦。我国现行

---

① World Intellectual Property Organization and United Nations Educational, Scientific and Cultural Organization, *Study on Guiding Principles Concerning the Operation of "Droit de Suite"* at 53 (1985), available at http：//unesdoc. unesco. org/images/0006/000660/066003eb. pdf.

② 《中华人民共和国著作权法》（修改草案第三稿）第62条：著作权和相关权权利人依据本法第12条、第17条、第36条和第39条享有的获酬权，应当通过相应的著作权集体管理组织行使。（笔者注：追续权规定于第12条中）

③ 《中华人民共和国著作权法》（修订草案送审稿）第64条：著作权和相关权权利人依据本法第14条和第40条享有的获酬权，应当通过相应的著作权集体管理组织行使。（笔者注：追续权规定于第14条中）

④ 李锡鹤：《民法哲学论稿》，复旦大学出版社2009年版，第265页。

⑤ 王迁：《著作权法》，中国人民大学出版社2015年版，第1页。

⑥ 高富平：《数字时代的作品使用秩序——著作权法中"复制"的含义和作用》，载《华东政法学报》2013年第3期，第137页。

⑦ 1990年《著作权法》第10条：著作权包括下列人身权和财产权："（五）使用权和获得报酬权，即以复制、表演、播放、展览、发行、摄制电影、电视、录像或者改编、翻译、注释、编辑等方式使用作品的权利；以及许可他人以上述方式使用作品，并由此获得报酬的权利。"

《著作权法》也规定了作品使用的权利和获取报酬的权利。[①]

我国现行《著作权法》所规定的著作财产权是从排他权角度进行规定的，著作权法上的排他权是基于作品使用而产生的权利，作者享有控制作品使用的权利。与排他权利相同的是，追续权也是基于作品使用而产生的权利。追续权是对艺术作品"传播性"使用的补偿，这一权利源于作者对其作品"传播性"使用行为的控制。作者依据追续权对作品"传播性"使用的控制外在表现为作者对于作品原件转售的控制权和报酬请求权，考虑到物权与著作权的平衡，作者无权逾越物权领地，控制作品原件的正常流转，但作者并未丧失对于作品原件转售的报酬请求权，这一请求权即为追续权。

由此可见，追续权与著作权法上的排他权利具有相同的权利基础。不过，从权利特征上看，追续权与著作权法上的排他性权利并不相同。排他权利是阻止他人未经许可实施特定行为的权利，如复制权、发行权，其本质是绝对权，是一种能够对抗不特定人的权利。追续权是一项使得追续权人能够从艺术作品原件的转售中获取利益的权利，追续权的作用并不是控制他人实施某种行为，而是确认作者可以实施某种影响他人利益的行为，其本质是请求权，属于相对权。法国 Desbois 教授也指出，追续权并非为与复制权、表演权同类的权利。[②]

界定著作财产权的范围不应当以权利是否为绝对权或是否具有排他性为依据，即便追续权与著作权法上的排他权利并不完全相同，但都属于作品使用而产生的权利。就使用作品而言，追续权与复制权、表演权并无不同，都应归为著作权上的财产权利。雷炳德教授也指出，追续权所保护的是作者享有的对作品进行特殊利用的时候所产生的利用价值，把这些权利归入作者财产权的范畴似乎没有什么不妥，专门为这些权利新创一个新的范畴也没有多大必要。[③]

从追续权立法的历史看，将追续权视为著作权中一项子权利的观念由来已久。法国在创设追续权制度时，虽然借用了法国民法典上的追续权概念，这种借用可能并未准确地体现追续权背后的真实含义，也容易使人对追续权的本质属性产生误解，但是，就本质而言，追续权属于作者权的一部分，追续权并非为艺术家所享有的一项特殊权利，追续权是一项使得艺术家能够同作家、作曲

---

① 现行《著作权法》第 10 条从第（五）项到第（十七）项规定了著作财产权，第二款规定："著作权人可以许可他人行使前款第（五）项至第（十七）项规定的权利，并依照约定或者本法有关规定获得报酬"。

② H. Desbois, *Le droit d'auteur en France*, troisième édition, Paris, Dalloz, 1978, n°292.

③ ［德］M. 雷炳德：《著作权法》，张恩民译，法律出版社 2005 年版，第 285 页。

家一样获取报酬的权利。①

此外，在追续权引入国际条约的过程中，追续权曾被视为一项邻接权，并被纳入后发展为《罗马公约》的草案——规制邻接权的萨马登草案中。② 在1948年的《伯尔尼公约》布鲁塞尔大会上，比利时政府将其于1934年提出的创设追续权的议案再次提交大会进行讨论，其目的即在于将追续权纳为著作权权利体系的一部分，而非其他权利，如萨马登草案中规定的邻接权。③《伯尔尼公约》布鲁塞尔会议通过比利时政府提出的这一议案，也从侧面反映了追续权的著作权性质已为公约所接受。即便《伯尔尼公约》最后采用互惠原则规定追续权，也不影响追续权作为公约中的一项作者权利。④

在著作财产权的财产权利体系中，著作权法上的财产权可以分为一般财产权和特殊财产权，特殊财产权又可分为禁止性请求权和报酬请求权，追续权属于对特定作品利用所产生的报酬请求权。⑤ 例如，法国《知识产权法典》规定："作者对其作品终身享有一切形式的独占使用权及获得报酬权"⑥，并在作者财产权利中将使用权与追续权进行分立。又如智利将著作财产权分为一般财产权和特殊财产权，追续权被归入特殊财产权中。⑦ 再如，《俄罗斯联邦民法典》规定的著作权权利体系甚至呈现了三元结构，包括了①作者的人身非财产权；②作品专有权，作者和他的继承人依据专有权能许可或禁止使用作品；③获酬权，在《俄罗斯联邦民法典》有规定的情况下，作品可以在不需权利人同意的情况下使用，但需向他们支付报酬⑧，追续权被归入获酬权内。

总的来看，追续权虽源于对作品使用的控制，但受物权的限制，追续权并非表现为一项控制作品使用的权利，考虑到追续权具有非禁止权特性，与排他权利存在区别，追续权不属于排他权利，而是一项获得报酬的请求权。这种请

① Rita E. Hauser, The French Droit de Suite: The Problem of Protection for the Underprivileged Artist under the Copyright Law, 11 *Copyright L. Symp.* 1, 5 – 6 (1959).

② J. L. Duchemin, Le Droit de Suite des Artistes (1948), pp. 299 – 301.

③ Sam Ricketson and Jane Ginsberg, *International Copyright and Neighboring Rights: The Berne Convention and Beyond eds.* 2 vols., Oxford University Press, 2006, p. 675.

④ Sam Ricketson, Proposed International Treaty on Droit de Suite/Resale Royalty Right for Visual Artists, 245 *Revue Internationale du Droit D'Auteur.* 3, 51 (2015).

⑤ ［德］M. 雷炳德：《著作权法》，张恩民译，法律出版社2005年版，第214 – 215页。

⑥ 《法国知识产权法典》L123-1条，黄晖译，载《十二国著作权法》，清华大学出版社2011年版，第74页。

⑦ *Chile Law No.* 17. 336 *on Intellectual Property*, article 36. available at http://www.wipo.int/wipolex/en/text. jsp? file_ id =270205.

⑧ 孟祥娟：《俄罗斯著作权法》，法律出版社2014年版，第14页。

求权并非基于以意思表示为要素的民事行为而产生，而是基于法律的规定而发生，法律直接强加给追续权义务人以支付追续金的债务，追续权人与追续权义务人形成特定的债权债务法律关系。澳大利亚在其追续权法中也明确指出，支付追续金是一项追续权义务人对追续权人所应当履行的债务（Debt）。① 追续权中的债是基于法定产生，而非特定当事人基于意思表示而产生。因此，追续权法律关系是一项法定之债。

国家版权局《著作权法》修改草案第二稿的简要说明中也认为"追续权本质上属于获酬权"，在送审稿的简要说明中指出，追续权本质上属于报酬请求权，这一观点应当值得肯定。但需要指出的是，这种报酬请求权也属于著作财产权，不应将追续权移除出著作财产权的范围。正如欧盟在《欧盟追续权指令》中指出，"追续权是著作权不可分割的组成部分，是作者的一项特权"②。因此，应当采用前述第一种规定，将追续权置于著作财产权的范围内。

---

① *Resale Royalty Right for Visual Artists Act* 2009，Division 4，Section 19.

② Recital 4，Directive 2001/84/EC of the European Parliament and of the Council of 27 September 2001 on the resale right for the benefit of the author of an original work of art.

第五章　我国创设艺术品追续权的制度构想

依据《伯尔尼公约》关于追续权的第二款规定："保护的程度应限于被要求给予保护的国家的法律所允许的程度"，国外作者在另一国主张追续权时，应当严格按照被要求给予保护国所规定的条件或程序。这一条款中所指的"被要求给予保护的国家的法律所允许的程度"实际上暗含了：公约允许各国对于追续权具体制度进行自行设计，如一国可以规定追续金的征收由集体管理组织负责，再如一国还可以在追续权的计量上采用转售总额作为计量基础，而非转售增值额。

公约关于追续权的第三款还规定"分享利益之方式和比例由各国法律确定"，进一步肯定了各国在追续权制度设计上的自主性。不过，公约关于追续权的第二款规定实际上已经包含了第三款的含义，考虑到公约一般作出的都是著作权法某一领域的原则性规定，公约关于追续权的第三款规定有重复规定之嫌。并且，《伯尔尼公约》关于追续权的第一款规定并非强制性规定，各国在本国追续权的制度设计上并非必须遵照这一款的规定，例如，一国可以限缩追续权的适用范围，不对私人交易提供保护，否则，若公约关于追续权的第一款规定为强制性规定，那么，许多公约成员国国内法上的追续权制度都将有违公约的规定。

由此可见，我国在追续权制度构建上具有独立性，可根据我国的现实需要构建追续权制度。我国《著作权法》修正草案各稿都规定了追续权，不过草案仅仅对追续权进行了原则性的规定，很多细节还未作明确规定，其中部分规定有值得商榷之处。本章将围绕我国追续权立法体系展开研究，并在此基础上，对我国创设追续权提出制度建议。

第一节　我国追续权制度立法体系的构造

我国追续权制度在运行上应当采用强制性集体管理模式，赋予追续权人以信息获取权，探索建立艺术市场信息登记制度。在追续权所适用的交易类型上，现阶段我国追续权应适用于通过公开拍卖方式进行的转售活动，未来立法者可以考虑将追续权扩展适用于艺术市场专业人员参与的转售活动。考虑到追续权属于著作财产权的一种，追续权在权利保护期限、权利救济和溯及力上应当适用《著作权法》规定著作财产权的一般规则。在权利限制上，从公共利益的角度分析，追续权不适用于针对公共收藏机构的转售，从画廊行业推介艺术品的角度分析，追续权也不适用于特定情形下作品原件的初次转售。为了使我国艺术家能够在国外获得追续金，我国应依据互惠原则对外国作者提供追续权的保护。

一、追续权的运行

追续权倘若无法实施，那么创设追续权制度将失去意义。为了保证追续权能够有效地运行，我国应当采用强制性集体管理模式，选择著作权集体管理组织作为追续权的行使机构。除此之外，我国还应当创设信息获取权，并探索建立艺术市场信息登记制度，使得追续权人或集体管理组织能够获取交易信息。

（一）选择著作权集体管理组织作为追续权的行使机构

各国的追续权立法实践中，行使追续权的主体主要包括私人、经过授权的国家机关、受委托的有关机构三种。其中第一种主要由权利主体本人亲自行使权利，但由于艺术市场信息冗杂，作者很难获取其作品转售的详细信息，故而无法有效地行使追续权。第二种主要由权利主体授权国家机关行使，考虑到行政成本，目前采用这一方式的国家极少。第三种主要指权利主体委托集体管理组织行使追续权，这种方式目前已为多数国家所采用，但在方式上存在区别。最早规定追续权制度的法国采用的是选择性集体管理，德国则采用的是强制性集体管理，上述两国都采用了单一的集体管理组织模式。

目前，多数国家采用的是第三种模式，并且，多数采用这一模式的国家在追续权集体管理上采用的是强制性集体管理模式，如英国、德国、意大利、澳大利亚等国。[①] 英国曾研究了比利时、丹麦、德国、芬兰及美国加州的追续权制度，经英国艺术委员会比较分析，德国、法国、芬兰和丹麦都运用了中心代理机构来行使追续权，其他国家亦有大量的社团参与到这一权利的行使中来，英国艺术委员会由此得出结论，设立中心代理机构行使追续权是最好的实现追

---

① 参见附录二：现有代表性追续权制度一览。

续权的方法。① 因此，英国为实施追续权于 2006 年新设立了艺术家集体管理协会——艺术家征收组织（ACS）。

1. 我国应当在追续权运行上采用强制性集体管理模式

在著作权集体管理上，世界知识产权组织持较为谨慎的态度。世界知识产权组织曾在一份报告中倡导："在权利人对于个人行使权利和集体管理权利二者之间加以选择的方面，应当尊重他们加入协会的自由。对于《伯尔尼公约》和《罗马公约》规定不得限制为一种单纯的获酬权的专有权，不应强制实行集体管理。即使对于单纯的获酬权，规定强制性集体管理也只有在迫不得已的情形下才被认为是合理的。"② 不过，在追续权的行使上，结合域外关于行使主体的规定，同时考虑到我国地域广阔的现实，我国追续权制度应采用强制性集体管理。并且，追续权集体管理组织应采用统一的模式。其原因在于以下几个方面。

（1）我国艺术家个体维护著作权的能力较弱。我国著名画家朱凡先生曾对我国美术著作权人进行走访并发现，其"普遍对我国现行《著作权法》的内容和法律赋予的权利了解不够充分，这也是当前国民对知识产权保护认知度比较初级的现状……基本上知道有《著作权法》，具体内容就说不清楚，对自己享有哪些权力也是不够掌握，其状态是对法律不关心、对保护无意识、对侵权很愤怒，对维权没信心"③。笔者曾采访过一些书画家，即便存在与这些书画家有关的著作权侵权现象，考虑到时间、费用等成本的支出，这些书画家一般没有精力进行著作权维权。

（2）追续权集体管理能够有效地降低追续权制度的实施成本，提升追续权制度的运行效率。著名的法经济学家科斯将市场失灵视作市场作为资源配置的代价，即交易成本④，他认为，"在现实交易成本存在的情况下，最适当的法律应当是使得现实交易成本最小化的法律"⑤。此处所指的交易成本，是科斯的狭义交易成本理论意义上的交易成本，指的是完成一项市场交易所需耗费的努力成本。一般而言，一项市场交易有三个步骤：首先，需求方需要寻找潜在交易者；其次，交易必须是在交易双方之间进行的；最后，交易完成后必须

① Michael B. Reddy, The Droit de Suite: Why American Fine Artists Should Have A Right to A Resale Royalty, 15 *Loy. L. A. Ent. L. Rev.* 509, 521 (1995).

② 国家版权局编：《著作权的管理与行使论文集》，上海译文出版社 1995 年版，第 31 页。

③ 朱凡：《艺术家：法律意识需提升》，载《美术报》2012 年 9 月 8 日。

④ ［美］理查德·A. 波斯纳：《法律的经济分析》（上），蒋兆康译，中国大百科全书出版社 1997 年版，第 6 页。

⑤ R. H. Coase, The Problem of Social Cost, *Journal of Law and Economics*, Vol. 3, (Oct., 1960), p. 15; Cooter & Ulen, *Law and Economics* 88, (6th edition, 2011), pp. 88 - 90.

执行。基于此，交易成本一般包括：①搜索成本（search cost）；②谈判成本（bargaining cost）；③实施成本（enforcement cost）。

　　从搜寻成本上看，一方面，艺术市场信息获取障碍是困扰追续权制度运行的重要因素，艺术家个体即便耗费大量的时间与精力，也未必能够获取交易信息，更难以确定追续权的义务人。另一方面，在目前著作权登记制度不完善的情况下，艺术作品原件的跨区域流传使得追续权义务人需要耗费大量的搜索成本才能确定权利人。从谈判成本上看，追续权人在面对艺术品收藏家或拍卖商时不具有较强的议价能力，追续权义务人可能会向艺术家施加压力。从实施成本上看，由于议价能力较弱，追续权人直接向义务人主张追续权时，追续权义务人可能会拒绝履行义务，考虑到成本支出，追续权人不一定会通过诉讼渠道主张追续权，德国艺术品交易商协会的成员便曾联合抵制那些主张追续权的艺术家，拒绝购买或展览上述艺术家的作品。[①]

　　针对上述问题，追续权集体管理制度能够有效地降低追续权运行的交易成本。首先，追续权集体管理组织能够代表组织内的追续权人主张追续权，追续权义务人可以直接向集体管理组织提交追续金，这将避免支出大量不必要的搜索成本。其次，追续权管理组织具有较强的议价能力，追续金收取的数额完全依法进行，追续权义务人与集体管理组织进行谈判的边际成本几乎为零。再次，追续权集体管理组织具有专业的人员配置，能够有效地保障追续权制度的正常运行，并在发生纠纷时，代表追续权人参与诉讼，这极大地降低了追续权的实施成本。由上可以看出，追续权集体管理能够有效地降低著作权许可交易中的搜索成本、谈判成本、实施成本，既方便权利人，又有利于潜在的追续权义务人提交追续金。在科斯定理下，可以认为，追续权在运行上采用集体管理具有正当性。

　　追续权的发展历史也已证明，在缺乏追续权集体管理的区域实施追续权几乎不具有可行性，如美国加利福尼亚州的追续权立法实践。在实践中，追续权集体管理能够使得艺术家形成一个体系，保障单个艺术家行使追续权的权利，这对于艺术家主张追续权而言是必不可少的。例如，英国的追续权集体管理组织 DACS 每年共分 12 次向追续权人分发追续金，正是基于 DACS 的努力，在 DACS 征收到的追续金中，有 99% 能够准确地分发到对应的艺术家手中。[②] 正

---

　　① Nordemann, Dix ans de droit de suite en Allemagne Federate, 91 *Revue Internationale Ou Droit O'Auteur* 77, 86 (1977).

　　② *DACS Annual Review* 2011, p. 14, available at https: //www. dacs. org. uk/DACSO/media/DACS-Docs/DACS_ Annual_ Review2011. pdf

如欧盟委员会所说，"倘若追续权集体管理组织与市场参与主体之间能够进行更为充分的交流，并且，管理组织能够提高管理标准和信息透明度，那么，追续权制度的管理成本将大幅降低"①。当然，若艺术家明确声明退出集体管理组织，法律应尊重这种选择。

（3）我国具备集体管理追续权的能力。我国集体管理制度始于20世纪90年代。1990年的《著作权法》中并没有规定集体管理制度，只在《著作权法实施条例》中规定"著作权人可以通过集体管理的方式行使其著作权"。我国2001年修订的《著作权法》首次规定了著作权集体管理组织的性质、法律地位等，在立法上明确了集体管理的法律地位。2004年由国务院颁布的《著作权集体管理条例》对集体管理组织的规定作了进一步细化，这为我国著作权集体管理组织的发展提供了积极有益的制度保障。目前我国已有中国音乐著作权协会、中国文字著作权协会、中国音像集体管理协会、中国摄影著作权协会、中国电影著作权协会，这些组织的实践经验将为我国追续权集体管理提供有力的借鉴。

2. 我国追续权集体管理组织的构建

本次《著作权法》修改草案第三稿和送审稿已经明确规定追续权应当由相应的著作权集体管理组织行使追续权，这意味着我国立法者在追续权的行使上采用了强制性集体管理模式，这值得肯定。

不过，我国目前尚未建立与艺术作品有关的著作权集体管理组织，为了更好地保障追续权的有效行使，未来我国应建立行使追续权的集体管理组织，该组织既负责艺术市场信息的登记，又基于交易信息征收和发放追续金。同时将一部分追续金作为集体管理组织的运营费用，从比较法视角分析，2011年，法国的集体管理运营成本为8.5%，德国为9%，英国为15%②，意大利在2013年为20%③，澳大利亚在2015年为15%④。我国追续权制度的集体管理成本应该也控制在上述区间内，当然，登记制度和集体管理初创时需要更大的投入，这也需要立法者综合考量。

---

① European Commission, Report From The Commission To The European Parliament, The Council, And The European Economic And Social Committee: Report On The Implementation And Effect Of The Resale Right Directive (2001/84/EC), at 11 (2011), available at http://ec. europa. eu/internal_ market/copyright/docs/resale/report_ en. pdf.

② 《2012年中欧著作权法专题研讨会纪要》，http://www. cniplaw. net，2013 - 10 - 22。

③ *SIAE Documentazione Relazioneditrasparenza* 2013，p. 30，available at https://www. siae. it/sites/default/files/Siae_ Documentazione_ Relazioneditrasparenza2013. pdf

④ Fee adjustment, available at http://www. resaleroyalty. org. au.

在集体管理组织的具体操作上，我国可以参照德国的追续权集体管理组织。有学者经过对德国、法国、意大利等国的集体管理组织进行考察后认为，德国创设了目前最有效的征收、管理、分配追续金的系统①。德国将追续金分配到不同的组织，德国图像艺术集体管理组织（VG Bild-Kunst）负责分配80%的追续金给艺术家，同时 10%的追续金交由德国社会事业组织（Sozial-werk）支配，该组织将这笔钱用于政府的退休金计划，同时救济处在危机的艺术家。另外的 10%的追续金交由德国文化事业组织（Kulturwerk）管理，主要用于培育和支持当代艺术，为展览提供空间和物质支持。这一系统被认为最大范围地影响了德国的艺术家，为年轻艺术家的创作提供了支持，并给予经济窘迫的艺术家以物质援助。实践中，我国追续权集体管理组织亦可以做此种分配，在扣除追续权管理成本费用之后，将大部分的追续金直接支付给追续权权利人，同时，将一小部分的追续金用于公共艺术事业，以提升追续金的效用。

对于那些未加入追续权集体管理组织的艺术家而言，应当赋予追续权集体管理组织管理这部分艺术家追续权的权利，这即为追续权的延伸性集体管理制度。延伸性集体管理制度起源于 20 世纪 60 年代的北欧国家，当时，北欧的广播组织出于产业的需求，开始大量使用版权作品，但广播组织又不可能从众多的权利人那边单独获得许可，正是需求促使了延伸集体管理制度的产生。② 此次我国《著作权法》修改草案也在我国规定了著作权延伸性集体管理制度③。

值得注意的是，我国的著作权集体管理组织早已开始了在这方面的探索。例如，中国音乐著作权协（以下简称"音著协"）在 2009 年对上海世博会组织者和参展者使用第三方音乐作品进行了一揽子许可。该许可协议规定世博会组织者和参展者在许可范围内使用第三方音乐作品所引发的著作权纠纷由音著协代为解决。实际上这是对非会员间接实行延伸管理。音集协也对歌厅使用作品发放了一揽子使用许可并承诺解决实行一揽子许可后可能产生的著作权纠纷问题。④ 同样，音著协的章程第 16 条规定："为集体管理的目的，对未加入协会的音乐著作权人，本协会也为其收取著作权使用费并向其分配。"事实证

---

① McAndrew and Dallas – Conte, *Implementing Droit de Suite（Artist's Resale Right）in England* (2004), p. 65.

② Vappu Verronen, Extended Collective License In Finland: A Legal Instrument For Balancing The Rights Of The Author With The Interests Of The User, 49 *J. Copyright Soc'y U. S. A.* 1143, 1149 (2001).

③ 《著作权法》修改草案送审稿第 63 条。

④ 陈敦、李莉：《延伸集体管理制度在我国著作权领域中的适用》，载《滨州学院学报》2012 年第 4 期，第 72 页。

明，在向非会员分配相应的使用费时，大部分非会员是接受的，并且有相当一部分权利人因此加入了协会。

（二）创设信息获取权

为了保障追续权制度的有效执行，部分国家规定了追续权权利人的"信息获取权"。如欧盟《追续权指令》关于"信息获取权"的规定："在艺术品再销售发生之后的三年内，作者、继承人或者集体管理组织可以要求出售者、购买者或者艺术品市场的专业中介提供相应的信息，以便获取再销售的权利金"①；又如，《德国著作权法》第26条规定："作者可以要求艺术商或拍卖商提供下列信息，作者的哪些作品原件在其提出询问请求之前的三年内，在该艺术商或者拍卖商的参与下，被再次让与的情况"，"为主张针对让与人要求的必要，作者得要求艺术商或者拍卖商提供让与人的姓名和住址，以及让与所得收入的情况"②。

有的国家还对信息获取权进行了详细的规定，例如，法国在追续权实施细则中规定："1. 为了获取追续金，追续权人可以在作品销售之日起三年内，依据作品的名称、简述，以作者的名称，从参与销售的艺术市场专业人员获取下列信息：（1）有义务支付追续金的艺术市场专业人员的名称与地址；（2）作品销售时间与销售价格。2. 追续权人可以在作品销售之日起三年内，从有义务支付追续金的艺术市场专业人员处获取下列信息：证明追续金已经支付给追续权人的书面材料，以及追续权人的请求书。3. 有义务支付追续金的艺术市场专业人员还应当在作品销售之日起三年内保留卖家的名称与地址。"③ 此外，英国追续权制度规定，"艺术家有权要求获取任何与计算追续金相关的信息，特别是付款人的姓名和地址信息"，卖家应在艺术家提出要求后90天内，竭其所能，提供上述信息，如果卖家没有提供这些信息，艺术家有权申请法院强制性地执行"④。需要指出的是，在欧盟《追续权指令》规定"信息获取权"后，欧盟成员国都已规定了该权利以保障追续权的有效运行。

但是，信息获取权的创设也引发了市场主体对于保护其隐私的担忧，"为了行使追续权，艺术家需要获取特定的交易信息，而买家和卖家可能并不愿意

---

① 李明德、闫文军、黄晖、郄中林：《欧洲知识产权法》，法律出版社2010年版，第272页。

② 《德国著作权法》，许超译，载《十二国著作权法》，清华大学出版社2011年版，第153页。

③ Décret n° 2007 – 756 du 9 mai 2007 Pris pour l'application de l'article L. 122-128 du code de la propriété intellectuelle et relatif au droit de suite. Art. R. 122 – 10.

④ *The Artist's Resale Right Regulations* 2006, available at http: // www. legislation. gov. uk/uksi/2006/346/regulation/15/made.

公开这些信息"①。为了寻求平衡这两者间的关系，欧盟追续权指令指出，"成员国若在本国法律中规定由集体管理组织实施追续权，那么，只有该集体管理组织有权获取信息"②。《德国著作权法》也规定："如果艺术商或拍卖商向著作人支付了其应得的部分，可以拒绝提供出卖人名称和地址信息"，"第 4 款和第 5 款规定的请求权③只能通过著作权集体管理组织主张"④。英国追续权制度也采用了类似的立法，在赋予艺术家以信息获取权的同时，要求对这些信息必须严格保密，并且，追续权的实施只能通过集体管理组织进行。⑤ 美国版权局也建议美国国会采用类似的立法路径，创设艺术家的信息获取权，并由美国版权局制定具体规章，以对集体管理组织获取和处理艺术品交易信息的行为进行监管。⑥

为保障艺术家对其艺术品交易的知情权，我国应当赋予追续权权利人"信息获取权"，如果艺术家或集体管理组织有权从艺术交易各方当事人处获取必要的信息，那么从理论上说，追续权就能更有效地执行。我国可以参照法国、德国的规定，创设"信息获取权"，履行提供信息的义务主体包括出售者、购买者或者艺术品市场的专业人员。并且，为了实现艺术市场"秘密性"与行使追续权所要求的信息公开间的平衡，我国应当规定信息获取权仅可由集体管理组织行使，并要求集体管理组织对获取的信息进行保密。由此，我国可以规定："在艺术作品原件转售发生之后的两年内，追续权集体管理组织可以要求出售者、购买者或者艺术品市场的专业人员提供与艺术作品原件转售有关的信息。""信息获取权"的创设并不会对追续权制度的基本框架产生巨大的影响，因为该权利本身旨在保障追续权的有效实施。当然，"信息获取权"还需要与其他方法结合起来才能有效地保障追续权制度的有效运行。

（三）探索建立艺术市场信息登记制度

周林教授在针对追续权立法可行性的调研中指出，现阶段艺术市场的各利益相关人对建立并实施追续权的担忧，首要的是作品流转无序的问题。拍卖行缺少跟艺术家或其继承人联系沟通的方式、渠道，也缺少对作品进行真伪鉴定

---

① U. S. Copyright Office, Droit De Suite: The Artist's Resale Royalty, at 130. (Dec. 1992), available at http://www. copyright. gov/history/droit_ de_ suite. pdf.

② Directive recital 30.

③ 第 3 款和第 4 款规定即为信息获取权的规定。

④ 《德国著作权法》，许超译，载《十二国著作权法》，清华大学出版社 2011 年版，第 153 页。

⑤ Artist's Resale Right Regulations, 2006, arts. 14 (1), 15.

⑥ U. S. Copyright Office, Resale Royalties: An Updated Analysis, p. 81 (2013), available at http://www. copyright. gov/docs/resaleroyalty/usco – resaleroyalty. pdf.

的机构，相应的配套法律也没有。在目前艺术品拍卖会上假的作品比真的作品多的情况下，根本无法有效地实施追续权。①

针对这一问题，追续权制度早在创立初期便已将登记手续作为制度的组成部分。1920 年法国最初的追续权法案便规定："艺术家可以通过登记机关的公报获知艺术品交易的信息。"② 此后，法国的拍卖人必须依法将艺术品销售的信息进行登记，并且告知艺术家卖家的姓名、住址等交易详细信息。需要注意的是，目前绝大多数国家并未在境内规定艺术市场信息登记制度。

澳大利亚版权局为实施追续权制度而建立了一个数据库，其中包含超过 5 000 名艺术家或者其继承人的信息，以及超过 400 名艺术品市场专业人员、卖家、买家的信息。③ 这一数据库保证了澳大利亚追续权制度的实施，自 2010 年 6 月至 2013 年 5 月，澳大利亚艺术品二级市场上一共有 6 801 次交易符合追续权的适用条件，并产生了 1 567 042 澳元的追续金，发放给 650 名艺术家，发放的追续金中 49% 介于 101 ~ 500 澳元，追续金接收人中 91% 为在世的艺术家，他们获得了 76% 的追续金④。

为了保障我国追续权制度的有效运行，我国应创设艺术市场信息登记制度，并由集体管理组织进行管理。同时，在这种登记制度下，追续权权利人须对艺术品的第一次销售进行登记，以便于其获得转售的追续金。艺术家需要将其姓名、住址、销售合同、销售价格进行登记。登记机构将因此监控艺术品转售的信息，并在转售发生后，及时通知权利人，并将追续金发放给权利人。若权利人不将上述信息登记，则登记机构也无法发放追续金。此外，追续权义务人须向登记机构登记和披露转售的信息，并将追续金直接支付给登记机构。类似于"信息获取权"，登记制度将使追续权制度对抗市场的"秘密性"，因为登记手续要求当事人公开所有与追续权相关的信息。

建立艺术市场信息登记制度不仅仅是为了保护艺术家的追续权益，更重要的是，能够对规范艺术品市场起到积极的作用。有人甚至将艺术品市场称为

---

① 周林：《追续权立法及实施可行性调研报告》，http://www.cssn.cn/fx/fx_yzyw/201404/t20140409_1061910.shtml，2015 - 10 - 8。

② Mara Gumbo, Comment, Accepting Droit de Suite as an Equal and Fair Measure Under Intellectual Property Law and Contemplation of its Implementation in the United States Post Passage of the EU Directive, 30 *Hastings Comm. & Ent L. J.* 357, 375 (2008).

③ Office For The Arts, Department Of Regional Australia, Local Government, Arts And Sport, 2013 Review Of The Resale Royalty Scheme, Discussion Paper And Terms Of Reference (2013), at 3 - 7, available at http://arts.gov.au/sites/default/files/visual - arts/Discussion% 20Paper% 20 ~ % 202013% 20Review% 20of% 20Resale% 20Royalty% 20Scheme.pdf

④ Ibid.

"最后一个不受监管的重要产业"①。目前，我国艺术品市场普遍存在的逃避税现象，其主要途径是通过地下交易（或现金交易）进行。② 通过建立艺术市场信息登记制度，我国艺术品交易将变得更加公开化、透明化，能够有效地缓解我国艺术品交易征税难的问题。

不过，艺术市场信息登记制度可能受到多数收藏家、交易商、拍卖行的反对，因为这一制度要求他们透露那些他们旨在保密的信息。对此，有关艺术品交易的信息可以不完全公开，由登记机构知晓即可。有了这样的登记制度，将能够更容易地收集艺术品交易的信息，使得学者和立法者能够正确地评估追续权制度的有效性及该制度对市场的影响等。同时，立法者能够更准确地衡量追续权是否符合公共政策。此外，登记制度还可以解决一些长期困扰艺术市场的其他问题。艺术市场信息的秘密性使艺术市场变得非常复杂，艺术品盗窃、偷逃税款等情况时有发生。所有这些现象都可能在实行登记制度后得到改善，登记机构可能成为艺术市场信息的主要来源。而在追踪艺术品踪迹和评估艺术品的价值时，登记制度也能起到一定作用。总的来看，登记制度能起到市场公示的作用，并促进追续权的有效运行。

二、追续权所适用的交易类型

在艺术市场中，画廊、拍卖行和艺术博览会是三种主要的艺术中介形式，被称作艺术市场三大支柱，其中画廊是一级市场，其余两者是二级市场。③ 追续权针对的是艺术品原件的转售，即二级市场，我国应当根据我国现有的艺术品市场的现状，并参考国外追续权立法实践的经验，确定追续权所适用的交易类型。

（一）现有各国对追续权所适用交易类型的规定

各国普遍规定追续权适用于作品原件的转售交易，转售交易发生在艺术品的二级市场上。在转售交易中，各国普遍将公开拍卖作为追续权适用范围中最基础的交易类型。除公开拍卖之外，不同国家对追续权所适用的交易类型作出了不同规定，总的来看，目前关于追续权适用的交易方式主要有以下四种规定。

① Erica Coslor, *Wall Streeting Art: The Construction of Artwork as an Alternative Investment and the Strange Rules of the Art Market*, p. 193 (2011) (unpublished Ph. D. dissertation, University of Chicago) (on file with U. S. Copyright Office).

② 马光荣：《税收乱象：艺术品市场"拦路虎"》，http：//bank. hexun. com/2014 - 09 - 25/168838593. html，2016 - 2 - 28。

③ 章利国：《艺术市场学》，中国美术学院出版社 2007 年版，第 28 - 29 页。

1. 追续权适用于公开交易的规定

第一种规定将追续权的适用限定在公开交易场合。艺术作品原件的公开交易既包括在拍卖行中进行的公开拍卖，也包括在展览会、画廊或通过媒体广告方式完成的交易。① 一般而言，公开交易较为透明，艺术家因此可以较容易地获取艺术品转售的信息，采用这种规定具有较强的可操作性。从各国的追续权立法来看，艺术品拍卖都是追续权制度所必然适用的交易类型，早期的追续权立法，如 1920 年的法国追续权法②和 1921 年的比利时追续权法③，两者都将追续权法适用的交易类型限制为公开销售（Vente Publique）。

在公开交易中，最重要的交易类型无疑是公开拍卖。多数艺术品的高额转售都发生在拍卖市场，公众由此开始关注艺术家的生存状况，这促进了追续权制度的产生与发展。同时，考虑到公开拍卖在交易管理与广告宣传上的完善性，相较于其他艺术品交易方式，公开拍卖更容易监管。美国版权局 1992 年报告中的结论也指出，"追续权立法之初的适用范围应当被限定为拍卖环节，在立法之后再考虑扩大适用范围的可能性"④，之所以作此规定，是因为除拍卖之外，其他种类的转售"难以管理，会导致制度的实施成本超过实施制度所产生的福利"⑤。

1957 年的法国著作权法将追续权适用的交易方式由"公开销售"扩展至"公开拍卖以及由中间商参与的交易"⑥，但 1920 年追续权法在 1957 年被废止之后，法国并未公布新的追续权实施细则，因此，1920 年追续权制度实施细则在 1957 年之后继续适用，而这一实施细则仅仅规定了公开销售的交易方式。此后直至 1993 年 4 月 9 日，在法国著作权集体管理组织 SPADEM 的诉请下，法国最高行政法院作出判决，才扩大了追续权在法国的实施范围。⑦ 这也意味着，在制度层面，法国追续权在相当长的一段时间内仅仅适用于公开销售场合。一个很重要的原因在于，考虑到"由经销商参与的交

---

① World Intellectual Property Organization and United Nations Educational, Scientific and Cultural Organization, *Study on Guiding Principles Concerning the Operation of "Droit de Suite"* at 28 (1985), available at http://unesdoc. unesco. org/images/0006/000660/066003eb. pdf.

② Décret du 17 december 1920, Pris pour l'application de Loi du 20 mai 1920.

③ *Belgian Law of* 25 June 1921. art. 1.

④ U. S. Copyright Office, Droit De Suite: The Artist's Resale Royalty, at 149-151 (Dec.1992), available at http://www. copyright. gov/history/droit_ de_ suite. pdf.

⑤ Ibid. , at 146.

⑥ Loi n° 57–298 du 11 mars 1957 sur la propriété littéraire et artistique, Article 42.

⑦ 法国最高行政法院 1993 年 4 月 9 日的判决，卷宗号 1993–041264（CE, 9 avr. 1993, n° 122623, Spadem: Juris–Data n°1993–041264）。

易"会大大增加管理难度，法国的追续权管理部门曾对此提出反对，最后导致实施细则在长时间内未曾更新①。由此可见，作为追续权制度的发源地——法国，在追续权实践中，亦将追续权的适用范围长期限定于公开交易的交易类型。

2. 追续权适用于艺术市场专业人员参与的转售的规定

第二种规定将追续权的适用限定于艺术市场专业人员参与的转售活动，这种规定在范围上涵盖了第一种规定的追续权适用范围，现为多数国家所采用。如欧盟《追续权指令》规定，追续权适用于"艺术市场专业人士参与的销售活动，如拍卖、画廊和任何有交易商参与的艺术品交易"②。《法国知识产权法典》亦规定追续权适用于"艺术品市场专业人员以卖方、买方或者中介身份介入"的转售活动③。这种规定来源于"艺术品经销商参与的交易"规定，早期的追续权立法多采用这一表述。例如，1965 年《德国著作权法》第 26 条规定，追续权适用于"艺术商或拍卖人作为买受人、出卖人或中间人参与了买卖活动"④ 的转售活动，德国直至今日仍采用这一规定⑤。又如，1976 年《突尼斯版权示范法》第 4 条规定，追续权适用于"以公开拍卖形式或通过艺术品经销商的转售，无论后者采用何种方式参与交易"⑥。这里所指的"艺术品经销商参与的交易"，只要求一个经销商介入这一交易活动即可，无论这一经销商是否专门从事艺术品经销业务⑦。

那么，如何界定艺术市场专业人员参与的交易？首先，从各国对艺术市场专业人员的解释来看，《欧盟追续权指令》采用非穷尽的方式列举了艺术市场

---

① John H. Merryman and Albert Elsen, *Law, Ethics and the Visual Arts*, University of Pennsylvania Press, 2nd Revised edition. p. 214 (1987).

② Directive 2001/84/Ec Of The European Parliament And Of The Council of 27 September 2001 on the resale right for the benefit of the author of an original work of art, art. 1 (2).

③ 《法国知识产权法典》，黄晖译，载《十二国著作权法》，清华大学出版社 2011 年版，第 73 页。

④ Gesetzüber Urheberrecht und verwandte Schutzrechte (Urheberrechtsgesetz) vom 9. September 1965; http://lexetius.com/UrhG/26, 030614. 转引自韩赤风：《德国追续权制度及其借鉴》，载《知识产权》2014 年第 9 期，第 82 页。

⑤ 《德国著作权法》，许超译，载《十二国著作权法》，清华大学出版社 2011 年版，第 152 页。

⑥ *Tunis Model Law on Copyright for Developing Countries* (1976), section 4, available at http://portal.unesco.org/culture/en/ev.php-RL_ID=31318&URL_DO=DO_TOPIC&URL_SECTION=201.html.

⑦ World Intellectual Property Organization and United Nations Educational, Scientific and Cultural Organization, *Study on Guiding Principles Concerning the Operation of "Droit de Suite"* at 30 (1985), available at http://unesdoc.unesco.org/images/0006/000660/066003eb.pdf.

专业人员,"如拍卖行、画廊以及所有的艺术品经销商"①。澳大利亚则进一步明确了艺术市场专业人员的范围,包括①拍卖商;②艺术画廊的所有人或经营人;③博物馆的所有人或经营人;④艺术经销商;⑤其他艺术品交易业务的参与人。② 可以看出,各国在艺术市场专业人员的范围上采用了较为宽泛的概念。应对艺术市场专业人员进行广义解释,不要求其专职从事艺术行业,也不应对其从事的艺术品交易规模进行限定,也不要求其以营利为目的参与艺术品交易。③ 从这一角度分析,艺术市场上的收藏家、投资人也属于艺术市场专业人员,并且,艺术市场专业人员也包括那些从事新型交易类型的服务人员,如网络拍卖的从业人员。

其次,就艺术市场专业人员"参与"交易的行为而言,无论是交易商通过组织展览为潜在的市场主体创造交易机会,还是向潜在买家提供艺术品待售清单,都应当认为是一种"参与"交易的行为,在这些交易之中,艺术品甚至不需要经过交易商之手进行交易。这一交易也包括私人交易,只要交易双方一方为艺术市场专业人员即可。

但需要注意的是,即便采用此种规定,追续权制度也并非适用于任何艺术市场专业人员参与的交易。例如,当艺术市场专业人员以艺术家代理人的身份出售艺术品原件时,追续权便无法适用。此种情形相当于艺术家将艺术作品原件出售给第三人,而非艺术作品原件的转售交易,追续权并不适用于作品原件的初次出售。这种情形多见于艺术家将其创作的艺术作品原件寄售于画廊,画廊通过展览、包装,将艺术家的作品推向市场。

3. 追续权适用于任何转售的规定

第三种规定中追续权适用于任何转售活动,如《伯尔尼公约》未对再次销售的方式进行限制。④ 不过,这种规定涵盖了纯粹由私人完成的交易,受艺术市场信息获取障碍的影响,在实施上不具可操作性,从现行的追续权立法实践上看,采用这种规定的国家非常少见。例如,《印度著作权法》第53条规定,"不论发生何种转让,作者或者其法定继承人均有权分享原件或原

---

① Directive 2001/84/Ec Of The European Parliament And Of The Council of 27 September 2001 on the resale right for the benefit of the author of an original work of art, Article 1 (2).

② *Resale Royalty Right for Visual Artists Bill* 2009, s 8 (3).

③ Michel M. Walter, Silke Von Lewinski, *European Copyright law: A Commentary.* Oxford University Press, 2010, p. 850.

④ 克洛德·马苏耶:《保护文学和艺术作品伯尔尼公约指南》,刘波林译,中国人民大学出版社2002年版,第73页。

稿的转售收益"①，《巴西著作权法》第38条也规定"作者就其已处置的艺术作品原件或手稿，对其每一次转售的增值额，都享有获得最低比例为5%的收益"②。这种规定中追续权的适用范围最广，涵盖了前两种规定中追续权的适用范围。这种规定在早期的追续权立法实践中非常常见，如乌拉圭1938年的追续权制度适用于"文学或艺术财产的任何转让"③，捷克斯洛伐克1953年的追续权制度适用于"作品的任何转让"④。

4. 追续权适用于任何转售和出租的规定

第四种规定中，追续权不仅适用于艺术作品原件的转售环节，还适用于艺术作品原件的出租。这一规定为菲律宾所采用，《菲律宾知识产权法典》第200条规定："作者在第一次处置作品之后，作者或其继承人有权从绘画、雕塑作品原件或作家、作曲家手稿的任何转售和出租中获得占转售价或出租所得的5%。"⑤ 不过，世界知识产权组织和联合国教科文组织认为，追续权所涉及的是物权的转让，即便作者有权从艺术作品原件的出租中获得报酬，这一权利也并非追续权，而是另一项独立的权利。⑥

（二）我国应结合艺术市场现状确定追续权所适用的交易类型

各国在追续权适用范围上主要存在四种类型的规定，早期各国的追续权立法实践中，追续权适用范围主要限定于艺术品的公开拍卖市场，而后逐渐扩大至艺术市场专业人员参与的转售、任何转售，甚至于任何转售和出租。事实上，这种规定与各国艺术市场的发展有着直接的关系。

各国在艺术市场上呈现着集中化的趋势，"二战"结束之后，纽约和伦敦长期处于艺术领域中的核心地位，在20世纪80年代末至90年代的时间内，纽约和伦敦两座城市的艺术品市场份额甚至占到全球的75%以上。⑦ 美国尚未创设追续权制度，但对于英国而言，由于英国的艺术市场主要集中于伦敦，这

① 《印度著作权法》，相靖译，载《十二国著作权法》，清华大学出版社2011年版，第253页。

② 《巴西著作权法》，万勇译，载《十二国著作权法》，清华大学出版社2011年版，第13页。

③ *Uruguay Law* Number 9739 Concerning Literary and Artistic Copyright of December 15 - 17, 1937, amended February 15 - 25, 1938.

④ As amended by the Law of December 22, 1953, the *Czechoslovakian Law* of November 24, 1926.

⑤ *Intellectual Property Code of the Philippines*, section 200. Available at http：//www. wipo. int/wipolex/en/text. jsp? file_ id = 129343.

⑥ World Intellectual Property Organization and United Nations Educational, Scientific and Cultural Organization, *Study on Guiding Principles Concerning the Operation of "Droit de Suite"* at 27 (1985), available at http：//unesdoc. unesco. org/images/0006/000660/066003eb. pdf.

⑦ Clare Mcandrew, The International Art Market In 2011：Observations On The Art Trade Over 25 Years 65, pp. 68 - 69 (2012).

也便于英国著作权集体管理组织 DACS 代表艺术家行使追续权。与英国相同的是，法国艺术市场集中于特定的城市，其艺术品交易主要发生于巴黎，法国艺术市场在地理位置上的集中进一步便于追续权的集体管理。① 在这一情况下，各国获取艺术市场专业人员转售信息的可能性大大提高，追续权集体管理组织可以集中注意力关注特定地域的艺术品交易。

我国的艺术市场也呈现集中化趋势，我国艺术市场在地域分布上更加广阔，并逐渐发展为几大区域性艺术市场，具体分布如表 5-1 所示。

表 5-1　我国艺术市场分布情况　　　　　　（单位：亿元）②

	2013 年秋拍	2014 年秋拍	2015 年春拍	2015 年秋拍
京津唐地区	157.5	141.5	96.5	100.1
长三角地区	70.7	60.0	27.4	40.0
珠三角地区	11.9	10.4	11.0	11.6
港澳台地区	102.8	74.8	77.1	90.5
国内其他地区	24.0	22.7	16.0	8.8

但是，与其他国家艺术市场集中于某个单一的特定城市不同的是，我国艺术市场主要集中在四大区域，每一区域又由不同城市构成，还有一些交易遍及全国范围，再考虑到我国地域辽阔，在这一情况下，我国若实施追续权，追续权人获取交易信息的难度将远超过其他国家，如英国、法国。我国不应完全照搬这些国家目前对于追续权适用范围的规定。

国外的立法经验为我国追续权立法提供了可借鉴的模板，我国在确定追续权适用范围上可以参考各国在追续权适用范围上的规定，但更重要的是，我国应结合我国艺术市场现状确定追续权的适用范围。考虑到艺术市场的"秘密性"特征，获取交易信息是追续权人行使追续权的前提条件，我国应当根据获取信息的可能性与难易程度确定追续权所适用的交易类型。

（三）现阶段我国追续权应适用于公开拍卖转售活动

追续权适用于作品原件的转售活动，在艺术市场实践中，主要可以分为完全由私人完成的交易和艺术市场专业人员参与的交易两种转售类型。后者又可以进一步细分为几种交易类型，如表 5-2 所示。

---

① Carole M. Vickers, The Applicability of the Droit de Suite In the United States, 3 *B. C. Int'l & Comp. L. Rev.* 433, 440. （1980）.

② 数据来源：雅昌艺术市场监测中心：《中国艺术品拍卖市场调查报告（2015 年秋季）》，第 31 页，http://amma.artron.net/report.php，2016-4-18。

表 5-2　艺术品转售交易类型

艺术转售交易类型		
完全由私人完成的交易		
艺术市场专业人员参与的交易	画廊参与的交易	画廊购买艺术品后自行销售
		他人在画廊寄售艺术品
	拍卖行参与的交易	公开拍卖
		私人洽购
	艺术博览会	
	其他艺术品经销商参与的交易	

通常，创设了追续权的国家一般采用的是前两种规定，即"被限定为公开拍卖或通过艺术商的转售，即比较容易知晓的那些转售，在这种情况下，就有可能不太困难地规定作者按售价提取一个百分额"[1]。从理论上说，追续权应当适用于所有种类的转售活动，但受限于前述提及的艺术市场中的信息获取障碍，追续权并非能够适用于上述所有的艺术转售类型。现阶段，我国追续权人仅能够获取公开拍卖环节的交易信息，这意味着，我国只有将追续权限缩适用于公开拍卖才具有可行性。

1. 追续权制度难以适用于完全由私人完成的交易

对于完全由私人完成的交易而言，这些交易的发生由卖家和买家直接完成，不需要艺术市场专业人员的介入。正基于此，除卖家和买家外，第三人很难知晓这一交易信息。在缺乏交易信息的情况下，无论是追续权人还是集体管理组织都无法知晓艺术品转售的发生，更无法获取追续金。并且，将这种交易类型纳入追续权的适用范围，意味着有限的执法资源将进一步分散。因此，为了避免与私人交易的"秘密性"冲突，追续权的适用范围应当排除纯粹由私人完成的交易活动，因为这种交易活动既不对外，更不公开，难以为集体管理组织所监管[2]。在针对艺术品收藏家、交易商陶戈先生的访问中，陶先生也指出，"如果交易大部分是采取私下交易的话，艺术家想要追踪自己作品交易的轨迹就变得很难，甚至无从追踪"[3]。

---

[1]　克洛德·马苏耶：《保护文学和艺术作品伯尔尼公约指南》，刘波林译，中国人民大学出版社2002年版，第72页。

[2]　Design and Artists Copyright Society（"DACS"），Comments Submitted in Response to U. S. Copyright Office's Sept. 19，2012 Notice of Inquiry at 7.

[3]　参见附录四。

2. 追续权制度难以适用于画廊、艺术博览会中的交易

对于艺术市场专业人员参与的交易而言,只有公开拍卖的交易信息在我国存在获取的可能性。画廊一般从事一级市场的交易,但也有的参与二级市场的转售,艺术博览会主要涉及二级市场,这两种交易方式再加上公开拍卖,被称为艺术市场三大支柱。① 从我国现有艺术市场的状况上看,画廊、艺术博览会缺乏类似于拍卖行业的市场监管,也缺乏行业协会的组织与管理,在缺乏行业数据的支持下,追续权人难以从画廊和艺术博览会的交易中获取交易信息,将追续权制度适用于这两种交易类型不具有可行性。

3. 只有将追续权制度限缩适用于公开拍卖才具有可行性

至于公开拍卖,本书在前述论述我国实施追续权的部分对我国拍卖行业的基本情况进行了介绍,我国拍卖行业存在严格的行业监管体系,拍卖企业在拍卖前和成交后需要到工商行政部门进行备案②,拍卖企业还需要通过全国拍卖行业管理信息系统上报拍卖数据,中国拍卖行业协对全国的拍卖信息进行汇总,由商务部门进行监管③,追续权人可以通过这一系统获取拍卖信息。

由此可见,将追续权适用于其他交易类型不具有可操作性,只有将追续权制度限定于公开拍卖才具有可操作性。我国此次《著作权法》修正的过程中,草案第一稿采用了上述第三种规定,规定追续权人对原件或手稿的每一次转售均享有分享收益的权利,此后,草案第二稿、第三稿以及送审稿采用了上述第一种规定,将追续权的适用范围严格限定于公开交易下以拍卖方式进行的转售活动。国家版权局在《著作权法》修改草案第二稿的简要说明中指出,之所以将追续权的权利范围限定为通过拍卖方式的转售行为,是因为"参考世界其他国家和地区立法,增加可操作性"。这一规定符合我国艺术市场的现状,强调了立法的可操作性,值得肯定。

4. 追续权制度中公开拍卖的具体适用

在我国现阶段应将追续权制度适用于公开拍卖场合,一般而言,艺术品的公开拍卖指的是,"以委托寄售为业的商业企业,按照一定章程规制,用公开出价和竞价的方式当众出卖寄售的艺术品,将它转让给最高应价者的买卖形式

---

① 章利国:《艺术市场学》,中国美术学院出版社 2003 年版,第 28－29 页。

② 《拍卖监督管理办法》第 5 条的规定,"拍卖企业举办拍卖活动,应当于拍卖日前到拍卖活动所在地工商行政管理机关备案","拍卖企业应当在拍卖活动结束后 7 日内,将竞买人名单、成交清单及拍卖现场完整视频资料或者经当事人签字确认的拍卖笔录,送拍卖活动所在地工商行政管理机关备案"。

③ 《商务部办公厅关于启用新版全国拍卖行业管理信息系统有关事项的通知》。

和商业行为"①。

一般而言，公开拍卖可以分为两类，一类是自愿性拍卖，另一类是强制性拍卖，前者指的是委托人基于自己的个人意愿进行的拍卖，后者指的是根据法院的判决或裁定而进行的拍卖，这种拍卖类型在《中华人民共和国民事诉讼法》（以下简称《民事诉讼法》）② 以及《拍卖法》③ 中都有规定。在追续权的具体适用上，不应当对上述拍卖进行类型区分，只要艺术作品原件通过公开拍卖的方式进行转售，都应当适用追续权。

此外，追续权制度既应当适用于在特定拍卖场所进行的传统拍卖，也应当适用于新型的网络拍卖。网络的普及又为艺术品市场从业人员创造了一个富有效率并且价格低廉的交易平台，多数艺术品交易商和画廊都已经创设了自己的官方网站，并且开展在线交易的业务，国际化大型的拍卖行，如宝龙（Bonhams）、克里斯蒂（Christie）、苏富比（Sotheby），已经创设了网络在线拍卖平台，买家可以直接通过该网络平台实时地出价。④ 我国的拍卖行也纷纷加入这一行列，如嘉德创设了嘉德在线网。⑤ 我国的网络交易平台也推出网络拍卖服务，如淘宝网开设了淘宝拍卖会。⑥ 可以预见的是，随着 P2P 网络交易平台的进一步普及，艺术品网络交易将会取得更大的发展。⑦

（四）未来我国追续权可扩展适用于专业人员参与的转售活动

将追续权制度限定适用于公开拍卖场合的原因在于艺术市场上存在着信息获取障碍，艺术市场的秘密性对于纯粹由私人完成的交易而言，几乎无法逾越，而对于艺术市场专业人员参与的交易而言，尚存在解决的可能。倘若未来

---

① 章利国：《艺术市场学》，中国美术学院出版社 2003 年版，第 127 页。

② 《民事诉讼法》第 247 条规定："财产被查封、扣押后，执行员应当责令被执行人在指定期间履行法律文书确定的义务。被执行人逾期不履行的，人民法院应当拍卖被查封、扣押的财产；不适于拍卖或者当事人双方同意不进行拍卖的，人民法院可以委托有关单位变卖或者自行变卖。"

③ 《拍卖法》第 9 条规定："国家行政机关依法没收的物品，充抵税款、罚款的物品和其他物品，按照国务院规定应当委托拍卖的，由财产所在地的省、自治区、直辖市的人民政府和设区的市的人民政府指定的拍卖人进行拍卖。拍卖由人民法院依法没收的物品，充抵罚金、罚款的物品以及无法返还的追回物品，适用前款规定。"

④ How to Place a Bid, BONHAMS, http：//www. bonhams. com/how_ to_ buy/9879/；Christie's LIVE Online Bidding, CHRISTIE'S, https：//www. christies. com/livebidding/； BIDnow/Watch Live, SOTHEBY'S, http：//www. sothebys. com/en/auctions/watch – live. html.

⑤ 嘉德在线网址：http：//www. artrade. com/.

⑥ 淘宝拍卖会网址：http：//s. paimai. taobao. com/.

⑦ HISCOX & ARTTACTIC, THE ONLINE ART TRADE 2013, April 9, 2013, http：//www. arttactic. com/market – analysis/art – markets/us – a – european – art – market/559 – hiscox – report – online – art – trade – 2013. html? Itemid = 102.

追续权人能够获取其他艺术市场专业人员所参与交易的信息，那么，我国立法者可以考虑将追续权制度的适用范围扩展至艺术市场专业人员参与的艺术品转售。尽管扩大追续权制度的适用范围将增加制度的运行成本，但采用这种立法模式更有助于实现追续权制度的立法目标。

1. 未来我国追续权扩展适用于艺术市场专业人员参与的转售活动的时机

国家新闻出版广电总局政策法规司许炜先生在谈到著作权法修改草案时指出，将追续权所适用的转售方式限于拍卖是基于制度实施成本的考虑。① 就长远来看，倘若我国追续权人或追续权集体管理组织能够获取除公开拍卖之外的艺术市场专业人员所参与交易的信息，例如，画廊、艺术博览会行业开始实施内部监管，并有专人统计交易信息，又如，艺术市场信息登记制度建立之后，登记机关统计并汇总交易信息，届时，我国立法者可以考虑将追续权的适用范围扩展至艺术市场专业人员参与的转售，以使得追续权能够涵盖更多的艺术交易。就国外追续权立法实践上看，将追续权适用于艺术市场专业人员参与的转售活动并非不可操作，根据德国图像艺术集体管理组织（VG Bild-Kunst）的统计，在德国，需要支付追续金的交易中，50%为公开拍卖，50%为艺术品交易商参与的交易（40%为画廊交易，10%为代理人参与的交易）。②

就国外的追续权立法实践来看，扩展追续权适用范围也得到了追续权集体管理组织的支持。如英国的设计与艺术家版权组织认为，"追续权制度既应当适用于艺术品拍卖环节，也应当适用于画廊、私人交易，但这些私人交易不包括那些纯粹由私人完成的交易"，"随着一些大的拍卖行也开展私人交易业务，公开拍卖与私人交易间的界限正变得越来越模糊"③。阿根廷的视觉艺术家组织也主张将追续权制度的适用范围扩展至"由艺术市场专业人员参与的所有转售行为，诸如通过画廊、公开拍卖、私人拍卖、网络进行的交易"④。德国图像艺术集体管理组织（VG Bild-Kunst）也表示支持将除拍卖之外的其他交易

---

① 刘鞞：《追续权相关法律问题研讨会综述》，http：//ipr. ruc. edu. cn/article. asp? id = 361，2016 – 4 – 19。

② Letter from Gerhard Pfenning, managing Director, Bild-Kunst, to Ralph Glan, Register of Copyrights (Aug. 27, 1992). cited in U. S. Copyright Office, *Droit De Suite*：*The Artist's Resale Royalty*, at 45. (Dec. 1992), available at http：//www. copyright. gov/history/droit_ de_ suite. pdf.

③ Design and Artists Copyright Society ("DACS"), Comments Submitted in Response to U. S. Copyright Office's Sept. 19, 2012 Notice of Inquiry at 7.

④ Sociedad de Artistas Visuales Argentinos ("SAVA"), Comments Submitted in Response to U. S. Copyright Office's Sept. 19, 2012 Notice of Inquiry at 4.

纳入追续权制度的适用范围。[1] 这些追续权集体管理组织承担了收集与分发追续金的重担，最了解追续权运行过程中所需支出的管理成本，从它们上述的支持意见来看，扩展追续权适用范围所需增加的管理成本是可以接受的。

2. 未来我国追续权需要扩展适用于艺术市场专业人员参与的转售活动

扩展追续权的适用范围是一个应然层面的问题，首先，这能够使得更多艺术家因追续权而受益；其次，这也符合追续权立法之趋势，各国普遍扩展了追续权所适用的交易类型；最后，扩展追续权适用范围有助于实现艺术市场专业人员之间的利益平衡。

（1）扩展追续权适用范围能够使更多艺术家受益。

尽管公开拍卖被称为艺术市场的三大支柱之一，但公开拍卖并不是艺术品转售的唯一场所，艺术市场上仅有不到一半的交易是通过公开拍卖的方式完成的，据克莱尔·麦克安德鲁（Clare McAndrew）于 2012 年的调查显示，在全球艺术市场中，拍卖完成的艺术品交易仅占全部艺术品交易的 21%，交易商与画廊参与的艺术品交易比重高达 79%。[2] 更重要的是，能够进入拍卖行进行公开拍卖的艺术品多为知名艺术家所创作的作品，普通艺术家创作的艺术品很难进入拍卖行进行转售。

近年来，艺术品交易的场所逐渐增多，交易商可以在其住所、办公场所或者艺术博览会参与艺术品交易。这之中，艺术博览会在过去 20 年间发展迅猛，逐渐发展成为艺术市场中一种重要的交易方式，成为艺术市场三大支柱之一。并且，拍卖行早已不单单从事拍卖业务，拍卖行所参与的私人洽购也逐渐成为艺术品市场的一项重要的交易类型，也有人将其称为私下交易或私人交易。私人洽购在传统上是由画廊、艺术品经纪人在其客户范围内进行撮合交易，属于一级市场的交易类型。近年来，拍卖行也开始介入这一领域，将私人洽购引入艺术品二级市场。[3] 同拍卖相比，私人洽购的中介费率更低，并更具有保密性，已经得到相当数量的收藏家的欢迎。

由此可以看出，新的交易类型正在革新传统的交易方式，将追续权制度扩展适用于艺术市场专业人员参与的转售可以使更多艺术家享有获取追续金的资格。考虑到普通艺术家的作品较难进入拍卖市场，这种规定使追续权能够进一

---

① See VG Bild-Kunst, Comments Submitted in Response to U. S. Copyright Office's Sept. 19, 2012 Notice of Inquiry at 2 (Dec. 5, 2012).

② See Clare Mcandrew, *Tefaf Art Market Report* 2013: *The Global Art Market, With A Focus On China And Brazil*, at 15 (2013).

③ 参见高心源：《当私人洽购遭遇拍卖行》，载《艺术市场》2012 年第 23 期，第 105 页。

步惠及普通艺术家。

（2）扩展追续权适用范围符合追续权立法之发展趋势。

早期的追续权立法多规定适用于公开拍卖场合，如 1920 年的法国追续权法，但在二战结束后，随着交易类型的快速发展，中期的追续权立法已经纷纷将适用范围扩展至艺术市场专业人员参与的艺术品转售。特别在欧盟统一追续权制度之后，多数国家已经将追续权的适用范围由公开拍卖拓展至艺术市场专业人员参与的转售活动。这也成为国际上追续权立法的趋势，正在考虑创设追续权制度的国家倾向于扩展追续权的适用范围，如美国在讨论创设追续权时，于 1992 年报告中主张追续权立法之初的适用范围应当被限定为拍卖环节，在立法之后再考虑扩大适用范围的可能性①，然而，还提到，"如果欧盟在统一追续权立法中对转售类型的界定采用广义的规定，那么我们也可能会扩大追续权的适用范围"②。随着之后欧盟将追续权的适用范围规定于"艺术市场专业人士参与的销售活动，如拍卖、画廊和任何有交易商参与的艺术品交易"③，美国也在 2013 年的报告中主张采用与欧盟相类似的规定，扩展追续权的适用范围④。

（3）扩展追续权适用范围有助于实现艺术市场专业人员之间的利益平衡。

追续权立法应当平衡艺术市场各方利益主体间的利益，并将对艺术市场的影响降至最低。将追续权制度限缩适用于公开拍卖交易的规定一经公布，立即在拍卖界掀起一场大讨论，拍卖业内人士对此一边倒地反对。中国拍卖行业协会秘书长李卫东曾经代表协会前往国家版权局，明确表示中拍协的反对立场。华辰拍卖董事长甘学军坦言：追续权的规定"不公平，拍卖是公开交易平台，只是交易形式的一种"⑤。中国拍卖协会常务副主任刘幼铮亦表示，"这明显是一种行业歧视！不能专门针对某一个行业推出某一项法案"，"这样做的最直接的后果就是让规范变成不规范。这种做法的市场导向是错误的，会将市场导向黑暗、导向不规范，对整个拍卖行业是不公平的"⑥。我国拍卖行业曾组织

---

① U. S. Copyright Office, Droit De Suite: The Artist's Resale Royalty, at 149 – 151（Dec. 1992），available at http：//www. copyright. gov/history/droit_ de_ suite. pdf.

② Ibid. , at 153.

③ Directive art. 1（2）.

④ U. S. Copyright Office, *Resale Royalties: An Updated Analysis*, p. 73（2013），available at http：//www. copyright. gov/docs/resaleroyalty/usco – resaleroyalty. pdf.

⑤ 阮富春：《著作权追续权剑指拍卖业》，载《中国文物报》2013 年 1 月 16 日。

⑥ 唐子韬，姜隅琼：《谁应该是艺术品增值的受益人》，载《读者欣赏》2013 年第 2 期，第 16 页。

专人对中国嘉德、北京保利等十家较大型的艺术品拍卖行于 2002—2011 年的拍卖纪录进行调查，调查报告估计，如果实施追续权，会使得拍卖行业流失 30% 的业务量。[①]

艺术品转售并不单限于公开拍卖方式，还包括其他方式，扩展追续权的适用范围能够平衡艺术市场中介商的利益。况且，追续权的实施有赖于艺术市场专业人员的配合与支持，倘若有一方交易商的利益无法权衡，追续权制度在实施上可能会遇到困难。德国艺术品交易商协会的成员就曾联合抵制那些加入德国图像艺术集体管理组织（VG Bild-Kunst）的艺术家以及那些主张追续权的艺术家，拒绝购买或展览上述艺术家的作品。[②] 在实现艺术市场专业人员之间利益平衡的基础上，追续权的实施将得到更多艺术市场专业人员的配合，亦将提高追续权的运行效率。

总的来看，追续权立法应当进行合理的制度设计，在确保制度实施具备可行性的前提下，促使追续权制度惠及绝大多数的艺术家。由于艺术市场信息获取障碍的影响，我国现阶段只能将追续权适用于公开拍卖交易。未来倘若追续权人能够获取其他艺术市场专业人员所参与交易的信息，那么，我国立法者可以考虑将追续权制度的适用范围扩展至艺术市场专业人员参与的艺术品转售。这一规定将涵盖拍卖行、画廊和交易商参与的艺术品交易活动，也包括艺术市场专业人员参与的网络交易活动，能够平衡艺术市场中介商的多方利益。并且，这一规定可以使得追续权在所适用的交易类型上具有可拓展性，即便未来艺术市场产生了新的交易类型，亦可为这一规定所涵盖。

三、追续权保护期限

从各国关于追续权保护期限的规定上看，由于各国对于追续权性质的认识不同，因此将追续权置于不同的权利体系下，这导致在追续权保护期限上存在区别，但多数国家规定的追续权保护期限与著作财产权的保护期限保持一致。

对于那些将追续权规定于著作财产权内的追续权立法而言，追续权的保护期限遵循著作财产权保护期限的一般规定，追续权的保护期限为作者的有生之年加上作者死后一定年限。如《法国知识产权法典》L. 123-7 条规定了追续权

---

① 唐子韬，姜隅琼：《谁应该是艺术品增值的受益人》，载《读者欣赏》2013 年第 2 期，第 16 页。

② Nordemann, Dix ans de droit de suite en Allemagne Federate, 91 Revue Internationale De Droit D'Auteur 77, 86 (1977).

的保护期限包括作者有生之年和死亡后的 70 年①，这与该法典 L. 123-7 条对著作财产权的保护期限相一致。但采用这一规定的国家中也存在例外，使得追续权的保护期限与其他著作财产权不一致。例如，智利规定追续权只能由作者享有，明确排除作者继承人、受遗赠人享有追续权的可能②，这意味着追续权的保护期限限于作者的有生之年。

对于那些未将追续权规定于著作财产权内的追续权立法而言，这些国家通过明文规定或者援引著作财产权保护期限的方法，也规定追续权在保护期限上与著作财产权保持一致。如《意大利著作权法》第 148 条明确规定追续权的保护期限，"本法第 144 条规定的权利（追续权）存续至作者终身并持续到其死后 70 年"③。《秘鲁著作权法》则直接援引著作财产的保护期限对追续权保护期限进行规定。④ 但采用这种规定的追续权立法也存在例外，例如，1976 年的美国加州追续权法中的追续权保护期限仅仅为作者的有生之年⑤，1982 年美国加州追续权法作出修改，其中规定，追续权的保护期限为作者有生之年加上死后 20 年⑥，这与当时美国著作财产权的保护期限并不一致。又如，墨西哥规定追续权的保护期限为作者有生之年加上死后 100 年⑦，科特迪瓦规定追续权的保护期限为作者有生之年加上死后 99 年⑧。

值得注意的是，有些国家甚至未规定追续权的保护期限。例如，《德国著作权法》仅仅规定了作者死后 70 年后著作权归于消灭⑨，全文未对追续权的保护期限作出规定。不过，考虑到《欧盟追续权指令》规定保护期限采用的是《欧盟版权与邻接权保护期指令》中规定的著作权经济权利的保护期限⑩，可以看出，指令中追续权的保护期限为作者有生之年加上作者死后 70 年，这

---

① 《十二国著作权法》翻译组译：《十二国著作权法》，清华大学出版社 2011 年版，第 76 页。

② Chile Law No. 17. 336 on Intellectual Property, Article 36. Available at http: //www. wipo. int/wipolex/en/text. jsp? file_ id = 270205.

③ 《意大利著作权法》第 148 条，费安玲、魏骁、陈汉译，载《十二国著作权法》，清华大学出版社 2011 年版，第 324 页。

④ Peru Copyright Law (Legislative Decree No. 822 of April 23, 1996), Article 82.

⑤ Ibid. § 986 (1) b) (3)

⑥ Californian Law of 22 September 1976, as amended on 11 march 1982.

⑦ Mexico Federal Law on Copyright (as amended up to July 14, 2014). Art. 92bis (ii).

⑧ Law No. 96 – 564 of July 25, 1996, on the Protection of Intellectual Works and the Rights of Authors, Performers and Phonogram and Videogram Producers, Art 45 (2).

⑨ 《德国著作权法》第 64 条，许超译，载《十二国著作权法》，清华大学出版社 2011 年版，第 169 页。

⑩ Directive 2001/84/Ec Of The European Parliament And Of The Council of 27 September 2001 on the resale right for the benefit of the author of an original work of art, Article 8.

个保护期限与著作财产权相同。指令的这一规定为强制性规定，应认为《德国著作权法》中在追续权的保护期限上也采用了与著作财产权相同的规定。

由上可以看出，无论各国是否认定追续权为著作财产权，它们在追续权保护期限上普遍采用与著作财产权相同的保护期限。对于我国而言，前文已经阐述，追续权属于著作财产权的一项权利，其保护期限应当遵循著作财产权保护期限的一般规定，即追续权的保护期限为作者终生及其死亡后 50 年，截止于作者死亡后第 50 年的 12 月 31 日。当艺术作品属于合作作品、匿名作品时，追续权的保护期限也应当适用《著作权法》对于合作作品、匿名作品①保护期限的规定。

四、追续权权利限制

"任何一类民事权利制度的设计都必须考虑到各方当事人的利益，并进行有机平衡，既不能无限扩张权利人的专有利益，也不能过多限制权利人权利的行使。"② 追续权亦遵循这一要求，追续权在权利设置上应当实现权利人与公共利益的平衡，正基于此，追续权并不适用于某些特定的情形。考虑到追续权的非排他性，追续权在权利限制上也有一定的特殊性。具体而言，追续权不适用于针对公共收藏机构的转售，也不适用于特定情形下作品原件的初次转售。

（一）追续权不适用于针对公共收藏机构的转售

追续权的第一种权利限制指的是当艺术作品原件被卖给或赠送给图书馆、展览馆等公共收藏机构时，追续权的权利主体便不再享有追续权，欧盟《追续权指令》有此类规定。③ 有学者认为，追续权的权利主体此时已经放弃了基于作品原件的收益权，相当于放弃了基于该作品的追续权。④ 我国应对追续权的行使进行此种限制，即当作品原件被卖给或赠送给图书馆、展览馆等公共收藏机构时，追续权人便不再享有追续权。追续权制度应当在保障权利人利益的同时维护公共利益，展览馆、图书馆等机构购买艺术作品原件是为了向公众展

---

① 《著作权法》第 21 条：……如果是合作作品，截止于最后死亡的作者死亡后第 50 年的 12 月 31 日。《著作权法实施细则》第 18 条：作者身份不明的作品，其著作权法第 10 条第 1 款第 5 项至第 17 项规定的权利的保护期截止于作品首次发表后第 50 年的 12 月 31 日。作者身份确定后，适用著作权法第 21 条的规定。

② 何敏：《知识产权基本理论》，法律出版社 2011 年版，第 216 页。

③ 李明德、闫文军、黄晖、邱中林：《欧洲知识产权法》，法律出版社 2010 年版，第 272 页。

④ 刘春霖：《追续权的立法构想》，载《河北法学》2013 年第 4 期，第 49 页。

览的必要，体现了纯粹的公共利益，不宜将涉及该类主体的艺术作品原件交易纳入追续权制度的规则范围。

（二）追续权不适用于特定情形下作品原件的初次转售

追续权的第二种权利限制针对的是艺术作品原件第一次转售的限制，《欧盟追续权指令》规定，如果转售者直接从作者手中购得艺术品原件，在三年内转售该作品原件，而且再次销售的价格又低于 10 000 欧元，追续权人不得对该艺术品原件的转售主张追续权。[①] 指令的这一权利限制的规定并非为强制性规定，德国便未于本国法中作此规定，法国、意大利等国则进行了规定。这一权利限制最初规定于加州追续权法，1982 年 3 月，加州立法者对 1976 年的加州追续权法进行了修改，增设了这一条款，其中规定，艺术品经销商在向作者购买并取得艺术作品之后 10 年内对该艺术作品进行转售，追续权人对此不享有追续权。[②] 加州的规定并非仅仅针对首次转售行为，而是包括了 10 年间所有的转售行为，这不同于《欧盟追续权指令》的规定，指令所限制的是追续权人对作品原件初次转售主张追续权的行为。

这一规定意在免除画廊承担给付追续金的义务，促进画廊行业推介艺术品。[③] 画廊被称为艺术市场三大支柱之一，是艺术品一级市场的主要交易场所。[④] 画廊是联系画家与艺术市场间的重要纽带，艺术家可以通过画廊寄售艺术品，此时，画廊是艺术家的代理人，有时画廊还直接向艺术家购买艺术品，此时，画廊是艺术家创作作品的原始买家。画廊通过系统的运作、宣传，使有价值的艺术品的市场价格合理上升[⑤]，这对于年轻艺术家的作用不言而喻。在画廊从作者手中购买作品原件之后短期转售且转售价处于合理限额的情形下，可以认为艺术作品原件的转售并非以投机为目的。[⑥] 此时，在特定情形下免除画廊支付追续金的义务，是对艺术市场特定交易习惯的尊重，将激励画廊购买

① Directive 2001/84/Ec Of The European Parliament And Of The Council of 27 September 2001 on the resale right for the benefit of the author of an original work of art, Article 1 （3）.

② *Californian Law* of 22 September 1976, as amended on 11 march 1982. Cited at World Intellectual Property Organization and United Nations Educational, Scientific and Cultural Organization, *Study on Guiding Principles Concerning the Operation of Droit de Suite* at 31 （1985）.

③ Michel M. Walter, Silke Von Lewinski, *European Copyright Law: A Commentary*. Oxford University Press, 2010, p. 852.

④ 章利国：《艺术市场学》，中国美术学院出版社 2007 年版，第 28 - 29 页。

⑤ 孙睿迪：《国际视野下艺术家与画廊的"唇齿相依"》，载《收藏投资导刊》2015 年第 10 期，第 68 页。

⑥ World Intellectual Property Organization and United Nations Educational, Scientific and Cultural Organization, *Study on Guiding Principles Concerning the Operation of "Droit de Suite"* at 31 （1985）.

更多艺术家创作的作品。①

　　这一例外又被称为"库存购买例外"（bought as stock exemption）②，这对于艺术家而言是有益的，我国也应当采用这一规定。当然，这一例外只限于特定情形下的初次转售，一旦初次转售价格超过一定限度，也属于投机交易，追续权人仍可以对此主张追续权。参考前述 2015 年全球纯艺术作品拍卖价格结构图，我国可以对初次交易发生之后 3 年内且转售价在 5 万元以下的初次转售活动进行限制。

五、追续权的权利救济

　　"有权利就有救济"（Ubi jus, ibi remedium），权利可能遭到不法干涉，若没有没有安全保障的权利，几近无权利。一般而言，民事权利在设权上遵循的是"私权—救济权"的私权构造模式。不过，就现有各国的立法实践上看，很少有国家对追续权的权利救济作出专门的规定。

　　有些国家对艺术市场专业人员未履行支付追续金的义务和未履行信息获取权下的义务规定了罚款责任。意大利规定，"违反《意大利著作权法》第 152 条第 2 款③和第 153 条规定④之人，将被处以停止其执业活动或者商业活动 6 个月至 12 个月，并处以 1 034 欧元至 5 165 欧元的罚款"⑤。法国在《追续权实施细则》中规定，在下列违法情形下，有义务支付追续金的艺术市场专业人员需支付罚款：①未依据 R. 122 - 9 款⑥向那些已经提出请求的追续权人支付追续金；②未依据 R. 122 - 9 款⑦通知追续权集体管理组织；③未向追续权

---

　　① Michel M. Walter, Silke Von Lewinski, *European Copyright Law: A Commentary*. Oxford University Press, 2010, p. 852.

　　② *Intellectual Property – guidance Artist's Resale Right*, available at https://www.gov.uk/guidance/artists-resale-right.

　　③ 本法第 144 条第二款所涉主体（艺术市场专业人员）负有从出售价款中将报酬部分进行提取并依实施条例规定的条件支付给意大利作者和出版者协会（SIAE）的义务。

　　④ 参与交易的出售者、买手者或中介者等专业人员应当在交易完成后的 3 年内向意大利作者和出版者协会（SIAE）提供全部的关于担保支付上述报酬的信息，包括向该协会出示有关交易本身的所有文件资料。

　　⑤ 参见《意大利著作权法》第 172 条。

　　⑥ 艺术市场专业人员从收到追续权人请求之日 4 个月内，或者，在销售之前已经收到请求，从销售之日起 4 个月内，须向追续权人支付追续金。

　　⑦ 如果艺术市场专业人员没有收到任何请求，在销售发生的季度后 3 个月内，需要通知追续权集体管理组织，指出销售的日期、作者的名称，如有必要之时，还需提供其所拥有的与追续权人有关的信息。

人提供 R. 122-10 款①中提及的信息。②

并且，还有极少数国家对追续权义务人不履行追续权义务规定了侵犯追续权的民事责任。法国在《知识产权法典》第 L. 334-1 条中规定，作品原件买受人及司法助理人员违反 L. 122-8 条③规定的，可以被判决对追续权人承担连带损害赔偿责任。澳大利亚规定，倘若卖家拒绝支付追续金，将对其进行民事罚金处罚。④ 美国在 2013 年的报告中主张在追续权救济上采用类似于美国《视觉艺术家剩余权利法案》（1978）中相关的规定，这一法案规定，"如果卖家故意拖延支付追续金，那么卖家将承担三倍于其应缴纳追续金的惩罚性赔偿责任，或者承担 5 000 美元的法定赔偿责任，两者相较，择一重执行"⑤。此外，《美国版权非常法案 2015》（*American Royalties Too act of 2015*）中规定，追续权义务人未支付追续金则构成著作权侵权，侵权人除承担继续支付追续金的责任之外，还需要承担法定损害赔偿责任。⑥

此外，还有些追续权立法规定了侵犯追续权的刑事责任。例如，澳大利亚规定，倘若卖家拒绝支付追续金，可对卖家处予刑事处罚。⑦ 美国《加州追续权法案》规定，如果卖家虚报作品的转售价格，将承担轻罪（Misdemeanor Offense）的刑事责任。⑧

追续权本质上是一项报酬请求权，属于著作财产权的范畴。当艺术品原件所有人转售作品原件时，倘若作品原件转售价格超过追续金的计量门槛，并且不存在权利限制的情形下，追续权就此产生，追续权人享有向义务人主张支付追续金的请求权。澳大利亚在其追续权法中也明确指出，支付追续金是一项追续权义务人对追续权人所应当履行的债务（Debt）⑨。追续权中的债是基于法

---

① 为了获取追续金，追续权人可以在销售之日起 3 年内，依据作品的名称、简述，以作者的名称，从参与销售的艺术市场专业人员获取下列信息：有义务支付追续金的艺术市场专业人员的名称与地址；作品销售时间与销售价格；证明追续金已经支付给追续权人的书面材料，以及追续权人的请求书。

② Décret n° 2007 – 756 du 9 mai 2007 Pris pour l'application de l'article L. 122 – 8 du code de la propriété intellectuelle et relatif au droit de suite. Art. R. 122 – 11.

③ 即法国追续权条款。

④ *Resale Royalty Right for Visual Artists Act* 2009（Cth）（Austl.），available at http：//www. comlaw. gov. au/Details/C2009A00125. part 4，division 1，2.

⑤ *Visual Artists' Residual Rights Act of 1978*，H. R. 11403，95th Cong.（1978）.

⑥ S. 977 – 114th Congress（2015 – 2016）；H. R. 1881 – 114th Congress（2015 – 2016）.

⑦ *Resale Royalty Right for Visual Artists Act* 2009（Cth）（Austl.），available at http：//www. comlaw. gov. au/Details/C2009A00125. part 4，division 1，2.

⑧ *Cal. Penal Code* § 536.

⑨ *Resale Royalty Right for Visual Artists Act* 2009，Division 4，Section 19.

定产生，而非特定当事人基于意思表示而产生，因此，追续权法律关系是一项法定之债。

我国追续权的义务人为艺术作品原件的出让人，作品原件的受让人承担连带责任。追续金的实际支付人为艺术品交易专业人员。在追续权的保护上，倘若追续权义务人不履行追续权义务或者艺术品交易专业人员未能履行支付追续金的义务，追续权人或者追续权集体管理组织可以向法院提起诉讼，保护追续权人获得追续金的权益。从等价交换原则出发，任何民事主体一旦给他人造成损害，都必须以等量的财产予以补偿，原则上不适用惩罚性损害赔偿[①]，追续权在救济上应当以补偿性为原则。同时，倘若出售者、购买者或者艺术品市场的专业人员拒绝提供与艺术作品原件转售有关的信息，追续权集体管理组织也可以向法院提起诉讼，主张"信息获取权"。

六、外国作者的追续权保护

《伯尔尼公约》是目前唯一一部规制追续权于不同国家间具体适用的国际性公约。《伯尔尼公约》也对一国作者于外国保护追续权作出了规定："只有在作者本国法律承认这种保护的情况下，才可在本同盟的成员国内要求上款所规定的保护，而且保护的程度应限于被要求给予保护的国家的法律所允许的程度。"[②] 这意味着，"与享有其他大多数权利不同，能否享有这一权利取决于成员国之间的互惠。这一权利具有可选择性，本联盟成员国可以自行决定是否在国内法中对它予以确认"[③]。因此，对于公约成员国而言，追续权并非强制性规定，一国作者在国外适用追续权时采用互惠原则，这也是公约所采用的国民待遇原则[④]的例外规定。公约中存在例外情形的规定并不少见，诸如公约关于实用艺术品、权利保护期限、翻译权的规定。为了使我国艺术家能够在国外获得追续金，我国在针对外国作者的追续权保护问题上也应遵循互惠原则，允许外国作者在我国行使追续权。

---

① 王利明、杨立新、王轶、程啸：《民法学》，法律出版社 2011 年版，第 600 页。

② 《伯尔尼保护文学和艺术作品公约》第 14 条之三第 2 款，载世界知识产权组织网站：http：//www. wipo. int/wipolex/zh/treaties/text. jsp？file_id=283701，2015-12-6。

③ 克洛德·马苏耶：《保护文学和艺术作品伯尔尼公约指南》，刘波林译，中国人民大学出版社 2002 年版，第 72 页。

④ 《伯尔尼保护文学和艺术作品公约》第 5 条第 1 款规定了国民待遇原则："就享有本公约保护的作品而论，作者在作品起源国以外的本同盟成员国中享有各该国法律现在给予和今后可能给予其国民的权利，以及本公约特别授予的权利。"

（一）追续权制度中互惠原则的形成

所谓互惠原则，亦称为"对等原则"，其基本含义为，"如果一个国家凭借某个国际法规范向对方国家主张权利，那么这个国家自己也得受该规范的约束"①。互惠原则被认为是国际法中的一项基本原则，甚至被誉为国际法的一根独立支柱，在国际法不同领域中运用广泛。② 早在法国创设追续权制度的1920 年，法国就已规定，一国在满足互惠条件的情况下，该国艺术家可以在法国主张追续权。③ 与法国相同的是，一年之后创设追续权制度的比利时也采用了互惠原则，比利时还规定，两国间关于追续权的互惠必须发布在比利时官方公报（*Moniteur Belge*）后才生效④，1923 年，比利时于官方公报发布公告，赋予了法国艺术家在比利时行使追续权的自由⑤。可以说，早期追续权所采用的互惠原则也为日后《伯尔尼公约》采用互惠原则奠定了基础。

在互惠原则之外，法国还根据本国国情对外国艺术家主张追续权作了进一步规定。在 20 世纪前半叶，作为当时世界的艺术中心，法国云集了来自世界各地的艺术家，大量的艺术品交易成交于法国，大批的外国艺术家也通过互惠在法国获取追续金。在法国拍卖商的呼吁下，法国也于 1956 年的追续权实施细则中规定，外国国籍艺术家在法国从事艺术活动并在法国居住满5 年，即便这 5 年并不连续，其可以不依据互惠条件，在法国享有追续权。⑥这一特殊规定持续至今，现规定于《法国知识产权法典》第 L. 122-8 条第6 款。

（二）互惠原则下外国作者在我国主张追续权的条件

追续权制度中互惠原则在适用要件上存在争议，其根源在于，《伯尔尼公约》对于追续权条款中互惠原则的规定并不明晰。通过对《伯尔尼公约》追续权条款的进一步解释，可以确定互惠原则下外国作者在我国主张追续权保护的条件，一国只需要在其国内对我国作者给予追续权保护，即可满足互惠原则的要求，该国作者可在我国主张追续权。

---

① 杜涛：《互惠原则与外国法院判决的承认与执行》，载《环球法律评论》2007 年第 1 期，第110 页。

② Verdross Simma, *Universelles Voelkerrecht*, 3. Auf. 1 (1984), §64ff Simma, Reciprocity, in *Encyclopedia of Public International Law* 7 (1984), 400ff. 转引自杜涛：《互惠原则与外国法院判决的承认与执行》，载《环球法律评论》2007 年第 1 期，第 110 页。

③ Article 10 of the Decree of 17 December 1920.

④ Article 4 of *Belgian Law* of 25 June 1921.

⑤ Royal Decree of 5 September 1923.

⑥ Decree of 15 September 1956.

1. 追续权制度中互惠原则的适用要件的争议

从《伯尔尼公约》的法文版本①以及英文版本②的表述看，公约关于追续权制度中互惠原则的规定非常容易引起歧义，该条款中第一句话的条件句与第二句话间存在连接词——"and（和）"一词，正常人一般会认为这两句话存在并列关系，进而认为互惠原则的适用需要满足两个条件，除作者本国法律承认追续权保护之外，还要求作者本国提供的追续权保护达到被要求给予保护国家的要求。

事实上，已经有国家进行了此种解释。德国在翻译《伯尔尼公约》时即将这一条款中的第三句话"and to the extent permitted by the country where this protection is claimed"（保护的程度应限于被要求给予保护的国家的法律所允许的程度）理解为"and if allowed by the legislation of the country where this protection is claimed"（如果作者本国法律规定的追续权保护达到被要求给予保护的国家的法律的要求）。由此，德国认为，外国作者若欲在德国获得追续权保护需要满足两个条件，第一个是作者本国对追续权进行保护，第二个是作者本国关于追续权的保护必须满足德国的要求，第二个要求最初规定于德国1965年著作权法第121条第5款（现第122条第5款），其中规定，"只有外国国民所属国给予德国国民相应权利时，该国国民才根据联邦司法部长在联邦法律公报上的公告享有延续权（第26条）"③。

不久之后，德国图像艺术集体管理组织（VG Bild-Kunst）与法国的艺术家集体组织艺术产权和设计及模型协会（Société de la Propriété Artistique et des Dessins et Modèles，SPADEM）签订了一份互惠协议，为了确定 SPADEM 是否能够代表法国国民在德国主张追续权，SPADEM 最终诉诸法院。德国最高法院认为，如果德国和一国之间存在互惠协议，那么，该国作者可以基于平等待遇原则，依据《德国著作权法》第26条的规定于德国主张追续权。再者，德国最高法院认为，《伯尔尼公约》关于追续权的第三款规定仅仅涉及追续权制度

---

① 法文表述为"La protection prévue à l'alinéa ci – dessus n'est exigible dans chaque pays de l'Union que si la législation nationale de l'auteur admet cette protection et dans la mesure où le permet la législation du pays où cette protection est réclamée". 载世界知识产权组织网站：http://www.wipo.int/wipolex/en/treaties/text.jsp? file_ id = 283699, 2015 – 12 – 11。

② 英文表述为"The protection provided by the preceding paragraph may be claimed in a country of the Union only if legislation in the country to which the author belongs so permits, and to the extent permitted by the country where this protection is claimed". 载世界知识产权组织网站：http://www.wipo.int/wipolex/en/treaties/text.jsp? file_ id = 283699, 2015 – 12 – 11。

③ 《德国著作权法》，许超译，载《十二国著作权法》，清华大学出版社2011年版，第190页。

的实施，只要某一公约成员国在国内法中规定了这一制度，那么，在国内法中已经规定追续权的其他公约成员国的作者就有权在该国主张追续权，权利的主张应当严格遵照被要求给予保护的国家的国内法中关于追续权的规定。① 正基于此，《德国著作权法》第121条第5款（现第122条第5款）中的规定并不能作为《伯尔尼公约》成员国作者于德国主张追续权的前置条件，换言之，这一条规定中所设置的条件针对的是《伯尔尼公约》成员国之外的其他国家。

不过，即便欧盟于2001年统一了追续权法之后，德国《著作权法》关于外国人适用追续权的规定仍旧未作修改（现第122条第5款），这意味着外国作者在德国主张追续权需要区别国籍进行。倘若外国作者是《伯尔尼公约》成员国的作者，那么，只要该国在国内法上规定追续权，该国作者即可在德国主张追续权保护；倘若外国作者并不是《伯尔尼公约》成员国的作者，那么，该国作者若欲在德国获得追续权保护，需要满足德国《著作权法》（现第122条第5款）规定的两个条件，第一个是该国在国内法对追续权进行保护，第二个是该国关于追续权的保护必须满足德国的要求。

除德国之外，《伯尔尼公约》关于追续权中互惠原则的规定也引起了部分学者的误解。如Sam Ricketson教授和Jane Ginsburg教授在解释《伯尔尼公约》的著作中亦认为，互惠原则的适用有两个基本要件：①作者本国法律承认追续权的保护；②作者本国法律对追续权保护的程度应限于被要求给予保护的国家的法律所允许的程度。② 还有学者基于对互惠原则表述的误解而指出，《伯尔尼公约》关于追续权的规定并未真正地规定了互惠原则，如果公约在设计时想采用互惠原则，那么，这一条款只需规定，"在作者本国法律规定追续权的情况下，作者有权在公约成员国中主张这一权利"，或者再加上一款："作者在国外主张追续权的保护范围不应超过其本国对于追续权的保护范围"③。而追续权条款中互惠原则的字面含义却与之不同，如上所述，这一条款中互惠原则的适用有两个基本要件，即使作者本国规定了追续权保护，但若第二个国家认定作者本国对追续权的保护达不到其要求，那么作者仍无法在第二个国家主张追续权。换言之，第二个国家可能会针对国外作者的追续权保护，在与其国

① World Intellectual Property Organization and United Nations Educational, Scientific and Cultural Organization, *Study on Guiding Principles Concerning the Operation of "Droit de Suite"* at 57 (1985), available at http: //unesdoc. unesco. org/images/0006/000660/066003eb. pdf.

② Sam Ricketson and Jane Ginsberg, *International Copyright and Neighboring Rights: The Berne Convention and Beyond* eds. 2 vols., Oxford University Press, 2006, p. 678.

③ A. Baum, *The Brussels Conference for the Revision of the Berne Convention* (1949), 67ff.

内作者的追续权适用上采用两种不同的标准，第二个国家甚至可以以此为由，拒绝对国外作者提供追续权保护。①

如果沿着这一分析路径得出的结论为真，那么，追续权在适用上将陷入非常尴尬的境地，较布鲁塞尔会议之前各国的态度，《伯尔尼公约》关于追续权的规定并未取得实质性的进步，各国有权决定是否对国外作者施加追续权保护。诺德曼（Nordemann）教授更是指出，"这一互惠原则的规定显得有些多余，很难相信一个国际性的著作权组织会在 1948 年制定出这样一条毫无意义的规定"②。从布鲁塞尔会议的材料上看，没有证据表明各国代表希望在互惠原则之外创设一个新的原则以规制成员国之间的追续权适用问题。Nordemann 教授也认为，"倘若允许公约成员国随意拒绝国外作者在其国内行使追续权，这意味着公约放弃了其一贯秉持的国民待遇原则，无异于彻底推翻了针对作者的国际性保护。当然，没有人能够保证这一情况永远不会发生，但倘若这一情况确实存在，那么，布鲁塞尔会议肯定会对此进行讨论，毕竟那些具有悠久传统文化并主张对作者施加强保护的国家也参加了这次会议"③。

2. 追续权制度中互惠原则的适用要件的厘清

因此，即便学界对公约关于追续权的第二款规定尚有存疑之处，但通过前述分析可以看出，这一条款中所规定的互惠原则在适用上并不存在两个条件。这一条款的第二句话，即"保护的程度应限于被要求给予保护的国家的法律所允许的程度"（to the extent permitted by the country where this protection is claimed）中所指的"保护"指的是"作者本国在本同盟的成员国内要求的追续权保护"，不应当将该句表述理解为互惠原则的条件之一。即便前述提及的因该条款表述而存在误解的 Sam Ricketson 教授和 Jane Ginsburg 教授也认为，不应当将该条款解释为一国在保护国外作者的追续权上享有自由裁量权，而应当参照国民待遇原则进行理解。④ 正如韦之教授所说，"在保护延续权的国家之间可依据国民待遇原则提供相应的保护"⑤。在国民待遇原则之下，国外作

① Sam Ricketson and Jane Ginsberg, *International Copyright and Neighboring Rights*：*The Berne Convention and Beyond eds.* 2 vols. , Oxford University Press, 2006, p. 678.

② W. Nordemann, *The Droit de Suite in Art 14ter of the Berne Convention and in the Copyright Law of the Federal Republic of Germany*（1977）*Copyright*, 337, 339.

③ Ibid.

④ Sam Ricketson and Jane Ginsberg, *International Copyright and Neighboring Rights*：*The Berne Convention and Beyond eds.* 2 vols. , Oxford University Press, 2006, p. 679.

⑤ 韦之，杨红菊：《〈伯尔尼公约〉中的国民待遇原则之例外》，载《知识产权》1997 年第 4 期，第 47 页。

者应当享有与国内作者同等的保护。换言之，根据《伯尔尼公约》，只要作者本国在国内法中规定了追续权制度，那么，被要求给予保护的国家就不应再对作者本国施加更多的要求。

但在实践中，不同国家对公约中互惠原则的要求不同，一些国家认为默示承认互惠原则即可，一些国家则要求必须在国内法中明确注明互惠条款。法国受理外国国籍艺术家申请的委员会甚至认为，即便一国已经创设了追续权制度，但倘若该制度并未在实践中有效地实施，那么，该国实质上仍未保护追续权，该国作者无权在法国主张追续权，据此，法国曾拒绝了意大利艺术家在法国获取追续金的要求。[①] 在互惠原则的判断上，克洛德·马苏耶在《伯尔尼公约指南》指出，"是否存在这种互惠，要由法院来判断"[②]。

对此，世界知识产权组织与联合国教科文组织认为，"《伯尔尼公约》成员国不能对其他公约成员国作者于该国主张追续权设置任何特殊条件，在适用互惠原则的条件上，一国仅在原则上承认追续权的保护即满足公约第 14bis 第 2 款的要求"[③]。因此，《伯尔尼公约》成员国在国内法对互惠原则所施加的新要求并不能适用于公约的其他成员国，无论公约成员国是否要求一国在国内法中注明互惠条款，又抑或公约成员国要求一国有效实施追续权制度，都不应当成为阻碍其他公约成员国作者于该国主张追续权的条件。《欧盟追续权指令》在序言部分更是指出，"一国在国内法中限制互惠原则的条款并不足以拒绝其他成员国的作者于该国主张追续权，这一条款在欧盟境内的适用将有违禁止任何国籍歧视的平等待遇原则"[④]。

可以看出，互惠原则在适用上并不存在两个条件，在具体适用上，倘若甲国与乙国都规定了追续权，只要甲国保护乙国作者在甲国的追续权，就满足互惠原则要求，乙国应当保护甲国作者在乙国的追续权。如法国追续权实施条例规定，"如果某一国家并非为欧盟成员国或欧洲经济区成员国，该国法律承认

① World Intellectual Property Organization and United Nations Educational, Scientific and Cultural Organization, *Study on Guiding Principles Concerning the Operation of "Droit de Suite"* at 57 (1985), available at http: //unesdoc. unesco. org/images/0006/000660/066003eb. pdf.

② 克洛德·马苏耶：《保护文学和艺术作品伯尔尼公约指南》，刘波林译，中国人民大学出版社2002 年版，第 73 页。

③ World Intellectual Property Organization and United Nations Educational, Scientific and Cultural Organization, *Study on Guiding Principles Concerning the Operation of "Droit de Suite"* at 57 (1985), available at http: //unesdoc. unesco. org/images/0006/000660/066003eb. pdf.

④ recital 6, Directive 2001/84/EC of the European Parliament and of the Council of 27 September 2001 on the resale right for the benefit of the author of an original work of art. Available at http: //eur - lex. europa. eu/legal - content/FR/TXT/HTML/? uri = CELEX：32001L0084&from = EN.

并保护欧盟成员国或欧洲经济区成员国公民作者及权利继受人的追续权，那么，该国的公民作者及权利所有者亦受本条例保护"①。

3. 外国作者在我国主张追续权的保护要件

在厘清互惠原则适用要件的基础上，倘若外国作者在我国主张追续权保护，只要该国承认并保护我国作者于该国的追续权，我国即应当保护该国作者在我国的追续权，除此之外，我国不应对外国作者本国的追续权制度设置额外要求。

从我国此次著作权法修改草案来看，草案第一稿规定："外国人、无国籍人的追续权……根据其所属国或者经常居住地国的法律适用对等保护"，国家版权局并未对"对等保护"作出解释，从国际法角度分析，互惠原则，又称为对等原则②，对等保护实质上指的就是互惠保护。因此，这一规定仅仅规定了外国作者在我国主张追续权保护采用互惠原则，但并未规定互惠原则下外国作者在我国主张追续权保护的条件。

草案第二稿、第三稿都规定"外国人、无国籍人其所属国或者经常居住地国承认中国作者享有同等权利的，享有前款规定的权利"，这一规定对外国作者在我国主张追续权保护设置了额外条件，外国作者本国不仅需要在其国内对我国作者提供追续权保护，这一保护还须达到与我国追续权保护"同等"的程度，该国作者才能够在我国主张追续权。这种规定与上述提及的《德国著作权法》的规定③类似，对外国作者的追续权保护设置了两个条件，不符合互惠原则的要求，不应当采用。

草案送审稿将该款单独规定为第 4 条："外国人、无国籍人的实用艺术作品以及根据本法第 14 条享有的权利，其所属国或者经常居住地国对中国权利人给予保护的，受本法保护。"这一规定对外国作者在我国主张追续权保护设置了必备条件，并且，这一规定未设置额外条件，外国作者本国只要在其国内对我国作者给予追续权保护，该国作者便能够在我国主张追续权。该规定符合互惠原则的要求，值得采纳。

---

① Décret n° 2007 – 756 du 9 mai 2007 Pris pour l'application de l'article L. 122 – 8 du code de la propriété intellectuelle et relatif au droit de suite, Art. R. 122 – 123.

② 杜涛：《互惠原则与外国法院判决的承认与执行》，载《环球法律评论》2007 年第 1 期，第 110 页。

③ 德国 1965 年著作权法第 121 条第 5 款（现第 122 条第 5 款）规定，"只有外国国民所属国给予德国国民相应权利时，该国国民才根据联邦司法部长在联邦法律公报上的公告享有延续权（第 26 条）"，《德国著作权法》，许超译，载《十二国著作权法》，清华大学出版社 2011 年版，第 190 页。

（三）互惠原则下外国作者在我国主张追续权的保护范围

一般而言，不同国家在追续权制度的具体规定上存在区别，即便欧盟在2001年颁布了《欧盟追续权指令》，统一了欧盟境内的追续权立法，但欧盟境内各国的追续权制度也并非完全相同，举例而言，一些国家并未将手稿纳入追续权的保护范围①，一些国家还将建筑作品与实用艺术品排除在外②。另外，一些国家规定追续权只能由作者及其继承人所享有，另一些国家规定追续权还可以由作者的受遗赠人所享有。

在这一情形下，倘若某一国与我国在追续权制度的规定上存在明显的不同，该国作者依据互惠原则在我国主张追续权，其所能享有的追续权保护范围应如何确定？从《伯尔尼公约》的表述上看，被要求给予保护的国家并不需要超越其本国的追续权规定给予国外作者更高的保护。因此，如果某一国将作家、艺术家的手稿纳入追续权的保护范围，而我国并未将手稿纳入追续权的保护范围，那么，该国的作者就无法在我国主张手稿的追续权。假设将两国的规定进行反向设置，即我国将作家、艺术家的手稿纳入追续权的保护范围，而该国并未将手稿纳入追续权的保护范围，那么，该国的作者是否有权在我国主张手稿的追续权呢？

对此，Nordemann教授认为，互惠国家间关于追续权保护的规定应当实质等同（substantial equivalence），即使存在一些细微的差别，但从广义上看，两者的规定应当相同。③公约只需要再加上一条模式化条款即可实现这一等同，例如，作者在其他成员国主张的追续权保护不能超过作者在其本国所获得的追续权保护。事实上，在布鲁塞尔会议之前，奥地利所提出的公约修改草案曾包含这一条款④，但最终文本并未包含这一条款。不过，对公约进行解释，也可以得出与添加前述条款相同的结论。

根据公约对追续权的第2款规定，"只有在作者本国法律承认这种保护的情况下，作者才可在本同盟的成员国内要求第1款所规定的追续权保护，而且保护的程度限于被要求给予保护的国家的法律所允许的程度"。这一规定可以进行两种解释，第一种解释在于，第二款中作者本国追续权法必须包含被要求给予保护的国家的追续权各项规定，由此，作者可以在被要求给予保护的国家

---

① 如法国，参见《法国知识产权法典》L. 122 - 8 条。

② 如德国，参见《德国著作权法》第26条。

③ W. Nordemann, *The Droit de Suite in Art 14ter of the Berne Convention and in the Copyright Law of the Federal Republic of Germany* (1977) *Copyright*, 337, 339 - 340.

④ Documents de la Conférence réunie à Bruxelles du 5 au 26 juin 1948 (1951), 364.

所规定的追续权保护范围内主张追续权；第二种解释在于，作者只能在其本国所规定的追续权保护范围内，于被要求给予保护的国家主张追续权保护。前一种解释缩小了第 2 款互惠原则的适用范围，很少有国家能够达到这一要求。前文亦已经分析，作者本国只需承认追续权保护，则满足了追续权制度中互惠原则在适用上的要求，不应对作者本国追续权法设置额外条件，因此不应当采用前一种解释。而依据后一种解释，作者本国的追续权保护范围与作者在其他国家所主张的追续权保护范围实质等同，这一解释可以适用于任何情形，并且更加简便实用，更具合理性，应当采用第二种解释。

我国此次著作权法修改中，草案各稿都未对外国作者在我国主张追续权的保护范围作出规定。不过，结合前述，可以对外国作者在我国主张追续权的保护范围进行界定。这一保护范围并非完全等同于我国追续权人在我国的追续权保护范围，还需要考量外国作者本国的追续权保护范围后才能够确定。一方面，倘若我国追续权保护范围大于该国追续权保护范围，该国作者在我国主张追续权的保护范围应当实质等同于该国作者本国的追续权保护范围。另一方面，倘若我国追续权保护范围小于该国追续权保护范围，该国作者在我国主张追续权的保护范围应当实质等同于我国追续权保护范围。

七、追续权的溯及力

溯及力指的是新颁布的法律对已经存在的事实和已经发生的事项是否有效，如果有效，称有溯及力，如果无效，称没有溯及力。[①] 一般而言，各国法律都禁止创设具有溯及力的法律。美国联邦宪法第 1 条第 9 款明确规定"不得通过任何剥夺公民权的法案或者追溯既往的法律"[②]。在我国，大部分法律是没有溯及力的，《中华人民共和国立法法》（以下简称《立法法》）明确规定了法律不溯及既往，但也允许法律"为更好地保护公民、法人和其他组织的权利和利益"而溯及既往[③]。

倘若追续权可以适用于那些已经被艺术家售出的艺术品，这将赋予追续权以溯及力。对此，追续权制度的反对者认为，如果追续权制度可以适用于那些已经进入市场的艺术品，那么，这将剥夺艺术品所有权人的特定财产权利，即

---

① 《中华人民共和国著作权法注解与配套》，中国法制出版社 2011 年版，第 124 页。

② Article I. , Section 9 of the *U. S. Constitution.* "No Bill of Attainder or ex post facto law shall be passed".

③ 《立法法》第 84 条：法律、行政法规、地方性法规、自治条例和单行条例、规章不溯及既往，但为了更好地保护公民、法人和其他组织的权利和利益而作的特别规定除外。

自由转让财产的权利。① 并且，每一位艺术品所有权人为从艺术家手中购买艺术品所付出的价款，相当于艺术家对艺术品享有的所有权权益的价值，而在艺术品上设立给付追续金的义务，将增加艺术品对于艺术家的价值，降低艺术品对于买家的价值，最终打破交易的平衡，这将侵犯买家的信赖利益②。由此，为了避免违反宪法，并规避政府因"征收"私人财产而面临的诉讼风险，美国版权局建议美国国会创设不具有溯及力的追续权制度。③ 这种立法有以下几种模式可供参考，美国版权局在 1992 年的报告中提到了一种模式，即如果创设追续权制度，该制度只能适用于那些在制度生效后创作的艺术品④，另外还有一种模式，即追续权制度可以适用于那些在制度生效前创作的艺术品，但只能适用于那些在制度生效前已经初售过的艺术品，这一模式为澳大利亚所采纳⑤。

那么，我国创设追续权制度之后是否应当赋予追续权以溯及力？考虑到追续权属于著作权中的一项财产性权利，在溯及力问题上，追续权应当依照《著作权法》的一般规定。我国《著作权法》是具有溯及力的，其中第 60 条规定："本法规定的著作权人和出版者、表演者、录音录像制作者、广播电台、电视台的权利，在本法施行之日尚未超过本法规定的保护期的，依照本法予以保护。"这一条款就是《立法法》中溯及力条款所指的"为了更好地保护公民、法人和其他组织的权利和利益而作的特别规定"，即在《著作权法》颁布实施之前创作完成的，依据著作权法的规定仍在保护期内的作品，受到《著作权法》溯及既往的法律效力的保护⑥。因此，根据《著作权法》第 60 条的规定，在我国创设追续权制度之后，追续权也应当适用于仍在保护期内的作品。

---

① Christie's, Inc. & Sotheby's, Inc., Comments Submitted in Response to U. S. Copyright Office's Sept. 19, 2012 Notice of Inquiry at 15 (Dec. 5, 2012).

② Christie's, Inc. & Sotheby's, Inc., Comments Submitted in Response to U. S. Copyright Office's Sept. 19, 2012 Notice of Inquiry at 11 - 12 (Dec. 5, 2012).

③ U. S. Copyright Office, *Resale Royalties: An Updated Analysis*, p. 63 (2013), available at http://www. copyright. gov/docs/resaleroyalty/usco - resaleroyalty. pdf.

④ U. S. Copyright Office, Droit De Suite: The Artist's Resale Royalty, at 155. (Dec. 1992), available at http://www. copyright. gov/history/droit_ de_ suite. pdf.

⑤ *Resale Royalty Right for Visual Artists Act* 2009 (Cth) s 11 (Austl.), available at http://www. comlaw. gov. au/Details/C2009A00125.

⑥ 《中华人民共和国著作权法注解与配套》，中国法制出版社 2011 年版，第 124 - 125 页。

第二节　我国追续权制度的立法设计

追续权是著作财产权的一项子权利，应当在《著作权法》中对追续权条款进行规定。考虑到追续权在权利运行以及追续金计量上的复杂性，我国追续权制度在立法设计上可以参照法国，在《著作权法》之外，将这部分条款放入《著作权法实施条例》中进行细化。

一、立法模式

各国对追续权制度的规定具有多种形式，从简明扼要的条款式规定到复杂的条例式规定。作为前者的典型代表，阿塞拜疆对追续权制度的规定只有短短两句话："当艺术作品或作家的手稿在初次销售之后进行公开转售时（通过拍卖行、艺术品画廊、艺术品沙龙、商店等），如果转售价格较之前购买价格增长了20%，那么，作者或其继承人有权获得占转售价款5%的追续金。该项权利不可放弃，只能根据法律或遗嘱转让给作者的继承人，其保护期限同著作权相同。"[1] 采用这种模式的还有巴西、印度等国。作为后者的典型代表，澳大利亚于2009年出台的《视觉艺术家追续权法案》[2] 多达39页，对追续权制度的运行进行了完整详细的规定。

一般而言，"有关行使追续权的限制性规定，应由对著作权作出一般性规定的法律和行政法规以外的法律和行政法规作出"[3]。考虑到追续权属于著作财产权，我国应当在《著作权法》中规定追续权条款，这一条款应当明确追续权在著作权权利体系中的地位，并适用《著作权法》中关于权利保护期限、权利救济、追溯力等规定。但是，追续权的运行、追续金的计量等较为复杂，我国可以参照法国，在《著作权法》之外，将实施追续权的配套条款放入《著作权法实施条例》中进行细化。此次《著作权法》修改草案各稿都规定了"追续权的保护办法由国务院另行规定"。国家版权局在《著作权法》修改草

---

① *Law of the Republic of Azerbaijan on Copyright and Related Rights* (as last amended by Law No. 1079 – II-IQD of Sept. 30, 2010), Article 16 (2), available at http：//www. wipo. int/wipolex/en/text. jsp? file_ id = 222982.

② *Resale Royalty Right for Visual Artists Act* 2009 (Cth) (Austl.), available at http：//www. comlaw. gov. au/Details/C2009A00125.

③ 克洛德·马苏耶：《保护文学和艺术作品伯尔尼公约指南》，刘波林译，中国人民大学出版社2002年版，第73页。

案第一稿的简要说明中也指出:"考虑到信息网络传播权和追续权的内容相对比较复杂,因此授权国务院另行规定。"

二、制度建议稿

综合上文对我国追续权制度的具体设计,本文在《著作权法》修改草案送审稿的基础上,提出关于追续权制度的法律条款建议稿。

首先,在现有的《著作权法》修正草案送审稿的基础上,宜作如下规定:

第四条 外国人、无国籍人的实用艺术作品以及追续权,其所属国或者经常居住地国对中国权利人给予保护的,受本法保护。

第十三条 著作权包括人身权和财产权。

著作权中的财产权包括:

(十)追续权,即美术作品原件首次转让后,作者或者其继承人、受遗赠人对该原件通过公开拍卖方式的每一次转售享有分享追续金的权利,该权利专属于作者或者其继承人、受遗赠人。

信息网络传播权、追续权的保护办法由国务院另行规定。

第六十四条 著作权和相关权权利人依据本法第十三条(十)和第四十条享有的获酬权,应当通过相应的著作权集体管理组织行使。

其次,在《著作权法实施条例》中宜对追续权的行使、权利限制作如下规定:

第 N 条 只有在美术作品原件的转售价超过一万元人民币时方可主张《著作权法》第十三条(十)所规定的追续权。

追续金的数额为扣除税款的转售总额的5%。

追续金最高不得超过十万元人民币。

第 N+1 条 《著作权法》第十三条(十)所规定的追续权的义务由美术作品原件出让人承担。美术作品原件的受让人对于追续权义务的履行承担连带责任,受让人在履行追续权的义务后,享有向原件出让人追偿的权利。

支付追续金的责任由参与转售的艺术市场专业人员承担,如果不止一位专业人员参与,那么需要支付追续金的艺术市场专业人员指的是:

(一)如果卖家为专业人员,则由卖家支付;

(二)若不存在上述情形,由收到买家价款的中介人员支付;

(三)若不存在上述情形,如果买家为专业人员,则由买家支付。

需要支付追续金的艺术市场专业人员指的是拍卖行或拍卖估价人。

第 N+2 条 在美术作品原件转售发生之后的两年内,追续权集体管理组织可以要求出让人、受让人以及艺术品市场的专业人员提供与艺术作品原件转售有关的如下信息：

（一）美术作品原件转售的时间与价格；

（二）有义务支付追续金的艺术市场专业人员的名称与地址；

（三）美术作品原件出让人与受让人的名称与地址。

第 N+3 条 当美术作品原件被转售至图书馆、展览馆等公共收藏机构时，追续权人对该转售不享有分享追续金的权利。

如果美术作品原件第一次转售发生在初次出售的三年内，且转售价格低于五万元人民币，追续权人对该转售不享有分享追续金的权利。

结　语

追续权是一项旨在保护艺术家的权利，自诞生以来已历经百年风雨，国外关于追续权的争议一直存在。我国此次考虑在《著作权法》中规定追续权制度亦引发了不少争议。这些争议主要包括追续权制度的创设是否会损害艺术品市场；追续权制度的创设是否真的能够保障艺术家权益；追续权制度是否违反了"首次销售"原则；追续权制度是否可为替代制度所替换。

关于追续权对艺术市场的影响，从现有各国的追续权立法实践看，无法得出追续权立法会损害艺术市场的结论。艺术市场可分为一级市场与二级市场，这两个市场受多种因素的影响，追续权只是卖家在选择交易时所考量的众多因素中的一项，追续金对艺术市场的影响甚微。我国艺术市场具有浓重的本土特色，交易的主要对象是具有中国特色的艺术作品，并且，我国地理位置较为特殊，距离世界艺术中心伦敦和纽约的距离较远，考虑到伦敦已经实施追续权，我国卖家若为了规避追续金转移至纽约进行交易的可能性极低。正因此，追续权制度不会损害我国的艺术品市场。

关于追续权对艺术家的影响，追续权制度的创设目的即在于保护艺术家的权益，赋予艺术家参与艺术品增值的分享权，这是对艺术家利益的直接增进。同时，追续金还能给予艺术家精神上的支持，很多艺术家会将追续金视为对其创作的认可。在是否违反"首次销售"原则上，一方面，"首次销售原则"只是针对发行权的"穷竭"，并不是针对所有著作权权利的"穷竭"；另一方面，追续权并未对他人合法财产的自由流通加以干涉。追续权制度实质上并未违背"首次销售原则"。在替代制度上，无论是合同约定、还是公共基金以及政府资助，都具有极限性，无法替代追续权制度。

在厘清创设追续权制度的基础之上，可以发现，我国创设追续权制度具有正当性，这一正当性并非源于"挨饿的艺术家"现象、"非常损失"规制、情事变更原则、不当得利规则以及价值学说。追续权的正当性在于对作品使用的补偿以及保障我国艺术家权益的客观要求。由于艺术作品一般仅能承载于作品原件之上，这导致艺术作品与其他作品在作品使用的方式上存在区别，现有的著作权法并未考虑艺术作品在作品使用上的特殊性，正基于此，追续权的创设能够实现对作品使用的补偿。并且，我国艺术家的作品在海外销售的数量与规模越来越大，考虑到追续权在国与国之间适用采用的是互惠原则，我国应当规定追续权，以保障我国艺术家在海外能够享有获取追续权益的资格。在艺术体制转型背景下，我国艺术家也需要追续权以保障其能从艺术创作中获取利益。

我国在实施追续权制度上具有可行性。尽管艺术市场上存在信息获取障碍，但我国能够应对追续权制度的运行障碍，并控制追续权制度的实施成本。追续权人在我国可以通过拍卖监管部门，也可以通过艺术市场信息平台获取艺术品交易信息。我国已经建立起著作权集体管理制度，未来追续权集体管理组织可由我国美术家、书法家协会发起设立，并且，我国正在逐步探索建立艺术品登记制度，这些措施将保障我国实施追续权制度的可行性。当然，可以预见的是，我国创设追续权制度后，艺术市场各方主体需要一段时间适应追续权制度。

在制度构建上，我国追续权制度在运行上应当采用强制性集体管理模式，赋予追续权人以信息获取权，探索建立艺术市场信息登记制度。在追续权所适用的交易类型上，现阶段我国追续权应适用于通过公开拍卖方式进行的转售活动，未来立法者可以考虑将追续权扩展适用于艺术市场专业人员参与的转售活动。考虑到追续权属于著作财产权的一种，追续权在权利保护期限、权利救济和溯及力上应当适用《著作权法》规定的著作财产权的一般规则。在权利限制上，从公共利益的角度分析，追续权不适用于针对公共收藏机构的转售，从画廊行业推介艺术品的角度分析，追续权也不适用于特定情形下作品原件的初次转售。为了使我国艺术家能够在国外获得追续金，我国应依据互惠原则对外国作者提供追续权的保护。

总的来看，本书研究的基本思路遵从因果律，或者更加具体地说，遵循充足理由律，这一定律由德国哲学家莱布尼茨提出："任何一件事如果是真实的，或实在的，任何一个陈述如果是真的，就必须有一个为什么这样而不那样的充足理由，虽然这些理由常常总是不能为我们所知道的。"有结果必然有原因，我国要不要有追续权制度，这一问题可以追溯到追续权为什么会产生，这主要由追续权缘起与正当性两个章节进行说明，而在得出我国应当创设追续权制度的结论后，可以进一步推导出追续权的制度构建，这即是文章的主要思路。

放眼全球，世界上已经有超过80个国家创设了追续权制度，截至2015

年，《伯尔尼公约》的缔约方达到 168 个国家。通过比较可以看出，创设追续权制度的国家数量已经接近《伯尔尼公约》成员国总数的一半。未来，追续权极有可能为各国所普遍承认。届时，《伯尔尼公约》中规制追续权的互惠原则将成为过去式，各国可能将采用国民待遇原则重新定义追续权，追续权的创设将不再成为问题，如何更有效地实施追续权制度，保护艺术家的权益将成为新的主题。这一承认追续权的全球性运动正在进行中，值得每一位知识产权的研习者对此持续性地保持关注。

索 引

附录一 《中华人民共和国著作权法》第三次修改草案各稿对追续权的规定

	追续权权利性质	追续权所适用的交易类型	追续权所适用的作品类型	追续金计量基础	追续金计提比例	追续权保护期限	外国作者的追续权保护	追续权的运行
草案第一稿	著作权中的财产权利	原件或者手稿的每一次转售	美术作品、摄影作品的原件或者作家、作曲家的手稿	由国务院另行规定	由国务院另行规定	与著作权财产权相同	外国人、无国籍人的追续权,根据其所属国或者经常居住地国的法律适用对等保护	由国务院另行规定
草案第二稿	获酬权	通过拍卖方式的转售	美术、摄影作品的原件或者文字、音乐作品的手稿	由国务院另行规定	由国务院另行规定	由国务院另行规定	外国人、无国籍人其所属国或者经常居住地国承认中国作者享有同等权利的,享有前款规定的权利	由国务院另行规定
草案第三稿	获酬权	通过拍卖方式转售	美术、摄影作品的原件或者文字、音乐作品的手稿	转售原件或者手稿所获得的增值部分	由国务院另行规定	由国务院另行规定	外国人、无国籍人其所属国或者经常居住地国承认中国作者享有同等权利的,享有前款规定的权利	强制性集体管理
草案送审稿	报酬请求权、获酬权	通过拍卖方式转售	美术、摄影作品的原件或者文字、音乐作品的手稿	转售原件或者手稿所获得的增值部分	由国务院另行规定	由国务院另行规定	外国人、无国籍人的追续权,其所属国或者经常居住地国对中国权利人给予保护的,受本法保护	强制性集体管理

草案第一稿

第二条第六款　外国人、无国籍人的追续权、实用艺术作品、版式设计、本法第二十五条以及第三十六条规定的权利，根据其所属国或者经常居住地国的法律适用对等保护。

第十一条（十三）　追续权，即美术作品、摄影作品的原件或者作家、作曲家的手稿首次转让后，作者或者其继承人、受遗赠人对该原件或者手稿的每一次转售享有分享收益的权利，追续权不得转让或者放弃。

……

信息网络传播权、追续权的保护办法由国务院另行规定。

第二十七条　自然人的作品，其发表权、著作权中的财产权利的保护期为作者终身及其死亡后五十年；如果是不可分割的合作作品，其保护期计算以最后死亡的作者为准。

修改理由：考虑到我国目前艺术品市场的迅速发展和巨大规模，增加了追续权的规定。

草案第二稿

第十二条　美术、摄影作品的原件或者文字、音乐作品的手稿首次转让后，作者或者其继承人、受遗赠人对原件或者手稿的所有人通过拍卖方式转售该原件或者手稿享有分享收益的权利，该权利不得转让或者放弃，其保护办法由国务院另行规定。

外国人、无国籍人其所属国或者经常居住地国承认中国作者享有同等权利的，享有前款规定的权利。

修改理由：考虑到追续权本质上属于获酬权，因此将追续权单列一条规定（第十二条），同时参考世界其他国家和地区立法，增加可操作性，将追续权的权利范围限定为通过拍卖方式的转售行为。

草案第三稿

第十二条　美术、摄影作品的原件或者文字、音乐作品的手稿首次转让后，作者或者其继承人、受遗赠人对原件或者手稿的所有人通过拍卖方式转售该原件或者手稿所获得的增值部分，享有分享收益的权利，该权利【不得转让或者放弃】【不可剥夺】，其保护办法由国务院另行规定。

外国人、无国籍人其所属国或者经常居住地国承认中国作者享有同等权利的，享有前款规定的权利。

第六十二条　著作权和相关权权利人依据本法第十二条、第十七条、第三十六条和第三十九条享有的获酬权，应当通过相应的著作权集体管理组织行使。

草案送审稿

第四条 外国人、无国籍人的实用艺术作品以及根据本法第十四条享有的权利，其所属国或者经常居住地国对中国权利人给予保护的，受本法保护。

第十四条 美术、摄影作品的原件或者文字、音乐作品的手稿首次转让后，作者或者其继承人、受遗赠人对原件或者手稿的所有人通过拍卖方式转售该原件或者手稿所获得的增值部分，享有分享收益的权利，该权利专属于作者或者其继承人、受遗赠人。其保护办法由国务院另行规定。

第六十四条 著作权和相关权权利人依据本法第十四条和第四十条享有的获酬权，应当通过相应的著作权集体管理组织行使。

修改理由：增加追续权（送审稿中未出现追续权字样），同时考虑到其本质属于报酬请求权，有别于著作权的基本权利，因此单列条款规定。

附录二　现有代表性追续权制度一览

	追续权所适用的交易类型	追续权的保护范围	追续金计量基础	追续金计提比例	追续权保护期限	追续权的运行
《伯尔尼公约》①	作者第一次转让作品之后对作品进行的任何出售	艺术作品原作和作家与作曲家的手稿		分享利益之方式与比例由各国法律确定		分享利益之方式与比例由各国法律确定
《发展中国家突尼斯版权示范法》②	以公开拍卖形式或通过艺术品经销商的转售，无论后者采用何种方式参与交易	平面和三维作品原件（和手稿），不适用于建筑作品和实用艺术作品	由各国自行决定	由各国自行决定		由各国自行决定
《欧盟追续权指令》③	艺术市场专业人士参与的转售活动，如拍卖、画廊和任何有交易商参与的艺术品交易	平面或立体艺术作品原件，包括图片、拼贴、绘画、素描、雕刻、印花、石版画、雕塑、挂毯、陶瓷、玻璃制品、照片	转售总额，转售价最低门槛为3 000欧元	转售价格50 000欧元以下的提成比例为4%或5%，50 000～200 000欧元的提成比例为3%，200 000～350 000欧元为1%，350 000～500 000欧元为0.5%，500 000欧元以上为0.25%。追续金的上限为12 500欧元	与著作财产权相同	追续金由卖家支付，不过，成员国可以规定由艺术市场专业人员独立承担或者与卖家一起承担支付追续金的责任。追续权人有权获取与交易有关的信息，这一权利被称为信息获取权

---

① 《伯尔尼保护文学和艺术作品公约》，载世界知识产权组织网站：http：//www. wipo. int/wi-polex/zh/treaties/text. jsp？file_ id =283701.

② *Tunis Model Law on Copyright for Developing Countries*（1976），section 4，available at http：//portal. unesco. org/culture/en/ev. php - RL_ ID = 31318&URL_ DO = DO_ TOPIC&URL_ SECTION = 201. html.

③ Directive 2001/84/EC of the European Parliament and of the Council of 27 September 2001 on the resale right for the benefit of the author of an original work of art.

续表

	追续权所适用的交易类型	追续权的保护范围	追续金计量基础	追续金计提比例	追续权保护期限	追续权的运行
法国①	艺术市场专业人员作为卖家、买家或经销商参与的转售	平面及立体作品原件及限量版复制件,如绘画、拼贴、版画、铜版画、石版画、雕刻作品、织锦画、陶瓷、摄影作品以及通过数字技术创作的立体作品	转售总额,转售价最低门槛为750欧元	转售价格50 000欧元以下的提成比例为4%,其余同上述欧盟追续权指令的计提比例相同	与著作财产权相同	追续权由卖家履行。付款的责任归于参与转售的专业人员,如果转售行为在两个专业人员间进行,则归于卖家选择性集体管理追续权人享有信息获取权
德国②	艺术商或拍卖人作为买受人、出卖人或中间人参与的转售	美术作品或摄影作品原件,不适用于建筑作品和实用艺术作品	转售总额,转售价最低门槛为400欧元	转售价格50 000欧元以下的提成比例为4%,其余同上述欧盟追续权指令的计提比例相同	与著作财产权相同	卖家承担支付追续金的责任强制性集体管理追续权人享有信息获取权
意大利③	艺术市场专业人员作为卖家、买家、代理商、经销商在拍卖行、画廊等场所参与的转售	视觉作品原件及限量版复制件,包括绘画、拼贴、素描、版画、石版画、雕塑、挂毯、陶瓷、玻璃作品和照片、原始手稿	转售总额,转售价最低门槛为3 000欧元	转售价格50 000欧元以下的提成比例为4%,其余同上述欧盟追续权指令的计提比例相同	与著作财产权相同	卖家承担支付追续金的责任,买家和参与交易的艺术市场专业人员承担连带责任强制性集体管理

　　① Code De La PropriÉTÉ Intellectuelle. art. L122 – 8,L123 – 7,L334 – 1.《法国知识产权法典》,黄晖译,载《十二国著作权法》,清华大学出版社2011年版,第73页。

　　② Gesetz über das Urheberrecht und verwandte Schutzrechte[Urheberrechtsgesetz],《德国著作权法》,许超译,载《十二国著作权法》,清华大学出版社2011年版,第152页。

　　③ Protezione del diritto d'autore e di altri diritti connessial suo esercizio,《意大利著作权法》,费安玲、魏骁、陈汉译,载《十二国著作权法》,清华大学出版社2011年版,第324页。

续表

	追续权所适用的交易类型	追续权的保护范围	追续金计量基础	追续金计提比例	追续权保护期限	追续权的运行
英国①	艺术贸易从业人员作为买家、卖家或经销商参与的转售	任何平面或立体作品原件及限量版复制件，包括图片、拼贴、绘画、素描、雕刻、印花、石版画、雕塑、织锦、陶瓷、玻璃作品、照片	转售总额，转售价最低门槛为1 000欧元	转售价格50 000欧元以下的提成比例为4%，其余同上述欧盟追续权指令的计提比例相同	与版权相同	卖家、买家和参与交易的艺术市场专业人员承担支付追续金的连带责任 强制性集体管理 追续权人享有信息获取权
西班牙②	艺术市场专业人员作为卖家、买家或中介商（包括陈列厅、拍卖行、画廊和艺术代理商）	照片、拼贴、绘画、素描、雕刻、印花、石版画、雕塑、玻璃作品、陶瓷、照片和视频艺术作品	转售总额，转售价最低门槛为1 200欧元	转售价格50 000欧元以下的提成比例为4%，其余同上述欧盟追续权指令的计提比例相同	与著作财产权相同	卖家和艺术市场专业人员承担支付追续金的连带责任 艺术市场专业人员必须收集并提交追续金给追续权人或著作权集体管理组织 选择性集体管理
芬兰③	艺术市场专业人员作为卖家、买家或中介商参与的转售	美术作品原件或限量版复制件，不适用于建筑作品	转售总额，转售价最低门槛为255欧元	转售价格50 000欧元以下的提成比例为5%，其余同上述欧盟追续权指令的计提比例相同	与著作财产权相同	一般而言，卖家和艺术市场专业人员承担支付追续金的责任。如果买家是唯一介入交易的艺术市场专业人员，那么，买家承担支付追续权的责任 强制性集体管理

① *The Artist's Resale Right Regulations*, 2006, S. I. 2006/346; *The Artist's Resale Right* (*Amendment*) *Regulations*, 2009, S. I. 2009/2792; and *The Artist's Resale Right* (*Amendment*) *Regulations*, 2011, S. I. 2011/2873.

② *Spain Law* No. 3/2008, of December 20, 2008 on the Resale Right for the Benefit of the Author of an Original Art Work.

③ Tekijänoikeuslaki 8. 7. 1961/404, §§ 26i – 261.

	追续权所适用的交易类型	追续权的保护范围	追续金计量基础	追续金计提比例	追续权保护期限	追续权的运行
丹麦①	艺术市场专业人员作为卖家、买家或中介商参与的转售	绘画、拼贴、素描、雕刻、印花、石版画、雕塑、挂毯画、陶瓷、玻璃作品和照片原件，不适用于建筑作品	转售总额，转售价最低门槛为300欧元	转售价格50 000欧元以下的提成比例为5%，其余同上述欧盟追续权指令的计提比例相同	与著作财产权相同	卖家和艺术市场专业人员承担支付追续金的责任 强制性集体管理
匈牙利②	任何艺术品经销商参与的艺术作品原件转售	艺术作品原件包括美术作品（例如图片、拼贴、绘画、素描、雕刻、印花、石版画、雕塑等）和实用艺术品（如挂毯画、陶瓷、玻璃作品）和摄影作品的原件及被认为是原件的限量版复制件	转售总额，转售价最低门槛为5 000匈牙利福林	转售价格50 000欧元以下的提成比例为4%，其余同上述欧盟追续权指令的计提比例相同	与著作财产权相同	艺术品经销商承担支付追续金的责任。若存在相反的合同约定，则依据合同约定 强制性集体管理
澳大利亚③	艺术市场专业人员所参与的商业转售	艺术家的图书、蜡染、雕刻、陶瓷、拼贴、数字艺术品、绘画、玻璃作品、石版画、多媒体艺术品、素描、照片、图片、印花、雕塑、挂毯、视频艺术品	转售总额，转售价最低门槛为1 000澳元	转售价的5%	与版权相同	卖家、艺术市场专业人员、买家承担支付追续金的连带责任 强制性集体管理

---

① *Consolidated Act on Copyright* 2014（Consolidated Act No. 1144 of October 23，2014，on Copyright）. art. 38.

② *Hungary Act No.* LXXVI of 1999 on Copyright art. 70.

③ *Resale Royalty Right for Visual Artists Bill* 2009（Cth）.

	追续权所适用的交易类型	追续权的保护范围	追续金计量基础	追续金计提比例	追续权保护期限	追续权的运行
印度①	任何转售	绘画、雕塑、素描原件，以及文学作品、戏剧作品、音乐作品手稿	转售总额，转售价最低门槛为10 000卢比	由著作权委员会确定，著作权委员会可以就不同类别作品确定不同的追续金计量比例，追续金不得超过转售价的10%	与著作财产权相同	追续权所引发的任何争议应当提交著作权委员会解决，著作权委员会的决定为最终决定
巴西②	艺术作品原件或手稿的任何转售	艺术作品原件或手稿	转售增值额，不设转售价最低门槛	转售增值额的5%	与著作财产权相同	在转售时，作者未收取追续金的，卖家为追续金的托管人，如果转售通过拍卖进行，则拍卖商为该追续金的托管人
智利③	通过公开拍卖或艺术品经销商完成的转售	绘画、雕塑、素描	转售总额，不设转售价最低门槛	转售价的5%	作者的有生之年	卖家承担支付追续金的责任 不存在集体管理组织征收追续金 作者独自行使追续权
墨西哥④	公开拍卖或商业机构中进行的转售，或者艺术品经销商参与的转售	立体艺术作品和摄影艺术作品原件，以及文学作品手稿	转售总额，不设转售价最低门槛	由墨西哥国家版权局确定	与著作财产权相同	卖家承担支付追续金的责任 选择性集体管理
尼日利亚⑤	公开拍卖或艺术品经销商所参与的转售	平面和立体作品，以及手稿，不包括实用艺术品和建筑作品	转售总额，不设转售价最低门槛	由尼日利亚国家版权委员会确定	与著作财产权相同	卖家承担支付追续金的责任

---

① 《印度著作权法》，相靖译，载《十二国著作权法》，清华大学出版社2011年版，第253页。

② 《巴西著作权法》，万勇译，载《十二国著作权法》，清华大学出版社2011年版，第13页。

③ *Chile Law No. 17.336 on Intellectual Property*，Article 36. Available at http：//www.wipo.int/wipolex/en/text.jsp? file_ id =270205.

④ *Mexico Federal Law on Copyright*（as amended up to July 14, 2014）. art. 31bis, 31ter, 31quater.

⑤ *Copyright Act*（2004），Cap.（28），§13.

续表

	追续权所适用的交易类型	追续权的保护范围	追续金计量基础	追续金计提比例	追续权保护期限	追续权的运行
秘鲁①	公开拍卖或艺术品经销商所参与的转售	立体艺术作品原件	转售总额，不设转售价最低门槛	转售价的3%，当事人还可以另行协商确定一个不同的追续金计提比例	与著作财产权相同	卖家承担支付追续金的责任选择性集体管理
菲律宾②	作者首次处置作品原件或手稿之后的任何转售或出租	绘画、雕塑作品原件，或作家、作曲家的手稿，不包括印花、蚀刻画、雕刻，实用艺术品，以及那些作者可主要通过行使复制权获得版权收入的作品	转售总额，不设转售价最低门槛	转售价或出租所得的5%	与版权相同	
美国加利福尼亚州追续权法（现已失效）③	通过拍卖行、画廊、艺术品经销商、博物馆或卖家代理人所完成的转售	绘画、雕塑、素描作品原件以及玻璃艺术作品原件	转售总额，转售价最低门槛为1 000美元	转售价的5%追续权法适用于在转售中增值的艺术品转售	作者有生之年加上死后20年	卖家或卖家的代理人承担支付追续金的责任加州艺术委员会管理那些无法联系上艺术家的追续金

① *Peru Copyright Law*（Legislative Decree No. 822 of April 23, 1996），Article 82 – 84.

② *Intellectual Property Code of the Philippines*，Rep. Act No. 8293，（Jan. 1, 1998），as amended July 23, 2012, § § 200 – 201.

③ *CAL. CIV. CODE* § 986.

附录三　历史上具有代表性的追续权制度

自法国规定追续权以来，追续权制度已有近百年的历史，在这一过程中，部分追续权立法逐步成为其他国家创设追续权制度的模板，在追续权立法历史上具有重要的研究价值。但鉴于年代久远，这些历史性的追续权条款不易查找，为了便于后人对追续权的进一步研究，这里仅列出几部较为重要的、历史上具有代表性的追续权制度。

一、法国 1920 年追续权法

第一条　艺术家对于其作品的公开销售享有不可转让的追续权，这一权利适用于能够体现艺术家个人智力创作的绘画、雕塑作品原件。

追续权可由艺术家的继承人与艺术家的权利继受人所享有，追续权的保护期限与现行法律中艺术财产的保护期限相同。

即便在现有法律生效之前，艺术产权已经通过继承或权利继受发生了转让，追续权依旧适用于这些艺术产权。

第二条　追续金的计提比例为：

转售价格在 1 000 ~ 10 000 法郎部分的提成比例为 1%；

转售价格在 10 000 ~ 20 000 法郎部分的提成比例为 1.5%；

转售价格在 20 000 ~ 50 000 法郎部分的提成比例为 2%；

转售价格超过 50 000 法郎部分的提成比例为 3%。

追续金由每件作品的转售价格乘以提成比例计算得出。

第三条　追续权的行政条例将会在现行法律公布后六个月内颁布，这一条例将规定艺术家、艺术家继承人以及艺术家的权利继受人在何种条件下有权行使追续权[①]。

---

① Loi du 20 mai 1920 Frappant D'Un Droit Au Profit Des Artistes Les Ventes Publiques D'Objet D'Art.

二、法国 1957 年《文学和艺术产权法》关于追续权的规定

法国 1957 年《文学和艺术产权法》第 42 条：

平面及立体作品原件通过公开拍卖或中介商进行转让时，作者对于任何出售该作品原件的所得收益享有不可转让的分享权。

在作者死后的当年及其后 50 年，除去任何受遗赠人及权利继受人，追续权由作者的继承人所享有，第 24 条规定的用益权由作者的配偶所享有。

追续权适用于价格超过 10 000 法郎的销售，追续金的计提比例统一设置为 3%。

追续金从每一件作品的销售价中征收，这一转售价为不含税款的销售总额。

作者行使第一款所赋予的权利的条件由公共行政法规另行规定。①

三、德国 1965 年《著作权法》关于追续权的规定

德国 1965 年《著作权法》第 26 条：①美术作品原件被再次出售的，并且艺术商或拍卖人作为买受人、出卖人或中间人参与了买卖活动的，出卖人须向作者支付其出售所得 1% 的份额。出售所得低于 500 德国马克的，不负有上述义务。②作者不得预先放弃其应得份额。对应得份额的期待权不得强制执行；对期待权的处分无效。③上述规定不适用于建筑艺术作品和实用艺术作品②。

四、德国 1972 年《著作权法》关于追续权的规定

德国 1972 年《著作权法》第 26 条：①美术作品原件被再次出售的，并且艺术商或拍卖人作为买受人、出卖人或中间人参与买卖活动的，出卖人须向作者支付其出售所得的 5% 的份额。出售所得低于 100 德国马克的，不负有上述义务。②作者不得预先放弃其应得份额。对应得份额的期待权不得强制执行；对期待权的处分无效。③作者可以要求艺术商或拍卖人提供下列信息，作者的哪些作品原件在其咨询请求提出前最后的年度内在艺术商或拍卖人的参与下被再次出售。④只要对请求权的行使是必要的，作者可以要求艺术商或拍卖人提

---

① Loi n° 57–298 du 11 mars 1957 sur la propriété littéraire et artistique. Article 42.

② Gesetzüber Urheberrecht und verwandte Schutzrechte（Urheberrechtsgesetz）vom 9. September 1965；http：//lexetius. com/UrhG/26，030614. 转引自韩赤风：《德国追续权制度及其借鉴》，载《知识产权》2014 年第 9 期，第 82 页。

供出卖人名称、地址及出售所得的信息。艺术商或拍卖人支付了作者应得份额的，可以拒绝提供出卖人的名称和地址信息。⑤第3款和第4款规定的请求权只有通过著作权集体管理组织行使方为有效。⑥对按照第3款和第4款提供信息的正确性和完整性持有合理的疑问的，著作权集体管理组织可以要求，根据提供信息义务人的选择由该组织或由该义务人确定的一个审计师或注册会计师查阅其账簿或其他文件等，而该查阅对于确认提供信息的正确性和完整性是必要的。证明提供信息不正确和不完整的，提供信息义务人应偿还查阅费用。⑦作者的请求权时效期间为10年。⑧上述规定不适用于建筑艺术作品和实用艺术作品。①

---

① Gesetzüber Urheberrecht und verwandte Schutzrechte（Urheberrechtsgesetz）vom 10. November 1972；http：//lexetius. com/UrhG/26，030614. 转引自韩赤风：《德国追续权制度及其借鉴》，载《知识产权》2014 年第 9 期，第 83 页。

附录四 艺术市场调研纪实

为了更加深入研究追续权，必须了解追续权实践的土壤。艺术家的创作是一切艺术品交易的来源，没有画家、书法家的智力创造，作品无从出现，转售也无从谈起。"追续权"正是以保护艺术作品作者的智力成果为出发点。而与"追续权"最直接相关的主体便是艺术作品的创作者，就是艺术家。除艺术家之外，收藏家和艺术品中间销售商是艺术品交易市场中最重要的主体之一，是艺术品交易的直接参与者，追续权亦与他们的利益息息相关。笔者通过组织在校同门同学，对艺术家、艺术品收藏家以及艺术市场从业人员进行了走访，向他们了解我国的艺术品交易的发展历程、交易市场的现状以及对于"追续权"的看法，以下为调研记录。在此，特别感谢孙斐然、王树展、龚未云的支持与帮助。

一、访问安徽书法家协会名誉主席陶天月先生

访谈时间：2015 年 7 月 14 日
访谈地点：安徽省合肥市天月画室
访谈嘉宾：中国书法家协会会员、安徽书法家协会名誉主席陶天月先生
采访者：孙斐然
【**嘉宾介绍**】陶天月先生是一位著名的国画家、版画家、书法家，国画创作以花鸟、山水为主，继承新安画派；书法擅长行草，墨迹遍及全国；版画创作方面，以赖少其大师为首，创作了一批在全国影响很大的巨幅版画，被誉为"新徽派版画"的开拓者。现为中国书法家协会会员，中国美术家协会会员，中国版画家协会会员，安徽书法家协会名誉主席，安徽省美术家协会顾问，黄山画会副会长，一级美术师，教授。

问：陶老您好！您致力于书画创作已有 60 余年，在这期间我国艺术行业和艺术品交易市场也在不断发展和变化，能和我们说说它们的发展历程吗？
答：我国的艺术创作和艺术品交易的确在这些年中有着翻天覆地的变化。

我 1949 年读大学，之后一直在从事书画创作，可是那时候我们的作品是不可以随意拿到市场上卖的，那时候也没有艺术品交易市场。那时候的书法家、画家作画的目的都很纯粹，是自己的兴趣和喜好驱使他们创作，也有固定的单位工作，比如我在安徽省文联。这和现在的一些创作者不同。改革开放以后，随着我国市场的放开，艺术品交易市场也从出现到不断繁荣，现在艺术品交易随处可见了，很多人看到交易市场的繁荣，也开始创作了，而现在可能有些创作者也没有固定的工作，靠艺术品交易为生。

问：那在您看来现在的艺术家是不是更多地会在创作时考虑市场影响呢？市场对他们创作的题材、成果会有导向作用吗？

答：这个不能一概而论。不得不说现在创作的时候艺术家会更加关注艺术品市场的价格走向、销售结果走向。但是一位艺术家，尤其是画家，画什么题材、画中画什么更多的是由他自己的绘画水平、功底，还有自己的选择来决定的。比如一位画家学的是油画，即使国画交易市场更好，他也难以涉及。而国画也分为山水、花鸟、人物等方面，画花鸟的作者一般都会选择与花鸟有关的素材描绘。我们说术业有专攻，这和你们读大学分专业是一样的。所以尽管市场和我们生活、创作息息相关，但是这其中的影响因素很复杂。

问：您说到老一辈艺术家创作时心态更纯粹，那当下您是否会去主动关心艺术品交易市场？

答：会的。虽然我们老一辈总体来说可能对艺术品交易市场中的门道了解得比较少，毕竟市场在发展，我们也会去主动了解一些。比如我在参加画展、展览会的时候，会像一位收藏家一样去询问我的画的价格，我也会去一些卖画的地方看看我的画的行情，也了解别的艺术家的行情。下次有人来我的画室收画的时候我也知道大致该如何定价了。

问：您的画对外出售的方式有哪些呢？

答：一般是有人来我的画室现场来收画，也有人通过朋友、熟人来和我订画，也有拍卖行来找我要拍卖我的画，这些是比较多的。据我了解，现在艺术品交易市场还有一种交易现象，就是一个有资金的老板来投资某个画家，画家做"一揽子"买卖。具体来说就是这个老板包下画家这一年或两年创作的所有画，帮这个画家包装，利用帮他办画展、出画册、上报纸等各种宣传手段，让这个画家和他的画人气大涨，然后老板再转卖自己收的画获利。这种情况在艺术品交易中也越来越广泛。

问：那在您看来艺术家的作品的价格是受哪些因素影响的？

答：说到价格，一般来说，艺术家的成就是决定其字画价值最重要的因素。例如，赖少其先生在我们版画界有着很高的成就，是新安版画的开创人，他的画的交易价格就要远远超越别人。不得不说现在交易市场中间有很多不太正常的现象。一个画家的画卖的价值多高可能不在于他的水平、功底，更多的是靠宣传、靠包装。我刚刚说到的老板包画、画家一揽子买卖就是一种情况。如果能把这个画家炒得很热、很出名，那画也可能卖出很好的价格。有时候可能赝品也会影响画的价格。我有时候去别的卖画的店发现有卖我的画，我看了以后发现是假的，根本不是我画的，有一次看到一幅署我名字、盖我章的画，我问老板价格，说卖 300 块，我要走，他说 200 块拿去吧，我犹豫，他说 150 吧。我也很无奈啊。但现在买我画的人、知道我的人一般都知道我的画的价格，不会被这些赝品价格骗了，我的画的价格也不会被这些赝品的低价影响，但是一些年轻一点的画家、刚刚有点名气的画家，可能会受到赝品的困扰。

问：您在对您的字画定价时是如何考虑的？

答：现在我们绘画作品的定价一般是以每平方的价格在计算的，书法一般是按一个字多少钱，也有一幅多少钱的。每个艺术家根据自己的水平、名誉、市场行情等情况的不同来定价，比如我们中国书法家协会的主席沈鹏，他一个字在市场上可能到十几万元，而他写某招牌的时候 6 个字一共要了 30 万元，定价具体多少一般还是自己定。所以说我们书画作品的定价和其他商品还是有很大不同的，一方面这个国家不可能有个什么基本价格，更多的是看市场供需，有人欣赏你愿意出这么多钱买你的画，那就是交易价格。我也会关注和我水平差不多、名誉差不多的艺术家的定价，但是具体定多少还是自己决定的，我有时候并不想定得太高，可有时候有些年轻的艺术家会找到我说："陶老，您才定这个价格，那我们这一辈的画家价格怎么卖得上去呢？"所以这个定价的因素也是复杂的。

问：您会去关注您的画再次转售的情况吗？

答：这个一般不可能，也很难做到啊。像我们这里有些艺术家可能他的作品在我们当地卖不到一个好价格，拿到别的省可能就能卖个好价格，现在市场发达了，做转手画商的人很多，这个要追踪就很难。我们可能隔一段时间通过买我们画的朋友或者其他方法打听到我们的画在市场的价格，但是每个地域的交易情况不一样，交易市场的行情也不一样的，转售的具体情况我们也很难知道，赚了、赔了都是卖画的人的事情，我们也不是很在意。

问：那您认为一幅画的增值部分利益应当由谁享有？仅仅归属售画者所有吗？

答：现在我们书画作品交易是归属卖画的人的。我之前说过，书画作品的交易并不和其他商品一样有一个国家可以控制的价格，这个交易市场现在相对来说还是有很大自由的，是否能够增值卖画者是有很大风险的。有的老板包了一个画家的所有画，帮他捧、出画册、办画展、上报纸，有时候捧得太过可能适得其反，我知道有个画家被捧得太过，后来没人买账，那个老板几乎一幅画都没再卖出去。所以这个老板也承担了很大的亏损风险。这样一个暗含很大风险的投资，一旦赚了归属于这个卖画的也无可厚非，有慧眼就是伯乐。我们一般看到的是很多人卖画赚了很多很多，但是市场中还有很多人亏了很多，这往往会被我们忽视。

问：您之前提到现在有些画家并没有固定的工作，可以说他们的生活是没有保障的。如果他们创作的作品在第一次销售时价格并不高，后来转卖后价值增幅很大，而这里面也包含他们的智力创造成果，若是一点利益都不分与他们，是否有违公平呢？

答：我理解你们的意思，字画里面凝结了画家、书法家的智力创作，现在都在说保护版权，但是画家、书法家创作的作品其实它的价值在于它是原件，这是书画的特性体现的，大家都在看各种"鉴宝"节目，现在有那么多鉴定专家，因为一般没有人会想自己去买个复制品。不像图书可以再出版，作者对于再出版、复制享有版权，书画作品它的原件只有一份，我们说卖书画，就是卖它的原件，它和其他商品在这一点上又是一样的。我之前也说过，你看好这幅画，你低价买了之后高价转卖那是你有慧眼，有投资眼光，一个老板包了这个画家的画后来赚大钱了，说明这个老板会投资，会识人，是个伯乐。书画交易中也不是你想交易就交易，有人愿意高价买我的画，我卖了才是赚。如果我有一幅画任凭别人说他怎么增值了，我没找到人买，画卖不出去，一切也是空谈。收画的画商也是担着很大风险的，如果转售有增幅作者要分成，那他收购时亏损的风险又有谁来承担呢？关注我们画家、书法家的利益我是比较赞成的，但同时也要考虑收画的画商的利益问题，不然以后会不会出现画商收画越来越谨慎的局面，反而导致这个市场没有那么活跃了呢？

问：如果我们用法律规定给予画家、书法家从他们作品的转售增值中提取一定比例的报酬的权利，您觉得在实现这项权利时还有哪些困难？

答：可能一些画家在生前并不喜欢大张旗鼓地"炒"，而可能在他们过世之后他的家人和一些收他画的老板把他的画"炒"到很高的价格。我认识的画家中也有这么一位，他过世后，作品价格翻了好几番，这在书画界也是正常现象。如果你们说从转售中给画家提成，那么过世的画家由他的继承人来分享这个提成，怎么分配法？每一次提成都要把他们拉来分一次这也不太现实吧。我感觉这个制度的出发点是好的，但是在我们国家怎么具体实行还是很有困难啊。

问：谢谢陶老向我们详细讲述艺术品交易市场的现状、交易的方式、价格确定的方式以及对转售利益分配的看法，再次感谢您接收我们的采访！

二、访问中国美术家协会会员、福建省美术家协会副主席梁明先生

访谈时间：2016 年 2 月 19 日

访谈地点：龙岩市艺术馆

访谈对象：中国美术家协会会员、福建省美术家协会副主席梁明

采访人：戴哲

【嘉宾介绍】梁明先生是一位著名画家，现为中国美术家协会会员、福建省美术家协会副主席、福建省美协山水画艺委会常务副主任、福建省龙岩市美术家协会主席、福建省龙岩市艺术馆馆长。其笔下的客家文化结晶——土楼系列作品曾在巴黎中国文化中心展出。

问：（介绍追续权制度）草案公布之后，争议比较大，您认为追续权创设对于艺术家而言会有很大的作用吗？

答：对于优秀的作品肯定有用，我们国家的艺术家对于这个权利没有概念，作品出手之后，即便翻无数倍，也与他没有关系。这十年间，中国很多艺术家的艺术品涨幅都是惊人的，但是也有下跌的时候，这两年也跌，如果跌的话客户怎么办？这也是一个矛盾。

问：一般而言，艺术品转售过程是否会发生增值？

答：这很正常，转售增值好几倍的也很多。

问：艺术品转售次数多吗？

答：一线的艺术家，成交频率比较高。中国艺术品交易主要三种类型，一

种纯粹收藏的，一种是画廊性质的，就是准备出售，还有一种送礼的。

问：画廊是一级市场的吗？

答：从艺术家手上直接买来，转而出售，也有一些画廊买了之后积压，卖不出去。

问：艺术家群体法律意识如何？

答：大部分人没有什么概念，抄袭的画太普遍，对于艺术家来说没工夫去管。我本人的作品也被别人随便用过，比如在饭店里面。所以，现在国内的征稿有一个声明，对作品的出版、拍照、传播享有权利。

问：送审稿把追续权适用范围限定在拍卖环节，您怎么看呢？

答：拍卖也有很多假的东西，很多拍卖行直接卖假的，所以现在要求买家自己要有鉴别能力。大的拍卖公司信誉度比较好，小的拍卖行很多公开卖假货。从拍卖行出去的，都有记录；从画廊走的，或者作者本人卖出的，都没有记录。现在拍卖的托很多，艺术家会委托他人抬高自己的作品售价，最多就是交一个佣金。

问：拍卖假货不单是中国存在？国外也有吧？

答：中国太多了，国外少得多。

问：画廊在艺术市场上扮演什么角色呢？

答：有寄售的，也有转售的，画廊也有参与二级市场。

问：私下交易比例高么？有没有可能通过税收渠道了解到这些交易信息？

答：大部分都是这种，税收也不太可能，除非是非常有名的画家，大部分没有交税。

问：拍卖市场要交税？

答：拍卖行一定要交税。

问：艺术博览会是什么样的？

答：艺术博览会是宣传，也有交易。类似于无数个画廊在特定的场所展示、出售。

问：艺术品是否具有复制性？

答：艺术品的复制品很多，现在很多人在做艺术品的衍生品，比如说，把作品印在衣服上。

问：艺术家的收入来源？

答：主要是出售原件，也有通过衍生品的量获得，但这种很少。比如吴冠中的画作很贵，老百姓买不起，他就出限量版的版画，在下面签名。限量越少越贵。

问：艺术家生存状况？

答：前几年还好，与整个经济大环境有着直接关系。现在老百姓手上没有钱，买的就少。一般搞收藏都是一定阶层的人参与，最近几年经济不好，收入差些。

问：体制内画家一般指的是？

答：画院、高校老师。

问：中国艺术家在海外交易多吗？

答：不多，海外的价格更低，举个例子，俄罗斯美协主席的作品成交价可能还不如我们国内很一般的作品，中国美协主席的作品价格高得多，中国是中国画最大的市场，民间力量很大。

问：艺术品的价值如何判断？

答：作品的质量，作者的特殊身份、名气，还有物以稀为贵（作者是否在世）。现在有的艺术家被炒作起来了，或者有一定职务，但艺术水平不高，也会影响价格，但过一段时间之后，如果艺术水平不高，价格会回归正常，炒作还是不会持久。没有个人风格面貌，这种价格就上不去。大师都有自己的风格，这个最重要。

问：您认为追续权实施的话具有可行性吗？

答：难度比较大。追续权很麻烦，很难追踪，只有拍卖行比较有可能获得信息。另外，除非有上千万的作品，不然，小额的交易，画家或他后人觉得麻烦，也不会去索要这笔费用。也有可能有些艺术家行使追续权是为了名气，打打官司，炒作一下。

再者，艺术家现在更关注打假，艺术家现在还没有追续权这个观念。

三、访问福建省龙岩市文联主席、龙岩市书法家协会主席王永昌

访谈时间：2016 年 2 月 18 日

访谈地点：龙岩市文联

访谈对象：福建省龙岩市文联主席、龙岩市书法家协会主席王永昌

采访人：戴哲

问：（介绍追续权制度）您是艺术家的代表，您感觉追续权是否能够造福于艺术家呢？

答：这个权利对于艺术家而言非常好，毕竟能够追溯获得利益，但实施起来非常困难。

问：就您的了解，艺术家群体的法律意识如何？

答：就我所知的情况，艺术家法律意识不强，整个行业的法律意识也不强。艺术家也不太关心自己到底对自己的作品有什么权利。

问：这次《著作权法》修改草案送审稿将追续权的适用范围限定在公开拍卖市场，想请问拍卖在艺术品二级市场的地位如何？

答：拍卖在艺术品二级市场所占的比重很小。中国拍卖行业非常不规范，托很多，比方说，一个画家托人在拍卖中哄抬自己作品的价格，即便成交了，也愿意支付佣金。另外，艺术品二级市场在我们国家还是洗钱的重要手段。

多数艺术品交易都是地下交易或者民间交易，中国人怀璧其罪，不愿露富，很多财产都是不愿提交至公开场合进行交易。

问：您认为追续权一旦创设，具有实施可行性吗？

答：考虑到中国艺术市场现在的乱象，二三十年内不太有实施可能性。另外，中国人的艺术品价值观与西方人不同，价格与艺术品本身的艺术价值严重不对称，很多价格增值现象往往是因为社会地位的升高而提高，而并非价值的重新发现，这一现象在体制内特别突出。很多艺术家在体制内升迁，使得其作品价格大幅上升。

问：您认为在我国有可能建立起艺术品登记制度？

答：在现有阶段并不具有可行性，市场乱象，监管的难度太大了。

四、访问福建省龙岩市第一中学美术教研组组长郑金明先生

访谈时间：2016 年 2 月 23 日

访谈地点：龙岩一中

访谈对象：福建省龙岩市第一中学美术教研组组长郑金明先生

采访人：戴哲

问：（介绍追续权制度）您是目前在中学从事艺术活动的艺术家代表，现在艺术家的生存状况如何呢？

答：领工资的比较好，现在大学刚毕业出来搞艺术的年轻人没有什么收入，只能模仿名家画作卖钱，迎合市场。国家对文化产业的支持很弱。艺术家参加画展，多数时候都是艺术家自己出钱，基本都是艺术家个人行为。

问：艺术品是否具有可复制性，载体是否单一？

答：现在艺术品的复制渠道越来越多，一些高手临摹也能较为真实地再现原作，没有非常高的涵养的欣赏者不能有效地鉴别艺术品。

问：作品复制件的流通是否会影响作品原作的价值？

答：当然会影响价值。

问：作品复制件的欣赏与原作的欣赏有很大区别吗？

答：对于普通消费者而言，没有很大的区别，现在有些作品，普通画家也鉴别不出来。

问：可否追踪得到艺术品二级市场中的拍卖纪录？画廊交易呢？

答：拍卖的交易记录是可以追踪的。画廊比较难，画廊也参与二级市场，别人可以寄作品在画廊处销售，也可以到画廊购买艺术品，画廊没有公开拍卖那么正规。私人交易一般不可能追踪。

问：有可能在我们国家建立起艺术品登记制度吗？规定只有登记过的作品才有可能获得追续金。

答：很难做到，对于知名艺术家还有可能，但现在很多默默无闻的艺术家一般也不会选择登记。

五、访问艺术品收藏家、艺术品销售中间商陶戈先生

收藏家和艺术品中间销售商是艺术品交易市场中最重要的主体之一，是艺术品交易的直接参与者。艺术品交易的收益与他们密切相关，他们推动了艺术品的交易，影响着艺术品交易市场的走向。收藏家作为艺术品的直接购买者，对艺术品的价值和价格的规律有着敏锐的认识。艺术品中间销售商作为艺术品的转卖者，对买进与卖出的收益更为重视。"追续权"中对作者智力成果的保护体现在从艺术品原件转售中提取一定金额给艺术品创作者，以保护艺术作品作者的智力成果。因此，收藏家和艺术品中间销售商与"追续权"的建立和行使直接相关。

访谈时间：2015 年 7 月 26 日

访谈地点：安徽省合肥市太宁花园

访谈嘉宾：艺术品收藏家、艺术品销售中间商陶戈先生

采访者：孙斐然

【嘉宾介绍】陶戈先生从事艺术品收藏与艺术品转售已有十余年，一直热爱字画、古玩，热衷对中国传统艺术品如书法、国画、木雕、奇石、陶塑等艺术品的收藏，同时也常与他人进行一些艺术品的交易。

问：陶先生您好！您从事艺术品收藏和转售已有十几年时间，我们希望能

向您了解一些关于我国艺术品交易市场的情况。

答：好的。

问：从您的角度来看，当今艺术家对艺术品交易的关注度高吗？艺术家们主要关心的是交易的哪些方面？

答：从艺术家对艺术品交易的态度来看，这些年是有着很大转变的。在艺术品市场形成之前和初期，可以说艺术家们对此并不熟悉，也不关心，包括现在我们接触的一些老艺术家，他们对艺术品交易成功的价格并不是特别在意，更多的是希望有同道人懂得自己的作品。还有就是有很多艺术家觉得做艺术不能讲这些功利、市场化的东西，他们往往要表现文化人清高、不同于世俗的气质，所以对交易的具体价格也并没有市场化下艺术品的销售商那么看重。但是，随着交易市场的迅速发展，一些年轻的艺术家更懂得利用市场营销规律来推广自己的作品获取利益。艺术家或多或少会关注一些市场动态，他们通过市场中的自己作品的已有价格作为自己新的作品第一次出售定价的参考。但是对于艺术品交易的情况，艺术家关心的真不多，既不普遍，意识也没有那么强烈，更多的人还是更关注自己的创作，一般都需要销售商帮他们策划、推广，这种获利意识还需要逐步培养。

问：作为收藏家来说，您购买了某艺术家的作品，您觉得您所付出的对应的对象是什么？

答：对收藏家来说，看到一件他想收藏的东西，他可能出于自己对于该作品的喜爱，也可能是看到了以后的升值空间。艺术品收藏从根本上来说，他付钱买这件作品看中的是珍贵，是独一无二，这并不像买书，买的是阅读，是作者写出的内容，书画并不同于出版图书，再有人画同样的画或者临摹一个作品，其价值就大不如原件了，所以大家都要买原件，珍藏原件。书画的收藏价值、购买价值在于我们买一幅字画，看中的不仅仅是原件这个物体那么简单，而是买下了对这幅画线条、色彩表达的垄断，而一般来说作者也不会画十分相似的画，所以只有我有这样的一幅画。然而，这种垄断并不是画的版权的转移，如果我们想出版画册还是要找作者另签协议，但购买原件并不是购买一个物体那么简单，这种购买所对应的对象究竟是一个怎样的垄断，是否是权利我并不清楚，需要你们考究。

问：艺术家创作中所包含的智力成果对于艺术品价值也是不可忽视的，一些国家如法国，给予了艺术品作者在原件转售时根据售价的一定比例支付给作者的权利。您认为在我国现有的情况下，在作品转卖升值时需要考虑给艺术家提取一些回报吗？

答：理论上，我个人认为艺术家的劳动对作品价值的贡献也是需要考虑的。除了艺术家的智力劳动，一些艺术家在卖出自己的作品后通过参与比赛、展览、亲自致力于宣传，让自己的名誉变高，名气变大，让他之前的作品在转售中大幅升值，这种艺术家对作品升值的贡献我认为可以进行一些分配，从有付出有回报的角度看我觉得还是合理的。但是不得不说，在现实中，这种贡献太难进行量化，贡献的时间怎么确定，艺术家在其中贡献的大小怎么确定，这些都很难操作。并且影响艺术品交易的因素很复杂，怎么能从复杂的因素中剥离出艺术家贡献的因素，我认为这对分成比例的确定有着很大关系，这个比例如何确定才合理也是个难题。

问：说到对艺术家贡献的考虑，不得不说，有些艺术家因为离世之后作品价格大涨，对于这种情况您认为他们的作品转售时是否也需要给予艺术家继承人分成？

答：其实对于现在中国那些已故艺术家的作品，他们的作品价值大部分是由一些中间销售商炒作起来的，我认为升值与他们的劳动并无太多联系。我之前讲过，在我看来，第一次出钱买该艺术家的某个作品，支付的是购买其画垄断的价值，而升值则是要考虑谁对画的价值的涨幅作了贡献，然而很多已故的艺术家的作品很早就卖出去了，离世之后画的升值也必然不是他们自己努力的结果，所以这样的获利和分成我认为是不合理的，除非他们的后人在其中也作出了贡献。所以，如果国外有转售分成作者的法律规定，我觉得对于我国有着大量已故艺术家的宝贵作品在市场流通的现状，我们的法律是否可以将已故的艺术家作品升值和在世的艺术家的作品升值进行分类规定？

问：若是我国法律也引入这种艺术品转售需要分成作者的权利，对这项权利的期限国外一般是作者生前加上死后50年，您对该期限有什么看法？

答：我认为这个期限的设定也很重要。期限过长肯定会影响艺术品交易市场的自由流通，对于艺术家后人对分成的具体分配牵扯到的问题也会更加复杂，但是期限过短又有可能达不到法律设置这项权利的效果。我认为上面所讲的很多在世的艺术家对于自己的作品升值还是有贡献的，所以分成期限应当包括他们的有生之年，至于死后，可能其后人有所贡献，但是50年是否就一定适合中国我认为还需要认真考虑。

问：据了解，在艺术品市场未开放之前，交易多是私下交易，那么在现在的艺术品交易市场中，艺术品的交易方式仍是私下交易占大部分，还是更多人已经改变观念去选择拍卖行进行交易？

答：据我所知道的数据，我国艺术品交易在拍卖行进行的每年仅有3%～5%，绝大部分还是私人交易。国家对此也很头疼，因为这样他们对于艺术品交易的征税变得很难。

问：私下交易对于转售中给予艺术家分成是否会造成更多的阻碍？

答：肯定会的。如果交易大部分是采取私下交易的话，艺术家想要追踪自己作品交易的轨迹就变得很难，甚至无从追踪。并且我国各地交易市场很多信息并不健全，所以一旦作品卖往外地，想要追踪几乎是不可能的。

问：您认为艺术品交易主体为何不愿意采取拍卖等交易方式？

答：这一方面是由于现在我国拍卖行的拍卖行为不规范造成的，特别是拍出来的作品真假无法保证。正如之前所说，收藏家或者转售者看中的是作品的原件也就是真品所带有的独一无二的特性，如果拍卖买到赝品那是巨大的损失。而当下拍卖行的鉴定是最令人诟病的，很多拍卖行为了让作品拍出好价格，自己好从中多提取拍卖费，请专家鉴定出的作品都是真品，然而拍卖结束后买方再去鉴定就是假的。所以很多人都不相信拍卖行的鉴定结果，也对拍卖行只为牟利的行为进行批评，所以拿到拍卖行进行交易的作品只是极少一部分。

问：您认为这样的艺术品原件转售给予作者分成的权利若在我国建立还有其他问题或阻碍吗？

答：我刚刚想到一个问题，就是我们一直在说转售，那么赠予的情况下作者是否可以从中获取分成？若是在赠予的情况下作者不能获取分成，那么以后会不会有更多人不采取转售而是先赠予，再由对方以其他方式支付以规避付给作者分成，给法律的执行造成困难？所以对于这样的行为如何规制还需要法律在制定时予以解决。

问：谢谢陶先生向我们详细讲解我国艺术品交易市场的现状、艺术品交易的具体情况以及对"追续权"的看法。感谢您接受我们的采访！

六、访问金艺画廊王经理

访谈时间：2015 年 7 月 21 日

访谈地点：济南市历下区金艺画廊

访谈对象：金艺画廊王经理

采访人：王树展

问：王经理您好，我刚刚在您的店里看了一下，发现您这里除了画作之外，还有很多画材和图书，请问您经营的这家画廊主要涉及哪些业务？

答：我们这里主要是出售画材和美术类的图书，卖画也会有，但不是主要业务。前几年店面规模比较大的时候，我们也买卖过不少字画之类的美术作品，但是这两年字画生意不太好做，就不把这当成主业了。反而是画材的市场需求很大，生意也比较好。

问：您这家店的规模现在是怎样的？

答：我们这家店是目前济南市最大的一家画材用品店，已经经营了将近20年了，我大专一毕业就来这里工作了，基本上算是和这家店一起成长起来的。这家店是总店，另外还有两家分店，一家在北京，一家在长清。北京那边的市场更大，现在北京分店的规模已经超过了这边的总店。

问：您现在生意做得这么好，有什么生意经可以分享一下吗？

答：我们做生意，最看重的就是利益，这也是我们决定转行的原因。其实说转行也不太准确，毕竟还是做美术市场这一块。现在画材市场的竞争也是很激烈的，我们的产品一是靠质量取胜，二是靠多年积累下的信誉赢得市场。我们买的产品都是通过正规渠道进货，保证真品，买卖字画也不是是生意就能做，我们也看画的质量和水平，了解卖画人的艺术背景，不是有人愿意低价卖，我们就一定会买。做生意赚钱归赚钱，但是诚信还是第一位的。

问：一般来您这边卖画的都是一些什么样的人？

答：有艺术学院的学生，也有老师，特别有名的画家一般是不会通过画廊来卖画的，他们大多有自己的经纪人，想买他们作品的人都是慕名而去，自然就不必再通过中间方。画画的花费是挺高的，光买画材就是一笔不小的开支，如果想另外参加一些培训或者比赛，还得额外再交钱。一些家庭条件不太好的学生负担还是挺重的。我认识的一个山艺（山东艺术学院）的小姑娘，是学国画的，每次来买宣纸都只买一张，隔几天来买一次，我当时还很纳闷，觉得她为什么不一次多买几张备用，后来才知道原来这孩子家里比较穷，那时候宣纸便宜，一张全开的宣纸也得十几块，她是不敢一次花太多的钱。后来这个小姑娘找过我，问我能不能帮她卖卖画，我答应在店里给她挂出来试一下，结果过了俩月也没有人来问价，结果这画也没卖成。后来听说她跑到文化市场上去卖了几幅画，一幅四尺斗方的画，装裱好了，才卖两三百块，刨去成本，也就能赚一百来块钱。这个小姑娘还是挺有才华的，画画得不错，都是为了生活所迫。

问：因为我不是学美术的，所以不太懂美术作品的价值。我想请教您一下，一幅四尺斗方的画卖二三百元，算是便宜还是贵？

答：是相当便宜，基本上跟白送差不多。只要稍有点名气的画家，一幅这么大的画都能卖上几千块。学艺术的人都认为"艺术物价"，有时候为了生活，也不得不放下自己的清高，跟现实低头。

问：假如有一项制度，可以保证美术作品的作者在作品卖出去之后，能够分享作品增值所带来的收益，您认为合理吗？就像您刚刚提到的这位姑娘，她是很有艺术才华的，但是现在为了生活不得不低价出售自己的作品，如果几年之后她有了名气，她之前卖的画价值倍增，那您觉得她是否应从画作的增值部分分一杯羹，也就是从当初的买画人那里获取作品升值带来的利益呢？

答：我认为这显然是不合理的。作为一个买画人来说，我当初买这幅作品就是看它比较便宜，或者看中了其中的艺术价值，认定它以后会升值才买的，这是我自己的眼光好，发现了这幅画的价值，你作者就算对这幅画付出了再多的心血，你一旦卖出去之后，这幅画就跟你没什么关系了，这幅画就归买画人所有了。我以后再转卖，赔了赚了都是我自己的事情了，卖出去的东西你还能再干涉人家怎么处置吗？再从一个卖画人的角度出发，他很清楚自己的画的价值，即使她觉得这幅画现在卖得有点亏，也是他自己心甘情愿的，他明确知道，这幅画即使以后升值了，赚的钱也是归别人的。其实一幅画卖出去之后多多少少都会升值的，要是每个人卖画的时候都想从升值中获利，那谁还会去买画收藏呢？反正到时候赚了钱还得分给别人，这显然是不公平的。我们再退一步讲，我买的画如果升值了，我要分给作者增值利益，如果我买的画贬值了呢，那作者是不是要赔偿我的损失呢？这从道理上是讲不通的。收藏本来就是有风险的，靠的就是收藏人有没有眼光，人家搞收藏的人就是靠这个吃饭的，就像画家靠画画、卖画吃饭一样，你说从人家的收益里拿走一部分钱，那不跟抢人家的饭吃是一样的吗？所以我觉得你说的这种制度是不合理的。

七、访问艺术品收藏家、艺术品销售中间商王先生

访谈时间：2015 年 7 月 26 日
访谈地点：济南英雄山交易市场
访谈嘉宾：艺术品收藏、艺术品销售中间商王先生
采访者：龚未云

【嘉宾介绍】 王先生从事艺术品转售和收藏已经有十几年了，他原本就是美术专业的。但是，之后转行收藏以及转售中国传统的艺术品，如书法等。在英雄山交易市场，很高兴能够遇见王先生，并且对他进行采访。

问：王先生您好！您从事艺术品收藏和转售已有十几年时间，我们希望能向您了解一些关于我国艺术品交易市场的情况。

答：好的。

问：请问您从事艺术品交易有多少年了？

答：大约十几年了吧。之前我也一直从事书法、绘画等方面的工作，但是取得的成就不是很大。因此，我就转行了，现在是买入他人的艺术品，在交易市场上进行买卖。

问：从您的角度来看，当今艺术家对艺术品交易的关注度高吗？艺术家们主要关心的是交易的哪些方面？

答：从我个人的十几年经历来看，艺术家们其实对于艺术品的价格关心非常少。以我自己的导师为例，他算是济南市有名的书法家，他每年都坚持创作。他每次都把画转交给我去卖。但是，对于书法作品的价格，他却是不甚在意。只是询问我有关买书法作品的人的反应，以及是否有其他的一些建议。然后，老先生就又专心从事创作了。一些老艺术家，他们对艺术品交易成功的价格并不是特别在意，更多的是希望有同道人懂得自己的作品。还有就是有很多艺术家觉得做艺术不能讲这些功利、市场化的东西，他们往往要表现文化人清高、不同于世俗的气质，所以对交易的具体价格也并没有市场化下艺术品的销售商那么看重。但是，我现在接触的也有一些年轻的艺术家们，他们比较关注市场的动态，他们可能会面对更大的生存压力。但是对于艺术品交易的情况，艺术家关心的真不多，既不普遍，意识也没有那么强烈，更多地人还是更关注自己的创作，一般都需要销售商帮他们策划、推广，这种获利意识还需要逐步培养。

问：作为收藏家来说，您购买了某艺术家的作品，您觉得您所付出的对应的对象是什么？

答：作为一位收藏家，首先我会看该作品是否具有美感，是否给人以享受的感觉，其次我会看它是否有升值空间。如果买一些字画作品，我一般首先看一下它的线条、字体等整体结构与框架，然后再单个字体审视。以我导师的字画来说，很多人买他的字画，主要是这幅字画从整体上给人以美的感觉；其次，这幅字画的原件具有很大的增值空间。我们所看中的不仅有这幅画的原件的价值，更主要的是看中它的升值空间以及它的艺术美感。

问：您听说过追续权制度吗？它就是在作品二次转让时，著作权人有权从转让费中获取一定报酬的权利，其实就是追回后续利益权利的制度。

答：没有。

问： 艺术家创作中所包含的智力成果对于艺术品价值也是不可忽视的，一些国家如法国，给予了艺术品作者在原件转售时从中按一定比例获取利益的权利。您认为在我国现在的情况下，在作品转卖升值时需要考虑给艺术家提取一些回报吗？

答： 理论上，我认为是必要的。虽然艺术家们不是很重视艺术品转卖或者拍卖的价值。但是，对于艺术家给予一定的价值回报，是对于他们所创作的艺术品的一种肯定。这样，对于他们积极、努力地创造作品更是一种激励。再者，很多艺术家们在年轻时创作的作品价格往往是很低的，但是并不代表这些低价格的作品的质量不高，恰恰相反，有可能正是由于创作者本人的名气影响着这些价格。因此，当这些艺术家们成名之后，他们创作的作品价值肯定会水涨船高。当作品二次转让时，肯定价值很高。当然，我们也不能忽略收藏家的功劳。因此，在作品二次转让之时，给予一定的报酬给艺术家，正是艺术家与收藏家利益之间的平衡，也更有利于艺术家的创作。

问： 若是我国法律也引入这种艺术品转售需要提供分成给作者的权利，对这项权利的期限国外一般是作者生前加上死后50年，您对该期限有什么看法？

答： 我认为设定期限的长短很重要。如果期限过长，可能影响收藏家收藏的积极性，不利于艺术品的珍藏以及流转。但是，如果权力设置的期间过短，可能不能够保护权利人的利益。但是，对于设置期限的长短，我是很不好定夺的，这个需要好好考虑。

问： 据了解，在艺术品市场未开放之前，交易多是私下交易，那么在现在的艺术品交易市场中，艺术品的交易方式仍是私下交易占大部分，还是更多人已经改变观念去选择拍卖行进行交易？

答： 以我个人经验而言，现在的艺术品交易仍然是私下交易的比较多。主要有三点：一是很多购买艺术品的收藏家在有稳定的交易圈之后，往往通过熟人或者直接向艺术家购买，这样既可以迅速交易，又能够省去很多不必要的麻烦；二是很多拍卖行都需要收取一定的费用，如果通过拍卖的方式对艺术品进行交易，可能会间接地提高艺术品的价值；三是大多数拍卖行的艺术品都是一些价值很高的艺术品，而私下拍卖的一些字画的价值可能较低。因此，大多数人会选择私下交易，而不会借助于拍卖行。

问： 私下交易对于转售中给予艺术家分成是否会造成更多的阻碍？

答： 肯定会的。如果交易大部分是采取私下交易的话，艺术家想要追踪自己作品交易的轨迹就变得很难，甚至无从追踪。并且我国各地交易市场很多信息并不健全，所以一旦作品卖往外地，想要追踪几乎是不可能的。

问：您认为艺术品交易主体为何不愿意采取拍卖等交易方式？

答：正如我之前所说，主要有三方面的原因：一是很多购买艺术品的收藏家在有稳定的交易圈之后，他们往往通过熟人或者直接向艺术家购买，这样既可以迅速交易，又能够省去很多不必要的麻烦；二是很多拍卖行都需要收取一定的费用，如果通过拍卖的方式对艺术品进行交易，可能会间接地提高艺术品的价值；三是大多拍卖行的艺术品都是一些价值很高的艺术品，而私下拍卖的一些字画的价值可能较低。因此，大多数人会选择私下交易，而不会借助于拍卖行。

问：您认为艺术品原件转售给予作者分成的权利若在我国建立还有其他问题或阻碍吗？

答：如果是从艺术家的角度来看，他们肯定会偏向于此制度，但是对收藏家来说，这么做可能会影响其利益。同时，对于艺术品的流转，二次交易也有一定的影响。如何平衡当事人之间的收益、当事人之间报酬比例如何计算都是我们需要考虑的问题。在这个制度中，可能会有很多其他的阻碍。

问：谢谢王先生向我们详细讲解我国艺术品交易市场的现状、艺术品交易的具体情况以及对"追续权"的看法。感谢您接受我们的采访！

八、访问福建省贸易信托拍卖行邱利明经理

访谈时间：2016 年 2 月 23 日

访谈地点：福建省贸易信托拍卖行

访谈对象：邱利明经理

采访人：戴哲

问：（介绍追续权）您怎么看待追续权的创设对拍卖行业的影响？

答：不是很大，作为拍卖行，主要是站在中立的角度参与市场交易，拍卖行不对拍卖标的的真伪负责。

问：艺术品拍卖增值情况多吗？

答：这绝非百分之百，有些作品持有人在需要套现的时候确实愿意贱价销售。

问：拍卖是否存有记录？可否追踪艺术品交易？

答：拍卖流程是非常规范的，各拍卖行都要将拍卖数据上报中拍协，中拍协再进行统计。每年还会出版艺术品拍卖年鉴。

问：市场上拍卖佣金大概多少呢？

答：一般而言，拍卖佣金在 20% 左右，各个拍卖行各有不同，另外除了佣金还需要承担保险费。

问：艺术品拍卖最低成交价多少？

答：百元的也有，千元的也有，很多拍卖是从零元起拍。并非只有高成交价的艺术品才会拍卖。

问：一般而言，追续权有设置计量的最低交易额门槛，追续金还有设置上限，您认为设置多少合适呢？

答：从征收成本考虑，追续权应当设立计提的下限，但我认为，从公平角度分析，不应当设置交易门槛，追续金的上限也是一样，不应当设置。

问：拍卖中的税收怎么算呢？

答：一般而言是交易双方缴纳税款，双方还可以约定由一方进行缴纳，但在实践中，多为拍卖行代缴代扣，这样做，拍卖行可以从中收取一部分手续费，并且，通过纳税保障拍卖的合法性。

问：艺术品是否具有独特性？

答：当然，没有哪两件艺术品会完全相同，专业人员一般能够识别，普通人比较难看出来，一般拍卖前，艺术品会展览两天，给买家考量真伪的时间。

后 记

置身于苦难与阳光之间

本书是作者于华东政法大学博士论文的基础上形成的。从收集资料到初稿于 2016 年 4 月 1 日的完成，前后历时近一年时间，此后便是长时间的修改与润色。本书的出版得益于知识产权出版社各位编辑老师的辛勤付出，特别是韩婷婷老师的联络与校对工作。没有他们的劳作，本书之付印即无可能。作者在此向他们致敬，并表感谢。

麦克阿瑟在回忆录里说道，"回忆是奇美的，因为有微笑的抚慰，也有泪水的滋润"。毕业论文写到后记部分，才发觉，毕业论文的写作也是奇美的，有思想火花的跳跃，也有初稿完成后的释怀。为何会选择追续权为题？只记得一堂选修课上，授课老师在总结全世界文明的精髓之后说道，"文明的成就不是靠科技创造的，而是靠艺术家谱写的（当然这里的艺术家还包括了文学家）"，恍惚间，与艺术家有关的追续权选题涌上心头。

罗伯特·莫杰斯教授（Robert P. Merges）在其著名的《知识产权正当化》一书中做过一个非常生动的比喻："研究知识产权正当性命题就像是跨越一条波涛汹涌的大河，你所能依靠的仅是隐现于河流之下的垫脚石，多数神志清醒的人会选择逃避，然而，这恰恰是研究中最为诱人之处。"[1] 追续权制度的研究亦是如此。正当性基础构成了大厦的基石，对正当性的解构也是追续权研究的难点与重点所在。不过，限于自身学力之贫乏，我还远未体会到莫杰斯教授的感悟，常常百思不得其解，也不知道自己是否给出了正确的答案。倘若按照拉丁语古谚："nil actum reputans, si quid superesset agendum"（只要还有什么要做的留下来，它就还不算是完成了）的要求，本文离绝对意义上的完成还有很大距离。博士论文是博士学业的总结，但针对现象的理性研究或许才刚刚开始。

---

[1] Robert P. Merges, Justifying Intellectual Property, Harvard University Press, 2011, preface x.

论文的完成首先感谢我的指导老师——何敏教授。何老师的学养给予本文以最大的启发，何老师的包容赋予我创作上的自由，何老师的鼓励又成为我完成论文的最大动力，何老师的儒雅再成为我为人之榜样。开题答辩之时，何老师的支持坚定了我以追续权为博士论文选题的决心。在何老师的谆谆教诲下，我又学习了法语，开启了对于法国知识产权法的研究。在何老师的推荐与联系下，我又非常有幸地获得前往法国学习的机会。古语有云：一日为师，终身为父。成为何老师的门生是幸运的，何老师的教导贯穿了我们学习与生活的方方面面。每学期伊始，何老师都会用心向我们叮嘱为人之道和学习之道，何老师常提到的"C'est la vie"（法语：这就是生活）亦已成为我的人生格言。作为何老师的学生，我只愿加倍努力，回报何老师的期许。感恩何老师。

其次，感谢法国埃克斯－马赛大学欧亚研究所所长——金邦贵教授。在金老师的邀请与推荐下，我非常有幸地获得了法国埃菲尔政府奖学金以及华政海外访学基金的资助，得以在没有经济压力的情况下前往法国继续博士学业。金老师在教学上一丝不苟，要求学生必须在博士学业前期打下坚实的语言基础，只有经过大量的法语原著阅读后，才能开始考虑撰写博士论文，这也使一向急于求成的自己放下包袱，细心阅读知识产权法学的法语著作。我相信，法国学习生涯是或将是我人生最美好的经历之一。感恩金老师。

再次，感谢我的美术启蒙老师——黄铁强老师。黄老师曾是我的故乡福建省龙岩市的美术家协会主席，我从小慕名追随黄老师学习绘画，从素描到水彩，一度以为会以此为业，直至2004年黄老师因病逝去，我才放下画笔，转而求学。从此，画画成为一场梦，命运安排我走上另外一条道路。所幸的是，美术并未就此离开我的身边，美术已经塑造了我的人格，追续权的研究又是一场与美术的缘分，即便画笔不再，但创作依旧。美术之缘因黄老师而起，追续权之缘又与美术相关，令人不禁感慨万千，谨以这篇论文表达对他的尊敬。感恩黄老师。

此外，感谢我在华政求学期间的各位老师。感谢王迁教授、王莲峰教授、黄武双教授、吕国强教授、李秀娟教授、高富平教授、张弛教授、朱雪忠教授、许春明教授、袁真富副教授等老师在课堂上的指导。博士生课程多数在开放式讨论下进行，这种授课方式的强度较大，每一次上课前都要提前阅读大量材料，准备主题发言，课后还需要认真总结授课内容，但这种在国内还不算常见的教学模式却能够引发学生进行正反两派观点的思考，一年课程下来，每位学生都从中受益良多。还要感谢认真教授法语的 Maxime、Julien Fang 等老师，学语言是痛苦的，但名师的教导却使人乐在其中。感恩各位老师的传道授业。

　　然后，感谢我在华政读书期间的各位学友。感谢于波师兄、严波师兄、应逸鸿师兄、朱楠老师、王晓芬老师、朱文慧、张振鸿、席铎、邓文、王树展、龚未云等同门给予的指导与帮助，特别感谢于波师兄对我前往法国读书的鼓励和支持。感谢知产同届博士——鹏哥（郭鹏鹏）、栋哥（孙栋）、克伟哥（张克伟）、全哥（张心全）、相熙哥（沈相熙）的关照，特别感谢鹏哥亦师亦友的帮助。感谢高军、孙文、熊哥（熊志巍）、向哥（向广宇）、刘新慧、王焕婷、高媛、姚瑶、付琳等同班同学在生活与学习等方面的照顾，特别在我膝盖受伤期间，同学与同门的关怀使我对康复充满信心。感谢汪冒才、陈佳宾、沙国伟、胡昂、周圆、车朝晖、田冬明等昔日同窗好友，硕士毕业后各奔东西却不忘华政的点滴岁月。西塞罗在《论友谊》中说道："除了美德之外，一切事物中最伟大的是友谊。"① 人生道路上何其有幸与你们相遇，祝你们一切安好。

　　最后，感谢家人对我的支持。博一刚入学，母亲生病后，数度停笔，数度泪流，感慨人类在疾病面前之渺小，吾辈之无能，于是，一年半间，再无写作的习惯，昔日热爱的法学研究也变得不再那么可爱。不禁思考，著作权上"激励创作"学说真是不堪一击，当然，物质激励极大地推动了人类的创造活动，但这种激励也并不是创作之充分条件，真正的创作怕是需要因人而异的吧。激励创作于我而言，或许只是母亲的一个问候足矣。于是我常常扪心自问，真正支撑自己完成博士论文的动力何在，也许是早些谋生为家庭分忧解难吧，又也许是为了回报家人的期许。妻子张芸芝在遥远的法国苦等了我三年之久，曾经许下的承诺迟迟没有兑现，我对她常怀愧疚之感，常用好事多磨来劝解妻子，其实也是一种无奈的自我安慰。岳父、岳母的勉励时常在脑边回荡，使自己不敢怠慢。尊敬的阿部、汉庄、大姑、山叔、安叔、小姑在物质与精神上为我分忧，使自己有更多学习的精力。在亲人面前，放下所有，获得所有。

　　在博一下学期，因为打球膝盖受伤，我在床上躺了两月有余，这也让多年不太着家的我与家人有了更多的沟通。母亲在病后换了个人，我一直引以为傲的母亲不再自信，我理解，怕是没有任何人能够在同样的事情面前超脱于外吧。她总是沉默着，不愿将内心的苦诉出，我理解，她不愿过多地影响家人。她出门总是要戴上假发，我理解，她是不愿让人认出病痛在她身上留下的痕迹。可是，母亲啊，我亲爱的母亲啊，作为母亲身上割下的一块肉，我又怎能全然不知呢。一切负担转移给了父亲，本分的父亲成天忙着照顾妻子二人，他常常顶着烈日横穿大半个城市，只为了煎下一壶苦药，又或是协助我做康复运

---

① ［古罗马］西塞罗：《论老年 论友谊 论责任》，徐奕春译，商务印书馆 1998 年版，第 85 页。

动。很多时候，我不禁深深自责，如果自己不执意继续读书，早早工作为家分忧，也许一切一切都不会发生。

有的时候感觉自己就像《潜水钟与蝴蝶》中带着潜水钟深潜入海却又无法动弹的主人公，幸而，这并没有剥夺我想象美好生活的权利。受伤后回到老家，在爷爷奶奶的细心呵护下，我逐步摆脱了拐杖，像个婴儿一样，重新学会了走路。爷爷患有耳疾，不便与人交流，常常需要奶奶"翻译"才能获知简单的信息，人多的时候，他便乐呵呵地处在喧闹的角落，而人们似乎也像达成协议一般，不去打扰他。这个昔日不到三十岁便当上小学学区校长的男人、长子，早已在岁月变迁中学会了隐忍。在田埂之间，我拄着单拐，听着爷爷诉说着他的过去，突然感觉自己的生命在纵向上获得了延长。也许，再过几个十年，传统的农耕文化将彻底甩开我们而去，城市化的曙光将照耀着每一个角落。到那一天，我将对着我的儿辈，甚至孙辈，诉说着爷爷这代人的故事，因为，那山不会消失，那水依旧流淌，故事不会如此轻易地结束，这便是我们这代人所拥有的骄傲与幸运。在我临别大山之际，爷爷奶奶流下了热泪，亲人总是不计代价地关心你，故乡永远是心中最温暖的港湾。感恩亲人，感恩故乡。

闲时很喜欢翻看加缪先生所著的《置身于苦难与阳光之间》，早在学法语之时，我一直很疑惑的便是，缘何加缪先生会在《西西弗神话》中将人生比喻为西西弗推大石上山的过程，一刻都不能放松，如此的辛劳背后又能换作何种收获呢？在《置身于苦难与阳光之间》中，加缪先生似乎给出了最终的答案，人生只有品味苦难，方能感受阳光的温暖，而这美好值得用一生去寻访。

戴　哲

2016 年 3 月于华政红楼图书馆

参考文献

一、中文著作类

[1] 郑成思. 著作权的概念及沿革 [M]. 北京：中国国际广播出版社，1991.

[2] 德利娅·利普希克. 著作权与邻接权 [M]. 联合国教科文组织译. 北京：中国对外翻译出版公司，2000.

[3] [美] 伦纳德·D. 杜博夫. 艺术法概要 [M]. 周林，任允正，高宏微译. 北京：中国社会科学出版社，1995.

[4] [德] M. 雷炳德. 著作权法 [M]. 张恩民译. 北京：法律出版社，2005.

[5] 何敏. 知识产权基本理论 [M]. 北京：法律出版社，2011.

[6] 叶朗. 美学原理 [M]. 北京：北京大学出版社，2009.

[7] [美] 罗伯特·考特，托马斯·尤伦. 法和经济学 [M]. 张军译. 上海：上海人民出版社，1994.

[8] 克洛德·马苏耶. 保护文学和艺术作品伯尔尼公约指南 [M]. 刘波林译. 北京：中国人民大学出版社，2002.

[9] 罗结珍译. 法国民法典 [M]. 北京：北京大学出版社，2010.

[10] [美] 博登海默. 法理学、法律哲学与法律方法 [M]. 邓正来译. 北京：中国政法大学出版社，2004.

[11] 王迁. 著作权法 [M]. 北京：中国人民大学出版社，2015.

[12] 王迁. 知识产权法教程 [M]. 北京：中国人民大学出版社，2014.

[13] 吴汉东主编. 知识产权法 [M]. 北京：中国政法大学出版社，1999.

[14] 吴汉东. 著作权合理使用制度研究 [M]. 北京：中国政法大学出版社，1996.

[15] 李明德，许超. 著作权法 [M]. 北京：法律出版社，2003.

[16] 郑成思. 版权法 [M]. 北京：中国人民大学出版社，1997.

[17] 丁丽瑛. 知识产权法 [M]. 北京：厦门大学出版社，2007.

[18] 刘春茂主编. 知识产权原理 [M]. 北京：知识产权出版社，2002.

[19] 李琛. 论知识产权的体系化 [M]. 北京：北京大学出版社，2005.

[20] 世界知识产权组织编. 著作权与邻接权法律术语汇编 [M]. 刘波林译. 北京：北京大学出版社，2007.

[21] [英] 彼德·斯坦，约翰·香德. 西方社会的法律价值 [M]. 王献平译. 北京：中国人民公安大学出版社，1990.

[22] 徐国栋. 民法基本原则解释——成文法极限之克服 [M]. 北京：中国政法大学，2001.

[23] 徐国栋. 民法哲学 [M]. 北京：中国法制出版社，2009.

[24] 桑德罗·斯奇巴尼编. 民法大全选译·债·契约之债 [M]. 丁玫译. 北京：中国政法大学出版社，1992.

[25] 张文显. 二十世纪西方法哲学思潮研究 [M]. 北京：法律出版社，1996.

[26] 王利明，杨立新，王轶，程啸. 民法学 [M]. 北京：法律出版社，2011.

[27] 周枏. 罗马法原论（下册）[M]. 北京：商务印书馆，1994.

[28] 李明德，闫文军，黄晖，邰中林. 欧洲知识产权法 [M]. 北京：法律出版社，2010.

[29] 崔建远. 合同法 [M]. 北京：北京大学出版社，2012.

[30] 《十二国著作权法》翻译组译. 十二国著作权法 [M]. 北京：清华大学出版社，2011.

[31] [美] 保罗·戈尔斯坦. 国际版权原则、法律与惯例 [M]. 王文娟译. 北京：中国劳动社会保障出版社，2003.

[32] 史尚宽. 民法总论 [M]. 台北：台湾荣泰印书馆股份有限公司，1980.

[33] 王泽鉴. 债法原理（二）不当得利 [M]. 北京：中国政法大学出版社，2002.

[34] 彭凤至. 情势变更原则之研究 [M]. 台北：台湾五南图书出版公司，1986.

[35] 梁慧星. 中国民法经济法诸问题 [M]. 北京：法律出版社，1991.

[36] 梁慧星. 民法总论 [M]. 北京：法律出版社，2011.

[37] 郑玉波. 民法总则 [M]. 北京：中国政法大学出版社，2003.

[38] 王利明，崔建远. 合同法新论·总则 [M]. 北京：中国政法大学出版社，1996.

[39] 王利明主编. 民法 [M]. 北京：中国人民大学出版社，2007.

[40] 李锡鹤. 民法哲学论稿 [M]. 上海：复旦大学出版社，2009.

[41] 杨立新. 人身权法专论 [M]. 北京：中国检察出版社，1996.

[42] [法] 弗朗索瓦·泰雷，菲利普·泰勒尔. 法国财产法 [M]. 罗结珍译. 北京：中国法制出版社，2008.

[43] 肖尤丹. 历史视野中的著作权模式确立——权利文化与作者主体 [M]. 武汉：华中科技大学出版社，2011.

[44] 吴汉东，曹新明，王毅，胡开忠. 西方诸国著作权制度研究 [M]. 北京：中国政法大学出版社，1998.

[45] 朱福惠，邵自红主编. 世界各国宪法文本汇编（欧洲卷）[M]. 厦门：厦门大学出版社，2014.

[46] [美] 詹姆斯·海尔布伦，查尔斯·M. 格雷. 艺术文化经济学 [M]. 詹正茂等译. 北京：中国人民大学出版社，2007.

［47］［美］理查德·A. 波斯纳. 法律的经济分析（上）［M］. 蒋兆康译. 北京：中国大百科全书出版社，1997.

［48］［美］罗伯特·S. 平狄克，丹尼尔·L. 鲁宾费尔德. 微观经济学［M］. 北京：中国人民大学出版社，2009.

［49］H. 登姆塞茨. 关于产权的理论［M］. 载于》财产权利与制度变迁——产权学派与新制度学派译文集》. 上海：上海三联书店、上海人民出版社，2004.

［50］［法］皮埃尔·布尔迪厄. 艺术的法则：文学场的生成与结构［M］. 刘晖译. 北京：中央编译出版社，2001.

［51］《辞海》哲学分册. 上海：上海辞书出版社，1980.

［52］［古希腊］亚里士多德. 政治学［M］. 北京：商务印书馆，1997.

［53］［德］黑格尔. 美学［M］. 北京：商务印书馆，1997.

［54］钱穆. 中国历代政治得失［M］. 北京：九州出版社，2012.

［55］［法］杰赫德·莫里耶. 法国文化政策——从法国大革命至今的文化艺术机制［M］. 陈丽如译. 台北：五观艺术管理有限公司，2004.

［56］［法］让 - 保尔·克雷斯佩勒. 印象派画家的日常生活［M］. 杨洁，王弈，郭琳译. 上海：华东师范大学出版社，2007.

［57］［美］M. H. 艾布拉姆斯. 镜与灯——浪漫主义文论及批评传统［M］. 郦稚牛等译. 北京：北京大学出版社，2004.

［58］［美］熊彼特. 经济分析史（第一卷）［M］. 北京：商务印书馆，1991.

［59］［匈］阿诺德·豪泽尔. 艺术社会学［M］. 居延安译编. 上海：学林出版社，1987.

［60］［法］皮埃尔·布尔迪厄. 艺术的法则：文学场的生成与结构［M］. 刘晖译. 北京：中央编译出版社，2001.

［61］［美］安迪·沃霍尔. 沃霍尔论艺术［M］. 北京：人民美术出版社，2002.

［62］简明不列颠百科全书［M］. 北京：中国大百科全书出版社，1986.

［63］［法］纳塔斯·埃尼施. 作为艺术家［M］. 吴启雯，李晓畅译. 北京：文化艺术出版社，2005.

［64］［美］道格拉斯·诺思，罗伯斯·托马斯. 西方世界的兴起［M］. 厉以平，蔡磊译. 北京：华夏出版社，1999.

［65］［英］亚当·斯密. 国富论［M］. 武汉：武汉出版社，2010.

［66］叶子. 中国书画艺术市场［M］. 上海：上海人民美术出版社，2006.

［67］郭华榕. 法兰西文化的魅力［M］. 北京：生活·读书·新知三联书店，1996.

［68］佟景韩，余丁，鹿镭. 欧洲 19 世纪美术［M］. 北京：中国人民大学出版社，2004.

［69］侯丰瑶. 法国文化产业［M］. 北京：外语教学与研究出版社，2007.

［70］［美］艾尔曼. 从理学到朴学［M］. 赵刚译. 南京：江苏人民出版社，1997.

［71］［法］卡特琳娜·萨雷丝. 古罗马人的阅读［M］. 张平，韩梅译. 南宁：广西师范大学出版社，2005.

[72] [英] 诺亚·霍洛维茨. 交易的艺术——全球金融市场中的当代艺术品交易 [M]. 张雅欣, 昌轶男译. 大连: 东北财经大学出版社, 2013.

[73] 于润洋主编. 西方音乐通史 [M]. 上海: 上海音乐出版社, 2001.

[74] [法] 福楼拜. 情感教育 [M]. 王文融译. 北京: 人民文学出版社, 2006.

[75] 李万康. 艺术市场学 [M]. 北京: 生活·读书·新知三联书店, 2012.

[76] [古希腊] 柏拉图. 理想国 [M]. 郭斌和, 张竹明译. 北京: 商务印书馆, 1996.

[77] [英] 里利安·弗斯特. 浪漫主义 [M]. 李今译. 北京: 昆仑出版社, 1989.

[78] 李黎阳编著. 西方现代之术流派书系——野兽派 [M]. 北京: 人民美术出版社, 2000.

[79] [英] 迈克尔·苏立文. 20 世纪中国艺术与艺术家 [M]. 陈卫和, 钱岗南译. 上海: 上海人民出版社, 2013.

[80] [法] 亨利·马蒂斯. 画家笔记——马蒂斯论创作 [M]. 南宁: 广西师范大学出版社, 2002.

[81] 云雪梅编著. 20 世纪外国大师论艺书系: 毕加索论艺 [M]. 北京: 人民美术出版社, 2002.

[82] [意] 尼科洛·马基雅维里. 君主论 [M]. 潘汉典译. 北京: 商务印书馆, 1985.

[83] [法] 托克维尔. 旧制度与大革命 [M]. 冯棠译. 北京: 商务印书馆, 1992.

[84] [德] 康德. 纯粹理性批判 [M]. 邓晓芒译. 杨祖陶校. 北京: 人民出版社, 2004.

[85] [德] 康德. 实践理性批判 [M]. 邓晓芒译. 杨祖陶校. 北京: 人民出版社, 2003.

[86] [德] 康德. 判断力批判 [M]. 邓晓芒译. 杨祖陶校. 北京: 人民出版社, 2002.

[87] 杨祖陶. 德国古典哲学逻辑进程 [M]. 武汉: 武汉大学出版社, 2006.

[88] [英] 罗素. 人类的知识 [M]. 张金言译. 北京: 商务印书馆, 1983.

[89] [古罗马] 西塞罗. 论老年 论友谊 论责任 [M]. 徐奕春译. 北京: 商务印书馆, 1998.

[90] [德] 古斯塔夫·拉德布鲁赫. 法哲学 [M]. 王朴译. 北京: 法律出版社, 2013.

二、中文论文类

[1] 何敏. 知识产权客体新论 [J]. 中国法学, 2014 (6).

[2] 郑成思. 侵害知识产权的无过错责任 [J]. 中国法学, 1998 (1).

[3] 吴汉东. 试论知识产权的 "物上请求权" 与侵权赔偿请求权——兼论《知识产权协议》第 45 条规定之实质精神 [J]. 法商研究, 2001 (5).

[4] 王迁. 版权法保护技术措施的正当性 [J]. 法学研究, 2011 (4).

[5] 郑成思. 美术作品版权的特殊问题 [J]. 美术, 1991 (3).

[6] 郭寿康. 谈美术作品的追续权 [J]. 美术, 1993 (3).

[7] 丁丽瑛, 邹国雄. 追续权的理论基础和制度构建 [J]. 法律科学, 2005 (3).

[8] 梁慧星. 论法律解释方法 [J]. 比较法研究, 1993 (1).

［9］李雨峰. 论著作权的宪法基础［J］. 法商研究，2006（4）.

［10］张华夏. 主观价值和客观价值的概念及其在经济学中的应用［J］. 中国社会科学，2001（6）.

［11］朱谢群. 信息共享与知识产权专有［J］. 中国社会科学，2003（4）.

［12］杜涛. 互惠原则与外国法院判决的承认与执行［J］. 环球法律评论，2007（1）.

［13］韦之，杨红菊.《伯尔尼公约》中的国民待遇原则之例外［J］. 知识产权，1997（4）.

［14］吕继锋. 追续权入法需三思而后行［J］. 中国发明与专利，2013（9）.

［15］戴钦功. 著作追续权制度探析及立法动议［J］. 河北法学，1997（2）.

［16］邹国雄，丁丽瑛. 追续权制度研究［J］. 厦门大学法律评论，2003（6）.

［17］李雨峰. 我国设立追续权制度的必要性［J］. 中国版权，2012（6）.

［18］张耕，施鹏鹏. 法国著作权法的最新重大改革及评论［J］. 比较法研究，2008（2）.

［19］韩赤风. 德国追续权制度及其借鉴［J］. 知识产权，2014（9）.

［20］高富平. 数字时代的作品使用秩序——著作权法中“复制”的含义和作用［J］. 华东政法学报，2013（3）.

［21］R. F. 沃尔，杰里米·菲利普斯. 版权与现代技术. 王捷译［J］. 国外法学，1984（6）.

［22］刘春霖. 追续权的立法构想［J］. 河北法学，2013（4）.

［23］刘辉. 追续权的几个理论问题研究［J］. 西部法学评论，2011（3）.

［24］郭玉军，陈云. 论美术作品追续权［J］. 经济法论丛（三）.

［25］张今，孙伶俐. 追续权：艺术家的福利［J］. 法学杂志，2013（4）.

［26］宋元婧，权祯珉. 追续权的理论与立法［J］. 北方法学，2015（4）.

［27］冯晓青. 著作权法目的与利益平衡论［J］. 科技与法律，2004（2）.

［28］李开国，黄家镇. 造型艺术作品追续权制度研究［J］. 云南大学学报，2004（4）.

［29］喻伟泉. 追续权制度若干问题初探［J］. 浙江工商大学学报，2004（4）.

［30］沈仁干. 关于修改著作权法的思考［J］. 知识产权研究，（八）.

［31］西沐. 中国画廊业发展态势及其评价报告［J］. 艺术市场，2009（4）.

［32］张海艳，许仙苗. 我国拍卖行业的增长与集中度分析［J］. 科技和产业，2009（6）.

［33］杨延超. 精神权利的困境——两大法系版权立法比较分析［J］. 现代法学，2007（4）.

［34］袁博. 论基于作品原件物权属性而发动的追续权［J］. 电子知识产权，2014（7）.

［35］唐子韬，姜隅琼. 谁应该是艺术品增值的受益人［J］. 读者欣赏，2013（2）.

［36］孙睿迪. 国际视野下艺术家与画廊的“唇齿相依”［J］. 收藏投资导刊，2015（10）.

［37］刘非非，单世联. 从赞助人到近代版权制度［J］. 学海，2014（4）.

［38］孙薇. 从“感性的人”到“美的艺术”——浪漫主义艺术的美学观念探析［J］. 学习与探索.

［39］高兆明. 论个体主体意识与社会主体意识［J］. 社会科学战线，1990（3）.

［40］彭麒麟，王杨. 十九世纪法国浪漫主义绘画的美学特征及影响［J］. 辽宁工程技术大学学报（社会科学版），2003（1）.

［41］吴怀东. 历史现实方法——欧洲浪漫主义思潮论［J］. 安徽大学学报（哲学社会科学版），2009（3）.

［42］凌继尧，季欣. 浪漫主义美学与艺术学的理论思考［J］. 东南大学学报（哲学社会科学版），2004（5）.

［43］龚平. 约会艺术之都——19 世纪法国美术漫谈之六·后印象主义画派［J］. 中国美术，2011（6）.

［44］陶勤，吕岩峰. 美术作品著作权保护，应有参考比对的国际视野［J］. 美术，2012（6）.

［45］姜长城. 可复制性艺术品的投资之道［J］. 艺术市场，2008（5）.

［46］曹桂生. 现代主义、后现代主义艺术的终结——对现代主义、后现代主义艺术进行一次系统梳理［J］. 美术，2004（11）.

［47］刘权. 艺术品二级市场考察［J］. 国画家，2007（1）.

［48］燕敦俭. 市场机制下职业画家的历史地位及影响力［J］. 中国美术，2013（5）.

［49］徐勇. 为艺术真品上保险——上海知识产权园建立艺术品登记制度［J］. 长三角，2006（4）.

［50］高心源. 当私人洽购遭遇拍卖行［J］. 艺术市场，2012（23）.

［51］罗晓东. 艺术品登记制度能否守得住艺术品交易防线？［J］. 艺术市场，2006（8）.

［52］朱凡. 艺术家：法律意识需提升［J］. 美术报，2012 - 09 - 08.

［53］马学东.“追续权”短期内不会影响艺术市场［J］. 东方早报，2012 - 08 - 13.

［54］吴作人. 加强法制意识，保护美术家合法权益［J］. 法制日报，1990 - 10 - 3.

［55］李虎.“追续权”实施将动谁的奶酪［J］. 上海证券报，2013 - 02 - 27.

［56］刘栋. 激励创作，“追续权”不应缺位［J］. 文汇报，2016 - 03 - 11.

［57］张娟. 追续权看起来很美［J］. 中国商报，2012 - 12 - 13.

［58］阮富春. 著作权追续权剑指拍卖业［J］. 中国文物报，2013 - 01 - 16.

［59］黄海. 西方现当代艺术家个人品牌经营策略研究［D］. 上海大学，2013.

［60］夏滟洲. 西方作曲家的社会身份研究——从中世纪到贝多芬［D］. 上海音乐学院，2007.

［61］蔡元. 主体意识的生成与扩张——从印象派绘画及现代艺术看主体［D］. 吉林大学，2005.

［62］姚忻. 试论艺术作品的追续权［D］. 西北大学，2003.

三、中文其他类

［1］国家版权局. 关于《中华人民共和国著作权法》（修改草案）的简要说明. 2012 年 3 月公布.

［2］塞内加尔和刚果关于将追续权纳入世界知识产权组织版权及相关权常设委员会未来工作议程的提案［EB/OL］. http：//www.wipo.int/edocs/mdocs/copyright/zh/sccr_ 31/

sccr_ 31_ 5. pdf. 2016 – 03 – 08.

［3］版权及相关权常设委员会第三十二届会议议程草案［EB/OL］. http：//www. wipo. int/edocs/mdocs/copyright/zh/sccr_ 32/sccr_ 32_ 1_ prov. pdf. 2016 – 03 – 08.

［4］张抗抗. 完善"广播权"法 延长摄影作品保护期［EB/OL］. http：//ip. people. com. cn/GB/11055818. html. 2015 – 10 – 02.

［5］李玉光. 延长摄影作品保护期，增加追续权［EB/OL］. http：//www. cphoto. net/Html/news/zixun/2011/314/11314155920GHI27FHBKF217GE88G2K_ 2. html. 2015 – 10 – 02.

［6］周林. 追续权立法及实施可行性调研报告［EB/OL］. http：//www. cssn. cn/fx/fx_ yzyw/201404/t20140409_ 1061910. shtml. 2015 – 10 – 08.

［7］王泽鉴. 不当得利类型论与不当得利的发展［EB/OL］. http：//www. cssn. cn/fx/fx_ fxjt/201411/t20141126_ 1416358. shtml. 2015 – 11 – 25.

［8］毕武英. 艺术品追续权究竟保障了谁的利益［EB/OL］. http：//finance. qq. com/a/20121225/001658. htm. 2013 – 10 – 23.

［9］王林娇，段维. 矛盾利益体：中国引入艺术品"追续权"之争？［EB/OL］. 雅昌艺术网 http：//news. artron. net/20151020/n786604_ 3. html. 2016 – 02 – 06.

［10］许超. 增加追续权是"文化走出去"的重要环节［EB/OL］. 光明网 http：//news. gmw. cn/2015 – 12/14/content_ 18081132. htm. 2016 – 03 – 14.

［11］马光荣. 税收乱象：艺术品市场"拦路虎"［EB/OL］. http：//bank. hexun. com/2014 – 09 – 25/168838593. html. 2016 – 02 – 28.

［12］徐子林. 欢迎艺术品追续权的到来［EB/OL］. http：//auction. artron. net/20121203/n286628. html. 2015 – 10 – 06.

［13］文化部新规望治理艺术品市场三假［EB/OL］. http：//art. people. com. cn/n1/2016/0226/c206244 – 28151950. html，2016 – 03 – 23.

［14］什么是超额累进税率？［EB/OL］. 全国人大网 http：//www. npc. gov. cn/huiyi/lfzt/grs-dsfxz/2011 – 04/19/content_ 1652123. htm. 2016 – 03 – 04.

［15］李可染《万山红遍》1.84 亿成交 40 年前仅 80 元［EB/OL］. http：//china. cankaoxiaoxi. com/bd/20151117/999305. shtml，2016 – 02 – 22.

［16］雅昌艺术市场监测中心. 2012 年度艺术市场报告. 中国艺术品拍卖市场调查报告（2015 年秋季）. 中国艺术品拍卖市场调查报告（2015 年春季）. 中国艺术品拍卖市场调查报告（2013 年秋季）［EB/OL］. http：//amma. artron. net/report. php. 2016 – 02 – 22.

［17］2012 年中欧著作权法专题研讨会纪要［EB/OL］. http：//www. cniplaw. net. 2013 – 10 – 22.

［18］中国嘉德公司大幅度调整佣金［EB/OL］. http：//roll. sohu. com/20130226/n367146467. shtml. 2015 – 11 – 27.

四、外文著作类

［1］ Liliane de Pierredon-Fawcett. *The Droit de Suite in Literary and Artistic Property*, *A Comparative Law Study*. Center for Law and the Art. New York: Columbia University School of Law, 1991.

［2］ Sam Ricketson and Jane Ginsburg. *International Copyright and Neighboring Rights*: *The Berne Convention and Beyond*, 2 vols. , London: Oxford University Press, 2006.

［3］ Guy Tritton. *Intellectual Property in Europe* (Third Edition). London: Sweet & Maxwell, 2008.

［4］ W. R. Cornish. *intellectual Property*: *Patents*, *Copyright*, *Trade Marks and Allied Rights* (Fourth Edition), London: Sweet & Maxwell, 1999.

［5］ Paul Goldstein. *Copyright*, *Patent*, *Trademark and Related State Doctrines*, 1997.

［6］ Ginsburgh, Kusin and McAndrew, *The Modern and Contemporary Art Market* 2005.

［7］ Mainardi, *The End of the Salon*, *Art and the State in the Early Third Republic*, London: Cambridge University Press, 1993.

［8］ Marci Regan, Paul Durand-Ruel and *The Marker for Early Modernism*, B. A. , Baton Rouge: Louisiana State University, 2004.

［9］ John H. Merryman and Albert Elsen. *Law*, *Ethics and the Visual Arts*. Philadelphia: University of Pennsylvania Press. *2nd Revised edition*, 1987.

［10］ Harrison White and Cynthia White. *Canvases and Careers*: *Institutional Change in the French Painting World*. Chicago: University of Chicago Press. 1993.

［11］ *Oxford Advanced Learner's English - Chinese Dictonary*. London: Oxford University Press. 1994.

［12］ Michel M. Walter, Silke Von Lewinski. *European Copyright Law*: *A Commentary*. London: Oxford University Press, 2010.

［13］ H. Desbois. *Le droit d'auteur en France*. troisième édition. Paris: Dalloz, 1978.

［14］ M. H. Abrams, The Mirror And The Lamp: Romantic Theory And The Critical Tradition, London: Oxford University Press, 1953.

［15］ André Lucas, Henri - Jacques Lucas, Agnès Lucas - Schloetter. Traité de la propriété littéraire et artistique. Lexis Nexis, 2012.

［16］ Pierre Sirinelli, Sylviane Durrande, Antoine Latreille, Code de la propriété intellectuelle 2015, commenté - 15e éd, Dalloz, 2015.

［17］ Jacques Raynard, Droit d'auteur et conflits de lois: Essai sur la nature juridique du droit d'auteur, Litec, 1990.

［18］ Robert P. Merges. *Justifying Intellectual Property*. Cambridge: Harvard University Press, 2011.

五、外文论文类

［1］Rita E. Hauser，The French Droit de Suite：The Problem of Protection for the Underprivileged Artist under the Copyright Law. 11 Copyright L. Symp. 1（1959）.

［2］Price，Government Policy and Economic Security for Artists：The Case of the Droit de Suite 77 *Yale L. J.* 1333.（1968）.

［3］R. K. Filer. The "Starving Artist"——Myth or Reality? Earnings of Artists in the United States，94 *Journal of Political Economy* 56.（1986）.

［4］Sam Ricketson. Proposed International Treaty on Droit De Suite/Resale Royalty Right for Visual Artists. 245 *Revue Internationale du Droit D'Auteur.* 3（2015）.

［5］Nobuko Kawashima. The droit de suite controversy revisited：context，effects and the price of art. *Intellectual Property Quarterly*，223（2006）.

［6］Robert Plaisant. *The French Law on Proceeds Right：Analysis and Critique in Legal Protection for the Artist IV*（M. Nimmer ed. 1971）.

［7］Goetzl and Sutton. Copyright and the Visual Artist's Display Right：A New Doctrinal Analysis，9 *COLUM. J. L. & ARTS* 15（1984）.

［8］Sherman. Incorporation of the Droit de suite into United States Copyright Law，18 *COPYRIGHT L. SYMP*（ASCAP）50（1970）.

［9］Ann Louise Straw. A Proposal for National Uniform Art‐Proceeds Legislation，53 *IND. L. J.* 129（1978）.

［10］Schulder. Art Proceeds Act：A Study of the Droit de Suite and a Proposed Enactmmtfor the United States，61 *Nw. U. L. REV.* 19（1966）.

［11］Shira Perlmutter. Resale Royalties for Artists：An Analysis of the Register of Copyrights' Report，16 COLUM.‐ *VLA J. L. & ARTS* 395（1991‐1992）.

［12］Wilhelm Nordemann. Ten Years of "Droit de Suite" in Federal Germany，91 *Revue Internationale Du Droit d'Auteur* 76（1977）.

［13］Robert Plaisant. Droit de Suite and Droit Moral under the Berne Convention，11 Colum.‐ *VLA J. L. & Arts* 157（1986）.

［14］François Hepp. Royalties From Works Of The Fine Arts：Origin Of The Concept Of Droit De Suite In Copyright Law. 6 *Bull. Copyright Soc'y U. S. A.* 91（1958）.

［15］Carole M. Vickers. The Applicability of the Droit de Suite In the United States. 3 *B. C. Int'l & Comp. L. Rev.* 433（1980）.

［16］Jennifer Pfeffer. The Costs and Legal Impracticalities Facing Implementation of the European Union's Droit de Suite Directive in the United Kingdom. 24 *Nw. J. Int'l L. & Bus.* 533（2004）.

［17］John Henry Merryman. The Wrath of Robert Rauschenberg. 41 *AM. J. COMP. L.* 103

（1993）.

[18] J. H. Merryman. The Proposed Generalisation of Droit de Suite in the European communities 1 *I. P. Q.* 16. （1997）.

[19] Smith. Droit de Suite. The Case Against the Initiative of the European Commission. 63 *Copyright World* 25. （1996）.

[20] Gilbert S. Edelson. The Case Against an American Droit de Suite, 7 *CARDOZO ARTS & ENT. L. J.* 260 （1989）.

[21] W. Nordemann. *The Droit de Suite in Art 14ter of the Berne Convention and in the Copyright Law of the Federal Republic of Germany Copyright*, 337 （1977）.

[22] David L. Booton. A Critical Analysis of the European Commission's Proposal for a Directive Harmonising the Droit de Suite. *Intell. Prop. Q.* 165 （1998）.

[23] Neil F. Siegel. The Resale Royalty Provisions of the Visual Artists Rights Act: Their History and Theory. 93 *DICK. L. REV.* 1 （1988）.

[24] DeSanctis, Lettre d'Italie. 74 *LE DROIT D'AUTEUR* 221 （1961）.

[25] Sherman. Incorporation of the Droit de Suite into United States Copyright Law. 18 *Copyright L. Symp.* （ASCAP） 50 （1968）.

[26] Barbara Ringer. Book Review of The Droit de Suite in Literary and Artistic Property, 16 Colum. – VLA *J. L. & Arts* 247 （1991 – 1992）.

[27] Katreina Eden. Fine Artists' Resale Royalty Right Should Be Enacted in the United States. 18 N. Y. *Int'l L. Rev.* 121 （2005）.

[28] Michael B. Reddy. The Droit de Suite: Why American Fine Artists Should Have a Right to a Resale Royalty. 15 *Loy. L. A. Ent. L. Rev.* 509 （1995）.

[29] Emilia Von Bardeleben, Impérativité internationale du droit de suite en matière de droit d'auteur Communication Commerce électronique n° 12, Décembre 2014, étude 21.

[30] A. Wahl, Le Droit des Artistes sur les oeuvres retirées d'une vente publique ou adjugées au profit du vendeur, 35 Revue Trimestrielle de Droit Civil [Rev. trim civ] 613.

[31] Nadine Prod'Homme Soltner. L'Art et la manière... de s'exonérer du droit de suite, Revue Lamy Droit de l'Immatériel – 2009, 49.

[32] Choralyne Dumesnil. Le droit de suite: quelles perspectives pour demain ? Revue Lamy Droit de l'Immatériel – 2010, 62.

[33] Jeffrey C. Wu. Art Resale Rights and the Art Resale Market: A Follow-up Study, 46 *J. Copyright SOC'Y U. S. A.* 531 （1998 – 1999）.

[34] Stephanie B. Turner. The Artist's Resale Royalty Right: Overcoming the Information Problem. 19 *UCLA ENT. L. REV.* 329 （2012）.

[35] Maryam Dilmaghani. Visual Artists' Resale Royalty: An Application of the Principal and Agent Model. 5 *Rev. Econ. Research Copyright Issues* 37 （2008）.

［36］Frédéric Rideau. Nineteenth Century Controversies Relating to the Protection of Artistic Property in France, available at Privilege and Property Essays on the History of Copyright, published by Open Book Publishers CIC Ltd, 2010.

［37］Vappu Verronen. Extended Collective License In Finland: A Legal Instrument For Balancing The Rights Of The Author With The Interests Of The User. 49 J. *Copyright Soc'y U. S. A.* 1143 (2001).

六、外文案例类

［1］Morseburg v. Baylon, 621 F. 2d 972 (9th Cir. 1980).

［2］Baby Moose Drawings, Inc. v. Dean Valentine et al., 2011 U. S. Dist. LEXIS 72583 (C. D. Cal. 2011).

［3］Estate of Graham v. Sotheby's Inc., 2012 WL 1765445 (May 17, 2012).

［4］Pushman v. New York Graphic Society, Inc., 287 N. Y. 302, 308, 39 N. E. 2d 249 (1942).

［5］Heirs of Baron Gros and Vallot v. Gavard, Cour de Cassation, 27 May 1842, Dalloz 1842. 1. 297.

［6］Veuve Gros et Vallot C. Gavard, Cour de Cassation, 23 july 1841, Dalloz 1841. 1. 322.

［7］Judgment of January 21, 1931, Tribunal de la Seine, 1931 G. P. I301. 1936 Rev. Trim. Dr. Civ.

［8］ECJ, Case C – 518/08, Fundacion Gala – Salvador Dali v. ADAGP.

七、外文其他类

［1］U. S. Copyright Office, *Droit De Suite: The Artist's Resale Royalty.* (Dec. 1992), available at http: //www. copyright. gov/history/droit_ de_ suite. pdf.

［2］U. S. Copyright Office, *Resale Royalties: An Updated Analysis* (2013), available at http: //www. copyright. gov/docs/resaleroyalty/usco – resaleroyalty. pdf.

［3］Kathryn Graddy, Noah Horowitz & Stefan Szymanski *A Study Into The Effect On The Uk Art Market Of The Introduction Of The Artist's Resale Right* (2008). http: //www. ipo. gov. uk/study – droitdesuite. pdf.

［4］World Intellectual Property Organization and United Nations Educational, Scientific and Cultural Organization. *Study on Guiding Principles Concerning the Operation of "Droit de Suite"* (1985). http: //unesdoc. unesco. org/images/0006/000660/066003eb. pdf.

［5］Le Droit De Suite AjoutÉ À L'Ordre Du Jour Des Discussions De L'Ompi, Available at http: //www. adagp. fr/fr/actualites/droit – suite – ajoute – l – ordre – jour – discussions – l – ompi. (last visited mar. 8, 2016).

［6］Daniel Grant. Secrets of the Auction Houses. WALL ST. J., Oct. 31, 2007. http: //online. wsj. com/news/articles/SB119378936198176920.

［7］Edward Winkleman. The Case for Droit de Suite in New York. Art Newspaper (Apr. 28,

2010）. http：// theartnewspaper. com/articles/The – case – for – droit – de – suite – in – New – York/20673.

［8］ Patricia Cohen. Artists File Lawsuits，Seeking Royalties. *N. Y. TIMES*. http：//www. ny-times. com/2011/11/02/arts/design/artists – file – suit – against – sothebys – christies – and – ebay. html? pagewanted = all）. 2011 – 11 – 01.

［9］ Ivan Macquisten. EU Impact Study on Resale Right Inconclusive. *Antiques Trade Gazette*. http：// www. antiquestradegazette. com/news/8101. aspx. （ last visited Dec. 19，2011）.

［10］ Jon Stanford. *Economic Analysis of the Droit de Suite – The Artist's Resale Royalty*（2002）. http：//www. uq. edu. au/economics/abstract/301. pdf. 2015 – 04 – 12.

［11］ Guy A. Rub. The Unconvincing Case for Resale Royalties. *Yale Law Journal*. http：// www. yalelawjournal. org/forum/the – unconvincing – case – for – resale – royalties. 2015 – 04 – 21.